Edition Beck

ROBERT WEIMANN

"New Criticism"
und die Entwicklung bürgerlicher
Literaturwissenschaft

Geschichte und Kritik
autonomer Interpretationsmethoden

Zweite, durchgesehene und ergänzte Auflage

VERLAG C. H. BECK MÜNCHEN

ISBN 3 406 05014 X

Umschlagentwurf: Walter Kraus, München
Lizenzausgabe 1974 mit Genehmigung
des VEB Max Niemeyer Verlages, Halle (DDR)
© VEB Max Niemeyer Verlag, Halle 1962
Gesamtherstellung: D. Geiger Verlag, Mühldorf am Inn
Printed in Germany

Inhalt

Vierter Teil

Die neue Kritik des Romans: Erzählform und "point of view"

Vorwort

Dieses Buch, entstanden in den Jahren 1959/1961, wurde von einem angelsächsischen Rezensenten als „Nekrolog" des New Criticism bezeichnet. Es war (und ist noch heute) die erste systematische Darstellung des Gegenstandes, die zugleich beides untersucht und in Beziehung setzt: einerseits die historische Genese und Entwicklung der Neuen Kritik, ihre Voraussetzungen, Wegbereiter und Hauptvertreter; andererseits das methodologische und ästhetische Programm dieser Kritik, ihre Interpretationsmethoden und theoretischen Fragestellungen. Der erste, ideologiehistorische und wissenschaftsgeschichtliche Teil leitet über zur Kritik einer Kritik (2. Teil), deren Reorientierung auf die immanente Interpretation „autonomer" dichterisch-sprachlicher Gebilde dann am Paradigma der Neuen Kritik des Dramas und des Romans näher veranschaulicht wird: Gerade die Methoden der Shakespeare-Kritik (3. Teil) und der neueren Roman-Interpretation (4. Teil) bieten das wissenschaftsgeschichtlich und methodisch anschaulichste Beispiel ungemein intensiver und häufig sehr subtiler Literaturanalysen, die insgesamt zu verstehen sind als eine (in sich problematische) Antwort auf die Krise und den Niedergang der bürgerlich-liberalen Gesellschaft und ihrer individualistischen Ideologie, ihrer romantischen Kunsttradition und ihrer biographisch und impressionistisch gerichteten Kritik.

Seit ihrer Publikation (1962) ist die vorliegende Arbeit ins Russische und Ungarische übersetzt und in Teilen in französischer und spanischer Sprache erschienen. Während diese Übersetzungen der deutschen Ausgabe unverändert folgten, hat der Autor sich für die westdeutsche und die tschechische Ausgabe zu einer Durchsicht des Buches entschlossen, die von der veränderten Situation in der Literaturwissenschaft Anfang der siebziger Jahre ausgeht und unnötige Anachronismen ausmerzt. Mit Ausnahme des letzten Kapitels, dem ein Vortrag zum Komparatisten-Kongreß in Bordeaux (1970) zugrunde liegt, und abgesehen von zwei weiteren Kapiteln, deren Überarbeitung einem umfangreichen Gutachten von Dr. Manfred Wojick wertvolle Hinweise verdankt, ist aber die Substanz der Arbeit nicht erweitert und auch nicht angetastet worden. Die Gründe hierfür sind offensichtlich: Die gegenwärtige Situation der Literaturwissenschaft im Westen ist in vieler Hinsicht eine Übergangssituation, in der eine Vielfalt immer stärker pluralistisch orientierter Auffassungen und Werke miteinander wetteifern. Die Aufarbeitung dieser neuesten Tendenzen ist im Rahmen des vorliegenden Buches gerade deswegen unmöglich, weil dieses mit annäherndem Anspruch auf Vollständigkeit versucht, alle einschlägige Literatur zum New Criticism bis etwa 1960/61 heranzuziehen und auszuwerten. In der seither verflossenen Zeit stellt der New Criticism nach wie vor eine permanente und weithin wirksame Quelle der angelsächsischen Literaturwissenschaft dar, aber die programmatische Schärfe und der innere Zusammenhang der Neuen Kritik als historische Bewegung und theoretische Plattform sind verlorengegangen. Eine Studie über den Auflösungsprozeß der Neuen Kritik, über ihre diversen Kompromisse mit der Literatur- und Geistesgeschichte, der Mythos-Kritik, der Wirkungsgeschichte usw. erscheint wenig sinnvoll, zumal im Rahmen einer in sich zusammenhängenden Geschichte und Kritik der Entstehung und Blütezeit des New Criticism.

Aus diesem Grunde hat der Autor auch darauf verzichtet, die ganz offensichtlichen Beziehungen und Wechselwirkungen zur Mythos-Kritik (etwa von Northrop Frye) oder zur französischen Nouvelle Critique bzw. zum literaturkritischen Strukturalismus einzubeziehen. Anstelle dessen hat er es vorgezogen, die neuesten Tendenzen und Schwerpunkte in der bürgerlichen Literaturwissenschaft sowie das gesamte Problem der Literaturgeschichte (an dem der New Criticism so eklatant scheiterte) in separaten Studien zu verfolgen. Es handelt sich um eine Untersuchung des Verhältnisses von Literaturwissenschaft und Mythologie sowie eine Kritik des Werkes von Northrop Frye; weiterhin um eine Auseinandersetzung mit der sogenannten „strukturalistisch-genetischen" Methode, insbesondere Roland Barthes, Lucien Goldmann, Claude Lévi-Strauss; schließlich um den Versuch einer Theorie der Literaturgeschichte in Auseinandersetzung mit der Hermeneutik der historischen Schule, der Geistesgeschichte und der durch H. R. Jauß neuerdings repräsentierten Wirkungsgeschichte und Rezeptionsästhetik. Diese Arbeiten wurden zusammengefaßt und 1971 publiziert unter dem Titel *Literaturgeschichte und Mythologie* (Aufbau-Verlag Berlin und Weimar, 2. Aufl. 1972). Das am Beispiel von T. S. Eliot und F. R. Leavis aufgeworfene Problem der Tradition wurde verschränkt mit romanistischen Arbeiten über Benedetto Croce und Ortega y Gasset in einem vom Autor herausgegebenen Sammelband *Tradition in der Literaturgeschichte* (Akademie-Verlag, Berlin 1972). Schließlich wurde das Versagen des New Criticism in der Literaturgeschichte zum Ausgangspunkt einer methodologischen Neuorientierung genommen, die der Autor englischsprachig unter dem Titel "Past Significance and Present Meaning in Literary History" zuerst in *New Literary History* (University of Virginia Press, Band 1, 1969/70) veröffentlichte.

Der Hinweis auf diese Arbeiten muß die Auseinandersetzung mit der neuesten Entwicklung des vorliegenden Gegenstandes ersetzen. Er mag zugleich verdeutlichen, daß der im vorliegenden Buch dargestellte New Criticism einerseits eine relativ abgeschlossene Bewegung bildet, andererseits aber solche Grundfragen der Literaturwissenschaft aufwirft oder zu solchen Problemstellungen überleitet, die im sechsten und siebenten Jahrzehnt des zwanzigsten Jahrhunderts eine dominierende Rolle erlangen. Die Zeiten verändern sich: die Literaturwissenschaft mit ihnen. Eine Streitschrift gegen den New Criticism ist heute nicht einmal mehr als Nekrolog denkbar. Wenn die vorliegende Arbeit mehr ist als eine Streitschrift und mehr als ein Nekrolog, so vielleicht deshalb, weil sie von Anfang an ihren Gegenstand in Bewegung, also historisch, sah und seinen theoretischen und methodologischen Ansatz aus der Geschichte selbst ableitete. Diese Geschichte aber beweist, daß selbst die einflußreichste und in sich geschlossenste Richtung der bürgerlichen Literaturwissenschaft des zwanzigsten Jahrhunderts *ihre* Geschichte hat, daß sie also keinesfalls „autonom", vielmehr Teil einer sich in immer heftigerer Bewegung verändernden Welt ist.

Einleitung: Eine neue Phase in der bürgerlichen Literaturwissenschaft

Der Entwicklungsweg der bürgerlichen Literaturwissenschaft bis in die Mitte des 20. Jahrhunderts bietet sich dem Betrachter als ein wirres, schwer klassifizierbares Panorama von Forschungsrichtungen, Methoden und Disziplinen. Seit die im wesentlichen positivistisch orientierte Arbeitsweise eines Taine und Scherer in ihren Grenzen erkannt wurde, hat eine lebensphilosophisch oder phänomenologisch orientierte Kritik die Voraussetzungen geschichtlicher Forschung erschüttert und durch anthropologisch oder kunsthistorisch gerichtete Typologien ersetzt. Die wissenschaftliche Spezialisierung erreichte immer stärkere Ausmaße, und das Fehlen oder die Gefährdung einer Methodologie gestalteten die Arbeit in den einzelnen Wissenschaftsbereichen beziehungslos oder widersprüchlich. Die seit der zweiten Hälfte des 19. Jahrhunderts in der Biologie, Soziologie, Psychologie und Sprachwissenschaft gewonnenen Erkenntnisse wurden teilweise als Anregungen aufgenommen, aber methodologisch nicht in einer ganzheitlichen Literaturwissenschaft integriert. Das einigende Zentrum der Wissenschaft ging verloren, und bekannte Literaturwissenschaftler sprachen euphemistisch von der „Krisis unserer synthetisch überproduktiven Literaturwissenschaft"[1]. Die Verselbständigung oder widersprüchliche Heranziehung der Hilfsdisziplinen, also die Entwicklung der psychologischen, soziologischen, biographischen, morphologischen, ästhetizistischen u. a. Forschungsrichtungen, führten eine „methodologische Malaise"[2] herbei, die sehr bald als Symptom einer allgemeinen Krise der bürgerlichen Literaturwissenschaft gedeutet wurde.

Ein Hauptmerkmal der Entwicklungsphase nach dem zweiten Weltkrieg ist die Abwendung von der geistesgeschichtlichen Forschung und die Verdrängung der deutschen Literaturwissenschaft aus ihrer in Fragen der Methodologie führenden Position. Während noch in den zwanziger Jahren die neo-idealistische deutsche Literaturwissenschaft über be-

---

[1] Vgl. H. Oppel, „Methodenlehre der Literaturwissenschaft", in: *Deutsche Philologie im Aufriß*, Bd. I, Berlin/Bielefeld 1952, S. 51.

[2] M. Wehrli, *Allgemeine Literaturwissenschaft* („Wissenschaftliche Forschungsberichte", Bd. 3), Bern 1951, S. 22. „Die moderne Literaturwissenschaft", so

trächtlichen Einfluß verfügte, ist der in der Folgezeit immer stärker hervorgetretene lebensphilosophische Irrationalismus des Diltheyschen Erbes diskreditiert und als eine der historischen Voraussetzungen zur faschistischen *Zerstörung der Vernunft* (G. Lukács) erkannt worden. Ohne daß über das Ausmaß dieser ideologiegeschichtlichen Zusammenhänge volle Klarheit herrscht, wird doch auch von bürgerlichen Wissenschaftlern das Zurücktreten der geisteswissenschaftlichen Forschung aus dem „Zerfall des geschichtlichen Bewußtseins" [3] erklärt; es wird ferner der Umstand beachtet, „daß in den Ereignissen der dreißiger und der vierziger Jahre der Glaube an eine idealistische Seinsordnung in dem Grade Schiffbruch erlitten [hat], daß die grundlegenden Voraussetzungen geistesgeschichtlicher Literaturdeutung nicht mehr vorhanden" [4] sind. Die neukantianische Orientierung Diltheys, Rickerts, Windelbands und die weit über sie hinausgehende irrationalistische Verdunkelung der deutschen Literaturwissenschaft wird daher scharf abgewertet: Die Amerikaner A. Warren und R. Wellek sprechen in ihrer einflußreichen *Theory of Literature* nur noch von den deutschen "grandiose theories and pretentious verbalisms" [5]. Dieses historische „Debakel der deutschen Literaturwissenschaft" [6] erklärt auch, daß die ersten, „seit dem Zusam-

---

sagt Ernst Robert Curtius, „– d. h. die der letzten fünfzig Jahre – ist ein Phantom." *(Europäische Literatur und Lateinisches Mittelalter,* Bern 1948, S. 20.) Ebenso wie Wehrli den „chaotischen Zustand dieser Wissenschaft" (S. 4) hervorhebt, spricht H. Oppel von einer „heillosen Verwirrung": „Es dürfte nur wenige geisteswissenschaftliche Disziplinen geben, für die in den Grundbegriffen und Anschauungsweisen eine so heillose Verwirrung in Erscheinung tritt, wie das für die zeitgenössische Literaturwissenschaft einfach nicht abgeleugnet werden kann." („Zur Situation der Allgemeinen Literaturwissenschaft", in: *NSpr,* N. F., Jg. 1953, S. 6.) Vgl. ferner E. Lunding, *Strömungen und Strebungen der modernen Literaturwissenschaft* (= „Acta Jutlandica"), Univ. of Aarhus, 1952, S. 3, der dort von der „chaotischen Vielfalt" der Strömungen spricht. Bemerkenswert ist schließlich auch Emil Staigers Diktum: „Es ist seltsam bestellt um die Literaturwissenschaft. Wer sie betreibt, verfehlt entweder die Wissenschaft oder die Literatur." *(Die Kunst der Interpretation. Studien zur deutschen Literaturgeschichte,* Zürich 1955, S. 12 f.)

[3] Wehrli, a. a. O., S. 133; vgl. auch S. 24.

[4] Vgl. Lunding, a. a. O., S. 21.

[5] London 1955 (repr.), p. 286. Es heißt dort weiter: "Though the Nazi rule has passed, those twelve years must have left their deep impress even on men not technically identified with the 'movement'. Its racial theory, its pathological sense of superiority to the rest of the world, and its centrally political outlook have pervaded German literary scholarship, necessitating its present reconstruction almost from the bottom."

[6] Wehrli, a. a. O., S. 21.

menbruch des Hitlerregimes verflossenen sieben Jahre für die deutsche Literaturwissenschaft recht mager waren ... Die Hoffnungen, daß es der modernen Forschung gelingen würde, mit gewissen Modifizierungen wieder einen engeren Anschluß an die bis 1933 gültige Arbeitsweise zu gewinnen, sind zunichte geworden." [7]

Der Ausweg aus diesem Dilemma fand sich nicht in der soziologischen Betrachtungsweise, die in Deutschland ohnehin ein Schattendasein führte und deren bedeutendster Vertreter, L. L. Schücking, im anglistischen Bereich arbeitete; er fand sich nicht in der sprachwissenschaftlich-biographisch gerichteten Stilforschung, die vor allem in der Romanistik (Voßler, Spitzer) heimisch war, und auch nicht in der von Wölfflin inspirierten und von Walzel, Deutschbein u. a. verfochtenen „wechselseitigen Erhellung der Künste". Auch die in der Mitte der vierziger Jahre von Günther Müller begründete, später auch von Horst Oppel vertretene morphologische Arbeitsweise konnte keine weiterreichenden Impulse vermitteln, da Goethes Naturphilosophie zu stark an „außerästhetische" Bestimmungen geknüpft war und die Orientierung auf die klassische Epoche der deutschen Nationalliteratur ohnehin als suspekt galt. Die für Deutschland geforderte "reconstruction" (R. Wellek) der bürgerlichen Literaturwissenschaft war durchaus nur im Anschluß an die internationale Forschung denkbar. Sie mußte mit den Worten von Wolfgang Kayser und im Sinne von E. R. Curtius davon ausgehen, „daß es keine nationalen Literaturwissenschaften gibt" [8]. Diese kosmopolitische Note, zunächst als Reaktion auf eine nationalistische Diktatur verständlich, wurde zugleich durch die Kulturpropaganda der westlichen Besatzungsmächte gefördert und trat alsbald auch in direkte Beziehung

---

[7] Lunding, a. a. O., S. 20. Das führende Organ der deutschen Geistesgeschichte erinnert im Jahre 1956 an den „bedeutenden Einfluß, den *damals* Wilhelm Dilthey ausübte". Das von mir hervorgehobene „damals" verweist auf die Blütezeit der *Deutschen Vierteljahrsschrift für Literaturwissenschaft und Geistesgeschichte*: Vgl. Erich Rothackers „Rückblick und Besinnung" (*DVj*, Bd. 30 [1956], S. 145–156; das Zitat S. 146) — eine redaktionelle Bilanz, die sich am Ende auf nichts anderes als einen „Rechtfertigungsversuch" (S. 156) beläuft. Obwohl Rothacker noch gegen E. R. Curtius (ohne Nennung des Namens, vgl. S. 153) und die „Hasenfüße" zu Felde zieht, die überall „bereits ‚relativistische' Konsequenzen wittern" (S. 151), ist der gesamte Rückblick recht melancholisch und die Besinnung überaus defensiv: Er verspricht „der jüngeren Forschergeneration", daß die „inzwischen in den Vordergrund getretenen neuen Richtungen ... künftig noch intensiver berücksichtigt werden" (S. 145) sollen.

[8] W. Kayser, *Das sprachliche Kunstwerk. Eine Einführung in die Literaturwissenschaft*, 2. erg. Aufl., Bern 1951, S. 6.

zu dem politischen Programm „jener Vereinigten Staaten von Europa...,
um das sich unsere Staatsmänner so erfolglos bemühen" [9].

In dieser Situation gewannen die Literaturwissenschaft in England
und USA und die mit ihr in unmittelbarem Kontakt stehende Anglistik
eine besondere Bedeutung. Dort war in den letzten zwei Jahrzehnten
eine textanalytisch konzipierte Dichtungskunde entwickelt worden, die
alle geschichtlich-gesellschaftlichen Pobleme als „außerästhetisch" igno-
rierte. Dies geschah unabhängig von den ihr darin vorausgehenden Arbeiten der russischen Formalisten (B. Tomaschewski, R. Jakobson, V.
Schklowski u. a.), deren Methoden [10] jedoch außerhalb Osteuropas nur
geringe Resonanz fanden und nur indirekt (über den polnischen Phäno-
menologen Roman Ingarden) in Deutschland und (über René Wellek [11]
und andere Vertreter des Prager Kreises [12]) in den USA wirkten. In
Westeuropa konnte man infolgedessen nach 1945 in Unkenntnis der
russischen Vorläufer die „erfrischende Originalität und metaphysische

---

[9] L. A. Willoughby, „Stand und Aufgaben der vergleichenden Literaturgeschichte in England", in: *Forschungsprobleme der Vergleichenden Literaturgeschichte* („Internationale Beiträge zur Tübinger Literaturhistoriker-Tagung").
Hg. von K. Wais, Tübingen 1951, S. 28. Vgl. auch Curtius (a. a. O., S. 15):
„Europäisierung des Geschichtsbildes ist heute politisches Erfordernis geworden,
und nicht nur für Deutschland." Daß die neue Literaturwissenschaft politischen
Erfordernissen entspricht, wird also von ihrem Meister gar nicht bestritten. Gerade der hier gebrauchte Begriff „Europa" ist seit 1917 keine geographische,
sondern eine ideologische Kategorie.

[10] Vgl. dazu A. Voznesenski, „Die Methodologie der russischen Literaturforschung in den Jahren 1910–1925", in: *Zeitschrift für slav. Philologie*, Bd. IV
(1927), S. 145–162, Bd. V (1929), S. 175–199; V. Erlich, *Russian Formalism:
History – Doctrine*, The Hague 1955; F. W. Neumann, „Die formale Schule
der russischen Literaturwissenschaft und die Entwicklung der russischen Literaturtheorien", in: *DVj*, Bd. 29 (1955), S. 99–121; u. a.

[11] Wellek ist ein Mathesius-Schüler (vgl. V. Fried, „Die tschechoslowakische
Anglistik", in: *ZAA*, Jg. 7 [1959], S. 192) und blickt – wie er selbst sagt – auf
"years of membership in the Prague Circle" zurück ("The Revolt against
Positivism in Recent Literary Scholarship", in: *Twentieth Century English*, ed.
by W. S. Knickerbocker, New York 1946, p. 85). Wellek ist zweifellos der bedeutendste Vermittler zwischen dem (im Prager Kreis historisch geläuterten)
russischen Formalismus und der amerikanischen Neuen Kritik, von der er sich
jedoch auf Grund seiner akademisch geschulten Gelehrsamkeit abhebt.

[12] Vgl. dazu *A Prague School Reader on Esthetics. Literary Structure and Style*,
transl. and ed. by P. L. Garvin, Washington 1955. Der Schwerpunkt des *Cercle
Linguistique de Prague* lag auf sprachwissenschaftlich-strukturalistischem Gebiet;
vgl. dazu K. Hansen, „Wege und Ziele des Strukturalismus", in: *ZAA*, Jg. 6
(1958), bes. S. 371–376.

Unbelastetheit der angelsächsischen Forschung" [13] bewundern. Das war nicht so sehr der Fall in Frankreich, wo bereits eine textanalytische Tradition *(explication de textes)* bestand und selbst die neuere „ontologische" Kritik [14] eigene Wege einschlug, die sehr bald zur Nouvelle Critique hin führen sollten; wohl aber in Westdeutschland und in der Schweiz. Dort fanden die angelsächsischen Bestrebungen schon deswegen Bewunderung, weil sich eine im Entstehen begriffene Stilkritik darin bestätigt fand; zugleich sah man in ihnen willkommene Berührungspunkte mit dem Existentialismus Heideggers, dessen „politisch-volksmäßige Aktualisierung" [15] inzwischen durch literarische Spekulationen über das „Werk-Sein" der Dichtung abgelöst worden war. [16] Die Vorzüge der englisch-amerikanischen Methoden wurden dadurch noch sichtbarer: Sie waren nicht von dem Zusammenbruch des deutschen Imperialismus betroffen, empfahlen sich also (weniger durch ihre metaphysische als) durch ihre politische „Unbelastetheit". Sie entsprangen einer respektablen Tradition, die sich auf Namen wie I. Babbitt und T. S. Eliot berufen konnte und seit den vierziger Jahren von einer wachsenden akademischen Anhängerschar gepflegt wurde. Die in Cambridge ebenso wie in Chicago entwickelte Methode des *close reading*, die gesamte aus den Südstaaten der USA hervorgehende Bewegung des *Analytic Criticism*, ebenso wie die mit ihnen zusammenhängenden literarischen Strömungen, die "anti-romantic poetic revolution" [17] und die gegenwärtige "revival of neoclassical principles" [18], bildeten die einflußreichste literarkritische Bewegung der Jahrhundertmitte. Sie sind das Hauptkettenglied

---

[13] Wehrli, a. a. O., S. 22.

[14] N. Oxenhandler ("Ontological Criticism in America and France", in: *MLR*, vol. 55 [1960], pp. 17–23) muß trotz der amerikanischen Rezeption von Jacques Maritain feststellen, "how the two brands of criticism differ" (p. 20). Vgl. ferner C. L. Stevens, "Major Trends in Post-war French Criticism", in: *The French Review*, vol. 30 (1956/57), pp. 218–224. Über die *explication de textes* vgl. u. a. G. Lanson, "Quelques mots sur l'explication de textes", in: *Méthodes de l'histoire littéraire*, Paris 1925, S. 38–57.

[15] Wehrli, a. a. O., S. 16.

[16] M. Heidegger, „Der Ursprung des Kunstwerks", in: *Holzwege*, Frankfurt a. M. 1950.

[17] D. Daiches, *The Present Age: After 1920* ("Introductions to English Literature", vol. 5), London 1958, p. 119.

[18] R. Wellek, *A History of Modern Criticism: 1750–1950*, vol. I, London 1955, p. 1. Im Geiste dichtungskundlicher Umwertung heißt es dort (p. 12) weiter: "basically the aim of neoclassicism was sound and right. It attempted to discover the principles or rules of literature".

in der Entwicklung der bürgerlichen Literaturwissenschaft im zwanzigsten Jahrhundert.

Die im Laufe dieser Jahre entwickelten Methoden fanden ein unmißverständliches Echo in den literaturtheoretischen Äußerungen der bedeutendsten westeuropäischen Philologen. Die Bescheidung mit strikter „Kunstwerkbeschreibung" (W. F. Schirmer [19]), die Forderung nach biographisch unbelasteter „Dichtungskunde" (H. Oppel [20]), nach „direkter Textinterpretation" als „primäre Aufgabe" (R. Stamm [21]), widerspiegelten eine literaturwissenschaftliche Entwicklung, die von L. A. Willoughby so charakterisiert wird: „Die alten Methoden der klassischen Rhetorik, Poetik und Metrik werden wieder eingesetzt und erneuert, und Sprache und Stil, mehr als der Inhalt, stehen im Zentrum unserer Aufmerksamkeit." [22] Es ist dies eine literaturkritische Richtung, „die noch konsequenter als die Geistesgeschichte mit den Prinzipien des Positivismus gebrochen hat, insofern sie nach Möglichkeit den Künstler und sein Werk von den Mächten des Raumes und der Zeit isoliert und die absolute Autonomie der Dichtung proklamiert" [23]. Es ist diese Methode, die von bürgerlichen Kritikern in USA und England am konsequentesten entwickelt wurde und in dem Postulat gipfelt, "that literary study should be specifically literary" [24].

Die Schwerpunktverlagerung innerhalb der internationalen bürgerlichen Literaturwissenschaft nach England und USA wurde in diesen Ländern begleitet von einer erhöhten Bedeutung dieser Disziplin im Rahmen kultureller Betätigung. "Literary criticism", so schreibt H. Straumann, "is raised to a new level of general importance... For the time being it has actually taken the place of philosophy" [25]. Vor allem

---

[19] Brief an den Verfasser vom 7. 10. 1958.

[20] „Methodenlehre der Literaturwissenschaft", S. 51.

[21] R. Stamm, *Englische Literatur* („Wissenschaftliche Forschungsberichte", Bd. 11), Bern 1957, S. 12.

[22] A. a. O., S. 26.

[23] Lunding, a. a. O., S. 12.

[24] *Theory of Literature*, p. v. Die bislang umfassendste „Vermittlung amerikanischer Literaturkritik" für „die Studienpläne unserer Universitäten und Schulen" bietet der Sammelband *Zeitgenössische amerikanische Dichtung. Eine Einführung in die amerikanische Literaturbetrachtung mit Texten und Interpretationen*, hg. von W. Christopeit, W. Hüllen u. W. Rossi, Frankfurt a. M. 1960 – ein Buch, „das in seiner Planung und Gestaltung auf Gedanken beruht, die der Herausgeber [W. Christopeit] während seiner Tätigkeit als Kulturreferent beim amerikanischen Generalkonsulat in Düsseldorf... entwickeln durfte" (S. 3).

[25] "Cross Currents in Contemporary American Criticism", in: *ESts*, vol. 35 (1954), pp. 4–10. Ähnlich kennzeichnet auch D. Daiches die Stellung der Lite-

in den Jahren nach 1945 hat die Literaturkritik, besonders in den USA, ein wahrhaft alexandrinisches Ausmaß angenommen. Sie erlangt in den Spalten zahlreicher Zeitschriften (*Kenyon Review, Sewanee Review, Hudson Review, Modern Fiction Studies* u. a.) eine eigentümliche Intensität und wirkt über die *humanities courses* der Colleges auch auf die Vertreter der jüngeren Generation [26]. Während in der Nachkriegszeit die Entwicklung der schöpferischen Literatur stagnierte, wurde gerade die Kritik Ausgangspunkt literarischer Diskussionen und ideologischer Entwicklungstendenzen. "Since World War II", schreibt Malcolm Cowley, "the new developments have been chiefly in the field of criticism." [27] "The inflation of criticism", so sagt Philip Rahv, "must be understood as in some ways a consequence of the prolonged depression into which new imaginative writing has fallen in the post-war years." [28] Diese "ascendancy of criticism over artistic creation" [29], die auch von Harry Levin als Symptom literarischer Dekadenz bewertet wird, widerspiegelt sich nicht nur epigrammatisch in Buchtiteln wie *An Age of Criticism* [30], sondern auch in dem Erscheinen von umfangreichen Anthologien amerikanischer Literaturkritik [31], in denen vielerlei Grundsatz-

---

raturkritik in *The Present Age* (p. 119): "Literary criticism has assumed an importance and a stature in the present age beyond anything it had achieved earlier."

[26] Vgl. W. Elton, *A Guide to the New Criticism*, Chicago 1953 (repr.), p. 3: "The so-called New Criticism ... has achieved a singular triumph: its methods have been widely adopted in the college teaching of poetry". Ähnl. Straumann (a. a. O., p. 3): "their chief exponents have been successful in getting their ideas and methods accepted by a good many of the younger members of the departments of English in the American universities."

[27] "The Literary Situation: 1953", in: *Perspectives*, No. 5, Autumn 1953, p. 5.

[28] "Criticism and Boredom", in: *New Statesman*, vol. LVI (1958), p. 310.

[29] H. Levin, "Criticism in Crisis", in: *Comparative Literature*, vol. VII (1955), p. 145.

[30] W. Van O'Connor, *An Age of Criticism: 1900–1950* (= "20th Century Literature in America"), Chicago 1952. Es wird dort (pp. 174 f.) die Behauptung aufgestellt, "that no body of criticism in the history of English and American literature is comparable in bulk, variety, or intensity to the criticism produced in our half century."

[31] Ein englischer Kritiker spricht von "those gargantuan American anthologies whose sheer weight must make the college boy in Indiana and Minnesota, his satchel in his hand, creep more unwillingly to school than ever before" (J. R. Sutherland, *The English Critic*, London 1952, p. 3).
Es handelt sich um:
Critiques and Essays in Criticism: 1920–1948. Representing the Achievement

erklärungen und Interpretationsproben zusammengestellt wurden. Naturgemäß war dabei die englisch-amerikanische Literaturtradition nicht nur der bevorzugte Anwendungsbereich der Neuen Kritik, sondern sie gab zugleich den literarischen Hintergrund ab, vor dem die Entstehung und Entwicklung dieser kritischen Strömung zu verstehen sind. Die enge Beziehung zwischen dichterischer und literaturkritischer Entwicklung ergibt sich einerseits auf Grund der von Hulme, Pound, Eliot, Ransom,

---

of Modern British and American Critics. Selected by R. W. Stallman. With a Foreword by Cleanth Brooks, New York 1949. Pp. 571.

Literary Opinion in America. Essays Illustrating the Status, Methods, and Problems of Criticism in the United States in the Twentieth Century. Ed. by M. D. Zabel, rev. ed., New York 1951. Pp. 890.

American Literary Criticism: 1900–1950. Ed. by C. I. Glicksberg, New York 1951. Pp. 581.

Critics and Criticism: Ancient and Modern. Ed. with an Introduction by R. S. Crane, Chicago 1952. Pp. 652.

Essays in Modern Literary Criticism. Ed. by R. B. West, Jr., New York/ Toronto 1952. Pp. 611.

Critiques and Essays on Modern Fiction: 1920–1951. Representing the Achievement of Modern American and British Critics. Selected by J. W. Aldridge, New York 1952. Pp. 610.

The Achievement of American Criticism. Representative Selections from Three Hundred Years of American Criticism. Selected by C. A. Brown. With a Foreword by H. H. Clark, New York 1954. Pp. 724.

The Critical Performance. An Anthology of American and British Literary Criticism of our Century. Ed. by S. E. Hyman, New York 1956. Pp. 337.

Literary Criticism in America. Ed. with an Introduction by A. D. Van Nostrand, New York 1957. Pp. 333.

Literature in America. An Anthology of Literary Criticism. Selected and introduced by P. Rahv, New York 1957. Pp. 452.

Criticism. The Foundations of Modern Literary Judgment. Revised edition, ed. by M. Schorer, J. Miles and G. McKenzie, New York 1958. Pp. 553.

Modern Literary Criticism. Ed. with an Introduction by I. Howe, Boston 1958. Pp. 438.

Eine ungefähre Vorstellung von dem Volumen neuerer Literaturkritik in den USA vermittelt *Appendix V* von Zabels Anthologie (pp. 840–879), überschrieben: "A Supplementary List of Essays in Criticism". Diese Liste — obwohl "drastically selective" (p. 840) — erfaßt auf fast 40 Seiten insgesamt ca. 820 Titel! Die rasche Zunahme literaturkritischer Publikationen verdeutlicht sich an Hand einer bibliographischen Aufstellung von "Collections of Contemporary American Criticism" (bis 1950; ibid., pp. 805–811): Während in den Jahren 1920–1929 nur 3 Anthologien bzw. Symposia erschienen, stieg diese Zahl von 1930–1939 auf 10, von 1940–1949 auf 32 Veröffentlichungen.

Tate u. a. vollzogenen Personalunion von lyrischem und kritischem Schaffen, andererseits im Hinblick auf dessen ständige wechselseitige Bestätigung und Apologetik.

Auf Grund der internationalen Bedeutung und des weitreichenden und nachhaltigen Einflusses dieser bislang bedeutendsten Bewegung der bürgerlichen Literaturkritik des 20. Jahrhunderts ist und bleibt eine prinzipielle Kritik ein unbedingtes Erfordernis. Die Zeit ist überreif, den Einfluß der Neuen Kritiker nicht nur zu konstatieren, sondern diese gesamte literaturwissenschaftliche Strömung historisch zu beleuchten und kritisch zu bewerten. Der Begriff *"new criticism"* bzw. „Neue Kritik" wollen wir dabei zunächst nach Rudolf Stamm „in seinem weitesten Sinne gebraucht für alle Interpreten, die in Methode und Bewertung bewußt von der traditionellen Literaturwissenschaft abweichen" [32].

Worin also bestanden die Abweichungen des New Criticism von der traditionellen bürgerlichen Literaturwissenschaft? Welches waren deren wirkliche, geschichtlich entstandene Grundlagen? Welches waren deren tragende ideengeschichtliche Impulse? Diese Fragen verlangen eine Antwort, bevor Darstellung und Kritik des ästhetischen Programms des New Criticism einsetzen können. Eine solche Antwort suchen wir in der frühen Sekundärliteratur vergebens. [33] Diese bietet weder eine befriedi-

---

[32] A. a. O., S. 10. Ähnlich R. S. Crane in *The Languages of Criticism and the Structure of Poetry*, Univ. of Toronto Press 1953, p. 95. Vgl. auch T. S. Eliot in einer seiner jüngsten kritischen Äußerungen: "The term *The New Criticism* is often employed by people without realizing what a variety it comprehends; but its currency does, I think, recognize the fact that the more distinguished critics of today, however widely they differ from each other, all differ in some significant way from the critics of a previous generation." ("The Frontiers of Criticism", in: *The Sewanee Review*, vol. 64 [1956], p. 526.)

[33] Neben den bereits angeführten Arbeiten vgl. die unten herangezogenen Beiträge von Bradbury, Brooks/Wimsatt, Buckley, Closs, Davis, Elton, Fishman, Heyl, Holloway, Hyman, Krieger, Ong, Raleigh, Sühnel, Viebrock, Wilkinson, Wimsatt (1956) u. a. (siehe Literaturverzeichnis.) Im wesentlichen beschränkt sich die Kritik am *new criticism* auf zwei Haltungen: Neben einer unkritischen Bewunderung „dieser höchst fruchtbaren Bewegung" (V. Lange, in: *Forschungsprobleme* usw., S. 32) und dem Aufruf, bei dieser Bewegung „auch verantwortungsbewußte Mit-Akteure zu sein" (so R. Sühnel, „Tendenzen der amerikanischen Literaturkritik im zwanzigsten Jahrhundert", in: *Anglia*, Bd. 75 [1957], S. 223; ähnlich Weber, a. a. O., S. 122 und — mit gewissen Vorbehalten — auch Straumann, a. a. O., S. 6), findet sich eine weitgehend deskriptive Darstellung der neueren Strömungen — "without attempting a serious evaluation of them", wie es bei C. H. Holman, "Criticism since 1930", in: *The Development of American Literary Criticism*, ed. by F. Stovall, Chapel Hill 1955, p. 200, heißt.

gende historische Erklärung noch eine konsequente literaturtheoretische Kritik. Eine wirklich kritische Auseinandersetzung ist eben nur möglich von einem Standort außerhalb des kritisierten Gegenstandes selbst. Eine solche Kritik muß radikal sein: Sie muß die Enge des akademischen Methodenstreits verlassen, um die wirklichen Triebkräfte methodologischer Wandlungen in ihren Wurzeln aufzuspüren.

Die einzige historisch-kritische Darstellung vom Standpunkt des dialektischen Materialismus (B. Smith, *Forces in American Criticism*, New York 1939) erschien, bevor die Neue Kritik ihre volle Ausbildung erfahren hatte; der Schwerpunkt der Auseinandersetzung liegt infolgedessen bei Smith auf der älteren, liberalen Kritik, während es gegenüber den damaligen Avantgardisten an genügend kritischer Distanz fehlt. Die bisher bedeutendste, konsequent kritische Auseinandersetzung mit einzelnen Vertretern und Schulen bietet der sowjetische Sammelband *Gegen die bürgerlichen Konzeptionen und den Revisionismus in der ausländischen Literaturwissenschaft*, hg. von A. G. Dementjew, A. I. Pusikow und J. E. Elsberg, Moskau 1959 (russisch) — mit Beiträgen von I. I. Anissimow, A. A. Jelistratowa, L. I. Timofejew u. a. Wertvolle Kritiken an einzelnen Werken und Interpreten enthalten auch die marxistischen Arbeiten von Koshinow, Elsberg, Poschmann, West und Weißbach; Letztgenannter gibt darüber hinaus eine gelungene Skizze der gegenwärtigen stilkritischen Germanistik. Ansätze zu einer in Methode und Konsequenz sehr unterschiedlichen Kritik finden sich auch in den Beiträgen von Bush, Davis, Hastings, Muschg, Nott, Rahv, Pottle, Sutherland u. a. Die erste dem Gegenstand gewidmete deutsche Dissertation (W. Stedtfeld, *Aspects of the "New Criticism"*, Freiburg 1956, Maschinen-Ms.) bleibt demgegenüber in der Darstellung vornehmlich deskriptiv und "feels induced to praise its [d. i. des *new criticism*] achievements" (p. 206).

Erster Teil

Zur Geschichte des "New Criticism": Grundlagen, Wegbereiter und Hauptvertreter

I. Tradition und Krise viktorianischer Literaturkritik

Die Ursprünge des *new criticism* reichen bis in die Zeit des ersten Weltkrieges zurück; seine Herausbildung in den zwanziger Jahren und seine rasche Verbreitung seit Anfang der vierziger Jahre müssen auf dem Hintergrund der Krise der älteren, viktorianischen Literaturkritik betrachtet werden. Diese ältere Literaturkritik, deren Tradition in England noch heute vielfach lebendig ist, war im wesentlichen ein Produkt der nachrevolutionären Epoche. Sie fand ihre gültige Form im Zeitalter nach der industriellen Revolution und schöpfte ihre wichtigsten Impulse aus dem Individualismus und Liberalismus des 19. Jahrhunderts. Künstlerisch befruchtet durch die essayistische Prosa der Romantiker, beruhte diese Kritik nicht auf einer akademischen Leserschaft, sondern einem aufgeschlossenen bürgerlichen Laienpublikum, wie es erstmalig Dryden in "the best company of both sexes" gefunden hatte. Bereits Dryden schrieb, wie er im *Essay on Satire* bemerkte, "for the pleasure and entertainment of those gentlemen and ladies, who, though they are not scholars, are not ignorant: persons of understanding and good sense" [1].

Diese bürgerliche, im 19. Jahrhundert dann vornehmlich liberale Kritik reichte über Hazlitt bis zu Saintsbury, Hudson und Raleigh und wurde 1952 von James Sutherland in der programmatischen Abhandlung *The English Critic* als die noch immer verpflichtende englische Tradition gewürdigt. Sie konnte mit Leslie Stephen wichtige soziologische Elemente absorbieren; sie konnte mit Walter Raleigh und F. L. Lucas eine selbstkritische Einstellung gegenüber romantischer Tradition erringen; sie konnte durch Herbert Read und Robert Graves Impulse aus der neueren Psychologie empfangen, aber sie blieb doch immer die betont unpedantische, oft unmethodische, dabei aber kultivierte Literaturkritik, deren

---

[1] *Essays of John Dryden.* Selected and ed. by W. P. Ker, 2 vols., Oxford 1926 (repr.), vol. II, p. 111.

charakteristische, weltmännisch-amateurhafte Note in Leslie Stephens Buchtitel *Hours in a Library* treffend zum Ausdruck kommt.

Diese liberale Tradition war in ihren Ursprüngen eng mit dem empirischen Denken, dem Wirklichkeitssinn und der praktischen Gesinnung des in der Revolution siegreichen Bürgertums verbunden. Bacon und Locke legten die philosophischen Grundlagen dieser Kritik, in der das klassizistische Kunstrichtertum eines Rymer niemals unangefochten im Mittelpunkt stehen konnte. Dryden selbst war Mitglied der *Royal Society*, und deren Impulse — die Forderung nach Klarheit im sprachlichen Ausdruck, aber auch der Sinn für "the improvement of society"[2] — wurden für die Maßstäbe seiner Kritik mitbestimmend. Seit Addison dominierten *common sense* und Hochachtung vor den durch Erfahrung erschlossenen Tatsachen. Seit Johnsons *Lives of the Poets* hielt das biographische Interesse dem belletristischen die Waage. Bis zu H. Morleys *English Writers* und A. C. Bradleys *Shakespearean Tragedy* richtete sich das Augenmerk auf den menschlichen Charakter, und zwar sowohl den gestaltenden des Dichters als auch den gestalteten in der Dichtung. Dieser *life-and-letters approach to literature* — nach Sutherland schlechthin "characteristic of English criticism"[3] — bewies eine Kontinuität, deren Stärke letztlich aus den nationalen und sozialen Spezifika der Herrschaft des englischen Bürgertums folgert. Im Gegensatz zu Deutschland und den USA, wo die akademische Literaturbetrachtung sich später strikt auf positivistische *scholarship* orientierte[4] (Quellenstudium, Stoff- und Motivgeschichte, Textkritik usw.), blieb in England die essayistische Kritik auch an den Universitäten lebendig. In Großbritannien lebt die „viktorianische Kritik im 20. Jahrhundert fort" und bildete noch im ersten Jahrhundertdrittel „mit geringen Abweichungen teils zur akademisch-wissenschaftlichen, teils zur journalistisch-essayistischen Richtung die Hauptmacht des kritischen Denkens"[5].

Erreichte diese bürgerlich-liberale Tradition im 19. Jahrhundert mit Hazlitt ihren Höhepunkt, so verfiel sie in der Folgezeit einem unfrucht-

---

[2] L. J. Wylie, *Studies in the Evolution of English Criticism*, Boston 1894; p. 39; vgl. ferner pp. 54, 70 ff.

[3] J. Sutherland, *The English Critic*, London 1952, p. 11.

[4] Eine knappe Charakteristik der deutschen „positivistischen Literaturforschung" u. a. bei O. Benda, *Der gegenwärtige Stand der deutschen Literaturwissenschaft*, Wien/Leipzig 1928, S. 7–11; über "the divorce between academic criticism and literary criticism" in den USA vgl. A. Feuillerat, "Scholarship and Literary Criticism", in: *Yale Review*, vol. 14 (1925), pp. 309–324, bes. pp. 314 ff.

[5] H. W. Häusermann, *Studien zur Englischen Literaturkritik: 1910–1930* (= „Kölner Anglistische Arbeiten", Bd. 34), Bochum 1935, S. 95.

baren Subjektivismus und Impressionismus. Der Verzicht auf jegliche Methodologie mußte angesichts der Weiterentwicklung der Natur- und Gesellschaftswissenschaften als ein wissenschaftlicher Anachronismus erscheinen, dessen Überlebtheit von amerikanischen bürgerlichen Kritikern auch bald als "mere antiquarianism" und Ausdruck einer "prevailing gentility" bezeichnet wurde [6].

Ein Beispiel aus der Spätphase viktorianischer Kritik möge deren charakteristische Eigenarten verdeutlichen. Wir entnehmen es W. H. Hudsons Studie *A Quiet Corner in a Library;* es bildet Einleitung und Schluß einer Abhandlung über "Tom Hood: the Man, the Wit and the Poet".

"It is with *an odd feeling of disenchantment,* dashed often, I think, with a certain sense of the pathos of things, that from time to time we turn back to the books which were our chosen companions in years gone by. *In an idle hour,* more by accident, probably, than design, we take from the shelf 5 some volume once deeply *cherished for its wit or wisdom,* its poetry or romance. How willingly, then, would we renew the old *charm!* How strangely, how irrevocably, that old charm seems to have fled! We remember with the *vividness* of yesterday the *feelings of rapt admiration and intense sympathy* with which we were wont to linger spellbound over those 10 once magic pages. How they *glowed* and *sparkled* in those other days! How they clutched us by the very heart-strings! How eloquent they were – how *tender* – how *beautiful!* There is no fascination in the literature we afterwards come to love quite equal to the *fascination of those enchanters* of our youth. And behold! 'wither is fled the visionary *gleam?* Where is it 15 now, the glory and the dream?' The life has evaporated, the *spell* has been broken! The chances are that the poetry seems *tumid* to us; the romance *tawdry;* the moralizing trite; the humour flat and futile. We shake our wiser heads sadly; and, not without a sigh, we lay the book aside. 'Requiescat in pace' – for it is *part and parcel of our own dead selves.* Let us deal with 20 it gently, as we should deal with the memory of a schoolboy friend into whose willing ear we once poured our heart's secrets, and whom we pass in the street with a formal handshake or half a dozen commonplace words of recognition.

The history of *our taste in fiction,* for example, will generally exhibit some 25 extraordinary mutations. It is quite true, as the sage Benedick tells us, that 'a man loves the meat in his youth that he cannot endure in his age'. I recall *my own experience.* There was the typical case of 'Ivanhoe' ... But one grows *garrulous* when one begins *to talk about oneself,* and these reminiscences into which I have wandered are no further to the point. Let me 30 come at once to the matter by which *such generalities* were in the first instance suggested.

---

[6] So R. Wellek and A. Warren in *Theory of Literature,* p. 286.

The other day *I chanced to turn over*, for the first time in I will not say
how many years, the pages of Tom Hood's 'Comic Annuals'. It were im-
pertinent for me now to speak of *the delicate personal associations* which
35 cluster about this book — of the melancholy trains of thought which were
started by the grotesque pictures, and the whims and oddities of the letter-
press. But perhaps because these certain connections put me, as it were,
at *a wrong point of view*, but also, I am sure, because of a profound change
of taste, I read with little amusement, and was even glad to put the volume
40 again in its place on the shelf. A certain *faint odour*, as of something *faded*,
seemed to *exhale* from its pages. 'Tempora mutantur, nos et mutamur in
illis!' ... I have gone through my program, and must now bring *my little
study* of Hood to a close. Exhaustive that study has not been; on the
contrary, it has been superficial and slight. But none the less I dare to hope
45 that it *may help to interest a reader* here and there in one who still endears
himself to those who know him well as *a man* of singularly sympathetic
character, *a jester* whose wholesome laughter is still contagious, *and a poet
of real excellence and distinction*. In these days of rapid and vast production in literature, when even the most industrious of us finds it impossible
50 to read half the new books that he ought to read (or, at any rate, that the
reviewers tell him that he ought to read), there is an obvious danger lest
much that is good in the literature of the past may be swamped and forgotten. In these circumstances a critic who is *inspired by a warm personal
feeling for his subject* may often do *a useful if humble service* in redirecting
55 our attention to some favourite author, whose value, as he deems, is com-
monly overlooked, and whose works are not as well known *as they ought
to be*. For such a purpose, and in such a spirit, I have written here of Tom
Hood." [7]

Unsere Hervorhebungen weisen auf das Charakteristische. Die Atmosphäre leicht parasitärer Romantik zeigt den Kritiker als Impressioni-
sten ("magic pages ... glowed ... sparkled"; "gleam", "tumid", "tawdry", "faint odour" usw.). Er analysiert nicht das Kunst*werk*, sondern
schildert ein Kunst*erlebnis*. Die Schilderung ist ichbezogen und gefühls-
betont ("feelings of rapt admiration and intense sympathy", "spellbound" usw.). Bei aller Subjektivität des Kritikers wird doch eines deutlich: Durch seinen Plauderton hindurch klingen Vertrauen und Sicherheit, mit denen sich der Kritiker an seine *geneigten* Leser wendet. Dieses
enge, vertraute Verhältnis zum Publikum zeigt sich (a) in der Abwesen-
heit jeglichen Spezialvokabulars; (b) in der mangelnden Scheu vor Ge-
meinplätzen (*Tempora mutantur* usw.); (c) in der dem Leser gebotenen,
dann ironisch-bescheiden verweigerten Einsichtnahme in Intim-Persön-
liches ("delicate personal associations"); (d) schließlich in der Sicher-

---

[7] W. H. Hudson, *A Quiet Corner in a Library*, London o. J. [1915], pp. 1–4, 57.

heit, mit der Hudson den Übergang vom "we" zum "I", von "our taste" zu "my own experience" findet. "You and I", so sagt er in seinem Richardson-Essay, "may yawn over the little printer's countless pages" [8]. Der Kritiker steht hier mit seinem Publikum auf du und du. Dieses intime, von Hudson atmosphärisch sorgfältig eingestimmte Vertrauensverhältnis ist weder snobistisch noch anbiedernd, und auch kein kritisch-stilistischer Gag. Es ist Ausdruck einer tieferen, auf gemeinsamer Bürgerlichkeit beruhenden Wahlverwandtschaft, deren soziale und historische Bedingtheiten sich in einigen von Hudson dem Essayband als Motto vorangestellten Versen treffend widerspiegeln. [9]

Aus diesem sozialen Tatbestand erwächst eine bestimmte literaturkritische Haltung. Hudsons Standpunkt ist nicht der des professionellen Kritikers mit seinen Sonderbedürfnissen, sondern ist identisch mit dem des musisch interessierten bürgerlichen Lesers, welcher "in an idle hour,

---

[8] Ibid., p. 238.

[9] Das Gedicht ist ein Kabinettstück viktorianischer Genrelyrik; die ersten vier Strophen lauten so:

> "Old Dick on his favourite cushion
> Purrs lazily at the fire;
> Jack on his chair is dreaming, I know,
> Of his tramp through the rain and the mire;
>
> And from the room adjoining,
> Where SHE sits and charms the keys,
> Come strains of one of Schumann's
> Most magical melodies.
>
> The night has fallen early,
> With a welter of wind and rain;
> 'T is a dismal scene that meets my gaze
> Through the blurred window-pane.
>
> So I draw the curtains quickly,
> And shut it away from sight,
> And turn to my little book-lined world
> Of love, and warmth, and light."

Dies erhellt den soziologischen Nährboden viktorianischer Schöngeistigkeit. Der kultivierte Umgang mit Musik und Buch beruht auf gesellschaftlichen Privilegien des besitzenden Bürgertums, auf der dadurch ermöglichten gepflegten Häuslichkeit und Muße. *Noch* hat das *Musische* Raum im Rahmen des *Bürgerlichen;* freilich hinter den schnell zugezogenen Gardinen einer privaten Sekurität. Diese eingeschränkte, aber scheinbar noch unangefochtene Bürgerlichkeit vereint *Kritiker* und *Publikum;* das hier entworfene soziale *und* künstlerische Ideal wird von *beiden* geteilt.

more by accident, probably, than design" (Z. 4) zum Buche greift. Dieser spätviktorianische Kritiker erfüllt noch einen gesellschaftlichen Auftrag. Sein Tun ist so wenig Selbstzweck, daß er sich *im Dienste* des Lesers weiß und für ihn seinen "useful if humble service" (Z. 54) verrichtet.

Die noch lebendige Bezogenheit auf überindividuelle Faktoren verhindert eine ästhetizistische Verengung der Kritik. Sie erfordert den ständigen Verweis auf „außerästhetische" Kriterien. In diesem Sinne sieht Hudson in Tom Hood nicht nur "a poet of real excellence and distinction" (Z. 47/48; eine charakteristisch vage Einschätzung!), sondern auch "a man of singularly sympathetic character" (Z. 46/47), dessen "wit" und "wisdom" (Z. 5) seine Bewunderung verdienen. Das Interesse an Literatur ist daher ein vorwiegend menschlich-allgemeines Interesse im Gegensatz zu dem ästhetisch-partikulären Anliegen der späteren bürgerlichen Kritik. Literatur und Leben klaffen noch nicht auseinander: "In literature as in life", so sagt Hudson, "one has one's likes and one's dislikes, and it is often a hard matter to give a rational account of either." [10]

Diese Bezogenheit auf die „außerästhetischen" Bedürfnisse eines Laienpublikums geht einerseits bei Hudson bereits Hand in Hand mit einer impressionistischen Verflachung der Kritik. Andererseits ermöglicht sie dem Kritiker noch eine bei allem Impressionismus erstaunliche Sicherheit im Umgang mit Literatur. Für Hudson bietet "our taste in fiction" (Z. 24) noch einen legitimen, kollektiven Oberbegriff, dem sich das individuelle Erlebnis ("my own experience", Z. 27) sinnvoll unterordnet. Nur aus diesem Grunde darf er sein *privates* Erleben als "typical case" (Z. 27) bezeichnen; nur so kann er das *Besondere* seines eigenen Erlebnisses als *allgemeine* Einleitung dem gesamten Essay voranstellen. *"To talk about oneself"* (Z. 28) ist also nur ein geschicktes Mittel zur Vergegenständlichung der einleitenden Verallgemeinerungen, die dann auch mit Fug und Recht als "such generalities" (Z. 30) bezeichnet werden. Der selbstkritische Vorwurf der Geschwätzigkeit ("one grows garrulous", Z. 27/28) ist daher nicht völlig ernst zu nehmen; er bildet den leicht rhetorischen Abschluß der Einleitung, die sofort in dem Augenblick abbricht, da Hudsons besonderes, persönliches Erlebnis nicht

---

[10] Ibid., p. 90. Vgl. auch die Worte über Henry Carey (p. 61): "There is nothing great about the man or his work. But on the other hand, there is a good deal that is interesting — I mean humanly interesting — about both." "Simplicity and sincerity" sowie "the wholesome democratic feeling which I found in his work" machen den Dichter für Hudson zu "a refreshingly human figure" (p. 90).

länger von allgemeinem, überindividuellem Interesse ist ("these reminiscences", so sagt er, "are *no further* to the point"). Wirkliche Bescheidenheit mischt sich mit feiner Ironie, und ihr Nebeneinander bezeugt eine eindrucksvolle Sicherheit des Kritikers und seine Freiheit von Anbiederung und Snobismus.

Der für Hudson noch mögliche Bezug auf gesellschaftlich gültige Normen äußert sich nicht nur in der sprachlich-stilistischen *poise* seiner Prosa, sondern auch in der bei aller Vagheit doch unübersehbaren Sicherheit seines kritischen Urteils. Der Kritiker leugnet nicht seine „persönlichen Assoziationen" (Z. 34), weiß aber sofort, daß er sich durch sie "at a wrong point of view" (Z. 38) begibt. Der hier implizite vorhandene „richtige Standpunkt" ist also unbestritten und wird lediglich gefährdet durch das spezifisch private, „delikate" Erlebnis des Kritikers. Dieses wird in seiner Bedingtheit sofort erkannt und in Rechnung gestellt, so daß die Wertung noch nicht individualistisch relativiert wird. Der Kritiker bezieht sich eben allerwegen auf eine von seinen Lesern geteilte Urteilsnorm. "Critics", so heißt es in einem anderen Zusammenhang, "gain reputation for learning and originality by finding out all sorts of qualities of supreme greatness in poets so very minor that the chances are that you and I have never before heard of them." [11] Diese Feststellung ist aufschlußreich: Das Vertrauensverhältnis zum bürgerlichen Leser (vgl. wiederum das charakteristische "you and I") wird hier zum Ausgangspunkt einer literarischen Wertung, deren unerschütterte Sicherheit eben aus der Absage an die Spezialisierung und "originality" des Kritikers als Kritiker erwächst. Der viktorianische Kritiker wendet sich gegen die akademische Literaturbetrachtung ("learning") und gegen die in ihrer eigenen subjektiven Originalität befangene Kritik. Er ergreift Partei für den Leser, gegen den Kritiker. Diese Identifizierung mit dem Standpunkt des bürgerlichen Publikums bezeugt seine eigene Bürgerlichkeit; sie verleiht ihm den festen, gesellschaftlich sanktionierten Maßstab für die Ermittlung von "supreme greatness", ebenso wie von Zweit- und Drittrangigkeit. Ein unbekannter Schriftsteller könnte ein großer Dichter sein? Nicht für Hudson! Gerade die Tatsache, daß er der Öffentlichkeit (diese umfaßt: "you and I"!) unbekannt, daß er gesellschaftlich nicht anerkannt ist, erweist sich bereits als ein Wertmaßstab, an Hand dessen der Kritiker einen Dichter unter die "poets so very minor" einordnen kann.

Die hier an einem charakteristischen Beispiel dargelegte Methode der traditionellen viktorianischen Kritik basierte auf historischen Voraus-

---

[11] Ibid., p. 60.

setzungen, die mit Beginn des 20. Jahrhunderts in immer geringerem Maße gegeben waren. Die wachsenden wirtschaftlichen und internationalen Widersprüche, die politische Emanzipation der Arbeiterbewegung, die Zersplitterungen innerhalb des Bürgertums, die Monopolisierung und Spezialisierung im Zeitungswesen, die Aufspaltung der literarischen Kultur in *low-brow* und *high-brow* und zahlreiche andere Tendenzen unterhöhlten die materiellen und geistigen Grundlagen der viktorianischen Kritik. Der Anspruch auf Sicherheit erschien unter diesen Bedingungen als unredliche *complacency* oder war — wie bei Hudson — nur noch in „der stillen Ecke einer Bibliothek" möglich. Schon seit Matthew Arnold stagnierten die theoretische Erörterung und Entwicklung der Kritik als kulturhistorischer Auftrag. Mit Walter Pater, Arthur Symons und James Gibbons Huneker hatte die spätbürgerliche Abwendung von gesellschaftlicher Realität das kritische Schaffen zunehmend verarmt. Seit jeher stand ja im Mittelpunkt der angelsächsischen Kritik nicht die normative Analyse, sondern das wertende Urteil. Grundlage des Werturteils war der überlegene Geschmack und die erhöhte ethische und ästhetische Sensibilität des Kritikers, welcher mit den Worten Hazlitts seine Aufgabe darin sah, "to feel what was good and to give a reason for the faith that was in me, when necessary and when in my power" [12]. Aus diesem Grunde war Leigh Hunts Urteil gerechtfertigt, als er meinte, daß Hazlitt „die Wahrheit als bloße Sache des Gefühls zu empfinden scheine" [13]. Jetzt — nach der Jahrhundertwende — konnte aber das private Empfinden des Kritikers nicht länger Prüfstein des gesellschaftlichen Kunstgeschmacks sein. Im Prozeß der kapitalistischen Arbeitsteilung, der Herausbildung einer *minority culture* und der wachsenden Entfremdung des Kritikers in der bürgerlichen Gesellschaft war sein individuelles Geschmacksempfinden nicht länger repräsentativ für ein weiteres Publikum. Eine gesellschaftlich annähernd akzeptierte ethische und damit auch ästhetische Wertskala bestand nicht mehr. Der einstmals weitgehend gültige bürgerliche Kunstgeschmack (W. H. Hudson: *"our taste in fiction"*) hatte sich in *The Whirligig of Taste* [14] verwandelt: "the

---

[12] *The Complete Works,* ed. by P. P. Howe, 21 vols., London 1930, vol. 6, p. 302.

[13] Vgl. H. Richter, *Geschichte der englischen Romantik,* 2. Bd., 1. Teil, Halle 1916, S. 227. H. Walker (*The English Essay and Essayists,* London 1915) darf daher über Hazlitt sagen: "He achieves his ends in criticism by virtue of a sound but not an inspired taste" (p. 176); und ähnlich über Charles Lamb: "good sense makes him substantially right even where his own preferences do not guide him" (p. 231).

[14] Vgl. E. E. Kellett, *The Whirligig of Taste,* London 1929.

concept of good taste lost its validity, since that depended upon its appeal to universal standards" [15].

Damit wurde das bislang akzeptierte Kriterium der Kunstwerkbewertung, nämlich die erhöhte Erlebnisfähigkeit des Kritikers, problematisch. Noch Saintsbury hatte in seiner dreibändigen *History of Criticism and Literary Taste in Europe* die Entwicklung der Kunst*kritik* als Entwicklung des Kunst*geschmacks* gedeutet. "Criticism", so sagte er, "... is pretty much the same thing as the reasoned exercise of literary taste" [16]. Unter Verwendung einer charakteristischen "humble *a posteriori* method" hatte er dabei alle Mittel normativer Literaturkritik, alle Systeme, Regeln und Gesetze entschieden abgewertet. "Criticism", so hatte W. Raleigh definiert, "... is literature suggested by a book." [17] Übriggeblieben war nunmehr der subjektive Urteilsanspruch eines individualistischen Intellektuellen, dessen Prämissen sich aber immer stärker als relativiert erwiesen. Selbst die anspruchslose Methode des literarischen Vergleichs — von Saintsbury virtuos gehandhabt — erschien fragwürdig. Da jedes Kunstwerk als Ausdruck, als Expression einer einmaligen Dichterseele verstanden wurde, erschien schließlich jedwede vergleichende Wertung belanglos: "we have reached a point", so schrieb ein Kritiker im *Athenaeum*, "at which all works of art are equally good if they are equally expressive. What every artist seeks to express is his own unique consciousness. As between things unique there is no possibility of subordination or comparison." [18]

Dieser individualistische Ästhetizismus erschütterte die Grundlagen jeglichen Werturteils: War die Kunst als Ausdruck beliebig willkürlicher, subjektiver Stimmungen eines Individuums erst einmal gerechtfertigt, so verblieb dem Kritiker nur noch ein Urteil über die Direktheit, Intensität usw. des Ausdrucks, nicht aber über den Inhalt und Wert des Ausgedrückten. [19] Da ferner alle sozialen und ethischen sowie alle normativen Maßstäbe weitgehend relativiert und zugunsten des Individualgeschmacks des Kunstbetrachters aufgegeben waren, gab es kein all-

---

[15] Levin, a. a. O., p. 144. Vgl. auch Sutherland (a. a. O., p. 13): "It is a significant fact that the word 'taste' has almost completely dropped out of contemporary critical terminology. If the word has disappeared, I am afraid it is because we no longer have much occasion to use it." Der schlußfolgernde Zusatz ist unfruchtbare Polemik, weil er die sozialen Grundtatsachen geschmacksgeschichtlicher Relativierung verkennt.

[16] 3 vols., London 1900/1904; vol. I, p. 4.

[17] W. Raleigh, *On Writing and Writers*, London 1926, p. 216.

[18] *The Athenaeum*, 1920, pp. 267 f.; zit. bei Häusermann, a. a. O., S. 66 f.

[19] Vgl. dazu Raleigh, a. a. O., pp. 218—221.

gemein verpflichtendes Urteilskriterium mehr. Der einzige Maßstab der Kunstwertung war der Genuß des betrachtenden Individuums.[20] Da aber jedes bürgerliche Individuum theoretisch den gleichen individualistischen Urteilsanspruch besaß, gab es nicht einen bindenden Maßstab, sondern ungezählte individuelle Urteilsnormen. Eine Kunstkritik aber, die nicht eine, sondern ungezählte Wertungen zuließ, führte die Wertung selbst *ad absurdum:* „Die Wertfrage", so schloß der subjektive Kritiker, „ist gar keine literarische Frage."[21]

Mit dem Verzicht auf literarische Wertung war der Kritiker vor eine scheinbare Alternative gestellt: Entweder das Kunstwerk in nachschaffender Beschreibung von neuem zum Leben zu erwecken oder den subjektiven Eindruck seines Kunsterlebnisses ohne Anspruch auf Allgemeingültigkeit aufzuzeichnen. Unter Berufung auf De Quinceys Vorbild mochte er — *The Critic as Artist* (O. Wilde) — in der Vermittlung des Kunstgenusses seine höchste Aufgabe erblicken. Dieses "secret of communicating his enjoyment"[22] setzte jedoch nicht nur eine glänzende stilistische Begabung voraus, sondern war bei den großen Stilisten — wie Hazlitt und Ruskin — niemals Selbstzweck gewesen. Der Kritiker, der darauf verzichtete, das Kunstwerk zu analysieren, konnte aber das Kunsterlebnis nicht reproduzieren. Sein nachschaffendes Bemühen förderte nicht die poetischen Werte zutage, sondern den von ihnen ausgelösten emotionalen Effekt in der Seele des Betrachters. Die kritische Aussage hatte aufgehört, kritisch zu sein; sie beleuchtete nicht den Gegenstand der Literaturkritik, sondern die Impressionen des Kritikers: "the highest criticism", so meinte Wilde, sei "the purest form of personal impression. . . . That is what the highest criticism really is, the record of one's own soul."[23] Im Vordergrund standen also nicht die objektiven Gegebenheiten des Kunstwerks, sondern die sensualistischen Eindrücke und das subjektive Erlebnis des Urteilenden. Nach J. G. Huneker war es die Aufgabe des Kritikers, "to spill his soul", d. h. "to follow and register

---

[20] Vgl. Saintsbury, der (a. a. O., vol. I, p. 4) *criticism* definiert als "the attempt, by examination of literature, to find out what it is that makes literature pleasant, and therefore good". Der daraus folgernde literarkritische *Whirligig of Taste* wird von Kellett allen Ernstes so gerechtfertigt (p. 148): "If a book satisfies a certain number of readers, it is so far good: it attains its end and there is no other definition of goodness."

[21] Vgl. Häusermann, a. a. O., S. 37.

[22] Sutherland, a. a. O., p. 12.

[23] Oscar Wilde, "The Critic as Artist", in: *Intentions*, 14th ed., London 1921, p. 139. Vgl. auch p. 185: "each mode of criticism is, in its highest development, simply a mood".

his emotions aroused by a masterpiece" [24]. Entscheidend war nicht das literarische Werk, sondern die dadurch ausgelöste literarische Empfindung. Literaturkritik, so folgerte Wilde, "is the only civilized form of autobiography" [25].

Der Kunstgenuß wurde zum alleinigen Kriterium der Kunstkritik, der Kritiker zum Connoisseur, die gesamte Literatur zu einer Sammlung belletristischer Kostbarkeiten, die in einem mehr oder weniger rhapsodischen Katalog aufgeführt wurden. Saintsbury z. B. war — ähnlich wie der Amerikaner Huneker — ein ausgezeichneter Weinkenner, wovon sein Buch *Notes in a Wine Cellar* ein beredtes Zeugnis ablegt. Wie im Weinkeller verhielt er sich auch in seiner Bibliothek, und sein Gaumen war hier ebenso wählerisch wie dort. Sein Geschmack war durch viele köstliche Genüsse geschult, so daß am Ende nur ein Prinzip übrig blieb: *de gustibus non est disputandum.*

Der Kritiker, der im Ausdruck seiner Persönlichkeit das letzte Ziel seines Tuns sah, hatte aufgehört, Kritiker zu sein. Die „überhandnehmende Auflösung und Zersetzung des kritischen Denkens" [26] hatte damit ihren Höhepunkt erreicht. Im Frühjahr 1914 zog Harold Monroe für die Zeitschrift *Poetry and Drama* die Bilanz aus dieser Entwicklung: "we propose", so schrieb er, "if possible to evade criticism altogether ... I disbelieve in 'literary' criticism, unless that of the great masters, just as I disbelieve in bookish poetry" [27]. Diese Worte, geschrieben in einem historischen Jahr, waren mehr als das literarische Programm eines Literaten: Sie waren die Bankrotterklärung der liberalen, viktorianischen Kritik.

---

[24] Zit. bei Zabel, a. a. O., p. 11.
[25] A. a. O., p. 140. Wilde ist nur das extreme Beispiel einer subjektivistischen Haltung, die bereits viel früher, schon bei Walter Pater voll ausgeprägt war: "It is because Pater when speaking of individual works and their producers makes them out as rather like his own and himself that on those occasions his criticism is autobiographical poetry, and only good criticism of himself." (G. Tillotson, *Criticism and the Nineteenth Century*, London 1951, p. 30.)
[26] Häusermann, a. a. O., S. 97.
[27] March 1914, pp. 53 f.; zit. ibid., S. 51.

II. Der historische Hintergrund literaturkritischer Reaktion

Ein Blick auf die Sozialgeschichte dieser Jahre verdeutlicht, daß der Niedergang der viktorianischen Kritik in engem Zusammenhang steht mit der Ende des 19. Jahrhunderts einsetzenden Krise des bürgerlichen Liberalismus, dessen ökonomische Prämissen (Kapitalismus der freien Konkurrenz) ebenso wie dessen sozialethische Schlußfolgerungen (Individualismus, Fortschrittsglaube) mit Beginn der imperialistischen Epoche in Frage gestellt wurden. Die wachsende Konzentration der Produktion und des Kapitals setzte — zunächst in den Grundstoffindustrien — dem freien Unternehmerkapitalismus ein Ende. An die Stelle der Konkurrenz trat das Monopol, neben dem Warenaustausch entwickelte sich immer stärker der Kapitalexport. Die Verschmelzung des Bankkapitals mit dem Industriekapital stärkte die Macht der finanzkräftigen Bourgeoisie, die zunächst die großen Aktiengesellschaften und Kartelle kontrollierte und schließlich immer mehr das gesamte Wirtschaftsleben bestimmte. Die unvermeidliche Verflechtung der Monopole mit den staatlichen Interessen führte auf der internationalen Arena zu einem erbitterten Ringen um Rohstoffquellen und Absatzmärkte, zu einer Aufteilung der Welt in ökonomische Einflußsphären. Doch diese entsprachen keinesfalls der bereits erfolgten territorialen Aufteilung der Erde unter den Großmächten. Das wachsende „Mißverhältnis zwischen der Entwicklung der Produktivkräfte und der Akkumulation des Kapitals einerseits, der Verteilung der Kolonien und der ‚Einflußsphären' des Finanzkapitals andererseits"[1] erzeugte machtvolle ökonomisch-soziale Widersprüche, deren internationaler Charakter alle industriell entwickelten Länder miteinander verstrickte. Die einstmals um friedlichen Freihandel wetteifernden Nationen verwandelten sich in „zwei, drei weltbeherrschende, bis an die Zähne bewaffnete Räuber..., die die ganze Welt in *ihren* Krieg um die Teilung *ihrer* Beute mit hineinreißen"[2] mußten.

Die ökonomisch-politische Struktur des sich rasch entwickelnden Imperialismus ist bereits durch J. A. Hobsons *Imperialism: A Study* (1902), R. Hilferdings *Das Finanzkapital* (1910) und vor allem durch Lenins bedeutende Untersuchung (entstanden 1916) enthüllt worden. Die wirtschaftlichen Tendenzen zur Konzentration, zum Kapitalexport usw. sind

---

[1] W. I. Lenin, *Der Imperialismus als höchstes Stadium des Kapitalismus* (Übers. ungenannt), Dietz-Verlag Berlin 1951, S. 107.

[2] Ibid., S. 9.

längst durch eine Vielzahl von Ökonomen – und mehr noch: durch die Tatsachen selbst – bestätigt worden. Die politischen Begleiterscheinungen, insbesondere die Verflechtung von Finanzgewalt und Regierungsapparat, haben inzwischen ein solches Ausmaß erreicht, daß sie sogar von bürgerlichen Betrachtern anerkannt werden. ("In this respect", so sagt ein konservativer Beobachter in den fünfziger Jahren, "the Eisenhower Administration differs from Mr. Truman's primarily in that the Big Business executives have now moved up from the Under-Secretaryships and the Assistant-Secretaryships into full Cabinet status. But they have been the major reservoir of government executives ever since 1942." [3])

Diese Tatsachen sind also erwiesen und können nicht länger ignoriert werden. Ungenügend erforscht jedoch sind noch ihre komplexen kulturellen und ideologischen Begleiterscheinungen, ohne die – so meinen wir – die charakteristischen Entwicklungstendenzen der neueren Literaturkritik niemals verstanden werden können. Dies gilt vor allem im Bereich der anglistischen Forschung und der Literaturwissenschaft, in dem die neueren wissenschaftsgeschichtlichen Entwicklungen in keinerlei Beziehung zu ihrem zeitgenössischen Hintergrund gesetzt worden sind. Ähnliches gilt nur noch bedingt für die benachbarte Disziplin der Historiographie, wo in jüngerer Zeit so bemerkenswerte und für uns durchaus einschlägige Erkenntnisse vorgetragen wurden, daß diese als Ausgangspunkt unserer eigenen Untersuchung dienen mögen. Ein westdeutscher Historiker schreibt:

„Soziologisch hat der Imperialismus ... den wachsenden Einfluß der wirtschaftlich führenden Schichten und Gruppen auf den Staatsapparat und die Politik zur Voraussetzung. Parlamente und Bürokratien werden in steigendem Maße abhängig von bestimmten Gruppen des Großbürgertums, das sich, vor allem

---

[3] P. F. Drucker, "The Liberal Discovers Big Business", in: *Yale Review*, vol. 42 (1952/53), pp. 529–536; das Zitat p. 529. Die Belege hierfür bei H. Claude, *Wohin steuert der amerikanische Imperialismus* (Übers. ungenannt), Berlin 1952, S. 157–162. Vgl. ferner A. Salz, „Der Imperialismus der Vereinigten Staaten", in: *Archiv für Sozialwissenschaft und Sozialpolitik*, Bd. 50 (1923), S. 565–616, bes. S. 566 f.: „Der spezifisch moderne Imperialismus ist dadurch gekennzeichnet und liegt überall da vor, wo der Staat mit der jeweils expansiven Wirtschaftsmacht eine solidarische Wirkensgemeinschaft eingeht derart, daß er dieser Wirtschaftsmacht seine Machtmittel zur Verfügung stellt und die expansiven Zwecke dieser Wirtschaftsmacht zu staatlichen, zu ,nationalen' Zwecken macht." Vgl. dazu Trumans Worte vom 26. 6. 1946: „Ich habe den glühenden Wunsch, daß zwischen Verwaltungsapparat und Privatfinanz die vollkommenste Zusammenarbeit bestehe." (Zit. bei Claude, a. a. O., S. 159.)

seit 1848, zunehmend mit den alten Aristokratien verbündet. Dieser Einfluß auf
Staat und Politik macht sich im letzten Viertel des 19. Jahrhunderts überall bemerkbar und führt zu einer weitgehenden Ausrichtung der Politik nach den
Bedürfnissen, Interessen und Zielen dieser sozialen Gruppen. Ihr Einfluß zeigt
sich gleichfalls in der zunehmenden Manipulation der öffentlichen Meinung im
Sinne eines chauvinistisch übersteigerten Nationalismus. Unter dem Druck einer
von den genannten sozialen Mächten abhängigen Presse treten jetzt eine Reihe
von Theorien in den Vordergrund, die der Verschleierung, der Idealisierung
und der Heroisierung der Antriebe und der Impulse einer imperialistischen
Politik dienen. Unter ihnen kommt den modernen Rassetheorien, wie sie in
England und Frankreich entstehen, eine besondere Bedeutung zu." [4]

Chauvinismus und Rassenideologie sind zweifellos die wichtigsten ideologischen Reflexe, die das imperialistische Zeitalter begleiten. Der Hinweis auf England bedarf jedoch insofern einer Einschränkung, als die
angelsächsischen Länder — wenn wir von dem amerikanischen Pragmatismus absehen — *zunächst* keineswegs führend an der Entwicklung
imperialistischer Ideologien beteiligt waren. Einen Nietzsche und Julius
Langbehn (den „Rembrandt-Deutschen") gab es eben nur in Deutschland. Die Tatsache, daß Houston Stewart Chamberlain — der bekannteste
Rassentheoretiker der Vorkriegszeit — im Jahre 1916 die deutsche Staats-
angehörigkeit erwarb, ist hier von geradezu symbolischer Bedeutung.

Gewiß zeigte der britische Kapitalismus am frühesten parasitäre Züge:
Bereits vor dem ersten Weltkrieg waren die Zins- und Dividenden-
bezüge, die Emissions- und Spekulationsgewinne, also die Profite aus
Kapitalexport und Investitionen *fünfmal so groß* wie die Einnahmen
aus dem Außen*handel*. [5] Während sich in den Jahren 1865—1898 das
britische Nationaleinkommen etwa verdoppelte, hatte sich — nach Berech-
nungen von Schulze-Gävernitz — das „Einkommen vom Auslande"
verneunfacht [6]. Offensichtlich begann das englische Kapital, im Rahmen
der herkömmlichen bürgerlichen Wirtschaftsformen zu stagnieren; es
fand im Inland keine wirklich gewinnbringenden Investitionsformen
mehr und bedurfte zu seiner Expansion neuer (gewöhnlich überseeischer)
Anlagemöglichkeiten. Im Gegensatz zu dem industriell spät entwickelten
Deutschland und den Vereinigten Staaten mit ihrem riesigen, vorerst
unausgeschöpften Binnenmarkt besaß England jedoch seit langem ein
koloniales Empire, das jetzt eine gänzlich neue Bedeutung erlangte. Als

---

[4] H. Kesting, *Geschichtsphilosophie und Weltbürgerkrieg. Deutungen der Geschichte von der Französischen Revolution bis zum Ost-West-Konflikt*, Heidelberg 1959, S. 103.

[5] Lenin, a. a. O., S. 109.

[6] Vgl. ibid., S. 114.

in der Kongo-Konferenz von 1884/85 der *scramble for Africa* seinen Höhepunkt erreichte, war England nicht unvorbereitet.

Disraeli, der noch 1852 die „elenden Kolonien" als „Mühlstein an unserem Hals" [7] bezeichnete, hatte inzwischen eine Politik der Konsolidierung des Empires eingeleitet. Schon vor Antritt seiner Regierung (1874–1880) eröffnete er den Kampf gegen die Politik der liberalen Manchesterschule und deren Auffassung, daß die Kolonien seit Einführung des Freihandels für das Mutterland wertlos geworden seien. In der Polemik gegen Benthams *laissez-faire*-Programm ("Emancipate your colonies") fand er u. a. die Unterstützung von Sir John Seeley, dessen Buch *The Expansion of England* (1883) die gesamte neuere Geschichte Großbritanniens im Lichte des anbrechenden Imperialismus revidierte:

"The English State then, in what direction and towards what goal has that been advancing? The words which jump to our lips in answer are Liberty, Democracy! They are words which want a great deal of defining." [8]

Nicht die Losungen der bürgerlichen Demokratie, sondern Nationalismus und Machtstreben traten in den Mittelpunkt der politischen Ideologie. Gerade in den überseeischen Besitzungen sah man jetzt – wie Seeley durchblicken ließ – "an outlet both for population and trade" [9]. Sie wurden nicht nur ein Ventil für die Unzufriedenheit des Proletariats ("our remedy for pauperism"), sondern dienten zugleich als Kräftereservoir für den Kriegsfall ("[to] make the whole force of the Empire available in time of war" [10]).

Bei alledem war England eine bereits saturierte Kolonialmacht. Rassenverblendung und Chauvinismus erreichten nur vorübergehend – während der gelben neunziger Jahre – jene hysterischen Formen, wie sie später für Deutschland, Italien, z. T. auch für Frankreich bestimmend wurden. Gewiß wurde der Einfluß eines Kapitalkönigs wie Cecil Rhodes und der mit ihm liierten Aktionäre und Finanzleute in der Folgezeit nur noch stärker. Aber der Rausch über Mafeking (1900) und „Khaki-Wahlen" blieben Episoden – trotz der von Alfred Harmsworth, dem späteren Lord Northcliffe, 1896 gegründeten *Daily Mail*. Selbst der Sänger des Empire, Rudyard Kipling, konnte die zur Rechtfertigung der Expansion unerläßliche Rassenideologie nicht in unverhüllter Brutalität

---

[7] Zit. bei D. C. Somervell, *Geistige Strömungen in England im 19. Jahrhundert*, übers. von O. Funke, Bern 1946, S. 268.

[8] *The Expansion of England*, Tauchnitz edition, Leipzig o. J., p. 16.

[9] Ibid., p. 309.

[10] Beide Zitate ibid.

vortragen, sondern mußte sie ethisch — als *the white man's burden* — verbrämen.

Wenn der Liberalismus in den angelsächsischen Ländern stärker verankert war, so beruhte das keineswegs nur auf dem ökonomischen Umstand, daß die Kartellisierung auf Grund der mangelnden Schutzzölle in England zunächst langsamer voranschritt als auf dem Kontinent [11]. Wichtiger war wohl der Umstand, daß der Liberalismus in den angelsächsischen Ländern niemals nur ein ideologisches Postulat, sondern seit 1688 und 1776 immer wieder ein bewährtes Aktionsprogramm der Bürgerklasse war. Die europäische Aufklärung hatte einstmals ihren Siegeszug in England angetreten; sie hatte bei der Amerikanischen Unabhängigkeitserklärung Pate gestanden: sie sollte *nicht in diesen Ländern* zu Grabe getragen werden.

Die mit dem Imperialismus einhergehende neue Ideologie erreichte daher zunächst auf dem Kontinent ihre früheste und konsequenteste Ausbildung. Hier, in Frankreich, Deutschland und Italien, begingen die Intellektuellen „den Verrat" — nicht (wie Julien Benda meinte) an „der Herrschaft des Geistes", sondern an den rationalen und humanitären Werten der bürgerlichen Vergangenheit: *La trahison des clercs* wurde zwar auch Kipling und William James zur Last gelegt, aber im Vordergrund standen durchaus D'Annunzio, Maurras, Barrès, Sorel, Bergson und vor allem Nietzsche und dessen deutsche Schüler. Die Abwendung von der bürgerlichen Aufklärung, vom Rationalismus, vom Fortschrittsglauben, von Toleranz und Pazifismus und die Hinwendung zu den Prinzipien der Gewalt, Autorität, Demagogie, zur Herrschaft der Instinkte und des Vitalen begannen zunächst das kontinentaleuropäische Denken zu bestimmen. Hier focht man die große Fehde gegen den Positivismus, hier erfolgte die Umwertung in der Psychologie und der Zusammenbruch des bürgerlichen Geschichtsbildes. *The Reorientation of European Social Thought* [12] vollzog sich ohne nennenswerte Mitwirkung englischer Ideologen.

Mit dem Ausbruch des ersten Weltkrieges änderte sich diese Situation. Der Donnerschlag von 1914 verkündet auch für Großbritannien das Ende einer Epoche, die sich ökonomisch und politisch längst überlebt hatte. Auch hier brach jetzt der seit langem unter der Oberfläche schwe-

---

[11] H. Levy, *Monopole, Kartelle und Trusts*, Jena 1909, S. 290; zit. von Lenin, a. a. O., S. 22.

[12] Vgl. H. S. Hughes, *Consciousness and Society: The Reorientation of European Social Thought*, London 1959, der ausführlich über Durkheim, Croce, Pareto, Freud, Jung, Dilthey, Troeltsch, Weber, Péguy, Bergson und Spengler handelt, aber keinen englischen Namen berücksichtigt.

lende Irrationalismus offen hervor. Der Glaube an die Aufwärtsentwicklung friedlicher Wissenschaften und an die Vervollkommnungsfähigkeit der Menschheit wurde auch in England erschüttert. Die Gottgefälligkeit liberaler Demokratie ließ sich nicht vier Jahre lang in Flandern verteidigen.

Die Auswirkungen auf das geistige und literarische Leben waren so umfassend und so tiefgreifend, daß wir uns in diesem Zusammenhang mit wenigen Hinweisen und einigen Beispielen begnügen müssen. Der bürgerliche Intellektuelle, der sich soeben noch einer jahrhundertealten Tradition vergewissert glaubte, stand fassungslos vor der Zertrümmerung der bislang gültigen Werte. In den USA feierte jetzt der Pragmatismus seine größten Triumphe. Die Zeit war — wie William James in *Pragmatism* (1907) sagte — schon seit 1898 (also dem Jahr der Intervention in Kuba und der Annexion der Philippinen) „reif für die Aufnahme des Prinzips" [13]. Aber erst mit John Dewey, dessen Hauptwerke nach 1917 entstanden, wurde der Pragmatismus zur führenden Philosophie der Vereinigten Staaten: Er setzte die Praxis und den Erfolg an die Stelle der Objektivität, gleichsam als Ersatz für all die verlorenen Prinzipien der bürgerlichen Vergangenheit. („Da es kein objektives Maß der Wahrheit gibt, ist der Erfolg das einzige Kriterium." [14])

Der bürgerliche Intellektuelle, der diese vulgäre Erfolgsethik verwarf, sich aber nicht über seinen Klassenstandpunkt erheben konnte, blickte mit Entsetzen in die Zukunft und sah dort nur Chaos, Barbarei und die Entfesselung imperialistischer Instinkte.

"We have gone from the dominance of religious values to the dominance of intellectual ones, and then to the primacy of emotional values. The last stage — barbarism — will occur with the complete triumph of practical and instinctive values. Then Atlas will indeed be but an economic creature, cleverly producing what he needs by the least effort, and spending his increased leisure in the pursuit of cheap distractions from thought and serious emotion. He will truly have diminished to the ninth part of a human being." [15]

Die Nachkriegszeit vertiefte nur das Bewußtsein für das tatsächliche Ausmaß der Krise. Der humanistisch gebildete Literat und Kritiker fand sich nicht mehr zurecht "in a Europe that twenty years ago seemed

---

[13] Vgl. *Pragmatism*, London 1912, p. 47: "By that date (1898) [sic] the times seemed ripe for its reception."

[14] H. K. Wells, *Der Pragmatismus. Eine Philosophie des Imperialismus*, übers. von H. Höhne, Berlin 1957, S. 11.

[15] J. W. Krutch, *The Modern Temper* (1929), zit. bei O'Connor, *An Age of Criticism*, p. 107.

civilized" [16]. Wie F. L. Lucas betrachtete er – voll heimlicher Enttäuschung – *The Decline and Fall of the Romantic Ideal*. Schmerzvoll empfand er die Entfremdung der Literatur von einem kultivierten Laienpublikum, als deren Begleiterscheinungen sich ihm literarische Esoterik und kulturelle Dekadenz aufdrängten:

"Modern poets and their critics between them have cured of ever buying new poetry that wider public for whose grandfathers a new volume by Tennyson or Browning or Arnold was an event. We can guess today what it was like to live in the twilight of the Roman Empire, with barbarism flooding back across the Danube and the Rhine; while our poets caress their incomprehensible Muses in select seclusion, like the Emperor Honorius feeding his pet hens in the marshes of Ravenna, as Alaric marched on Rome." [17]

Rückblickend erschien der gesamte Entwicklungsweg der bürgerlichen Zivilisation als ein ungeheuerlicher Irrweg: In dem Maße, wie die gegenwärtige Krise als notwendiges Resultat eines bislang unkritisch bejahten Geschichtsverlaufs verstanden wurde, wandte man sich gegen eben die Mächte, die – weil man sie nicht zu lenken wußte – nun für das imperialistische Dilemma verantwortlich gemacht wurden. Dies tat der für die Entwicklung neuerer Literaturkritik bedeutsame Irving Babbitt:

"It is hard to avoid concluding", so schrieb er im Jahre 1919, "that we are living in a world that has gone wrong on first principles ... During [the past century] men were moving steadily towards the naturalistic level, where the law of cunning and the law of force prevail, and at the same time had the illusion – or at least multitudes had the illusion – that they were moving towards peace and brotherhood. ... A democracy, on the other hand, that ... is impelled by vague emotional intoxications, may mean all kinds of lovely things in dreamland, but in the real world it will prove an especially unpleasant way of returning to barbarism." [18]

Die hier wie anderswo erkannte Gefahr der Barbarei war keine Schreckensvision verwirrter Intellektueller, sondern kennzeichnete einen durch konkrete Umstände bedingten historischen Zustand, in dem sich die Ideale des aufstrebenden Bürgertums, Freiheit, Toleranz, Expansionsdrang usw., in ihr Gegenteil verkehrt hatten. Die Losungen der bürgerlichen Revolution und Aufklärung, also Fortschritt, Vervollkommnung, Demokratie und Brüderlichkeit, waren unter diesen Bedingungen nur noch "vague emotional intoxications"; die Gesetze der bürgerlichen

---

[16] F. L. Lucas, *The Decline and Fall of the Romantic Ideal*, Cambridge 1936, p. 227.
[18] I. Babbitt, *Rousseau and Romanticism*, Boston/New York 1919, pp. 373 ff.
[17] Ibid.

Politökonomie nur noch "the law of cunning and the law of force". Freiheit hatte in Unfreiheit, Toleranz in Unterdrückung geendet — ebenso wie die Expansion in Stagnation, die Konkurrenz im Monopol, die Brüderlichkeit im Brudermord. Es ist bezeichnend, daß Babbitt die von rivalisierenden Monopolverbänden gesteuerte wirtschaftliche Expansion schon vor dem Weltkrieg mit den gleichen Worten kennzeichnete. Schon 1910 sprach er von den Gefahren, die der "everlasting expansion" des 19. Jahrhunderts entspringen: "to continue indefinitely the programme of the nineteenth century" führe zu einer unmenschlichen Konzentration militärischen und imperialistischen Charakters, zu

"a concentration that will not be humane, but of the military and imperialistic type peculiar to epochs of decadence. When the traditional checks and inhibitions finally disappear and *elan vital* gets under way on a grand scale, with no countervailing *frein vital*, the only law that can decide which nation or which individual is to expand vitally and unrestrained is the law of cunning or the law of force. Such is the inevitable upshot of a pure naturalism. ... The humanitarian [darunter begreift Babbitt den Vertreter aufklärerisch-liberaler Ideen] will of course reply that all this expansion will be sufficiently tempered by an increase in altruism. Unfortunately the evidence is as yet rather scanty that the human nature of the future is going to differ so radically from the human nature of the past. To illustrate concretely, the growth of international good will does not seem to reassure the English entirely regarding the vital expansion of Germany." [19]

Die große Krise war also keineswegs eine „Krise des europäischen Geistes", keineswegs eine Krise des „Lebensgefühls". Sie war durchaus kein geistesgeschichtliches, sondern ein viel umfassenderes Phänomen. Mochten immerhin die deutschen Kathederphilosophen „gegen die Entseelung des menschlichen Daseins" [20] zu Felde ziehen: Dies war zunächst eine metaphysische Klopffechterei; sie blieb es solange, bis sie den Charakter harmloser Selbstbetätigung aufgab und der akademischen Jugend als lebensphilosophische Empfehlung vorgesetzt wurde. Dies geschah z. B. in den Werken des so ungemein repräsentativen Rudolf Eucken, der („um den ... bedrohenden undurchsichtigen Mächten siegreich zu widerstehen" [21]) dazu aufrief, „das Joch des Intellektualismus abzuschütteln" [22]. In einem Acht-Punkte-Programm setzte er „einem

---

[19] *The New Laokoon. An Essay on the Confusion of the Arts*, Boston/New York 1910, pp. 241 f.

[20] R. Eucken, *Die Lebensanschauungen der großen Denker*, 5. Aufl., Leipzig 1904, S. 2.

[21] R. Eucken, *Erkennen und Leben*, Leipzig 1912, S. III.

[22] Ibid., S. 30.

zerstörenden Relativismus" das „Beisichselbstsein des Lebens" entgegen und konstatierte:

„5. Heute hat ein völliges Überwiegen der Expansion das Gleichgewicht des Lebens zerstört, es ist nur wiederzufinden durch die Bildung einer neuen Konzentration.

6. Eine solche neue Konzentration ist möglich, die Erfahrung der Geschichte hat sie in wichtigen Punkten vorbereitet, und es geht nach ihr ein starkes Verlangen der Zeit.

7. Zu einer solchen Konzentration gelangen können wir nur in Erhebung über die verworrene Durchschnittslage und in der Wendung zu einer neuen Lebensmetaphysik. Wer eine solche Wendung scheut, der verzichtet damit auf eine gründliche Lebenserneuerung." [23]

Gerade diese Metaphysik mußte die „undurchsichtigen Mächte" nur noch undurchsichtiger machen. Die wirklichen Ursachen der Krise lagen, wie Irving Babbit sehr richtig ahnte, in einem ganz anderen Bereich. Sie lagen in jenen historisch-ökonomischen Widersprüchen, die der Kapitalismus in seiner monopolistischen Phase unvermeidlich hervorrufen mußte: Es waren diese Widersprüche, die den Aufstand gegen das Erbe des Liberalismus verursachten und schließlich auch das allerheiligste Postulat der bürgerlichen Revolution zunichte machten: die ökonomische Freiheit des Individuums. Der sonst keineswegs sehr originelle H. S. Chamberlain hat dies sehr früh und sehr deutlich ausgesprochen:

„Man lese nur in der *Wirtschafts- und handelspolitischen Rundschau* für das Jahr 1897 von R. E. May die Mitteilungen über die Zunahme des Syndikatswesens und über die sich daraus ergebende ,*internationale Centralisation* der Produktion, wie des Kapitals' (S. 34 f.). Es bedeutet diese Entwicklung zur Anonymität und Massenproduktion durch Syndikate einen Krieg bis aufs Messer gegen die Persönlichkeit, welche nur innerhalb eng gezogener Schranken sich zur Geltung bringen kann – und sei es auch als Kaufmann oder Fabrikant. Und von der einzelnen Person dehnt sich diese Bewegung, wie man sieht, auch auf die Persönlichkeit der Nation aus." [24]

Diese und viele andere Äußerungen bürgerlicher Ideologen belegen, daß das Bewußtsein der Krise nicht auf das politökonomische und soziale Denken beschränkt blieb, vielmehr die gesamte geistige und somit auch literarkritische Tradition umspannte. Gerade der umfassende Charakter der Bewußtseinswandlung erklärt deren Komplexität und Vielschichtigkeit. Im Vordergrund stand die gedankliche Widerspiegelung der neuen

---

[23] Ibid., S. 160 f.
[24] H. S. Chamberlain, *Die Grundlagen des Neunzehnten Jahrhunderts*, 4. Aufl., München 1903, S. 682. Hervorhebungen ebendort.

Epoche, aber deren ideologisch verschleierte Postulate mischten sich mit
einer spontanen Reaktion gegen die diskreditierten Ideale der Vergangenheit. Das Resultat war ein höchst widersprüchliches, in den einzelnen
Ländern verschieden stark und in verschiedener Richtung entwickeltes
Gedankengut, das insgesamt eine chaotische Vielfalt von Tendenzen umfaßte.

Auf den ersten Blick hat die deutsche Lebensphilosophie [25] sehr wenig
mit dem französischen Neoklassizismus [26] oder dem amerikanischen *new
conservatism* [27] gemeinsam. In der Tat vermag erst eine detaillierte,
konkret historische Untersuchung die einzelnen nationalen Entwicklungen voneinander abzugrenzen und deren Verschiedenheiten aus der
besonderen Situation des jeweiligen Landes, der ideengeschichtlichen
Überlieferung usw. zu erhellen. Gerade die Ungleichheit und Sprung-
haftigkeit der ökonomisch-sozialen Entwicklung der imperialistischen
Länder widerspiegeln sich auch in den dort jeweils tonangebenden Ideen.
Nur wenn wir die nationalen Besonderheiten vernachlässigen und das
Gesamtbild der Entwicklung entschieden vereinfachen, zeigen sich einige
grundlegende Gemeinsamkeiten, unter denen als wichtigste Impulse ein
allgemeiner Hang zu Irrationalismus und Antiliberalismus sowie eine
Frontstellung gegen den Positivismus und den naturwissenschaftlichen
Gesetzesbegriff hervorragen. Diese Bestimmung ist das Ergebnis höchster
Abstraktion und als solches nur als allgemeines Schema von Nutzen.

Dem konkreten Inhalt und der gemeineuropäischen Grundlage der
ideellen Wandlungen werden wir besser gerecht, wenn wir sie als das
geistige Ergebnis der Auseinandersetzung mit einer veränderten Wirk-

---

[25] Vgl. dazu H. Rickert, *Die Philosophie des Lebens*, 2. Aufl., Tübingen 1922;
P. Lersch, *Lebensphilosophie der Gegenwart*, Berlin 1932; u. a. Während Rickert
die Lebensphilosophie noch kritisch behandelt und im Untertitel als eine „der
philosophischen Modeströmungen" bezeichnet, wird sie bei Lersch bereits „ein
überzeitliches Problem" (S. 2), das zugleich als willkommenes „Korrektiv des
rationalen Denkens" (S. 94) begrüßt wird. Die Hauptvertreter der Lebensphilosophie (Nietzsche, Dilthey, Simmel, Klages, Spengler u. a.) werden von
G. Lukács als Wegbereiter des internationalen Irrationalismus kritisiert: vgl.
Die Zerstörung der Vernunft, Berlin 1954, S. 244–431. Daß die von Lukács
herausgearbeitete „führende Rolle Deutschlands" (S. 16) heute nicht mehr besteht, zeigt sich in der Entwicklung der jüngsten bürgerlichen Philosophie ebensosehr wie in der Literaturwissenschaft.
[26] Vgl. H. Friedrich, *Das antiromantische Denken im modernen Frankreich*,
München 1935; G. Hermann, *Die französische Kritik an den modernen Formen
der Romantik*, Prag 1938; u. a.
[27] Vgl. dazu die Arbeiten von I. L. Horowitz, C. Arnavon sowie die unten,
S. 54, genannten Titel von Rossiter, Viereck, Kirk, Harrison u. a.

lichkeit bestimmen und den Charakter der Ideen aus der Natur dieser Auseinandersetzung zu verstehen versuchen. Eine solche Betrachtungsweise verdeutlicht sofort, daß die Widersprüchlichkeit der Ideen in ihrem komplexen Verhältnis zur Wirklichkeit wurzelt. Die neue Ideologie, so zeigt sich, ist nicht nur ein Reflex der neuen Verhältnisse, sondern ebensosehr ein Mittel zu deren Apologie, zur Verschleierung der imperialistischen Machtkämpfe, Katastrophen und Widersprüche. Sie ist andererseits aber zugleich eine Reaktion *gegen* die neuen Verhältnisse, etwa gegen die kulturelle Verelendung, die kommerzielle Ausbeutung der Kunst, die Sterilität, den lähmenden Akademismus und den Niedergang der liberalen Kultur. Diese bürgerlich-kritische Tendenz tritt letzten Endes immer in den Dienst der Apologetik; aber die objektive Berechtigung der Kritik wird dadurch natürlich nicht aufgehoben. Gerade im Bereich der Literatur ist die kritische Abrechnung mit dem Liberalismus und Individualismus sehr aufschlußreich und gelegentlich – wie bei dem frühen T. S. Eliot – von außerordentlicher Bedeutung.

Apologetik und Kritik konnten auf diese Weise – das Werk von George Sorel ist das extreme Beispiel – eine eigentümliche Verbindung eingehen. Diese entsprach häufig der sozialen Position des kleinbürgerlichen Intellektuellen, der in seiner Entwurzelung zwischen aufrichtigem Protest und rechtsradikaler Apologetik schwankte. Die Herrschaft des Finanzkapitals und die damit verbundene Kommerzialisierung der Journalistik und des literarischen Lebens bedrohten ja gerade auch die Zukunft des Schriftstellers, der – wie Maurras – verzweifelt nach einem Ausweg, nach einem "loi ... irréductible aux forces de l'Argent" [28] suchte. "Le règne d'or", so schrieb er in der Neuauflage von *L'Avenir de l'Intelligence*, "maître du fer, devenu l'arbitre de toute pensée séculière, se prolongera donc si l'on n'essaye pas d'une voie nouvelle qui permette de lui échapper".[29] So gesehen, ist die Ideologie des Antiliberalismus eine der pseudo-radikalen Erneuerungsbewegungen, die gleichsam in letzter Minute den bereits erkannten und offen eingestandenen Verfall der bürgerlichen Kultur aufhalten wollen, indem sie sich von den geistigen Mächten abwenden, die nach ihrem Dafürhalten die Auflösung verursacht haben. Wie in der Sphäre des politischen Lebens die liberale Demokratie als die Herrschaft der Geldsäcke, als "le règne d'or" angefeindet und durch autoritäre und „traditionelle" Herrschaftsprinzipien ersetzt wird, so wird auf geistigem Gebiet dem Individualismus, der Naturwissenschaft und dem Freidenkertum der Kampf angesagt. Es wird behauptet, daß diese Faktoren zu einem schrankenlosen Ich-Kult,

---

[28] Charles Maurras, *L'Avenir de l'Intelligence,* Paris 1927, p. 79.
[29] Ibid., p. vi.

zur Atomisierung der Gesellschaft, zur Relativierung aller Werte, darunter auch der literaturkritischen Maßstäbe, geführt haben und daher durch festes Gesetz, durch normative Prinzipien und absolute, d. h. gewöhnlich metaphysische Bindungen ersetzt werden müssen. Nur so ist das offene Bekenntnis eines hochgebildeten Dichter-Kritikers wie Ezra Pound zum italienischen Faschismus zu verstehen. In demselben Geiste wie T. S. Eliot sich dementsprechend dem Royalismus in der Politik, dem Anglokatholizismus in der Religion und dem Klassizismus in der Kunst verschreibt, begannen nun auch angelsächsische Ideologen wie I. Babbitt und T. E. Hulme ihren Kampf gegen Liberalismus, Relativismus und das Erbe romantischer Literaturtradition.

Der Hinweis auf Pound und Hulme zeigt die Gefährlichkeit dieses bürgerlichen Antiliberalismus. So scharf die von ihm geübte Kritik am Kapitalismus auch sein mag, sie bleibt doch immer eine Form von Selbstkritik, die der Apologetik nicht widerspricht, sondern letztlich nur förderlich ist. Ebenso wie der „Nationalsozialismus" den Bestand des bürgerlichen Wirtschaftsgefüges nicht antastete, sondern im Gegenteil vor der drohenden Vergesellschaftung rettete, greifen auch die antiliberalen Ideologen zu höchst extremen Argumenten, die die Herrschaft des Finanzkapitals nicht etwa erschüttern, sondern nur stärken können. Gerade die Tatsache, daß sie teilweise eine durchaus berechtigte Kritik üben, verleiht ihrer Apologetik jene demagogische Anziehungskraft, auf die der Imperialismus im Zeitalter der sozialistischen Revolutionen nicht verzichten kann. Alle unbürgerlichen Gebärden und die lauteste Polemik dürfen uns nicht über den tatsächlichen sozialen Charakter dieses Denkens hinwegtäuschen.

III. Die ideologischen Wegbereiter: Babbitt und Hulme

Während in zahlreichen europäischen Ländern die liberale Ideologie schon vor der Jahrhundertwende, ja sogar seit 1848 zu verfallen begann, hatte sich diese Entwicklung — aus den angedeuteten Gründen — in England und den USA verzögert. Erst die Erschütterungen des Weltkrieges und der ihm unmittelbar vorausgehenden Jahre führten in diesen Ländern zu einer bleibenden Abwendung vom Liberalismus, die nun auch der Literaturkritik entscheidende Impulse vermitteln sollte. Welches sind hierbei die ideengeschichtlichen Verbindungslinien, die zwischen der neuen Ideologie und dem *new criticism* zu ziehen sind? Welches sind die charakteristischen Probleme und Fragestellungen, die für die Entwicklung der englischen und amerikanischen Kritik bestimmend werden?

Eine umfassende Beantwortung dieser Fragen erfordert weit mehr Vorarbeiten, als unserer Untersuchung zur Verfügung stehen. Wir beschränken uns daher zunächst auf eine Betrachtung jener zwei Wegbereiter, deren Werke — mehr als irgendeines anderen Kulturkritikers — die geistigen Voraussetzungen schufen, unter denen der *new criticism* seine methodologischen Prinzipien entwickeln konnte.
I. Babbitt und T. E. Hulme sind zweifellos die bedeutendsten Ideologen in England und den USA, die — direkt oder indirekt — zur Überwindung der viktorianisch-liberalen Literaturauffassung beitrugen. Die Verbindungslinien zwischen ihrem vornehmlich kulturkritischen Schaffen und dem literarkritischen Programm eines Eliot und Pound sind daher nicht allein auf der Ebene des unmittelbaren Einflusses zu ziehen. Unabhängig von diesem sind beide Ideologen in einem weit umfassenderen Sinne Wegbereiter: Sie artikulieren ein vordem höchst zerstreutes Ideenelement, wobei sie — in unterschiedlichem Maße — in Europa entwickelte antiliberale Konzeptionen aufgreifen, abwandeln und erstmalig einem weiteren angelsächsischen Publikum zugänglich machen.

Die von ihnen vorgenommene Revision der viktorianischen Geschichts- und Literaturauffassung ähnelt mehr dem französischen Neoklassizismus als der deutschen Lebensphilosophie, obwohl auch hier die Unterschiede beträchtlich sind. Während bei Babbitt die Zurücknahme des humanistischen und aufklärerischen Erbes nicht jene militante Konsequenz erreicht, die in dem von Krieg und Klassenkampf viel tiefer erschütterten Frankreich in Erscheinung tritt, teilt Hulme das radikalere Programm seiner europäischen Lehrmeister. Bei beiden erfolgt eine Absage an die Ideen und Ideale der bürgerlichen Revolution und eine Hinwendung zu einem metaphysischen Konservatismus. Der von Babbitt ebenso wie von Hulme angeprangerte Individualismus, das von ihnen heftig befehdete mechanisch-positivistische Weltbild und die dabei ständig geübte Kritik an Liberalismus und Impressionismus verleihen jedoch ihren Bemühungen, ebenso wie der deutschen Lebensphilosophie, einige recht bemerkenswerte Erkenntnisse [1]. Ähnlich wie Nietzsches "desperate attempt to discover and affirm a set of modern values" [2], ist es ihr Anliegen, inmitten der imperialistischen "confusion of values" [3] neue verbindliche Wertmaßstäbe zu errichten. Bei diesem „verzweifelten", gleichfalls hoffnungslosen Unterfangen offenbaren sich zwischen Babbitt und Hulme in wich-

---

[1] Vgl. hierzu die tiefgründige Dilthey-Kritik von Werner Krauss, „Literaturgeschichte als geschichtlicher Auftrag", in: *Sinn und Form*, Bd. 2 (1950), H. 4, S. 65—126, bes. 83—94.
[2] Levin, a. a. O., p. 145.
[3] Babbitt, *Rousseau and Romanticism*, p. 358.

tigen Punkten Übereinstimmungen, aber auch beträchtliche Unterschiede in Argumentation und Zielsetzung — Unterschiede, die sich bei näherer Betrachtung aus der Verschiedenheit ihrer gesellschaftlichen und intellektuellen Position ergeben.

Irving Babbitt (1865–1933) steht als amerikanischer Universitätslehrer, als ein in der Antike und der Romania gelehrter Denker außerhalb des *maelstrom* avantgardistischer Dichtung und Kritik. Da er „in seiner selbstverschuldeten Verbannung den klassischen Studien eine Wichtigkeit beimißt, die sie nur in einem Sklaven- und Herrenstaat ... haben können" [4], wird sein Wirken verschiedentlich als "defense of gentility" [5] charakterisiert. Zwischen ihm, Paul Elmer More und anderen Neuhumanisten auf der einen Seite und einer Gruppe der Vertreter der jüngeren Generation, aus der später zahlreiche Neue Kritiker hervorgehen, entwickelt sich sogar zeitweilig eine Polemik, die die bestehende ideologische Wahlverwandtschaft teilweise verdeckt [6]. Babbitts Bedeutung für die Herausbildung des *new criticism* bleibt dadurch unangetastet. Sie erschöpft sich nicht in dem zufälligen Umstand, daß er „Eliots einflußreichster Lehrer in Harvard" [7] war. Wenn auch Babbitt

---

[4] H. Boeschenstein, *Irving Babbitt, amerikanischer Humanist und Kulturkritiker* („Sprache und Kultur der germ. und rom. Völker", Reihe B, Bd. 29), Breslau 1938, S. 73. Vgl. ferner F. Leander, *Humanism and Naturalism: A Comparative Study of Ernest Seillière, Irving Babbitt and Paul Elmer More*, Göteborg 1937; die biographische Studie von F. Manchester und O. Shepard, *Irving Babbitt: Man and Teacher*, New York 1941, war nicht zugänglich.

[5] Smith, a. a. O., p. 341.

[6] Über diese Kontroverse und die aus ihr hervorgehenden zwei Symposia vgl. *The Achievement of American Criticism*, pp. 562 f. Es heißt dort: "Not only were no significant issues decided but the issues themselves were poorly defined by both sides and tended, amidst the confusion, to be reduced merely to attacks on the 'genteel' and the 'Puritan' in Humanist criticism. The extent of the confusion of issues involved is clearly shown by the appearance of Eliot in the Humanist volume, whereas most of his 'school' were in the opposition. While the defects of More and Babbitt as literary critics were exposed, in the heat of the controversy their significance to American criticism was ignorantly dismissed." Die Wirkung Babbitts erwächst nicht zuletzt aus seiner führenden Stellung innerhalb des sog. Neuhumanismus (nach H. Lüdecke „die bedeutendste kritische Bewegung der neueren amerikanischen Literatur" — vgl. *Geschichte der amerikanischen Literatur*, Bern 1952, S. 403). Babbitts enge Beziehungen zu dem gleichfalls sehr einflußreichen P. E. More und seine Wirkung auf S. P. Sherman, Norman Foerster und *last not least* Yvor Winters ("who represents the unspent force of the Neo-Humanists among the New Critics" — so Elton, *A Guide to the New Criticism*, p. 6) seien hier nur am Rande erwähnt.

[7] Sühnel, a. a. O., p. 213.

und die Neuen Kritiker — vor allem deren orthodoxe Vertreter aus der *Fugitive School* — über den möglichen Ausweg aus der kulturellen Misere der Nachkriegszeit verschiedener Auffassung waren [8], so stimmten sie doch in der Diagnose des bestehenden Dilemmas weitgehend überein. Ja, es war gerade Babbitt, der die Symptome der Krankheit nicht nur formulierte, sondern zu ihren vermeintlichen Ursachen zurückverfolgte. Unter Aufwand beträchtlicher Gelehrsamkeit vollzog Babbitt jene konsequente Korrektur der bürgerlichen Kulturtradition, aus der Eliot, Pound und selbst M. Murry [9] Inspiration und Argument für ihre avantgardistische und literaturkritische Revolte empfingen.

Den Beginn der großen bürgerlichen Fehlentwicklung erblickt Babbitt in der Renaissance. Hier findet er die Ursprünge des so verhängnisvollen "naturalistic movement", das einerseits mit Bacon das naturwissenschaftliche Denken, andererseits mit Rousseau die Herrschaft romantischindividualistischer Verhaltensweisen einleitet. Beiden gemeinsam sei die Leugnung der dem Menschen auferlegten Grenzen und der von Babbitt immer wieder bekämpfte Fortschrittsglaube: "one can discern the cooperation of Baconian and Rousseauist from a very early stage of the great humanitarian movement in the midst of which we are still living. Both Baconian and Rousseauist are interested not in the struggle between good and evil in the breast of the individual, but in the progress of mankind as a whole." [10] Während die Renaissance erst den "first forward push of individualism" [11] darstellt, erreicht die „naturalistische Bewegung" ihren Höhepunkt in der Epoche der Aufklärung und Romantik. Ihre vollkommene Verkörperung findet sie in Rousseau, der für Babbitt — ebenso wie für Maurras — *père et docteur* [12] aller revolutionären Ideen ist. Jean Jacques erscheint in der Deutung Babbitts gleichsam als der große Menschheitsverführer, der falsche romantische Prometheus, der den Menschen das Feuer nur verspricht, sie aber dann in der Kälte seines "naturalism" ihrem Schicksal überläßt. Von Rousseau

---

[8] Vgl. dazu J. M. Bradbury, *The Fugitives. A Critical Account*, Chapel Hill 1958, pp. 93 f.

[9] Vgl. Häusermann, a. a. O., S. 66, 73, 81.

[10] *Rousseau and Romanticism*, pp. 137 f.

[11] Von Norman Foerster und dessen Schülern ist diese Einschätzung der Renaissance dann aufgegriffen und verbreitet worden. Vgl. etwa Foersters *Toward Standards. A Study of the Present Critical Movement in American Letters*, New York 1930 (repr.), der dort gegen "the naturistic Renaissance, composed of two movements, the romantic and the scientific" (p. 34) polemisiert.

[12] Vgl. Hermann, a. a. O., S. 35. Vgl. hierzu N. Foersters Urteile über Rousseau, a. a. O., pp. 50, 78, 147–151.

rühre der monistische Gedanke der natürlichen und sozialen Vervollkommnungsfähigkeit her, d. h. eben für Babbitt das verhängnisvolle Streben über die für alle Zeiten gegebene, absolute, d. h. „neuhumanistische" Norm hinaus. Rousseau habe nicht nur die menschliche Sündhaftigkeit und Gebrechlichkeit geleugnet ("it is the essence of Rousseauism to deny the very existence of sin" [13]), er habe nicht nur "neoclassical decorum" als "all-pervading principle" [14] verletzt, sondern das dem Menschen, seiner Gattung und seiner Gesellschaft auferlegte "law of measure" gebrochen ("thus to violate the law of measure is to cease to be human" [15]). Aus dieser Erbsünde folgern nun — nach Babbitt — all die politischen, philosophischen und künstlerischen Irrtümer des 19. Jahrhunderts: das revolutionäre Ideal sozialer Gleichberechtigung (auch hier Rousseau der Hauptschuldige, seine Schüler: Robespierre und Shelley!); das Ideal menschlicher Brüderlichkeit (nach Babbitt lediglich "a projection of the Arcadian imagination on the void" [16]); schließlich aber auch der Aufruf zu einem zucht- und maßlosen Subjektivismus und Emotionalismus, der in der Literatur bei den Romantikern ein so verhängnisvolles Erbe hinterließ und in direkter Linie zu jenem "all-pervading impressionism of contemporary literature and life" [17] geführt hat.

An diesem Punkt wird deutlich, wie Babbitts kulturkritische Revision der Ideale der bürgerlichen Vergangenheit den Weg bereitet für die literaturkritische Umwertung der bürgerlichen Ästhetik der Gegenwart. Der Zusammenhang zwischen Kulturentwicklung und Literaturkritik ergibt sich zwangsläufig; ja, für Babbitt rückt die Literaturkritik sogar in den Mittelpunkt zeitgenössischer Kulturentwicklung, und ihr Grundproblem verdeutlicht die zentrale Problematik der im Bannkreis des Individualismus stehenden spätbürgerlichen Kultur: "the chief problem of criticism, namely, the search for standards to oppose to individual caprice, is also the chief problem of contemporary thought in general" [18]. Die Bankrotterklärung des bürgerlichen Individualismus veranlaßt Babbitt — ebenso wie P. E. More, Norman Foerster und andere *new humanists* — zu einem "escape from the quicksands of relativity" [19]. Da er den

---

[13] *Rousseau and Romanticism*, p. 52.

[14] Ibid., p. 114.

[15] Ibid., p. 382. Vgl. auch *The New Laokoon* (p. 251): "for what we see on every hand in our modern society, when we get beneath its veneer of scientific progress, is barbaric violation of the law of measure".

[16] Ibid., p. 218.

[17] I. Babbitt, *The Masters of Modern French Criticism*, London 1913, p. 392.

[18] Ibid., p. 368.

[19] Ibid., p. 344.

Ausweg aus "mere flux and relativity" [20] nur in der Absage an alle naturwissenschaftlich und historisch gesicherten Kriterien sieht, gerät er in die Metaphysik einer intuitiv begründeten Hierarchie sozialer, kultureller und literaturkritischer Werte. Ausgehend von dem Idealbild eines "neoclassic decorum", ruft er nach einem "second Boileau" [21], einem Kritiker, der "vital restraint" als Grundkriterium dichterischer Wertung betrachtet: "For beauty to be complete must have... order and proportion" [22].

Mit seinem rückwärts gewandten Ringen gegen literaturkritische Relativierung berührt Babbitt das ästhetische Programm eines gleichfalls heftig reaktionären Denkers, der – auf gänzlich anderem Wege – ebenfalls einem metaphysisch begründeten Neoklassizismus das Wort redete. *T. E. Hulme* (1883–1917) besaß die Voraussetzungen, die ihn – im Gegensatz zu Babbitt – zu einer unmittelbaren Wirkung und zu einem direkten, starken Einfluß auf die gesamte „avantgardistische" Dichtung und Kritik der imperialistischen Epoche befähigten. [23] Hulmes Lebensweg und Werk verkörpern diese Epoche, wie dies in Biographie und Schaffen keines anderen seiner Zeitgenossen zum Ausdruck kommt. 1904 wegen Handgreiflichkeiten von der Universität Cambridge relegiert, war er der entwurzelte, ästhetisch interessierte Intellektuelle, der Freund von Ezra Pound, der Protégé von Henri Bergson, Schüler von Husserl und Worringer, Übersetzer von Sorels *Réflexions sur la Violence*. Hulme lebte in den Hauptstädten Europas, sein Bildungsgang war kosmopoli-

---

[20] Ibid., p. ix.

[21] Ibid., p. 380. "The ultimate ethical principle is that of restraint or control", meint Foerster in *Toward Standards*, p. 168.

[22] *Rousseau and Romanticism*, p. 207.

[23] Als neueste und umfassendste Darstellung vgl. A. R. Jones, *The Life and Opinions of T. E. Hulme*, London 1960, mit einer "Bibliography of T. E. Hulme's published writings" (pp. 221–224) und einem Literaturverzeichnis. Neben den dort genannten Titeln vgl. noch R. Williams, *Culture and Society: 1780–1950*, London 1959, pp. 190–195, sowie Chapt. III bei K. Nott, *The Emperor's Clothes*, London 1953, bes. pp. 72–104. Hulmes Beziehungen zu Worringer behandelt F. Bröker, *T. E. Hulme und die Kunsttheorie Wilhelm Worringers*, Diss. Köln 1955 (Masch.); über sein Verhältnis zu Eliot vgl. J. R. Daniells, "T. S. Eliot and his Relation to T. E. Hulme", in: *Univ. of Toronto Quarterly*, vol. II (1932/33), pp. 380–396, sowie Chapt. V, "T. E. Hulme and T. S. Eliot", in: D. Daiches, *Poetry and the Modern World*, Chicago 1940, pp. 90–105. Ein direkter Einfluß Hulmes ist jedoch nicht erwiesen. René Wellek meint dazu: „ich weiß ganz bestimmt, daß T. S. Eliot ihn erst nach der Veröffentlichung der *Speculations* (1924) gelesen hat" (Brief an den Verfasser vom 20. 8. 1960).

tisch, aber sein Denken blieb chauvinistisch. Er war einer der frühen leidenschaftlichen Apologeten abstrakter Kunst, aber zugleich "a militarist by faith" [24]. Diese Nachbarschaft von Ästhetizismus und Gewalt-tätigkeit erklärt die eigentümliche, gleichzeitige Interessiertheit an Kunst-geschichte und artilleristischer Strategie, die Niederschrift einer Epstein-Studie und das Bemühen um "an intellectual defence of the militarist ideology" [25]. Selbst ein Opfer sinnloser imperialistischer Barbarei – ge-fallen am 28. September 1917 bei Nieuport – bleibt Hulme einer der ersten und einflußreichsten Fürsprecher des bürgerlichen Antihumanis-mus, dessen Herrschaftsanspruch er verkünden und verbreiten half.

Während Babbitt sich mit einer antiliberalen Entstellung des huma-nistischen Ideals begnügt, wird bei Hulme die reaktionäre Rückwendung radikal und endet bei einem Bekenntnis zu einer vorhumanistischen Weltanschauung. Die in den postum erschienenen *Speculations* enthal-tenen Essays basieren allesamt auf der These, "that humanism is break-ing up and that a new period is commencing" [26]. Diese neue Epoche, so verkündet Hulme, sei gekennzeichnet durch "a revival of the anti-humanist attitude" [27]. Für den konsequent denkenden Intellektuellen be-stehe schon gar nicht mehr die Wahl zwischen einer antihumanistischen und einer humanistischen *attitude:* Hulme jedenfalls erklärt kategorisch, "that I regard the difference between the two attitudes as simply the difference between true and false" [28].

Diese Bankrotterklärung des bürgerlichen Humanismus in der im-perialistischen Epoche wird nun aufschlußreich begründet. Welches ist – nach Hulme – der Grundirrtum humanistischen Denkens? "The fun-damental error is that of placing Perfection in humanity, thus giving rise to that bastard thing Personality, and all the bunkum that follows from it." [29] Unter diesem *bunkum* versteht Hulme vor allem "the com-plete inability to realize the meaning of the dogma of Original Sin" [30]

---

[24] So der Herausgeber Herbert Read in der "Introduction" zu T. E. Hulme, *Speculations: Essays on Humanism and the Philosophy of Art,* London/New York, 1924, p. x.

[25] Ibid., p. xi. Vgl. insbesondere Hulmes imperialistische Polemik gegen den Pazifismus Bertrand Russells. Darin zeigt sich "his defence of the intrinsic ex-cellence of war as a unique opportunity to develop and maintain those heroic absolutes which he never defines but which have become historically associated with Fascism" (Jones, *The Life and Opinions of T. E. Hulme,* p. 139).

[26] *Speculations,* p. 57.

[27] Ibid., p. 55.

[28] Ibid., p. 55.

[29] Ibid., p. 33.

[30] Ibid., p. 52.

und den daraus vermeintlich folgernden "subjectivism and relativism of humanist ethics" [31]. Die von Nietzsche und anderen Kritikern des bürgerlichen Liberalismus (d. h. "[those] who begin to be disillusioned with liberal democracy" [32]) vorgenommene Rückorientierung auf die Renaissance hält Hulme — hierin ein Vorläufer der „neuen Konservation" [33] — für unzureichend: "such partial reactions will always fail, for they are only half measures — it is no good returning to humanism, for that will itself degenerate into romanticism." [34] ("Humanism", so heißt es in einem anderen Zusammenhang, "thus really contains the germs of the disease that was bound to come to its full evil development in Romanticism." [35])

Als Alternative zur humanistischen Ideologie entwickelt Hulme einen extremen Dualismus, der "the absolute discontinuity", d. h. "the gap between the regions of vital and human things, and that of the absolute values of ethics and religion" [36] postuliert. Aus dieser scharfen Trennung folgert Hulme einerseits im Anschluß an Bergson und andere Lebensphilosophen die Unerklärbarkeit „absoluter" Werte vermittels naturwissenschaftlicher oder geschichtlicher Kriterien, andererseits die qualitative Überlegenheit des „Absoluten" über das „Vitale" bzw. Menschliche. Aus dem forcierten Bemühen, absolute Wertmaßstäbe zu wahren ("Ethical values are not relative to human desires and feelings, but absolute and objective" [37]), gelangt Hulme zu einer Herabsetzung des Menschen, zu einer Verachtung der in ihm schlummernden schöpferischen Kraft:

"In the light of these absolute values, man himself is judged to be essentially limited and imperfect. He is endowed with Original Sin. – Certain secondary results in regard to ordinary human action in society follow from this. As man is essentially bad, he can only accomplish anything of value by discipline – ethical and political. Order is thus not merely negative, but creative and liberating. Institutions are necessary." [38]

Weil der Mensch „schlecht" ist, bedarf er einer straffen politischen Ordnung! Verachtung des Menschen und Apologie der Klassenherrschaft

---

[31] Ibid., p. 62.
[32] Ibid., p. 260.
[33] S. u., S. 53–55.
[34] *Speculations*, p. 62.
[35] Ibid., p. 257.
[36] Ibid., p. 32.
[37] Ibid., p. 47.
[38] Ibid.

gehen somit Hand in Hand. Dieser Antihumanismus ist nicht zufällig eine ideologische Begleiterscheinung der imperialistischen Epoche. Wenn Hulme gegen *that bastard thing personality* zu Felde zieht, so ist dies gewiß auch eine Reaktion gegen den romantischen Ich-Kult und den Individualismus des *laissez-faire*-Prinzips. Andererseits jedoch bildet dieser pseudophilosophisch gestützte Antihumanismus — objektiv — nichts anderes als eine gefährliche Apologie zeitgenössischer Unmenschlichkeiten. Ebenso wie Chauvinismus und Rassenideologie zur ideologischen Verschleierung sehr materieller Ziele dienen mußten, so erfüllte und erfüllt auch der Antihumanismus eine seinen Vertretern oft genug unbewußte Funktion. (Die Kriegsgefahr hatte — während Hulme in London publizierte — bereits drohend ihr Haupt erhoben, und die sozial-ethischen Begleiterscheinungen des Imperialismus waren allenthalben sichtbar. Ein sehr prominenter Apologet hatte zumindest *dies* — im Gegensatz zu Hulme — sehr klar erkannt: „Es bedeutet diese Entwicklung zur Anonymität und Massenproduktion durch Syndikate einen Krieg bis aufs Messer gegen die Persönlichkeit ..." [39].)

Der Gegensatz zwischen der humanistischen und der antihumanistischen *attitude* ist nun für Hulme nicht nur ein philosophisches und politisches, sondern auch ein ästhetisches Problem. Das von Hulme entwickelte Gegensatzpaar romantisch — klassisch widerspiegelt die bereits dargelegte Antinomie:

"Here is the root of all romanticism: that man, the individual, is an infinite reservoir of possibilities; and if you can so rearrange society by the destruction of oppressive order then these possibilities will have a chance and you will get Progress. One can define the classical quite clearly as the exact opposite to this. Man is an extraordinarily fixed and limited animal whose nature is absolutely constant ... It is only by tradition and organization that anything decent can be got out of him. To the one party man's nature is like a well, to the other like a bucket. The view which regards man as a well, a reservoir full of possibilities, I call the romantic; the one which regards him as a very finite and fixed creature, I call the classical." [40]

Entsprechend seiner philosophischen und politischen Parteinahme entscheidet sich Hulme für eine klassizistische Ästhetik. Die angebliche Beschränktheit und Sündhaftigkeit des Menschen verlangen nicht nur staatliche Hierarchie, sondern auch ein straffes ästhetisches Ordnungsprinzip. Dieses sei nur in Gegnerschaft zu einem "democratic romanticism" [41],

---

[39] Chamberlain, *Die Grundlagen des Neunzehnten Jahrhunderts*, S. 682; vgl. dazu oben, S. 38.
[40] A. a. O., pp. 116 f.
[41] Ibid., p. 255.

also unter antiromantischen und antidemokratischen Vorzeichen möglich. Unter Hinweis auf Maurras und andere Vertreter der *Action Française* entwickelt Hulme daher ein klassizistisches Kunstideal, ganz im Geist der von ihm verkündeten "classical revival" [42]. Ausgehend von der an sich berechtigten Kritik am romantischen Epigonentum der spätviktorianischen Dichtung, fordert er "a new technique, a new convention", deren Leitsätze er mit den oft zitierten Worten zusammenfaßt: "It is essential to prove that beauty may be in small, dry things. The great aim is accurate, precise and definite description." [43]

Ebenso wie Babbitt hatte Hulme damit ein antiromantisches, antiindividualistisches, streng normatives Literaturideal aufgestellt, das nicht nur für die Dichtung, sondern auch sogleich für die Neue Kritik der imperialistischen Epoche maßgebend werden sollte. Die außerordentlich rasche Verbreitung dieser so apodiktisch verkündeten Ideen bewies deren geschichtliche Aktualität. Die Koppelung extrem reaktionärer, antihumanistischer Tendenzen mit historisch berechtigter bürgerlicher Selbstkritik, verbunden mit dem Anspruch auf höchste literarische Modernität, erklärt das Geheimnis ihrer Anziehungskraft auf jene Intellektuellen, "who begin to be disillusioned with liberal democracy" [44]. Der komplexe Charakter dieser Ideologie ist bereits mehrfach angedeutet worden: Einerseits widerspiegelt sie die mit den imperialistischen Weltkatastrophen einhergehende Unmenschlichkeit, die Herabwertung des Menschen als Gattung und Individuum, den dadurch geweckten Zweifel an der Fähigkeit, wirtschaftliche und gesellschaftliche Kräfte sinnvoll zu lenken und zu fördern. Auf der anderen Seite steht die völlig berechtigte Kritik an Individualismus und Epigonentum spätbürgerlicher Kultur. Da jedoch die tatsächlichen Ursachen des Verfalls keineswegs erkannt werden, richtet sich die Kritik nicht gegen die Verzerrung des humanistischen Ideals, sondern gegen das Ideal selbst. Wie bei jeder Weltanschauung, die die Intuition zur Grundlage der Wirklichkeitserkenntnis macht, mußte sich ein hoffärtiger Aristokratismus einstellen, der bei Hulme aus der Selbstbefangenheit des Ästheten, bei Babbitt aus

---

[42] Ibid., p. 113.

[43] Ibid., pp. 131 f. Hulmes Kritik an der „Romantik" ist vielfach widersprüchlich — ebenso wie z. B. sein "neo-scholasticism" (Jones, a. a. O., p. 139) ein Bekenntnis zu "the equality of men" (*Speculations*, p. 259) nicht ausschließt. Gleiches gilt für seinen „Klassizismus" und zeigt sich deutlich in seinen Gedichten, so daß A. R. Jones (p. 53) sagen darf: "In spite of his overt rejection of romanticism, Hulme never really succeeds in breaking free from its poetic conventions."

[44] S. o., Anm. 32.

dem akademischen Bildungserlebnis des bürgerlichen Gelehrten erwuchs. Da beide die weltverändernde Kraft proletarischer Aktion und Organisation nicht erkannten, sondern bestenfalls ignorierten oder verachteten, war ihr Werk bei aller bürgerlichen Selbstkritik ein Stützpfeiler im Gerüst des imperialistischen Überbaus.

Es ist diese defensive und bei aller Gesellschaftskritik zutiefst konservative Haltung, die auch die jüngere Entwicklung des angelsächsischen Antiliberalismus bestimmt. Trotz der wegbereitenden Bemühungen von Babbitt und Hulme blieb ihre programmatische Abwendung vom Liberalismus noch in den zwanziger Jahren auf eine relativ kleine, „avantgardistische" Schicht beschränkt. Erst mit dem Weltwirtschaftsbankrott, den Ereignissen in Deutschland und Spanien und dem abermaligen Anwachsen der Kriegsgefahr wurde jetzt auch hier die Krise des Liberalismus als permanent empfunden.

Die dreißiger Jahre zeigten eindeutig die Unzulänglichkeiten der liberalen Ideologie. Im Zeichen des *New Deal* und unter dem Eindruck der antifaschistischen Weltbewegung vollzogen zahlreiche bürgerliche Intellektuelle eine Linkswendung, die bis zu einem zeitweiligen Bündnis mit der Arbeiterbewegung führte. Daß dieses höchst unbeständig war und in seiner Unbeständigkeit zugleich die Schwäche und Zerrissenheit der liberalen Position dokumentierte, sollten die Ereignisse der Folgezeit erweisen. Schon während des zweiten Weltkrieges setzte eine rückläufige Bewegung ein, die bereits Ende der vierziger Jahre — vor allem in den USA — zu einem militanten Antiliberalismus führte und in der Tätigkeit McCarthys und den diktatorischen Bestrebungen MacArthurs gipfelte. [45]

---

[45] Innenpolitisch führte die Tätigkeit des *Un-American Activities Committee* und der ihm entsprechenden Organe zu "wholesale efforts to subject the American people to purgative treatment": Allein bis 1952 wurden drei Millionen Amerikaner ideologisch überprüft. (Zitat und Zahlenangabe entstammen R. K. Carr, "National Security and Individual Freedom", in: *Yale Review*, vol. 42 [1952/53], pp. 512/510.) Die Folgen dieser Entwicklung sind auch im amerikanischen Geistesleben nachweisbar. Es entstand der Typ des "new-style indifferent" (vgl. D. Riesman, *Die einsame Masse*, übers. von R. Rausch, Hamburg 1958, S. 179–182), worunter der bekannte Soziologe den sich von der Öffentlichkeit abwendenden Amerikaner begreift. Die Gründe für diese gerade die Intellektuellenschicht charakterisierende Haltung werden von de Rudder im Nachwort der zitierten Ausgabe (S. 325 f.) sehr deutlich gemacht: „Der Rückzug so vieler Intellektueller aus der Öffentlichkeit oder aus der Politik ist zweifellos eine unmittelbare Reaktion auf die ‚Hexenjagden' der McCarthy-Jahre ... Um die Freiheit in ihrem kleinen Kreis zu schützen und ihn vor Eingriffen von außen zu sichern, üben sie nach außen ein gewisses Maß an Kon-

Viel mehr noch als in England — wo ungeachtet des Pyrrhussiegs der *Labour Party* nach 1945 eine "Revulsion to the Right" [46] einsetzte — finden wir in den USA im ersten Nachkriegsjahrzehnt eine so rasche und vollkommene Zersetzung der liberalen Position, daß dies in den verschiedensten Bereichen des Geisteslebens — der Ökonomie, Philosophie, Kulturkritik — einer Selbstaufgabe des Liberalismus gleichkommt. Auf den Trümmern der einstmals führenden bürgerlichen Ideologie gedieh jetzt ein neuer Konservatismus, der zwar vor den diktatorischen Konsequenzen des Faschismus haltmacht, aber doch eng mit der Entwicklung des modernen Antiliberalismus verbunden war und diesen unter den besonderen Bedingungen des amerikanischen Monopolkapitals weiterentwickelte. Peter Viereck *(Conservatism Revisited,* 1949), Russel Kirk *(The Conservative Mind,* 1953; *A Program for Conservatives,* 1954), Roger J. Williams *(Free and Unequal,* 1953) und Gordon Harrison *(Road to the Right,* 1954) sind Hauptvertreter dieser konservativen Renaissance der fünfziger Jahre, die im politischen Denken des amerikanischen Bürgertums eine dominierende Stellung gewann und auch für die Entwicklung der zeitgenössischen Literaturkritik von Bedeutung war. [47] Ebenso wie Edmund Burke angesichts der Französischen Revolution mit all seiner Eloquenz den politischen *status quo* zu verteidigen begann, so waren auch die neuen Konservativen nach dem Ende des zweiten Weltkrieges zu propagandistischer Regsamkeit erwacht.

Der Vergleich mit Burke ist nur insofern irreführend, als unter den Bedingungen des 20. Jahrhunderts ihre Rückwendung viel stärker reaktionär war und auf dem extremen Flügel (J. T. Flynn, G. Garrett, W. F.

---

formismus, indem sie darauf verzichten, zu vielen Fragen öffentlich kritisch zu sprechen, zu denen sie durchaus eine Meinung haben. . . . Die Furcht, in Schwierigkeiten zu geraten, scheint bei den oppositionell-passiven Intellektuellen meist größer zu sein als die Bereitschaft und der Wille, für eine Sache einzutreten. Hierin unterscheiden sie sich nicht von vielen anderen Bürgern, deren Konformismus sie beklagen."

[46] Vgl. N. Annan, "Revulsion to the Right", in: *The Political Quarterly,* vol. 26 (1955), pp. 211—219.

[47] Als ausführliche unkritische Darstellung vgl. C. Rossiter, *Conservatism in America,* New York 1955, der "the conservative revival of the mid-twentieth century" (p. 4) mit einer umfangreichen Bibliographie ("A Bibliography on American Conservatism", pp. 310—327, bes. pp. 319 ff.) belegt. Einen kurzen Abriß unter Berücksichtigung der englischen Tradition gibt P. Viereck in *Conservatism: From John Adams to Churchill,* Princeton 1956 ("Anvil Books", No. 11), bes. pp. 104—108; unter den von ihm angeführten englischen Konservativen befinden sich Keith Feiling, Quinton Hogg, Michael Oakeshott, R. J. White u. a. Vgl. auch die unten in Anm. 48 und 49 genannten Arbeiten.

Buckley, H. G. Weaver) viel eher an den klassischen Konterrevolutionär Joseph de Maistre erinnerte. Wie dieser wollen auch sie die Aufklärung zurücknehmen; sein Ziel ist auch das ihrige: "absolument tuer l'esprit du dix-huitième siècle" [48]. Ihre Sozialphilosophie übernimmt zahlreiche Tendenzen aus der europäischen Philosophie der imperialistischen Epoche. Der ihnen eigene "strong current of antiintellectualism" [49] erinnert an die Lebensphilosophie deutscher Prägung, ihr Elite-Begriff an Ortega y Gassets *Aufstand der Massen,* ihr metaphysischer Ordnungsgedanke an Maurras' Autoritätsdogmen und ihre Sympathie für das Mittelalter, ihr "constant looking back towards the imposing edifice of thirteenth century feudalism" [50], wiederholt T. E. Hulmes und Jacques Maritains Vorliebe für die vorhumanistische Epoche. Wie bei den Vertretern der *Action française* ist die Religion ein *foi sans sujet* und wurde zu irreligiösen Zwecken, nämlich zur Heiligung des *status quo,* verwendet. ("Because the secular state is the disseminator of the providential moral code, any challenge to it becomes heretical." [51])

IV. Die Frühphase des "New Criticism": Von Spingarn zu Eliot

Den hier in großen Zügen umrissenen historischen und ideellen Hintergrund gilt es jedoch zu differenzieren, sobald die Position der einzelnen literarischen Gruppen und Kritiker ermittelt werden soll. Die Ideen eines Babbitt und Hulme — obwohl zweifellos die wichtigsten geistigen Impulse — erweisen sich doch nicht für alle Kritiker gleichermaßen verpflichtend. Die hier bislang summarisch als *new criticism* bezeichnete literaturkritische Bewegung zerfällt bei näherer Betrachtung in zahlreiche, z. T. widersprüchlich orientierte Gruppen und Persönlichkeiten, die sich nach Maßgabe sozialer, individueller und regionaler Gesichtspunkte unterscheiden und erst allmählich im Laufe der zwanziger und dreißiger Jahre ihre heutige Physiognomie erlangen.

---

[48] Zit. bei R. G. Davis, "The New Criticism and the Democratic Tradition", in: *The American Scholar,* vol. 19 (1949/50), p. 9. Vgl. dazu auch C. Arnavon, "Les Nouveaux Conservateurs Américains", in: *Etudes Anglaises,* Bd. 9 (1956), S. 120.

[49] I. L. Horowitz, "The New Conservatism", in: *Science & Society,* vol. 20 (1956), p. 23.

[50] Ibid., p. 16.

[51] Ibid., p. 20. Vgl. dazu G. Hermanns Bemerkungen über den „Maurrassianischen antichristlichen ‚katholischen' Autoritarismus" (*Die französische Kritik an den modernen Formen der Romantik,* S. 13).

Gerade die Frühphase der Neuen Kritik zeigt eine Vielfalt tastender, kompromißhafter Ansätze und Versuche, die dann erst von Eliot und Pound durch ein konsequent neukritisches Programm ersetzt werden. Aus der Reihe der (noch recht unzureichend erforschten) Vorläufer kann hier nur — paradigmatisch — das Werk jenes Kritikers betrachtet werden, der die charakteristischsten Zwischenlösungen hervorbrachte, an Hand derer sich einige entwicklungsgeschichtliche Vorstufen und Übergangsformen zumindest konturhaft andeuten lassen.

Es handelt sich hierbei um das literaturkritische Werk von J. E. *Spingarn*, der — unabhängig von Babbitt und Hulme — in den USA als erster eine radikale Abwertung sowohl der impressionistischen als auch der akademisch-positivistischen Methode vornahm. Spingarns grundlegende Abhandlung war — gleichsam prophetisch — überschrieben *The New Criticism* [1]. Sie erschien bereits im Jahre 1911, blieb jedoch damals ein theoretisches Manifest, da der Autor die Ausarbeitung und praktische Anwendung seiner Prinzipien unterließ. Die Tatsache, daß mit Spingarn ein akademischer Gelehrter (Verfasser von *A History of Literary Criticism in the Renaissance*, 1899, und Herausgeber der *Critical Essays of the Seventeenth Century*, 3 Bde., 1908) gegen das Erbe der von ihm selbst erforschten Vergangenheit rebellierte, engte den Wirkungsbereich seiner Kritik ein, erhöhte jedoch die prinzipielle Bedeutung seiner Revolte als Symptom einer sehr tief wurzelnden Krise. Spingarns Kritik, so läßt sich sagen, bildet das Bindeglied zwischen der spätviktorianisch-ästhetischen und der neukritisch-textanalytischen Literaturbetrachtung.

Stark von Benedetto Croce beeinflußt, verwarf Spingarn jegliche historische, moralische oder biographische Kunstbetrachtung, ohne bereits eine normative oder klassizistisch orientierte Poetik an deren Stelle zu setzen. Der These, daß Literatur ein Ausdruck historischer, sozialer oder biographischer Realitäten ist, also der These, "that art is expression", stellt er die Gegenthese "all expression is art" [2] gegenüber. Spingarn untersucht also das Ästhetische nicht auf menschliche Werte, sondern betrachtet das Menschliche unter dem Gesichtspunkt des Ästhetischen. Damit gelangt er zu einer Kunstauffassung, die von vornherein jeden Wirklichkeitsbezug der Kunst leugnet. "Criticism", so heißt es, "clearly

---

[1] Abdruck in: *Criticism in America: Its Function and Status* [ed. by J. E. Spingarn], New York 1924, pp. 9–45. Über Spingarn, auch über andere Vorläufer (W. P. Trent, L. E. Gates, W. R. Thayer) vgl. jetzt H.-J. Lang, *Studien zur Entstehung der neueren amerikanischen Literaturkritik* ("Britannica et Americana", Bd. 8), Hamburg 1961, S. 203–235. Diese Arbeit war erst nach Drucklegung zugänglich.

[2] A. a. O., p. 26.

recognizes in every work of art a spiritual creation governed by its own law. ... Beauty's world is remote from both these standards: she aims neither at morals nor at truth. Her imaginary creations, by definition, make no pretense to reality, and cannot be judged by reality's tests." [3]

Historisch gesehen, erfüllt dieser Ästhetizismus eine bestimmte Aufgabe in der Entwicklung bürgerlicher Literaturkritik: "If this theory of expression be once and for all accepted ... the ground of criticism is cleared of its dead lumber and its weeds." [4] Die ästhetizistische "theory of Expression" bietet somit den vermeintlichen Ausweg aus dem Debakel der liberalen, impressionistischen Kritik. Da alle außerästhetischen, d. h. bürgerlich-ideologischen Kriterien diskreditiert und relativiert sind, betrachtet sie der Kritiker des 20. Jahrhunderts als "dead lumber", als „Unkraut" im Garten der Neuen Kritik. Da der Sinngehalt der gesellschaftlich-historischen Kategorien fragwürdig ist, will Spingarn den Sinngehalt des Kunstwerks retten, indem er es radikal aus ihrem Beziehungssystem ausklammert: So sehr fürchtet er "the consequence of subjecting the world of the imagination to the moods and tests of actual life" [5]. Da die gesellschaftlich gültigen *standards* zusammengebrochen sind, darf der Kritiker auf sie nicht länger als Mittel der Kunstwerkanlayse zurückgreifen: "Those who demand of the poet a definite code of morals or manners, the ready-made standards of any society, however great, that is bounded by space or time ... seem to me to show their incompetence as critics." [6]

Entsprechend verbleiben dem Kritiker keine anderen Maßstäbe als jene, die im Kunstwerk selbst (als "spiritual creation governed by its own law") beschlossen liegen. Alles andere ist eben "dead lumber", d. h. für die Interpretation unbrauchbar:

"In the first place, we have done with all the old Rules. ... We have done with the *genres,* or literary kinds. Their history is inseparably bound up with that of the classical rules. ... Poets do not really write epics, pastorals, lyrics, however much they may be deceived by these false abstractions; they express themselves, and this expression is their only form. There are not, therefore, only three, or ten, or a hundred literary kinds; there are as many kinds as there are individual poets. ... We have done with the comic, the tragic, the sublime, and an army of vague abstractions of their kind. ... We have done with all moral judgment of art as art. ... We have done with the history and criticism of poetic themes. ... We have done with the race, the time, the environment of

---

[3] Ibid., pp. 28/35.
[4] Ibid., p. 26.
[5] Ibid., p. 301.
[6] Ibid., p. 302.

a poet's work as an element in criticism. . . . We have done with the 'evolution' of literature. . . . Finally, we have done with the old rupture between genius and taste." [7]

Dieser literaturkritische Bildersturm mag sich als Herausforderung an alle literaturwissenschaftlichen Disziplinen gebärden; er bleibt doch nur die Kehrseite eines unfruchtbaren Ästhetizismus. Dieser zerstört nicht nur den menschlich-gesellschaftlichen Beziehungsreichtum des Kunstwerks, sondern stellt die Grundlagen der gesamten Interpretation in Frage. Die expressionistische Auflösung aller außerkünstlerischen Bezüge führt den Kritiker am Ende in ein neues Dilemma. Welcher Maßstab verbleibt ihm? Welche Methodologie tritt an die Stelle all der verworfenen Methoden? Spingarns Antwort auf diese Frage bietet keine Lösung des Problems:

"taste must reproduce the work of art within itself in order to understand and judge it; and at that moment esthetic judgment becomes nothing more nor less than creative art itself. The identity of genius and taste is the final achievement of modern thought on the subject of art, and it means that fundamentally, in their most significant moments, the creative and the critical instincts are one and the same." [8]

Der Hinweis auf den Geschmack als letzte Instanz literarischer Wertung ist nur scheinbar ein Rückfall auf klassische viktorianische Urteilsnormen. In Wirklichkeit hat der Geschmacksbegriff Spingarns nichts mehr mit dem gemeinsam, was Keats meinte, als er "Hazlitt's depth of taste" als "one of the three things to rejoice at in this age" bezeichnete [9]. "By taste", so definiert Spingarn, "I mean, of course, not the 'good taste' of the dilettante or the amateur collector, or taste in its eighteenth-century sense, but that creative moment of the life of the spirit which the artist and the enjoyer of art share alike." [10] Diese Identifizierung des Geschmacksurteils mit dem künstlerischen Schaffen selbst bedeutet eine Ausklammerung aller überindividuellen Komponenten des Kunstgeschmacks, all der gesellschaftlich gültigen Kriterien, von denen sich Kritiker wie Johnson und Hazlitt leiten ließen. Die von Spingarn proklamierte "identity of genius and taste" verwischt die Grenzen zwischen künstlerischem Schaffen und kritischer Analyse zugunsten eines metaphysisch gefaßten "creative moment of the life of the spirit". Es ist dies der verzweifelte Versuch, den individualistisch unterhöhlten viktoriani-

---

[7] Ibid., pp. 27–43.
[8] Ibid., p. 43.
[9] Zit. bei Sutherland, a. a. O., p. 13.
[10] Spingarn, a. a. O., pp. 306 f.

schen Geschmacksbegriff durch konsequente Ästhetisierung und Irrationalisierung zu retten. Ebenso wie das Werk des Künstlers wird die Aufgabenstellung des Kritikers ästhetisiert. Spingarns Ausweg aus der Relativierung aller Werte führt in die Sackgasse der Ästhetisierung aller Werte. Für die Bewertung des Kunstwerks bleiben nur Kriterien, die das Kunstwerk selbst bietet. Der Gegenstand des Urteils wird zum Maßstab allen Urteilens. Die Selbstentwaffnung des Kritikers führt damit folgerichtig zur Zerstörung der literarischen Wertung.

Obwohl Spingarns Abhandlung rückblickend als "the great symbol" [11] der Neuen Kritik erschien, war ihr doch damals die große Wirkung versagt, die von den Arbeiten *T. S. Eliots* [12] ausging. Spingarn hatte in seiner expressionistischen Revolte vorerst die "weeds" der viktorianischen Kritik gejätet; er hatte den Boden für zukünftige Entwicklungen frei gemacht, aber neben einem allgemeinen Ästhetizismus keine Ansätze zu einer neuen, der historischen Situation Rechnung tragenden Poetik ausgearbeitet. Die Literaturkritik der neuen Epoche war, wie Spingarn selbst erkannte, vorerst ohne jegliche methodologische Grundlagen.

---

[11] Vgl. Stovall, a. a. O., p. 171.

[12] Die Literatur über den Kritiker T. S. Eliot wächst ständig, doch die Zahl der wirklich kritischen Beiträge ist beschränkt. Wir verweisen hier auf A. West, *Crisis and Criticism*, London 1936, pp. 35—49, und dessen Aufsatz "The Abuse of Poetry and the Abuse of Criticism by T. S. Eliot", in: *The Marxist Quarterly*, Jg. 1954, pp. 22 ff. R. H. Robbins bietet in *The T. S. Eliot Myth*, New York 1951, eine material- und kenntnisreiche Untersuchung des Ideologen Eliot. Eine beachtenswerte Kritik vom Standpunkt eines "liberal humanism" (p. 139) übt Kathleen Nott in *The Emperor's Clothes*, chapt. IV, pp. 105—139 et passim; desgleichen bietet E. Beer, *T. S. Eliot und der Antiliberalismus des 20. Jahrhunderts* („Wiener Beiträge zur engl. Philologie", Bd. 61), Wien 1953, wertvolle Erkenntnisse über den ideengeschichtlichen Hintergrund. Eine scharfe Kritik an Eliots Traditionsbegriff findet sich bei S. E. Hyman, *The Armed Vision. A Study in the Methods of Modern Literary Criticism*, New York 1948, chapt. III, pp. 73—105. Die grundlegende Bibliographie ist D. Gallup, *A Bibliographical Checklist of the Writings of T. S. Eliot*, 2nd ed., New Haven 1952. Aspekte der Literaturkritik werden berührt von F. O. Matthiessen, *The Achievement of T. S. Eliot*, 3rd ed. ("Galaxy Book"), New York 1959. Neueren Datums sind: R. Wellek, "The Criticism of T. S. Eliot", in: *The Sewanee Review*, vol. 64 (1956), pp. 398—443; V. Buckley, *Poetry and Morality. Studies in the Criticism of Matthew Arnold, T. S. Eliot and F. R. Leavis*, London 1959, chapt. IV und V. pp. 87—157; R. Williams, *Culture and Society*, pp. 227—243; u. a. Ferner die unten aufgeführten Arbeiten von Schwartz, Esch und Brombert. S. Lucy, *T. S. Eliot and the Idea of Tradition*, London 1960 (ausgeliefert am 24. 11. 1960) wurde nicht mehr herangezogen.

"American criticism", so schrieb er im Sommer 1921, "like that of England, but to an even greater extent, suffers from a want of philosophic insight and precision. ... For virtually all of us every critical problem is a separate problem, a problem in a philosophic vacuum..." [13]

In dieser Situation erschien T. S. Eliots Essayband *The Sacred Wood* (1920). Die darin enthaltenen Aufsätze "ended for many, particularly for younger readers, the era of Victorian literary standards" [14]. Im Zusammenhang mit den Bemühungen Ezra Pounds und anderer Kritiker, die sich um Zeitschriften wie *The Egoist, The Little Review* und *The Dial* sammelten, griff Eliot die Kritik an der bürgerlich-liberalen Tradition auf, ging jedoch einen Schritt weiter. "The criticism proper", so sagt er über die Literaturkritik seit Arnold, "betrays such poverty of ideas and such atrophy of sensibility that men who ought to preserve their critical ability for the improvement of their own creative work are tempted into criticism." [15] Ausgehend von einer ebenso ästhetizistischen Position wie Spingarn, entwickelte er aus dem Debakel des Impressionismus gewisse methodologische Schlußfolgerungen. "I suggest that we throw out all critics who use vague general terms", hatte sein Gesinnungsgefährte Pound gefordert [16]. Eliot, der aus seiner Bewunderung für Pound niemals ein Hehl machte [17], teilte dessen Verachtung gegenüber der bürgerlich-liberalen Gesellschaft und dem romantisch-viktorianischen Epigonentum. Beide Dichter fühlten sich als Sprecher einer neuen Epoche; beide erkannten, daß die Ideale des liberalen Bürgertums und damit auch deren literarische Entsprechungen diskreditiert waren. Da sie den proletarisch-revolutionären Ausweg nicht erkannten oder nicht erkennen wollten, war die einzig mögliche Form ihrer Rebel-

---

[13] *Criticism in America*, pp. 288 f.
[14] O'Connor, a. a. O., p. 158. Vgl. auch Matthiessen, a. a. O., p. 4, und S. L. Bethell, *Essays on Literary Criticism and the English Tradition*, London 1948, p. 30 und p. 80: "it was Mr. Eliot's *Sacred Wood* that really started the whole affair. His admirable analyses of the verse of certain Elizabethan and Jacobean dramatists began the movement for 'close verbal criticism' to which we are all so much indebted..."
[15] *The Sacred Wood. Essays on Poetry and Criticism*, London 1953 (repr.), p. xiv.
[16] *Literary Essays of Ezra Pound*. Edited with an Introduction by T. S. Eliot, London 1954, p. 37.
[17] Eliot betont (ibid., p. xiii) mit Nachdruck "the central importance of Pound's critical writing" und bezeichnet dieses als "the most important contemporary criticism of its kind", ja sogar als "the least dispensable body of critical writing in our time".

lion zunächst die ästhetische: sie wurde eine "esthetic opposition to the norms of business" [18].

Pound und Eliot konnten damit den Liberalismus nicht überwinden, sondern nur negieren. *Die Kunst für die Kunst* war eine unvollkommene und keineswegs neue Antwort auf die Forderung *die Kunst für das Geld*. Da sie — vorerst — keine Alternative zur liberalen Bürgermoral kannten, leugneten sie die Zuständigkeit jedweder Moral. Da die Ideale bürgerlicher Kunst ungültig waren, proklamierten sie eine Kunst ohne Ideal. Da sie deren Erlebnisinhalte nicht teilten, verwarfen sie das Gefühlserlebnis als solches überhaupt. Der überschwengliche, oft brüchige Gefühlsausdruck beherrschte aber nicht nur die viktorianische Dichtung, sondern ebenso stark die sich als "the purest form of personal impression" [19] gebärdende spätviktorianische Literaturkritik. Eliot sah in Walter Paters "gem-like flame" nur noch die Asche bürgerlicher Romantik; er mißtraute der ekstatischen "power of being deeply moved by the presence of beautiful objects" [20] und verachtete "the exquisite sterile emotions that it is [nach Oscar Wilde] the function of art to awaken" [21].

---

[18] Kenneth Burkes Formulierung, zit. bei Smith, a. a. O., p. 349. Die Zusammenhänge zwischen privatem Ästhetizismus und gesellschaftlicher Isolierung werden von Levin (a. a. O., p. 147) angedeutet, wenn er "a temperamental linkage between the writer's sense of alienation and his intensified self-consciousness" sieht. Solange der dichterische Erfolg ausblieb und neben dem *sense of alienation* sich auch das Gefühl einer gewissen Diskriminierung einstellte, war Eliots und Pounds „ästhetische Opposition" gegen die kapitalistische Gesellschaft nicht ohne Schärfe. Daß diese Opposition (a) teilweise direkt aus dem Zusammenstoß mit derzeitigen "vested interests" und "norms of business" hervorging und (b) ihrerseits von einer kritischen Einsicht in die sozialen Zusammenhänge kultureller Erscheinungen begleitet wurde, zeigt Pounds temperamentvolle Polemik gegen "the completely contemptible and damnable activity of the literary bureaucracy in power (materially in power in the editorial offices, publishing houses, etc.) ..." (*Literary Essays* usw., p. 79). Es war für den Literaten Pound der Punkt erreicht, da er vor der Kommerzialisierung der Literatur nicht die Augen verschließen konnte. "It becomes", so schrieb er, "at this point increasingly difficult to keep economic discussion out of the narrative. ... the economic factors (trade control, etc.) become increasingly capable of forcing the degradation of books" (p. 82).

[19] Oscar Wilde, a. a. O., p. 139.

[20] W. Pater, *The Renaissance. Studies in Art and Poetry*, repr. London 1910, p. x.

[21] Wilde, a. a. O., p. 168. *Passion* bzw. *emotion*, erregt durch eine allmächtige *imagination*, war die impressionistische Zauberformel spätromantischer Kritik: "emotion for the sake of emotion is the aim of art, and emotion for the sake

Eliot erkannte nicht nur die impressionistischen Auswirkungen einer solchen Kritik, sondern auch deren verhängnisvolle, individualistische Voraussetzungen. Als origineller Schüler von Babbitt und als ideologischer Anhänger Hulmes [22] und der *Action Française* teilte er die Voraussetzungen und kritischen Erkenntnisse antiliberaler Ideologie, die er nun erstmalig in umfassender Weise auf die englische Literaturkritik anwendete. Das hypertrophierte Gefühlserlebnis, in dem der spätromantische Individualismus gipfelte, erschien ihm als Ausdruck innerer Unsicherheit und Skepsis: "when we do not know, or when we do not know enough, we tend always to substitute emotions for thoughts." [23] Er tadelte nicht lediglich "the pernicious effect of emotion" in der Literaturkritik; er definierte "bad criticism" als "that which is nothing but an expression of emotion" [24]. Eliot zog daraus eine weitreichende Schlußfolgerung: "a literary critic", so schrieb er, "should have no emotions except those immediately provoked by a work of art — and these . . . are, when valid, perhaps not to be called emotions at all" [25]. "Poetry", so hieß es jetzt, "is . . . an escape from emotion." [26]

Diese extreme Forderung widerspiegelte nicht zuletzt jene Zerstörung von Eliots eigener *sensibility*, die für ihn die Suche nach einer Tradition zu einem gesellschaftlich-ethischen und dichterisch-sprachlichen Haupt-

---

of action is the aim of life, and of that practical organization of life that we call society". (Ibid., p. 169.)

[22] Der Einfluß Hulmes auf Eliot bedarf einer Spezialuntersuchung, die über Daniells' und Daiches' allgemeine Erörterungen (s. o., S. 48, Anm.) hinausgeht. Wellek, der ("The Criticism of T. S. Eliot", p. 432) die entscheidende Beeinflussung durch Maurras und Lasserre annimmt, kann wohl schwerlich die von Beer (a. a. O., S. 61 f., 103 ff., 149), Buckley (a. a. O., pp. 92, 145), Matthiessen (a. a. O., pp. 29 f., 70 f., 144) u. a. hervorgehobenen, z. T. geradezu verblüffenden Entsprechungen zwischen Hulme und Eliot leugnen. Hyman (a. a. O., p. 98) meint sogar, daß Hulmes "notebooks circulated among friends in manuscript, and it is certain that Eliot, Pound, and a number of other critics were familiar with them long before their publication". Unabhängig davon, ob nun Eliot (a) direkt von den französischen Neoklassizisten oder (b) unmittelbar durch Hulme oder (c) durch Hulme über Vermittlung von Pound beeinflußt wurde, ist doch der für uns entscheidende Tatbestand hinreichend erwiesen: „daß", wie Beer (S. 103) sagt, „alle diese antiliberalen Ideologien durch ganz bestimmte Fäden miteinander verbunden sind und . . . das Prosawerk T. S. Eliots gewissermaßen als eine *Summa* aller dieser Gedanken zu verstehen" ist.

[23] *The Sacred Wood*, p. 10.

[24] Ibid., p. 15.

[25] Ibid., pp. 12 f.

[26] *Selected Essays*, new ed., New York 1950, p. 10.

anliegen werden ließ. Die radikale Verdächtigung kunstkritischer Ge-
fühlsregungen offenbarte nicht nur den Bruch in der Entwicklung eines
gesellschaftlich gültigen Kunstgeschmacks, sondern jene eigene *dissociation of sensibility,* um deren Wiederherstellung sich Eliot an Hand des
Studiums der „metaphysischen" Dichtung bemühte.

"In the seventeenth century", so behauptete er, "a dissociation of sensibility
set in, from which we have never recovered ... Tennyson and Browning are
poets, and they think; but they do not feel their thought as immediately as the
odour of a rose. A thought to Donne was an experience; it modified his sensibility. When a poet's mind is perfectly equipped for its work, it is constantly
amalgamating disparate experience; the ordinary man's experience is chaotic,
irregular, fragmentary." [27]

Das Fragmentarische und Chaotische in Eliots Umwelt waren im
Jahre 1921 — dem Entstehungsdatum des Aufsatzes *The Metaphysical
Poets* — nicht mehr vom Standpunkt einer *unified sensibility* zu gestal-
ten. Die Zerrissenheit des bürgerlichen Lyrikers im Gefolge der imperia-
listischen Weltkatastrophe und der durch wachsende Arbeitsteilung und
Entfremdung bedingte Auseinanderfall emotionaler und intellektueller
Erfahrungsbereiche verwandelten jedes Erlebnis in *disparate experience:*
Gefühls- und Verstandeserlebnis widerstrebten *gleichzeitiger* lyrischer
Verdichtung. Eliot bemerkte das dichterische Dilemma und projizierte
seine eigene Zerrissenheit auf den Hintergrund der gesamten bürgerlichen Zivilisation. Der Ausweg bot sich ihm nicht in der Korrektur
seiner eigenen Grundposition, sondern in der Zuflucht zu der vor-
revolutionären, d. h. vorkapitalistischen Kulturtradition.

Der vom frühen Eliot entwickelte Traditionsbegriff ist also einerseits
unter eskapistischem Vorzeichen zu deuten. Das Moment des Auswei-
chens ist offensichtlich, und Eliots Suche nach Tradition erscheint ideologisch zweckgebunden im Sinne einer *usable past,* jedoch ohne die von
Van Wyck Brooks geforderte nationsgeschichtliche Orientierung. Aus
diesem Grund ist Eliots Rückwendung reaktionär in der vollen Bedeutung des Wortes. Die Bestimmung des Begriffes „Tradition" ist entsprechend willkürlich und wird diktiert von den Erfordernissen antiliberaler Polemik. "Eliot's 'tradition' ", so sagt C. A. Brown, "is ex-
clusive rather than inclusive, since no attempt is made to include all of
the great literary figures of the past but rather only those who seem to
fit into Eliot's own concept of the 'tradition'. In general, by using
the term 'tradition' Eliot means 'classic' as opposed to 'romantic', since

[27] Ibid., p. 247.

the classic is 'complete' and 'orderly' while the romantic he sees as 'fragmentary' and 'chaotic'." [28]

Trotz dieser Einseitigkeit bietet Eliots früher Traditionsbegriff jedoch andererseits eine bedeutsame Kritik subjektivistischer Dichtung. In dem frühen Aufsatz *Tradition and the Individual Talent* kritisiert er eine

"tendency to insist, when we praise a poet, upon those aspects of his work in which he least resembles any one else. In these aspects or parts of his work we pretend to find what is individual, what is the peculiar essence of the man. We dwell with satisfaction upon the poet's difference from his predecessors, especially his immediate predecessors; we endeavour to find something that can be isolated in order to be enjoyed. Whereas if we approach a poet without this prejudice we shall often find that not only the best, but the most individual parts of his work may be those in which the dead poets, his ancestors, assert their immortality most vigorously. ... Tradition is a matter of much wider significance. It cannot be inherited, and if you want it you must obtain it by great labour. It involves, in the first place, the historical sense, which we may call nearly indispensable to anyone who would continue to be a poet beyond his twenty-fifth year; and the historical sense involves a perception, not only of the pastness of the past, but of its presence; the historical sense compels a man to write not merely with his own generation in his bones, but with a feeling that the whole of the literature of Europe from Homer and within it the whole of the literature of his own country has a simultaneous existence and composes a simultaneous order. This historical sense ... is what makes a writer traditional. And it is at the same time what makes a writer most acutely conscious of his place in time, of his own contemporaneity." [29]

Eliot distanziert sich von der subjektivistischen Befangenheit der älteren bürgerlichen Kritik. Ebenso wie die russischen Formalisten erhebt er „die Forderung, die Literaturforschung von den Fesseln des Subjektivismus und Psychologismus zu befreien" [30]. Echte Originalität bestehe nicht im

---

[28] A. a. O., p. 561. Vgl. dazu Eliots *Essays Ancient and Modern*, London 1936, p. 116, und *Selected Essays*, p. 15, wo der Unterschied zwischen "Classicism and Romanticism" ganz im Sinne von Babbitt und Hulme (vgl. *Speculations*, pp. 116 f.) so bestimmt wird: "the difference seems to me rather the difference between the complete and the fragmentary, the adult and the immature, the orderly and the chaotic". Über die vom jungen Eliot im einzelnen vorgenommene *revaluation* der englischen Dichtung vgl. D. Schwartz, "The Literary Dictatorship of T. S. Eliot", Abdruck bei Zabel, a. a. O., pp. 573—587. "Seldom", so heißt es dort (p. 581), "have so many poets been depreciated or dismissed in so few pages."

[29] *Selected Essays*, pp. 3 f.

[30] Vgl. Neumann, „Die formale Schule der russischen Literaturwissenschaft...", S. 114.

individualistischen Experiment, sondern in der sinnvollen Weiterführung historisch überlieferter Kulturbemühungen. Mit der positiven Bewertung des Literaturerbes verwirft Eliot die bilderstürmende Barbarei der Futuristen und anderer Richtungen der frühen imperialistischen Epoche. Sein geläuterter Historismus stellt höchste Anforderungen an den Dichter, die dieser freilich nur im Besitze bürgerlicher Bildungsprivilegien zu erfüllen vermochte.

Bemerkenswert sind in diesem Zusammenhang die literaturkritischen Schlußfolgerungen. Eliots notwendige Kritik an individualistischen Interpretationsmethoden führt ihn zu einer Erkenntnis, die als Leitsatz über den Bemühungen der gesamten Neuen Kritik stehen könnte: "Honest criticism and sensitive appreciation are directed not upon the poet but upon the poetry." [31] Indem Eliot das Kunstwerk als "object which is no longer purely personal" betrachtet, weist er die Ansprüche der psychologischen und biographischen Interpreten zurück. Nicht der Dichter, nicht dessen Psychologie und Lebensweg, sondern das Werk selbst steht im Vordergrund. Das Augenmerk des Kritikers sei entsprechend nicht auf die subjektiven Voraussetzungen des Schaffensaktes, sondern auf dessen dichterisch-sprachliches Resultat zu richten; seine kritische Befähigung bestehe in "the ability to analyse closely and to elucidate texts" [32].

Diese Verlagerung der Aufmerksamkeit auf das Kunstwerk und dessen dichterische und sprachliche Struktur geht Hand in Hand mit einer entsprechenden Neubewertung der Rolle des Dichters im künstlerischen Schaffensprozeß. "The poet's mind", so sagt Eliot, "is in fact a receptacle for seizing and storing up numberless feelings, phrases, images, which remain there until all the particles which can unite to form a new compound are present together." [33] Das Ziel des Dichters sei nicht der künstlerische Ausdruck seiner Persönlichkeit, sondern die dichterische Vermittlung überindividueller Erlebnisinhalte. Die Persönlichkeit des Autors habe sich in ein "more finely perfected medium" zu verwandeln, so daß die Identität zwischen "the man who suffers and the mind which creates" aufgehoben wird:

"the poet has, not a 'personality' to express, but a particular medium, which is only a medium and not a personality, in which impressions and experiences combine in peculiar and unexpected ways. Impressions and experiences which are important for the man may take no place in the poetry, and those which

---

[31] *Selected Essays*, p. 7.
[32] Vgl. Brown, a. a. O., p. 561.
[33] *Selected Essays*, p. 8.

become important in the poetry may play quite a negligible part in the man, the personality." [34]

Diese neue Anschauung von der schöpferischen Rolle des Dichters bezeichnet Eliot als die *Impersonal theory of poetry*. Als theoretisches Postulat gesehen, bedeutet sie zweifellos eine entschiedene und gerechtfertigte Absage an den biographisch-psychologisch orientierten *life-and-letters approach*. In der Praxis literarischer Interpretation hat sie jedoch bei Eliot und seinen Schülern zu weniger eindeutig bestimmbaren Resultaten geführt. Selbst wenn wir in diesem Zusammenhang von einer Kritik ihrer erkenntnistheoretischen Prämissen absehen, erscheinen die praktischen literarkritischen Schlußfolgerungen zutiefst problematisch.

Zunächst begnügt sich Eliot nicht mit einer Widerlegung subjektivistischer Literaturdeutung. Er verurteilt nicht lediglich die literaturkritische Überbewertung der dichterischen Persönlichkeit, sondern bestreitet prinzipiell die Zulässigkeit biographischer Interpretationsweisen. Er verurteilt beim Dichter nicht lediglich das Hervortreten individualistischer Willkür, sondern bestreitet das Recht des Dichters auf schöpferische Existenz im eigenen Werk. Die Persönlichkeit des Künstlers wird nicht lediglich zurückgedrängt, sondern ausgelöscht:

"What happens is a continual surrender of himself as he is at the moment to something which is more valuable. The progress of an artist is a continual self-sacrifice, a continual extinction of personality." [35]

Dieser "process of depersonalization" reduziert den Dichter in ein "automaton who secreted his poem in some unconscious and brainless way" [36]. Eliots Kritik am künstlerischen Subjektivismus verwandelt sich in einen Angriff gegen das schöpferische Subjekt. Dieser Angriff steht

---

[34] Ibid., p. 9. Die damit vollzogene radikale Umwertung literarkritischer Maßstäbe wird so recht deutlich, wenn wir Eliots Auffassung mit den Anschauungen eines repräsentativen spätviktorianischen Kritikers vergleichen, etwa Walter Raleigh. In dessen *Shakespeare* ("English Men of Letters", London 1907, pp. 5 f.) findet sich die bis Spingarn und Eliot wohl unangefochten geltende biographisch gerichtete Deutung, in deren Sinne es z. B. heißt: "Some men write so ill that their true selves are almost completely concealed beneath their ragged and incompetent speech." Das sind Worte, die der Auffassung Eliots so entschieden entgegengesetzt sind, daß nur eine absolute Verkehrung der Aussage der neukritischen Poetik genüge tun würde.

[35] *Selected Essays*, pp. 6 f.

[36] W. K. Wimsatt and C. Brooks, *Literary Criticism: A Short History*, New York 1957, p. 665. Der Neue Kritiker Cleanth Brooks läßt offen, inwieweit er selbst sich mit diesem Satz identifiziert.

unter dem gleichen antihumanistischen Vorzeichen, das auch für Hulmes Polemik gegen "that bastard thing personality" [37] kennzeichnend ist. Wie die spätere Entwicklung Eliots zeigen sollte, war auch bei ihm die antihumanistische Nutzanwendung so unvermeidlich, daß ein jüngerer Betrachter gerade im Hinblick auf die *Impersonal theory of poetry* sagen muß: "It is here that Hulme's position, muddled and obsessive though it is, touches the quick of Eliot's." [38]

Die „unpersönliche Dichtungstheorie kann aus diesem Grunde als Korrektur der individualistischen Poetik nicht befriedigen, sondern ist im Gegenteil ihre sehr gefährliche Kehrseite. Gerade die Tatsache, daß sie von existentialistischer Seite bereitwillig aufgegriffen wurde, sollte uns zu denken geben. Heideggers Auffassung, wonach der „Künstler gegenüber dem Werk etwas Gleichgültiges, fast wie ein im Schaffen sich selbst vernichtender Durchgang für den Hervorgang des Werkes" [39] sei, zeigt die Verirrung, in die eine *nichthumanistische* Kritik am Individualismus geraten muß. Eliot, der über E. R. Curtius [40] auf die deutschsprachige Literaturwissenschaft wirkte, ist auch zweifellos mit der „Biographiefeindschaft" der neueren Germanistik in Zusammenhang zu bringen. Die dort an der „Verfemung der Biographie" geübte Kritik gilt daher *mutatis mutandis* auch für Eliot und darf als durchaus einschlägig zitiert werden:

„Der Biographiefeindschaft einiger Wissenschaftsdisziplinen ... liegt der gleiche Mangel zugrunde, nämlich der Zweifel, Mensch und Sache angesichts der Spannung, in die sie geraten sind, wieder in Einklang zu bringen oder wenigstens die Möglichkeit dieses Einklanges am Beispiel geschichtlicher Gestalten darstellen zu können." [41]

Die hier erwähnte „Spannung" zwischen „Mensch und Sache" kennzeichnet auch Eliots literarisches und kritisches Werk und erklärt den

---

[37] *Speculations*, p. 33.

[38] Buckley, a. a. O., p. 92.

[39] „Der Ursprung des Kunstwerkes", a. a. O., S. 29.

[40] E. R. Curtius hat sich bereits im Jahre 1929 intensiv mit Eliot befaßt, wovon sein Aufsatz „ T. S. Eliot als Kritiker" (in: *Die Literatur*, 32. Jg., Oktober 1929, S. 11–15) Zeugnis ablegt. In *Europäische Literatur und Lateinisches Mittelalter* finden sich einige Grundkonzeptionen Eliots (z. B. S. 22: „Für die Literatur ist alle Vergangenheit Gegenwart...") sowie wörtliche Zitate aus den *Selected Essays* (etwa S. 334).

[41] F. Sengle, „Zum Problem der modernen Dichterbiographie", in: *DVj*, Bd. 26 (1952), S. 109. Die hier beklagte „Verfemung der Biographie" (S. 101) ist somit eine literarkritische Konsequenz des bereits von H. S. Chamberlain prophezeiten „Krieges bis aufs Messer gegen die Persönlichkeit" (s. u., S. 38).

hohen Preis, den Eliot an „absolute" Werte zu zahlen bereit ist. Sowohl sein Ringen um eine *unified sensibility* als auch der Ausweg in den Antihumanismus widerspiegeln die zeitgeschichtlichen Bedingungen, unter denen sich Dichtung und Kritik in der imperialistischen Epoche entwickeln müssen.

Vor diesem zeitgeschichtlichen Hintergrund müssen wir Eliots Forderung nach „Entpersönlichung" ebenso wie Ortega y Gassets *deshumanización del arte* verstehen. Die Korrektur an der individualistischen Poetik war und ist erforderlich, aber Eliots Korrektiv zerstört in letzter Konsequenz gerade die Werte, die es zu erneuern gilt. Da in einer volkstümlichen, nicht individualistischen Kunst die dichterische Vision mit den höchsten Belangen des Gemeinwohls auf natürliche Weise zusammenfallen kann, ist der Ausdruck dichterischer Persönlichkeit nicht *per se* ein asozialer Subjektivismus. Im Gegenteil! Die volksverbundene Kunst aller Jahrhunderte kennt „auch größte Künstler als begnadete Sprecher der Gemeinschaft", so wie z. B. in der mittelhochdeutschen Dichtung „die Lebensdauer jener weitergereichten Kunstwerke ein Maßstab für ihre Harmonie mit dem Gemeingeist" [42] ist. Im Sinne dieser wahren Tradition (sie ist viel älter als Eliots Orthodoxie) sind auch die besten Leistungen sozialistischer Kunst von Brecht bis Schostakowitsch zu verstehen, geradeso wie die bedeutendsten Leistungen der klassischen deutschen Literatur und Musik: Das Private und das Öffentliche, das Besondere und das Allgemeine durchdringen einander, ergänzen und steigern sich in erregender Harmonie.

Eliots Ruf nach "depersonalization", nach "extinction of personality" verdächtigt also die Geschlossenheit seiner eigenen dichterischen Sensibilität und beleuchtet das Dilemma der gesamten modernen bürgerlichen Lyrik. Der Dichter mißtraut nicht nur seinen eigenen Emotionen, sondern ist *auf der Flucht vor seiner eigenen Persönlichkeit* als Gegenstand lyrischer Gestaltung: "Poetry is not a turning loose of emotion, but an escape from emotion; it is not the expression of personality, but *an escape from personality.*" [43] Die künstlerische Sensibilität leidet unter

---

[42] O. Höfler, „Die Anonymität des Nibelungenliedes", in: *DVj*, Bd. 29 (1955), S. 212 f.

[43] *Selected Essays*, p. 10. (Hervorhebung von mir.) Nachdem obige Zeilen geschrieben (und bereits in der *ZAA* veröffentlicht) waren, fand das darin gefällte Urteil eine unerwartete Bestätigung durch F. R. Leavis. In *The Guardian* vom 8. 4. 1960, p. 13, schreibt er über Eliot: "What the contradictions and evasive subtleties of his criticism betray is a failure of integration. There is not behind his art the wholeness of the creative human being — the truly great artist." Leavis sieht nicht allein "the lack of wholeness" und "a curiously limited crea-

der Unfähigkeit des Dichters, seine Individualität als sinnvollen Teil eines übergeordneten Ganzen zu gestalten; er vermag nicht länger im Individuellen das Allgemeine auszudrücken, so daß die Persönlichkeit, ihre Gefühle und Erlebnisse als Prisma des Kosmos versagen und den lyrischen Aufschluß über Welt und Wirklichkeit verweigern. Isoliert und beziehungslos dastehend, wird ihre Existenz willkürlich und dichterisch unverwertbar.

Nur so erklärt sich die von Eliot geforderte Trennung zwischen "the *man* who suffers and the *mind* which creates". Sie dokumentiert eine Persönlichkeitsspaltung, einen Zerfall zwischen der menschlich-sozialen und der poetisch-geistigen Tätigkeit des Dichters bzw. Kritikers. Die Abwendung des bürgerlichen Dichters von seinen Verpflichtungen als Citoyen ist schon alt und wurde nach 1848 zu einer gemeineuropäischen Erscheinung. Die Abwendung von seiner eigenen Menschlichkeit als Gegenstand lyrischer Gestaltung ist die letzte Konsequenz dieser Entfremdung. Der Dichter unternimmt schon gar nicht mehr den Versuch, die gefährdete Totalität seiner Persönlichkeit dichterisch wiederherzustellen. Der Zweifel des Dichters an seiner Existenz als Citoyen endet in dem Zweifel an der Bedeutsamkeit seiner Existenz als Persönlichkeit. Das Kunstwerk, das zunächst im Ästhetizismus seiner *gesellschaftlichen* Beziehungen entkleidet wurde, wird schließlich außerhalb seines *menschlichen* Bezuges konzipiert. Die beziehungslose, „reine" Poesie ist die dichterische Alternative zu einer chaotischen, „unreinen" Wirklichkeit. In diesem Sinne enthält dann der neukritische Autonomie-Begriff den Verzicht auch auf die letzte aller Wirklichkeitsrelationen: die menschliche Beziehung zum Künstler. Die „Rettung" des Kunstwerks fordert ein Auslöschen ("extinction") der Persönlichkeit des Dichters.

Es ist dieser bedenkliche Aspekt der *Impersonal theory of poetry*, der später in den Mittelpunkt der gesamten Neuen Kritik rücken sollte. Der Beitrag des frühen Eliot mochte als Negation des spätromantischen Impressionismus und Subjektivismus wertvoll und berechtigt sein. Sein

---

tivity", sondern auch den von uns historisch begründeten Antihumanismus: "The implicit conception of art (it cannot be held consistently) is the lifehater's: a conception of art as something apart from, and superior to, life." Angesichts dieser Tatsachen können Eliots Lobredner (etwa R. Sühnel, „T. S. Eliots Stellung zum Humanismus", in: *NSpr*, N. F. [1959], S. 304–314) nicht überzeugen. Es stimmt zwar, daß Eliot in jüngster Zeit (z. B. gegenüber Goethe: vgl. *On Poetry and Poets*, London 1957, pp. 207–227) gewisse Konzessionen gemacht hat, aber all dies hat − wie Wellek ("The Criticism of T. S. Eliot", p. 431) sehr richtig sagt − "a certain air of unreality and even cultural diplomacy about it".

positiver Gehalt aber erweist sich ebenso problematisch wie Eliots Traditionsbegriff: Die berechtigte Kritik an der impressionistisch-psychologischen Methode erfolgt nicht im Sinne einer dialektischen, sondern einer formalistischen Revision romantischer Dichtertheorien. Die — gleichfalls berechtigte — Rückorientierung auf das Kunstwerk als Ausgangspunkt jeglicher Kunstwerkbetrachtung bedeutet nicht lediglich eine Absage an deren individualistische Entstellungen, sondern ein Ausklammern aller objektiven Bestimmungen.

Diese Tendenz zur rein formalen Literaturbetrachtung erhellt schon aus Eliots Wort von der Funktion des Dichters als "receptacle for seizing and storing up numberless feelings, phrases, images". Der Dichter schöpft also nicht aus der Fülle des Lebens und der ihn umgebenden Wirklichkeiten; er erfaßt die Realität nur indirekt, in zweifacher Brechung, auf dem Wege der Verarbeitung bereits vorhandener "feelings, phrases, images". Nicht die Aussage des Dichters entscheidet damit über die Größe eines Kunstwerks, sondern dessen Kombinationsfähigkeit. In diesem Sinne behauptet Eliot,

"that the mind of the mature poet differs from that of the immature one not precisely in any valuation of 'personality', not being necessarily more interesting, or having 'more to say', but rather by being a more finely perfected medium in which special, or very varied, feelings are at liberty to enter into new combinations [44] ".

Aus der Leugnung des künstlerischen Schöpfertums folgert eine Unterbewertung der Ideen des Künstlers. Diese allgemeine „Abwertung des Gehaltlichen" [45] hat notwendig eine Überbetonung formaler Probleme zur Folge. Aus diesem Grunde ist die Literaturkritik des jungen Eliot "primarily concerned with the aesthetic and the technical in the criticism of literature — with purely artistic considerations" [46]. Hand in Hand mit der von Eliot immer wieder geforderten und oft feinsinnig verwirklichten "necessity of exact textual scrutiny" [47] geht daher eine formalistische Verarmung der Literaturkritik. "For Eliot as for Pound", so schreibt Cleanth Brooks in *Literary Criticism: A Short History*, "the essence of poetry is metaphor." [48] Eliots Faszination an Metapher, Bild und Symbol erklärt sich — ebenso wie seine Theorie des *objective correl-*

---

[44] *Selected Essays*, p. 7.

[45] A. Esch, „T. S. Eliot als Literaturkritiker", in: *Sprache und Literatur Englands und Amerikas*, Bd. 2, hg. von C. A. Weber, Tübingen 1956, S. 111.

[46] *The Achievement of American Criticism*, p. 559.

[47] *Literary Opinion in America*, p. 25.

[48] A. a. O., p. 665.

ative — aus der ästhetischen Autonomie, die dem Sprachmaterial unabhängig vom Wollen des Dichters zugemessen wird. Da mit dem Dichter
zugleich die Wirklichkeit als Kriterium ästhetischer Bestimmung entfällt,
steht am Ende der scheinbar überwundene, in Wirklichkeit aber nur
analytisch verfeinerte *pure criticism* eines Spingarn.

Die Unhaltbarkeit dieser ästhetizistischen Position hat Eliot später
selbst erkannt. "The 'greatness' of literature cannot be determined solely
by literary standards", so heißt es in den 1936 publizierten *Essays Ancient and Modern* [49]. Schon 1928, also im Jahre seiner Konversion, hat
Eliot diese Einsicht mit folgenden bemerkenswerten Worten begründet:

"You can never draw the line between aesthetic criticism and moral and social
criticism; you cannot draw a line between criticism and metaphysics; you
start with literary criticism, and however rigorous an aesthete you may be,
you are over the frontier into something else sooner or later. The best you
can do is to accept these conditions and know what you are doing when you
do it." [50]

Diese Erkenntnis hat der spätere Eliot nicht mit den Grundsätzen seiner
frühen Literaturkritik vereinbaren können. Die immer stärker in den
Vordergrund seiner Aufmerksamkeit tretenden Weltanschauungspro-
bleme der Dichtung (und damit auch des Dichters) haben ihn zu einer
schrittweisen und höchst widersprüchlichen Abwendung von seinen ursprünglichen Auffassungen, darunter auch der *Impersonal theory of
poetry*, geführt. Indem Eliot die Notwendigkeit einer metaphysischen
Weltanschauung erst für das Verständnis, dann für die Schöpfung des
Werks und schließlich für dessen künstlerische Größe verkündete, gelangte er am Ende zu "nothing less than a flagrant repudiation" [51] seiner
früheren Grundauffassung.

Es ist gewiß kein Zufall, daß — wie V. H. Brombert nachweist — Eliots
theoretische Konfusion in seiner Interpretation Shelleys (1933) gipfelt.
Gerade bei der Betrachtung des großen revolutionären Lyrikers "he
[Eliot] jumped to the conclusion that literary criticism must be directed
also upon what the author as a person believed" [52]. Eliot sprach von

---

[49] A. a. O., p. 93.

[50] *Selected Essays*, p. 42.

[51] V. H. Brombert, *The Criticism of T. S. Eliot. Problems of an 'Impersonal
Theory' of Poetry*, New Haven 1949, p. 34. In jüngster Zeit ist Eliot noch viel
entschiedener auf traditionelle Fragestellungen eingeschwenkt: vgl. "The Frontiers of Criticism", bes. pp. 539–543 und p. 537, wo er auch kritisch von "the
lemon-squeezer school of criticism" spricht.

[52] Brombert, a. a. O., p. 34.

"Shelley's abuse of poetry" [53], bezeichnete dessen Lyrik als "almost un-readable" [54] und Shelleys Weltanschauung als "childish" [55].

Eliots spätere Entwicklung ist bekannt. Sie besaß nicht die rechts-radikale Folgerichtigkeit eines Ezra Pound, führte jedoch auch ihn von ästhetischer Rebellion zu reaktionärer Propagandistik. [56] Der damit ver-bundene "steady decline in the quality and critical acuteness of Eliot's recent prose" [57] ist auch von seinen bürgerlichen Kritikern erkannt wor-den. Der zunächst historisch geläuterte Traditionsbegriff wurde auf die unerträglich dogmatische Formel der „Orthodoxie" eingeengt. "Tradi-tion by itself is not enough", so forderte Eliot 1934; "it must be perpe-tually criticised and brought up to date under the supervision of what I call orthodoxy." [58] Es entbehrt nicht einer gewissen Ironie, wenn der konvertierte Dichter in Erwägung zieht, inwieweit sein eigener Einfluß

---

[53] *The Use of Poetry and the Use of Criticism*, London 1933, p. 89.

[54] Ibid., p. 96.

[55] Ibid.

[56] Vgl. darüber die Arbeiten von West, Beer und vor allem Robbins, der in bisher umfassendster Beweisführung darlegt, "that Eliot is anti-Semitic, pro-Franco, despising the poor, incapable of love, embracing, at this late date, every facet of Anglo-Saxon supremacy". (So E. B. Burgum in der Rezension des Buches in *Science & Society*, vol. 16 [1951/52], p. 180.) Robbins untersucht ein-gehend *The Eliot Problem* (a. a. O., pp. 167–202), d. h. die Frage, warum Eliot, "a poet of minor achievement, emotionally sterile and with a mind coarse-ned by snobbery and constricted by bigotry" (p. 169) zum Gegenstand eines literarischen Mythos wurde. An anderer Stelle (p. 78) kennzeichnet Robbins Eliots Weltanschauung folgendermaßen: "The philosophy of Eliot ... can be summed up in one word: Anti-Humanism." Die gegenwärtige Aktualität von Eliots Antihumanismus beruht nicht zuletzt in seiner unmenschlich verklausu-lierten Stellung gegenüber dem Problem Krieg oder Frieden. Vgl. darüber *The Idea of a Christian Society*, p. 73, und *Essays Ancient and Modern*, p. 133, wo es u. a. heißt: "we must measure the suffering, direct and indirect, against the spiritual goods which may come of suffering".

[57] Brombert, a. a. O., p. 31; ferner Buckley, a. a. O., p. 126, u. a.

[58] *After Strange Gods*, London 1934, p. 62; vgl. zu der reaktionär-orthodoxen Einengung der *tradition*: Buckley, a. a. O., p. 144; Wellek, a. a. O., pp. 426, 442; Hyman, a. a. O., pp. 74 ff., 83 ff., 87, und M. Schlauch, *Modern English and American Poetry: Techniques and Ideologies*, London 1956, pp. 109–111. Kath-leen Nott hat sehr klar erkannt, "what Mr. Eliot means when he writes 'disorder' and 'values'" (a. a. O., p. 33): "We can say at least that 'order' has more connection with the imposed system of an authoritarian Church, and 'value' more to do with privilege, than either has with the original Christian conception of charity."

möglicherweise als "pernicious influence" [59] zu verwerfen sei. Im Hinblick auf den Literaturkritiker Eliot ist es in der Tat die frühe, ästhetische Phase, die ihn zu "the dominating influence in aesthetic analysis after 1920" [60] macht. Der frühe Eliot ist "responsible for the renaissance of classical taste" [61] und muß als "one of the founders of the new criticism" betrachtet werden [62].

V. Die volle Entfaltung des "New Criticism"

Ein Überblick über die wichtigsten Tendenzen der Neuen Kritik zeigt eine so große Vielfalt von Interpretationsmethoden, daß deren einzelne Vertreter im Rahmen eines historischen Abrisses keine detaillierte Darstellung und Kritik erfahren können. Ausgehend von den weitreichenden Anregungen Eliots und Pounds und gestützt auf I. A. Richards' ästhetische Theorien [1], hat sich die Neue Kritik seit den dreißiger Jahren vor allem in den USA außerordentlich rasch entwickelt. Jene "sweeping transformation in literary criticism which ... can scarcely be exaggerated" [2] stellt denn auch den Betrachter in ein Dickicht von literaturkritischen Publikationen und Theorien; diese sind einer knapp orien-

---

[59] *Essays Ancient and Modern*, p. 106.
[60] *The Achievement of American Criticism*, p. 560.
[61] Smith, a. a. O., p. 382.
[62] M. Krieger, *The New Apologists for Poetry*, Minneapolis 1956, p. 207.
[1] *Principles of Literary Criticism* (1924) und *Practical Criticism: A Study of Literary Judgment* (1929) sind die literaturtheoretisch wichtigsten Werke. Ausgehend von einer materialistischen Psychologie entwickelt Richards hierin unter Zuhilfenahme von schriftlichen Tests und semantischen Analysen eine "theory of aesthetic experience" und eine "theory of communication". In dem engen Rahmen dieser oft agnostizistisch gefaßten Ästhetik tritt er zunächst mit Entschiedenheit allen irrationalistischen Auffassungen entgegen. "There is", wie es in den *Principles* heißt, "no gulf between poetry and life", und sein gesamtes Werk *Practical Criticism* beabsichtigt, "to prepare the way for educational methods more efficient than those we use now". Richards' Ästhetik, der ich hier nicht annähernd gerecht werden kann, erfordert eine gründliche, kritische Auseinandersetzung vom Standpunkt der marxistischen Psychologie, Ethik und Erkenntnistheorie, wobei stark zu differenzieren wäre zwischen den beiden genannten Büchern und Richards' späteren Arbeiten, in denen sich der Einfluß okkulter Philosophien und ein verstärkter Agnostizismus erkennen lassen.
[2] *The Achievement of American Criticism*, p. 565.

tierenden Darstellung nicht leicht zugänglich, umso mehr, als zahlreiche Neue Kritiker „eine beinahe scholastisch anmutende Freude am Ausbau von System und Methode, an einem hochentwickelten Spezialvokabular" [3] an den Tag legen. Die Widersprüche und Beziehungslosigkeiten der einzelnen Interpretationstheorien sind beträchtlich. Der stärker in Erscheinung tretende Einfluß der *general semantics* [4], die Rückwendung von R. S. Crane und der Chicagoer Schule zu Aristoteles, die philosophisch-ontologischen Tendenzen eines J. C. Ransom und Allen Tate, die kulturkritischen Impulse der Engländer F. R. Leavis und L. C. Knights sowie der allgemeine Eklektizismus machen die Geschlossenheit der Neuen Kritik als literarische Bewegung oder „Schule" zu einer Illusion. Angesichts der immer stärkeren Verzweigung der einzelnen Strömungen wäre die Fassungskraft des Begriffs *new criticism* schon längst erschöpft, widerspiegelte sich in deren Programm nicht eine gemeinsame, zutiefst sozial bedingte Reaktion auf jene historischen Erscheinungen, die wir als Krise des bürgerlichen Liberalismus und als Niedergang der romantisch-impressionistischen Kritik gekennzeichnet haben.

Aus diesem Grunde bilden auch die seit Ende der dreißiger Jahre hervortretenden amerikanischen Neuen Kritiker "less a cohesive group than a loose association of poets, university teachers, traditionalists aching for lost symbols of authority, professional reactionaries brought together by a common contempt for a democratic society" [5]. Die reaktionäre Verbindung zahlreicher amerikanischer Neuer Kritiker mit dem Traditionalismus der Südstaaten erklärt sich nicht lediglich aus ihrer Vorliebe für den dort einst lebendigen aristokratischen Neoklassizismus. Die Parteinahme für die agrarische, südstaatliche Tradition erscheint als direkter Protest gegen die kulturelle Verelendung des Menschen im industriellen Kapitalismus. Wie bei Eliot und Pound, so bestehen auch hier zwischen esoterischem Ästhetizismus und gesellschaftlicher Entfremdung tief wirkende soziale Wechselbeziehungen, die bei der akademischen Kritik der neuesten Zeit teilweise verdeckt sein mögen, aber

---

[3] Stamm, a. a. O., S. 13.

[4] Vgl. B. C. Heyl, *New Bearings in Esthetics and Art Criticism: A Study in Semantics and Evaluation*, New Haven, 1943; ferner H. Straumann, "Between Literary Criticism and Semantics", in: *ESts*, vol. 36 (1955), pp. 254–262. Als kritische Darstellung vgl. G. A. Brutjan, *Die Erkenntnistheorie der Allgemeinen Semantik*, Jerewan 1959 (russisch); weitere Literaturhinweise ibid., S. 6 f.

[5] A. Kazin, *On Native Grounds*, Overseas Editions New York 1942, p. 348. Vgl. auch D. Daiches, *Critical Approaches to Literature*, London 1956, p. 311: "It is perhaps a mistake to talk about the analytic method as though it were a single critical method; it is an approach rather than a method".

nicht aufgehoben sind: "Their preciosity", so schreibt Kazin, "was not an 'escape' from anything; it was a social pressure, subtle and militant in its despair, working against the positivism of the age and sustained by a high contempt for it; a despair in the face of contemporary dissolution and irreligion that found its locus in the difficulty of modern poetry and prized that difficulty as the mark of its alienation and distinction. . . . It was a literary man's traditionalism that found its resources in half a dozen ill-assorted orthodoxies; but its mainspring was a passionate revolt against capitalism and the popular mind under capitalism". [6]

Die Revolte gegen die kapitalistisch-liberale Gesellschaft erfolgt bei den einzelnen Kritikern unter verschiedenen Voraussetzungen und ist nicht durchweg reaktionär orientiert. Im allgemeinen gilt, daß die englische Kritik der antiliberalen Ideologie nur bedingt verhaftet ist und in ihrer Reaktion gegen das viktorianische *laissez-faire* das historische und psychologische Wissenschaftserbe des 19. Jahrhunderts nicht unbesehen verworfen hat. Das gilt sowohl für William Empson, den Schüler I. A. Richards', als auch besonders für F. R. *Leavis* [7], den bekannten Kritiker aus Cambridge. Stärker noch als der unsystematische Dichter-Kritiker Eliot, verwirklichen beide die Methode der sorgfältigen, oft minutiösen Textanalyse, das Ideal des "close reading" [8]. Als Herausgeber der Zeitschrift *Scrutiny* (1932–1953) hat Leavis den Kampf gegen "the general dissolution of standards" aufgenommen und ihn im ersten Leitartikel programmatisch zu seiner Hauptaufgabe erklärt. Zusammen mit Q. D. Leavis [9] und L. C. Knights [10] hat Leavis die englische Tradition in Literatur und Kritik überprüft und dabei einen offenen Blick für die kulturelle Problematik der zeitgenössischen Gesellschaft bewahrt. Wie der

---

[6] A. a. O., pp. 348 f.

[7] *Mass Civilization and Minority Culture* (1930); *New Bearings in English Poetry* (1932); *Revaluation* (1936); *The Great Tradition* (1948); *The Common Pursuit* (1952); *D. H. Lawrence: Novelist* (1955); u. a. Über den Kritiker Leavis vgl. M. Jarrett-Kerr, "The Literary Criticism of F. R. Leavis", in: *Essays in Criticism*, vol. II (1952), pp. 351–368; ferner chapt. VI und VII bei Buckley, *Poetry and Morality*, pp. 158–232. Eine Kritik an Leavis' Kultur-Begriff bei R. Williams in: *Culture and Society*, pp. 252–264.

[8] I. A. Richards hatte in diesem Sinne die Behauptung aufgestellt, "that four poems are too many for a week's reading" ! Vgl. *Practical Criticism*, 6th impr., London 1948, p. 317.

[9] *Fiction and the Reading Public* (1930).

[10] *Drama and Society in the Age of Jonson* (1937); *Explorations: Essays in Literary Criticism* (1946); *Some Shakespearean Themes* (1959); *An Approach to Hamlet* (1960).

Untertitel des zusammen mit D. Thompson herausgegebenen *Culture and Environment* (1933) besagt, betrachtet Leavis "The Training of Critical Awareness" als einen reformistischen Ausweg aus dem Dilemma. Als wichtigste Symptome behandelt er abschnittsweise "Advertising", "Standardization", "Levelling-Down", "Substitute-Living" u. a. "We cannot", so sagt er mit charakteristisch antiliberalem Akzent, "as we might in a healthy state of culture, leave the citizen to be formed unconsciously by his environment; if anything like a worthy idea of satisfactory living is to be saved, he must be trained to discriminate and to resist ... But to train critical awareness of the cultural environment in the ways contemplated is to train in discrimination and to imply positive standards." [11] Angesichts des "loss of the Organic Community" und der Entwicklung des modernen "suburbanism" wird für Leavis ebenso wie für Richards [12] die Sprache — und damit die Literatur — zu dem einzig verbleibenden Medium einer (vorkapitalistischen) Tradition, von dessen sorgfältiger Bewahrung und Verteidigung das Schicksal der Kultur abhänge. Es ist, so sagt Leavis, "the language, the changing idiom, upon which fine living depends, and without which distinction of spirit is thwarted and incoherent. By 'culture' I mean the use of such a language." [13] Wenn wir von der Enge dieses literarisch-sprachlichen Kulturbegriffs und dem anachronistischen Charakter des Gemeinschaftsideals der "Organic Community" absehen, bleibt doch eine im Bereich der Neuen Kritik bemerkenswerte Aufgeschlossenheit gegenüber außerliterarischen Problemen, die den Kritiker folgerichtig zu einer Absage an "any 'unique literary values' or any 'realm of the exclusively aesthetic' " [14] geführt hat. Seine teilweise notorische Berühmtheit verdankt Leavis der selbstbewußten Beharrlichkeit und dem oft hoffärtigen Intellektualismus, die ihn zum *enfant terrible* der englischen Kritiker machen. Die Selbstbewußtheit, mit der Leavis sich als Sprecher einer *minority culture* betätigt, widerspiegelt im Grunde den Grad seiner Isolierung und Hilflosigkeit gegenüber dem tatsächlichen Lauf der Gesellschaftsgeschichte. Der Rückzug auf die Werte einer intellektuellen Minderheit ist einer der verzweifelten Versuche, aus dem Zusammenbruch der

---

[11] *Culture and Environment*, 6th impr., London 1950, p. 5.

[12] Vgl. *Practical Criticism*, pp. 320 f.: "From the beginning civilization has been dependent upon speech, for words are our chief link with the past and with one another and the channel of our spiritual inheritance. As the other vehicles of tradition, the family and the community, for example, are dissolved, we are forced more and more to rely upon language."

[13] *Mass Civilization and Minority Culture*, Cambridge 1930, p. 5.

[14] *The Common Pursuit*, London 1952, p. 114, auch p. 89.

bürgerlich-liberalen Kultur gewisse bleibende, „absolute" Kriterien zu retten. Leavis kämpft gegen "certain ways of thinking and feeling embodied in immensely powerful institutions" [15], aber als Gegengewicht gegen die Kommerzialisierung und Standardisierung des kulturellen Lebens ist sein passiver Widerstand ("Leavis's Truth of Resistance" [16]) gänzlich unzulänglich. Im Gegenteil, er vertieft höchstens die bereits vorhandene (sozial begründete) Kluft zwischen *high-brow* und *low-brow*, wodurch die Minderheit — will sie ihre privilegierte Sonderexistenz bewahren — notwendig die Apologie ihrer gesellschaftlichen Isolierung und die Selbstbestätigung ihrer intellektuellen Überlegenheit hervorbringen muß. Leavis, so sagt ein liberaler Kritiker, "has never hidden his feeling that most writers and readers are second rate, and that the second rate is worthy of little but contempt. True insight is restricted to a small minority, the morally sensitive and intelligent élite who keep standards alive in an alien, even hostile society." [17] Dieses Außenseitertum, das sich im Namen einer selbstgewählten bürgerlichen Elite rechtfertigt, hat Leavis mit seinem Interesse für die humanistischen und volkstümlichen Kräfte nie recht in Einklang gebracht, so daß er in seiner *Revaluation* der englischen Lyrik die von Eliot verkündeten Neuwertungen im wesentlichen aufgriff. [18] In der Interpretation des Romans

---

[15] Williams, a. a. O., p. 257.

[16] Vgl. W. Walsh, "Leavis's Truth of Resistance", in: *New Statesman* vom 26. 3. 1960, pp. 454 f.

[17] A. E. Dyson, "Dr. Leavis and the Universities", in: *The Times Educational Supplement* vom 19. 8. 1960, p. 215. Vgl. auch D. Daiches, *The Present Age*, p. 137: "For him [Leavis] the good was the enemy of the best: anything less than a fully realized work of art, reflecting the mature interests of the writer as an adult living responsibly in his own time, was a betrayal — or at least it was a betrayal of the critic's function to accept anything less. The great enemy was not only the various kinds of popular vulgarization that the modern world encouraged; it was also the genteel academic tradition, the urbane cultivation of letters by gentlemanly antiquaries for whom books were agreeable companions rather than explorers into experience." Selbst ein Bewunderer wie M. Jarrett-Kerr spricht von "a somewhat stern, humourless moralism" (a. a. O., p. 367): Leavis "refuses to give any marks where he cannot give full marks" (p. 364).

[18] Trotz verschiedener Akzentsetzungen etwa im Hinblick auf Dryden und Pope. Es berührt geradezu peinlich, wenn Leavis das Urteil Eliots über Shelleys Lyrik (sie sei "almost unreadable") *viermal* wiederholt. Vgl. *Revaluation. Tradition and Development in English Poetry*, London 1936, pp. 203, 204, 211, 231. Trotz seiner Bewunderung für *The Mask of Anarchy* (p. 229) macht Leavis' neoklassizistisches Vorurteil eine ausgewogene Wertung der Romantik unmöglich.

ist Leavis in stärkerem Maße eigene Wege gegangen, wobei jedoch die klassische und viktorianische bürgerliche Prosa (Defoe, Fielding, Smollett, Thackeray — mit einer Ausnahme auch Dickens) charakteristische Fehlbewertungen erfuhr und kurzerhand aus *The Great Tradition* ausgeklammert wurde. Trotz solcher Tendenz zu starrem Kunstrichtertum bleibt Leavis provozierend und anregend in seiner Kunst*wertung;* seine Kunst*deutung* und vor allem seine Literatur*geschichtsschreibung* haben weniger bedeutsame Erkenntnisse gefördert.

Während bei Leavis die intensive Textinterpretation über rein literarische Fragen hinausweist, erreicht sie bei *William Empson* [19] die Subtilität eines analytischen Glasperlenspiels. Die Explikationsfreudigkeit wird Selbstzweck; der Interpretationsdrang verselbständigt sich, und der esoterische Prozeß der Ausdeutung gefährdet die literarische Wertung als eine der Hauptaufgaben des Kritikers. Mit einer in seiner Gründlichkeit bewunderungswürdigen Konsequenz betrachtet Empson das semantische Schillern des Dichterwortes und verfolgt alle seine grammatischen, lautlichen, rhythmischen und anderen sprachlich-lyrischen Beziehungen. Da er in Übereinstimmung mit seinem Lehrer Richards bemüht ist, "the conflict between the scientific and aesthetic points of view" [20] zu schlichten, zieht er auch „außerästhetische", will heißen:

Die soziologischen Voraussetzungen dieses Vorurteils werden von Kathleen Nott angedeutet, wenn sie auf "the inevitable association of classicism with the small community" (a. a. O., p. 224; vgl. auch p. 135) hinweist. Es ist daher kein Wunder, daß sich gerade der Autor von *La rebelión de las masas* einem „anhebenden Klassizismus" verschreibt und die romantische Kunst als den „volkstümlichen Stil *par excellence*" abtut. (Vgl. Ortega y Gasset, *Gesammelte Werke*, Bd. II, S. 230 und 272.)

[19] *Seven Types of Ambiguity* (1930); *Some Versions of Pastoral* (1935); am. Ausgabe: *English Pastoral Poetry* (1938); *The Structure of Complex Words* (1951). Über den Kritiker Empson vgl. chap. 10 in Hymans *The Armed Vision*, pp. 272–306; ferner E. Olson, "William Empson: Contemporary Criticism and Poetic Diction", in: *Modern Philology*, vol. 47 (1949/50), pp. 222–252 und R. Sleight, "Mr. Empson's Complex Words", in: *Essays in Criticism*, vol. 2 (1952), pp. 325–337; ibid. Empsons Entgegnung, vol. 3 (1953), pp. 114–120. Empsons Methode, an seinen eigenen Gedichten (etwa *The Gathering Storm*, 1940) exemplifiziert, fordert zur Parodie heraus: Ein gelungenes Beispiel bietet R. Kell, "Empsonium", in: *The London Magazine*, vol. 6 (1959), No. 10, pp. 55 f. Wie Eliot hat auch Empson später seine eigene Methode modifiziert und schließlich sogar aufgegeben: vgl. die Charakteranalysen in *The Structure of Complex Words* und sein gänzlich ideenanalytisches, von einem leidenschaftlich-persönlichen Standpunkt geschriebenes Werk *Milton's God*, London 1961.

[20] *Seven Types of Ambiguity. A Study of its Effects in English Verse*, rev. ed., London 1947, p. 255.

literarhistorische und biographisch-psychologische, aber auch gelegentlich soziologische Kriterien zu Rate. Diese treten in *Some Versions of Pastoral* (1935) hervor, worin er nicht die pastorale Dichtung, sondern „das Pastorale" als eine eigentümliche dichterische Gestaltungsweise in ihren psychischen und (recht fragwürdigen) sozialen Entsprechungen interpretiert. Im Verlauf seiner späteren Untersuchungen gelangt er zu teilweise wertvollen Einsichten in *The Structure of Complex Words*. Im Gegensatz zu seinen amerikanischen Bewunderern — die freilich "Empson's inveterate psychologism" als positivistisch ablehnen [21] — betrachtet er *ambiguity* noch als "not satisfying in itself, nor is it, considered as a device on its own, a thing to be attempted; it must in each case arise from, and be justified by, the peculiar requirements of the situation" [22].

Leavis und Empson sind die bedeutendsten Vertreter des *new criticism* in England. Anknüpfend an die Bemühungen Eliots und Richards', haben sie die noch in den zwanziger Jahren dominierende viktorianische Tradition durchbrochen und die Literaturkritik in eine von ihren Lehrmeistern durchaus abzugrenzende Richtung gelenkt. Ihr Einfluß ist — ebenso wie der des noch ausführlich zu betrachtenden Shakespeare-Interpreten G. Wilson Knight — auch heute noch von allererstem Rang. Er erstreckt sich vor allem auf die Universitäten und Schulen, wird jedoch häufig verdeckt durch mannigfache Abwandlungen und Kompromisse, die den Eigenarten der bürgerlichen Traditionen Englands Rechnung tragen. S. L. Bethell spricht für viele andere Kritiker, wenn er in den *Essays on Literary Criticism and the English Tradition* über Leavis schreibt: "the influence of his thought and critical practice upon my own has been so great that, in working towards ... a more comprehensive position, the best way that I can argue with myself is by arguing with him." [23] Die mehr oder weniger abgewandelten Auffassungen Eliots und Leavis' dominieren den viel gelesenen *Pelican Guide to English Literature* (7 Bde.); sie finden sich bei Shakespeare-Kritikern wie D. A. Traversi und J. C. Maxwell, bei F. W. Bateson und den um *Essays in Criticism* gruppierten Autoren: Die analytisch-neukritischen Elemente verbinden sich mit einer mehr traditionell-empirischen Grund-

---

[21] Vgl. Wimsatt and Brooks, a. a. O., p. 640.

[22] *Seven Types of Ambiguity*, p. 235. Vgl. auch p. 160: "In so far as an ambiguity sustains intricacy, delicacy, or compression of thought, or is an opportunism devoted to saying quickly what the reader already understands, it is to be respected ... It is not to be respected in so far as it is due to weakness or thinness of thought, obscures the matter in hand unnecessarily".

[23] A. a. O., pp. 7 f.

haltung; Hand in Hand mit der noch immer vorhandenen, aber ge-
mäßigten Abneigung gegen theoretische und methodologische Erörterungen gehen die essayistische Schreibweise und der Verzicht auf wissenschaftlichen Apparat und Bibliographie. Diese bald stärker neukritisch
orientierte, bald stärker traditionell ausgerichtete Strömung basiert
nichtsdestoweniger auf *scholarship*, auf sozial- und ideengeschichtlichen
Erkenntnissen, ist aber allem methodischen Rigorismus abhold. Sie läßt
sich am ehesten unter dem Begriff *practical criticism* zusammenfassen,
wie dieser erst jüngstens mit entwaffnender Unbefangenheit in *Essays in
Criticism* definiert wurde: "In principle, practical criticism amounts to
nothing more than reading literature carefully and without bias." [24]
Diese literaturtheoretisch bestenfalls illusionäre Forderung wurde unter
Hinweis auf F. R. Leavis inzwischen längst von *The Times Literary
Supplement* aufgegriffen und darf als die in England noch heute führende
literarkritische Auffassung bezeichnet werden. [25]

Die charakteristisch britische Abwandlung des *new criticism* bezeugt
eine zwar geschwächte, aber noch immer vorhandene Kontinuität der
bürgerlich-liberalen Kritik in England. A. E. Dyson darf daher sagen:
"the main liberal tradition has continued in this century, though it has
unfortunately had less impact on most university teaching than the
Scrutiny school." [26] Das seit 1954 von John Lehmann herausgegebene

---

[24] A. E. Rodway/M. A. M. Roberts, "Practical Criticism in Principle and Practice", in: *Essays in Criticism*, vol. 10 (1960), p. 2. Vgl. dazu auch J. Holloway,
"The New and Newer Critics", ibid., vol. 5 (1955), p. 366, wo es charakteristischerweise heißt: " 'Practical criticism', fortunately indeed, is now more or less
the established practice: but about its basic justification and principles, or its
method and range, theorizing has become stagnant, and taking-for-granted
rampant. 'It's just a method you can't really investigate it', a critical acquaintance
said to me recently."

[25] Vgl. die Beilage "The British Imagination" vom 9. 9. 1960, p. xi; den Leitartikel vom 17. 6. 1960 und 11. 3. 1960, "The Critical Mind", wo René Welleks
"noble ambition", d. h. sein Ruf nach "a literary theory, a system of principles,
a theory of values" (p. 161) so abgetan wird: "And perhaps, indeed, 'principles'
work best in concrete judgment when they are hardly even made explicit in
too abstract a way."

[26] "Dr. Leavis and the Universities", p. 215. Vgl. auch Dysons "Editorial" in:
The Critical Quarterly, vol. 2 (1960), pp. 3 f. mit der gleichen Frontstellung
gegen Leavis: "Literature is, after all, one of the civilized pleasures of life, and
to turn it into a battlefield for the puritanical and disgruntled is no service. ...
What is needed, clearly, is ... the rediscovery of poise and good humour, in
addition to moral seriousness, among the critical virtues." Vgl. den gleichfalls
programmatischen Leitartikel in No. 2, p. 99.

London Magazine, die viele Jahre erscheinende Monatsschrift *Encounter* (hg. von Stephen Spender und M. J. Lasky), die erst Ende der fünfziger Jahre gegründeten Vierteljahrsschriften *The Critical Quarterly* (1959 ff., hg. von A. E. Dyson u. a.) und *A Review of English Literature* (1960 ff., hg. von A. Norman Jeffares), der kulturkritische Erfolg der „neuen Linken" (Raymond Williams, Richard Hoggart) und andere Anzeichen schmälerten den Triumph des *new criticism* in England. Eliot, Leavis und Empson waren die einflußreichsten, aber nicht unangefochten herrschenden englischen Kritiker der Jahrhundertmitte.

Ein anderes Bild bot der amerikanische *new criticism.* Ähnlichen Bedürfnissen entsprungen, hat die Neue Kritik unter den Bedingungen der USA viel konsequenter mit dem Erbe des Liberalismus gebrochen. Wie auch in anderen Bereichen des amerikanischen Geisteslebens, hat die mit den Namen Babbitt, Hulme und Maritain verbundene Reaktion triumphiert und die ideologische Ausgangsposition der Neuen Kritik bestimmt. Dies gilt vor allem für die zahlenmäßig stärkste und zweifellos einflußreichste Gruppe amerikanischer Kritiker, unter denen so bekannte Namen wie *J. C. Ransom* [27], *Allen Tate* [28] und *Cleanth Brooks* [29] zu finden sind. Ihre Isolierung inmitten einer kommerziellen Zivilisation verlieh zunächst ihrer Kritik an der Herrschaft der Bourgeoisie eine besonders aggressive Note. Der industrielle Norden und seine liberale Demokratie erschienen ihnen, wie Tate schrieb, als "the 'democracy' of appetites, drives, and stimulus-and-response"; es war dies "a mechanical society in which we were to be conditioned for the realization of a *bourgeois* paradise of gadgets and for the consumption, not of the fruits of the earth, but of commodities. Happily", so lautet der aufschlußreiche Nachsatz, "this degraded version of the myth of reason has been discred-

---

[27] *The World's Body* (1938); *The New Criticism* (1941); *The Kenyon Critics* (ed. 1951); *Poems and Essays* (1955); Herausgeber der *Kenyon Review* (nach C. H. Holman, "Criticism since 1930", p. 230, "almost an official organ of the group").

[28] *Reactionary Essays on Poetry and Ideas* (1936); *On the Limits of Poetry* (1948); *The Forlorn Demon* (1953); *Collected Essays* (1959); u. a.

[29] *Modern Poetry and the Tradition* (1939); *The Well Wrought Urn: Studies in the Structure of Poetry* (1947); u. a. In den zusammen mit R. P. Warren herausgegebenen *Understanding Poetry* (1938) und *Understanding Fiction* (1943) sowie in dem mit R. B. Heilman veröffentlichten *Understanding Drama* (1945) "Brooks has made negotiable for the classroom and the seminar hall a method that has gone far in a single generation toward revolutionizing the teaching of literature in our colleges and universities". (So Holman, a. a. O., pp. 237 f.)

ited." [30] Eine solche Kritik resultierte aus Enttäuschung, nicht aus Erkenntnis. Da in den Augen dieser Kritiker die bürgerlich-liberalen Ideale inzwischen als "the law of cunning and the law of force" (Babbitt [31]) diskreditiert waren, erschien für sie auch das aufklärerische Vertrauen auf die Vernunft mit den Worten Eliots nur noch als "oblations to that deceitful goddess of Reason" [32]. In diesem Sinne wird durch seine kapitalistische *Degradierung* das aufklärerische Ideal für Tate und Ransom diskreditiert, es erscheint als *Mythe*, als "*degraded* version of the *myth of reason*".

Der trügerische, spezifisch amerikanische Ausweg aus diesem Dilemma bot sich in dem Traditionalismus der Südstaaten. Ransom, Tate, R. P. Warren und Donald Davidson waren sich in Nashville, Tennessee, begegnet, und ihre dort gegründete Zeitschrift *The Fugitive* (1922–1925) fand den Beifall der Literaten aus den Südstaaten. Zusammen mit Andrew Lytle, W. Y. Elliott und dem jüngeren Cleanth Brooks lehrten oder studierten sie an der Vanderbilt-Universität; sie bildeten eine kleine schöngeistige *coterie* inmitten der rapide fortschreitenden Industrialisierung des Südens. Der Nachkriegs-*boom* brachte die Einführung des im Norden bereits verbreiteten Kartellsystems und eröffnete auch für Tennessee eine neue Phase wirtschaftlicher Entwicklung: "that of direct Northern investment in the South and of impersonal absentee ownership in place of the traditional paternalistic system" [33]. In dieser Welt des vulgären Materialismus, des geschäftlichen Profits und des triumphierenden Finanzkapitalismus waren die Literaten hoffnungslos isoliert und ihrer eigenen sozialen Existenz entfremdet. Ihre Rückwendung zu der agrarischen Tradition des Südens entsprach im Grunde der gleichen Suche nach absoluten Werten, wie sie auch für Eliot und Leavis kennzeichnend war. Es war dies

"an attempt to establish, or re-establish, a native tradition or a *mythos* which could serve as a valid framework for poetry, and to offer a counter-movement against the 'positivistic' and materialistic forces which a boom economy was encouraging. The agrarian program itself, as well as the reanimation of the Southern historical myth and even the new emphasis on religion, was at bottom a rather desperate effort to set up the preconditions for an integrated life in which poetry might naturally assume a vital role." [34]

---

[30] "The Present Function of Criticism", in: *On the Limits of Poetry*, New York 1948, p. 5.

[31] *Rousseau and Romanticism*, p. 373.

[32] *Essays Ancient and Modern*, p. 126.

[33] Bradbury, *The Fugitives. A Critical Account*, p. 8.

[34] Ibid., p. 88. Vgl. hierzu auch L. Cowan, *The Fugitive Group. A Literary History*, Baton Rouge 1959; ferner das Kapitel „Die Agrarbewegung" bei

Das regionalistische Programm war alt; aber seine radikale Frontstellung gegen Liberalismus und Industrialisierung begann jetzt eine neue Aktualität und – erstmalig – eine überregionale Bedeutung zu erlangen. In der aristokratischen Tradition des Südens sah man – wie Allen Tate schrieb – "forms of European feeling and conduct that were crushed by the French Revolution and that, in England at any rate, are barely memories" [35]. Dieses Ideal bot die zeitgemäße Alternative zur liberalen Demokratie, die sich inzwischen auch im Norden diskreditiert hatte: "Its freedom", so erkannte man, "is the freedom to do wrong." [36]

Tates und Ransoms agrarisches Ideal war natürlich ebenso anachronistisch wie Leavis' *Organic Community:* der von ihnen verehrte Süden war eine ideologische Fiktion, eine Zweckidylle, ein Yoknapatawpha-Land ohne Snopes und Fäulnis, eine verzweifelte Verfälschung grausamer Wirklichkeit. Es war ein Mythos, der seine geschichtliche Unhaltbarkeit nur durch Wirklichkeitsflucht, durch eine betont antihistorische und irrationale Weltanschauung verdecken konnte. Das konservative Programm der *Fugitives,* das Autorität, Klasse, Besitz, ja selbst die Sklaverei rechtfertigte, bot natürlich keine Alternative zu dem von ihnen verurteilten Kapitalismus; im Grunde rebellierten sie nicht gegen das Wesen, sondern nur gegen die Erscheinungsformen einer Wirtschaftsordnung, die den Literaten die letzten Illusionen über die „organische" Kultur des Südens raubte. "The Southern agrarian case against capitalism", so sagt S. Fishman, ". . . is not based on the issue of private ownership. The agrarians opposed, instead, absentee ownership – that is, finance capitalism." [37] Der Widersprüchlichkeit dieser Opposition entsprach Ransoms Frontstellung gegen "cosmopolitanism, progressivism,

---

K. Poenicke, *Robert Penn Warren: Kunstwerk und kritische Theorie* („Beihefte zum Jahrbuch für Amerikastudien", Heft 4), Heidelberg 1959, S. 13–22, der jedoch einen Beweis „von Nüchternheit und einigem Heroismus" darin erblickt, „daß die meisten der *Southern Agrarians* sich der quichotischen Aspekte der von ihnen übernommenen Rolle vollauf bewußt waren" (S. 13) – was besagt (vgl. S. 19), daß die Agrarier selbst nicht *an den von ihnen verbreiteten* „Mythos" glaubten!

[35] Zit. bei Kazin, a. a. O., p. 361, wo es in diesem Zusammenhang weiterhin heißt: Tate "never gave himself away more clearly than when he wrote . . . that the 'moral' wrong of slavery meant nothing, since 'societies can bear an amazing amount of corruption and still produce high cultures' ". Wie bei Hulme ist dies die imperialistische Synthese von Ästhetizismus und Gewalttätigkeit, von Barbarei und *high culture.*

[36] Zit. bei Bradbury, a. a. O., p. 90.

[37] S. Fishman, *The Disinherited of Art* ("Perspectives in Criticism"), Berkeley and Los Angeles 1953, p. 106.

industrialism, free trade, interregionalism, internationalism, eclecticism, liberal education, the federation of the world, or simply rootlessness" [38]. Die Wurzellosigkeit, welche die *Fugitives* bekämpften, war doch vor allem die ihres eigenen Daseins.

Ungeachtet der Brüchigkeit ihres Mythos erlangte die „agrarische" Kritik eine weit über den Süden hinausreichende Bedeutung. Das antiliberale Programm der Regionalisten wurde von Ransom als Rettung „europäischer" (lies: bürgerlicher) Kultur in den USA proklamiert: "the European Principles had better look to the South if they are to be perpetuated in this country." Diese Worte fanden sich in dem Sammelband *I'll Take My Stand*, dessen Erscheinen im Jahre 1930 als Beginn der amerikanischen analytischen Kritik betrachtet werden darf. [39] Die im gleichen Jahr entfesselte Weltwirtschaftskrise war nur einer der imperialistischen Widersprüche, die zusammen mit dem Herrschaftsantritt des italienischen und deutschen Faschismus den historischen Hintergrund der nun einsetzenden literaturkritischen Entwicklung abgaben.

Ausgehend von dem wirtschaftlichen, politischen und literarischen Zusammenbruch des bürgerlichen Liberalismus, fanden diese Kritiker zwei bedeutende Impulse für die Ausarbeitung ihres Programms: Einerseits die von Hulme beeinflußte, auf absolute Wertmaßstäbe gerichtete, antiromantische Kritik von Eliot und Pound, andererseits das von Richards und später von Empson entwickelte System textanalytischer und semantischer Literaturinterpretation. Obwohl es in der Praxis der literarischen Analyse zwischen beiden Schulen zahlreiche Berührungspunkte gab, bestanden doch beträchtliche Widersprüche zwischen Eliots irrationalem Absolutismus und Richards' frühem psychologischen Positivismus. Die amerikanischen Neuen Kritiker setzten sich über diese hinweg, indem sie Hulmes und Eliots "sense of absolutistic orthodoxy and traditionalism" [40] mit den Werkzeugen linguistischer und semantischer Textanalysen verbanden. Das Ergebnis war eine extrem formalistische, auf das Wort- und Lautmaterial der Dichtung gerichtete Literaturkritik. Ohne die zwi-

---

[38] Zit. ibid., p. 102.

[39] Vgl. auch die späteren Symposia, *A Southern Vanguard* (ed. A. Tate, 1947) und *Southern Renascence* (eds. R. Jacobs and L. Rubin, 1953). Trotz der noch heute lebendigen Impulse aus dem Süden darf dessen Bedeutung für die amerikanische Neue Kritik nicht überbetont werden, wie dies etwa Straumann tut. ("The New Criticism is essentially an invention of the South." A. a. O., p. 3.) Für zahlreiche Neue Kritiker ist der Süden Idealbild, nicht Quelle ihres Schaffens, er ist der legendäre Wunschtraum, nicht der historische Nährboden ihres Literatentums.

[40] Krieger, a. a. O., p. 124.

schen den einzelnen Kritikern bestehenden Verschiedenheiten zu leugnen, liegt hierin die umfassende Gemeinsamkeit ihrer Methode: „Den
Formbegriff radikalisiert zu haben — das ist die entscheidende Wendung
in der jüngsten amerikanischen Literaturkritik." [41]

Um die Literaturkritik in eine *absolute* Forminterpretation zu verwandeln, war es erforderlich, *jeglichen* Wirklichkeitsbezug rücksichtslos
auszuschalten. Das Kunstwerk durfte dann weder auf seinen Ursprung
noch auf seine Wirkung hin untersucht werden. Richards und Empson
hatten zwar die historische und biographische Erhellung weitgehend vernachlässigt, aber doch die Psyche des Lesers als Kriterium ästhetischer
Wertung beibehalten. Für einen derartigen positivistisch-relativistischen
"scientism" blieb bei der amerikanischen Neuen Kritik kein Raum. Mit
der Ausdrucksinterpretation ("the intentional fallacy") wurde der Kunst-
werkschaffende, mit der Wirkungsinterpretation ("the affective fallacy")
der Kunstwerkaufnehmende literaturtheoretisch vernichtet. [42] Übrig
blieb *Criticism as Pure Speculation* [43]. Das Kunstwerk wurde in diesem
Sinne als "cognitive fact", als ontologische Struktur betrachtet; es galt als
„Seiendes", das nicht bedeutet, sondern *ist,* das nicht ein Erlebnis vermittle, sondern mit diesem identisch sei. "The critic", so sagt Ransom,
"should regard the poem as nothing short of a desperate ontological or
metaphysical manoeuvre" [44]. Die Dichtung — nun von jedem Wirklichkeitsgehalt gereinigt — bildete für Wimsatt "a body of cognitive and
analysable meaning" [45], lyrische Gedichte galten als "verbal acts" [46]. Das
gesamte Kunstwerk blieb damit ein ontologischer Akt; die künstlerische
Aussage verwandelte sich in ein *iconological statement* [47]. ("An iconological statement", so erläutert Straumann [48], "is one which makes use
of words that do not refer to definite objects [as those in scientific dis-
course] but rather imitate or resemble them.")

---

[41] Sühnel, „Tendenzen der amerikanischen Literaturkritik...", S. 219.

[42] Vgl. dazu die gleichnamigen Artikel von W. K. Wimsatt und M. C. Beardsley, in: *The Sewanee Review*, vol. 54 (1946), pp. 468–488, und vol. 57 (1949),
pp. 31–55; Abdruck in W. K. Wimsatt, *The Verbal Icon: Studies in the Meaning of Poetry*, Louisville, Ky., 1954, pp. 3–18; 21–39.

[43] Ransoms bekannter Princeton-Vortrag, in dem Symposium *The Intent of
the Critic* (ed. D. A. Stauffer, Princeton 1941). Mehrfach abgedruckt, so von
Zabel, a. a. O., pp. 639–654; R. B. West, a. a. O., pp. 228–245, u. a.

[44] *The World's Body*, New York 1938, p. 347.

[45] *The Verbal Icon*, p. 86.

[46] Ibid., p. 57.

[47] *The New Criticism*, Norfolk, Conn., 1941, pp. 282 ff., vgl. auch Chapter IV:
"Wanted: An Ontological Critic".

[48] A. a. O., p. 4.

Da also das Kunstwerk weder etwas vermittle ("the fallacy of communication") noch etwas darstelle ("the fallacy of denotation"), bedürfe
der Kritiker zu seiner Interpretation auch keiner „außerästhetischen"
Kriterien oder Maßstäbe. Der dialektische Gegensatz von Form und Inhalt ist damit aufgehoben. Die Zielsetzung der Interpretation wird bestimmt durch die dem Kunstwerk eigene "order of existence". Sie richtet sich auf einen eigentümlich gefaßten Begriff von *meaning*, auf jenes
dem Kunstwerk zentrale, nicht immer klar definierte Spannungsfeld, das
von den einzelnen Kritikern durch Spezialtermini gekennzeichnet wird.
Ransom spricht von *structure* und *texture* [49], Brooks von *paradox* und
irony [50] und Tate schlechthin von *tension*. "I am using the term", so
bemerkt er, "not as a general metaphor, but as a special one, derived
from lopping the prefixes off the logical terms *ex*tension and *in*tension.
What I am saying, of course, is that the meaning of poetry is its 'tension', the full organized body of all the extension and intension that we
can find in it." [51]

Ransom, Tate und Brooks sowie die ihnen mehr oder weniger nahestehenden R. P. Blackmur und W. K. Wimsatt, jr., bildeten die einflußreichste, aber nicht alleinige Gruppe amerikanischer Neuer Kritiker. Angeregt, aber deutlich abgegrenzt von diesen war der jüngere Chicagoer
Kreis um *R. S. Crane*, der im Jahre 1952 sein eigenes Programm mit
Critics and Criticism: Ancient and Modern vorlegte. Ausgehend von
"the current decline in the prestige and effectiveness of the humane
studies" [52], bemühte sich Crane um eine Verselbständigung und schär-
fere Abgrenzung der *humanities* gegenüber den Naturwissenschaften.
Die Literaturkritik, der hierbei eine Hauptaufgabe zufalle, dürfe nicht
länger beziehungslos zu der Poetik vergangener Jahrhunderte entwickelt

---

[49] "Criticism as Pure Speculation", vgl. Zabel, a. a. O., pp. 648 ff.

[50] "Irony as a Principle of Structure", ibid., pp. 729–741; ferner *Understanding Fiction*, pp. xvi–xix; *The Well Wrought Urn. Studies in the Structure of
Poetry*, New York o. J. ("Harvest Books"), pp. 3–10, 193–198, 203, 209–214.

[51] *On the Limits of Poetry*, pp. 82 f.

[52] R. S. Crane (ed.), *Critics and Criticism: Ancient and Modern*, Chicago 1952,
p. 3. Über die Chicago-Kritiker handeln Holloway, "The New and Newer
Critics", a. a. O., pp. 365–381; E. Vivas, "The Neo-Aristotelians of Chicago",
in: *The Sewanee Review*, vol. 61 (1953), pp. 136–149, und Wimsatt, "The
Chicago Critics", in: *The Verbal Icon*, pp. 41–65. Die zwischen Crane, McKeon,
Olson und Keast bestehenden Differenzen werden von Vivas (bes. p. 148)
hervorgehoben. Wimsatts Kritik richtet sich vor allem gegen die Chicagoer
Genre-Konzeption ("The Fallacy of the Neoclassic Species"); auf Grund der
bestehenden Gemeinsamkeit wirkt seine Polemik jedoch eigentümlich aufge-
bauscht (vgl. pp. 45 f. [!], 58, 60 f.).

werden. Im Gegensatz zu Richards, Leavis und anderen Neuen Kritikern fordert Crane daher "a future reconstruction of criticism on broader theoretical bases" [53], wobei seine Bemühungen vor allem auf die Aristotelische Poetik gerichtet sind. Die eingestandenermaßen sehr willkürlichen Anleihen bei Aristoteles beziehen sich nicht auf den der *Poetik* zentralen Begriff der "mimesis", sondern auf die Anschauung von poetischen Werken als *synola*, "or concrete artistic wholes" [54]. Im Gegensatz zu Ransom, Tate und Brooks ist Cranes literaturtheoretische Position somit stärker eklektisch. Er verwirft nicht schlechthin jede Ausdrucks- oder Eindrucksinterpretation, distanziert sich vielmehr von dem, was der Titel eines Essays als "The Critical Monism of Cleanth Brooks" [55] bezeichnet. Brooks', Tates und Ransoms Grundkategorien, also "irony", "tension" usw. verwirft Crane als verhängnisvolle "tendency towards a monistic reduction of critical concepts" [56]. In seinen Vorlesungen über *The Languages of Criticism and the Structure of Poetry* (1953) gelangt er zu einer schärferen Kritik und stellt die — wie uns scheint — sehr berechtigte Frage: "who is there who, having looked intently for instances of 'tension', 'paradox' or 'irony', has ever failed to find them?" [57] Demgegenüber ist es Cranes erklärte Überzeugung, daß "the only satisfactory approach to the existing diversities of criticism must be one that recognizes a plurality of distinct critical methods each of them valid or partially valid within its proper sphere" [58]. Diese pluralistische Konzeption steht nun gleichfalls im Dienste einer analytischen, streng werkästhetischen Methode, deren theoretische Grundlagen Crane mit folgenden Worten dargelegt hat:

"that what a poet does *distinctively as a poet* is not to express himself or his age or to resolve psychological or moral difficulties or to communicate a vision of the world or to provide entertainment or to use words in such-and-such ways, and so on — though all these may be involved in what he does — but rather, by means of his art, to build materials of language and experience into

---

[53] *Critics and Criticism,* p. 12.
[54] Ibid., p. 17. Im Hinblick auf die Aristoteles-Deutung von Cranes "Chicago friends" (vor allem R. P. McKeon) heißt es dort sehr offenherzig: "the Aristotle they have thus reconstructed is not, it will easily be seen, the Aristotle of the Renaissance and neoclassical commentators or any of the more recent Aristotles ... It may not, indeed, except in a general way, be Aristotle at all!"
[55] Ibid., pp. 83—107.
[56] Ibid., p. 84.
[57] A. a. O., p. 108.
[58] *Critics and Criticism,* p. 9; vgl. auch *The Languages of Criticism* usw., pp. 191—194.

wholes of various kinds of which, as we experience them, we tend to attribute final rather than merely instrumental value. The criticism of poetry ... is, on this view, primarily an inquiry into the specific characters and powers, and the necessary constituent elements, of possible kinds of poetic wholes, leading to an appreciation, in individual works, of how well their writers have accomplished the particular sorts of poetic tasks which the nature of the wholes they have attempted to construct imposed on them. For such criticism we obviously need analytic devices that will permit us to discriminate the various species of wholes that poets have made; to determine the number, character, and ordering of their functional parts..." [59]

In dieser Definition hat Crane die Grundkonzeption des *new criticism* der Gegenwart noch einmal zusammengefaßt. Hier haben wir das zentrale Glaubensbekenntnis der formalen Literaturwissenschaft, das von den meisten Vertretern der neukritischen Bewegung — im weitesten Sinne des Wortes — geteilt wird. Es reicht von den russischen Formalisten über T. S. Eliot [60] bis zur deutschen stilkritischen Schule. Es findet sich bereits in den Worten Roman Jakobsons:

„Gegenstand der Literaturwissenschaft ist nicht die Literatur, sondern das Literarische, d. h. dasjenige, was ein Werk literarisch macht; wenn die Literaturwissenschaft Wissenschaft werden will, ist sie gezwungen, das Stilmittel zu ihrem einzigen Helden zu wählen." [61]

Es bestimmt auch noch die Grundsatzerklärung Wolfgang Kaysers in *Das sprachliche Kunstwerk*. Dort findet sich eine Auffassung, die eine überraschende Ähnlichkeit mit dem Postulat R. S. Cranes aufweist:

„Die Persönlichkeit eines Dichters oder seine Weltanschauung, eine literarische Bewegung oder eine Generation, eine soziale Gruppe oder eine Landschaft, ein Epochengeist oder ein Volkscharakter, schließlich Probleme oder Ideen, — das waren die Lebensmächte, denen man sich durch die Dichtung zu nähern suchte. ... es stellt sich die Frage, ob damit nicht das Wesen des sprachlichen Kunstwerks vernachlässigt und die eigentliche Aufgabe literarischer Forschung übersehen wird. Eine Dichtung lebt und entsteht nicht als Abglanz von irgend etwas anderem, sondern als *in sich geschlossenes sprachliches Gefüge*. Das dringendste Anliegen der Forschung sollte demnach sein, die *schaffenden sprachlichen Kräfte* zu bestimmen, ihr Zusammenwirken zu verstehen und die Ganzheit des einzelnen Werkes durchsichtig zu machen." [62]

---

[59] *Critics and Criticism*, p. 13 (Hervorhebung ebendort); vgl. *The Languages of Criticism* usw., p. 165.

[60] Am entschiedensten im Vorwort zur zweiten Auflage von *The Sacred Wood* formuliert, vgl. pp. ix–x.

[61] Zit. von Voznesenski, *Zeitschrift für slav. Philologie*, Bd. IV (1927), S. 155.

[62] *Das sprachliche Kunstwerk*, S. 5. Hervorhebungen von mir.

Hier ist die immer wieder aufgestellte These von „der autonomen Struktur der Literatur" (E. R. Curtius [63])! Sie krönt eine in ihrer Folgerichtigkeit keineswegs zu unterschätzende formale Dichtungstheorie, die in den fünfziger Jahren immer mehr zum Gemeingut der bürgerlichen Literaturwissenschaft wurde und heute in der strukturalistischen Kritik eine so wesentliche Grundposition abgibt.

---

[63] *Europäische Literatur und Lateinisches Mittelalter*, S. 20.

Zweiter Teil

Zur Kritik der Methode: "New Criticism" und die Krise der Literaturwissenschaft

Die Auffassung von der Autonomie des Kunstwerks kennzeichnet das neue Element in der bürgerlichen Literaturwissenschaft der Jahrhundertmitte. Sie bildet das Hauptunterscheidungsmerkmal gegenüber den älteren positivistischen oder geistesgeschichtlichen Strömungen. Gerade auf der immer weiteren Verbreitung der Autonomie-Auffassung basiert der Anspruch zahlreicher neuerer Literaturwissenschaftler, die Krise in der Literaturwissenschaft überwunden und eine neue Ära in der literarischen Forschung eröffnet zu haben. Auf Grund dieses Anspruches, den wir nicht unbesehen hinnehmen dürfen, wird die Diskussion über die Entwicklung des *new criticism* zwangsläufig zu einer Diskussion über die Entwicklungstendenzen im Bereich der gesamten literaturwissenschaftlichen Forschung. Die Interpretationsmethode der Neuen Kritik fand auch in der bürgerlichen Literaturwissenschaft Westeuropas enormen Zuspruch. Gerade in Europa ist denn auch die dem *new criticism* verwandte stilkritische Werkästhetik in eben diesem Sinne, als Überwindung der Krise der älteren literarischen Forschung, gedeutet worden. Wolfgang Kayser sprach von „dem wiedergewonnenen Zentrum der auf das Dichterisch-Sprachliche gerichteten Arbeit"[1], Max Wehrli von „einer gewissen Konvergenz der literaturwissenschaftlichen Forschung", von einer „Neubesinnung aufs Wesentliche, auf die Sache selbst"[2], und Horst Oppel sah die Literaturwissenschaft „wieder zum eigentlichen Anliegen der literarischen Forschung" zurückgekehrt[3]. Auch der marxistische Kritiker wird nicht in Abrede stellen wollen, daß es in dieser Phase in Ansätzen gelungen war, „die Einheit der germanistischen Wissenschaft versuchsweise zu restaurieren"[4].

---

[1] A. a. O., S. 5.

[2] A. a. O., S. 23, 53.

[3] „Methodenlehre der Literaturwissenschaft", S. 51.

[4] G. Weißbach, „Misere einer Wissenschaft: Bemerkungen zur gegenwärtigen Situation der bürgerlichen Literaturwissenschaft", in: *Aufbau*, 14. Jg. (1958), S. 145.

Welches aber war der Preis dieser Restauration? Wurde durch sie die
Krise der bürgerlichen Literaturwissenschaft überwunden? Erweist sich
die Neue Kritik als Ausweg oder Irrweg moderner Literaturwissenschaft? Angesichts der berechtigten Kritik an Subjektivismus und Impressionismus und angesichts des außerordentlichen Aufwandes an Publikationen und Talenten im Bereich des *new criticism* wollen diese
Fragen noch einmal sorgfältig überprüft werden. Wir sind durchaus der
Meinung, daß die Stilkritik − und damit auch ihre englisch-amerikanischen
Entsprechungen − „unbedingt eine aufmerksame kritische Analyse" [5]
verdienen. Bevor diese am konkreten Beispiel der Dramen- und Romaninterpretation versucht wird, überblicken wir daher die methodologischen
Hauptprinzipien in ihren methodisch-ästhetischen Zusammenhängen.
Ebenso wie in den vorausgehenden Abschnitten können auch hier nur
die Grundfragen berücksichtigt werden.

I. Die Kritik und ihr Gegenstand

Die Orientierung der Kritik auf das „Dichterisch-Sprachliche" (W. Kayser) hat bei begabten Kritikern zu feinsinnigen Interpretationen geführt, deren analytische Dichte und Subtilität in mancherlei Hinsicht
bewunderungswürdig sind. Das Prinzip des *close reading* hat die Aufmerksamkeit auf den dichterischen Text als Ausgangspunkt jedweder
Deutung gelenkt und damit die kritische Durchdringung des Kunstwerks erleichtert. Diese Reorientierung der Kritik auf philologische Texttreue geht jedoch Hand in Hand mit einer folgenschweren Einengung
der kritischen Aufgabenstellung. Der Gegenstand der Kritik sei „nicht
die Literatur, sondern das Literarische" (Roman Jakobson), nicht das
Kunstwerk in allen seinen Beziehungen, sondern das Kunstwerk *qua*
Kunstwerk. Das Interesse des Kritikers gelte nur noch dem, "what a poet
does distinctively as a poet" (R. S. Crane). Wie die im vorausgehenden
Kapitel angeführten Zitate [6] verdeutlichen, wird diese Auffassung von
bekannten Literaturwissenschaftlern mit gewichtigen theoretischen Argumenten gestützt. Diese fordern zu grundsätzlichen Bedenken heraus.

  Das Problem der Spezifik des Ästhetischen ist keinesfalls nur im Bereich der bürgerlichen Literaturwissenschaft aktuell. Seine prinzipielle
Erörterung ist erforderlich im Interesse der Bestimmung des Gegen-

---

[5] Vgl. „Neutralität in der Literaturtheorie. Wolfgang Kaysers Abhandlung
Das sprachliche Kunstwerk", in: *Kunst und Literatur*, 7. Jg. (1959), S. 379.
[6] S. o., S. 90 f.

standes literaturwissenschaftlicher Forschung, dessen systematische Abgrenzung und Definition erst ein zielstrebendes Arbeiten sichern. Aus diesem Grunde bildet das von Crane angeführte Zitat kein einzelnes theoretisches Diktum, sondern das Arbeitsprogramm des *new criticism*. Es enthält eine programmatische Aufgabenstellung, die in ihrer umfassend definierten Weise nicht nur für die extremen Analytiker, sondern für die Mehrheit der mehr oder weniger werkästhetisch orientierten Kritiker maßgebend sein dürfte. Die darin enthaltene Grundanschauung betrifft die Spezifik des dichterischen Schaffens und die daraus abgeleitete Forderung nach spezifizierter Analyse des Schaffensproduktes als "poetic whole", als „in sich geschlossenes sprachliches Gefüge" (Kayser). Damit hat Crane sowohl den Charakter des Künstlerischen als auch — daraus folgernd — die Aufgaben des Kritikers zu bestimmen versucht.

Bestimmt die Spezifik des *dichterischen* Schaffens wirklich den spezifischen Aufgabenkreis des *Kritikers?* Begrenzt der Charakter des Gegenstandes wirklich die Mittel und Ziele seiner Erforschung? Betrachtet die Literaturkritik das Kunstwerk wirklich nur unter dem Gesichtspunkt des Kunstwerks? Die Prämisse einer solchen Forderung erscheint uns höchst anfechtbar. Nicht das, „was der Dichter als Dichter tut", bestimmt den Aufgabenkreis der Kritik. Nicht das Dichterische als spezifisch Dichterisches, sondern das Dichterische als spezifischer Ausdruck des Menschlichen, das Menschliche in seiner Verdichtung, ist der letzte Grund literaturwissenschaftlicher Bemühungen. Und da Dichtung immer das Besondere zum Allgemeinen erhebt, bietet sich Menschliches immer zugleich als Gesellschaftliches, Individuelles zugleich als Überindividuelles.

Die Mittel der Verdichtung, ihr Gebrauch, ihre Auswahl, ihre Gestaltung sind das spezifische Anliegen des Dichters, und der Kritiker muß ihre Spezifik gründlich erforschen. Aber er darf sich damit nicht begnügen, denn der Gegenstand der Dichtung, ihre Quelle und ihre Wirkung weisen allerwegen auf Menschlich-Gesellschaftliches. Aus diesem Grunde ist die Isolierung des spezifisch Ästhetischen nur im Dienste des Menschlich-Gesellschaftlichen legitim. Die Isolierung des Dichterischen *um des Dichterischen willen* verkennt das Grundgesetz des Dichterischen. Gerade die der Literatur innewohnende Tendenz zu bildhafter Verallgemeinerung sprengt die Spezialisierung des künstlerischen Tuns und rückt das Literarische jederzeit in den Bereich des Allgemeinen. Die *allgemeine* Gültigkeit ist Kriterium des *literarisch* Gültigen. Gerade diese Tatsache verwandelt "that what a poet does as a poet" immer in etwas, das der Dichter tut als Mensch, als Gattungswesen, als Mitglied einer Klasse, Gesellschaft, Nation. Und es ist diese Sprengung des Partikulären, dieser Übergang vom Besonderen zum Allgemeinen, worin das Wesen des

Dichterischen, seine *menschliche* Bedeutung beruht. (Losgelöst vom Menschen wird das Dichterische bedeutungslos.)

Aus diesem Grunde erhält das spezifisich Dichterische ("that what a poet does as a poet") seine wahre Sinngebung überhaupt erst auf dem weiten Grund des Allgemeinen und Gesellschaftlichen. Erst aus dem lebendigen Spannungsverhältnis zwischen objektiven Gegebenheiten und subjektiven Abwandlungen, zwischen gesellschaftlichen Bedingungen und individuellen Entscheidungen, erfüllt sich dichterische Spezifik im Dienste menschlicher Allgemeinheit. Das Poetische „an sich" ist unpoetisch. Das, was der Dichter tut als Dichter, ist in seinem Ausgangs- und Endpunkt schon nicht mehr „rein" dichterisch. Das spezifisch Dichterische ist Mittel zu einem nicht spezifisch dichterischen Zweck.

Vom Standpunkt der Literaturwissenschaft gesehen, darf daher das Spezifische Gegenstand, aber nicht Endzweck der Forschung sein. Ebensowenig wie die Naturwissenschaft um ihrer selbst willen existiert, sollte das bei jenen Wissenschaften der Fall sein, die in den USA den anspruchsvollen Titel *humanities* tragen. Begreifen wir das Künstlerische nicht als Objekt literarischer Spezialisierung, sondern als schönste Form menschlicher Bewußtheit, so erwächst dem Kritiker eine allgemeine, nicht eine spezifische Aufgabe. Ihn interessiert an dem, was der Dichter für die Kunst tut, immer auch das, was der Dichter als Mensch für die Menschen tut. Die Menschen in ihrer Allgemeinheit aber bilden die Gesellschaft. Und nur aus dieser schöpft der Dichter die von ihm geformten "materials of language and of meaning". Seine Media — d. h. die Welt, die er erlebt, und die Sprache, mit der er dieses Erlebnis gestaltet — sprengen die Spezifik seines Tuns *auf Grund ihrer Gesellschaftlichkeit*. Sie heben das Spezifische der ästhetischen Schöpfung gerade in dem Augenblick auf, da diese Schöpfung sich vollendet. Der Kritiker, der den innigen Zusammenhang zwischen dichterischem Schaffen und gesellschaftlichem Wirken übersieht, verweigert „dem schönen Werk" den „Lebensgrund und ein redlich Hineinpassen" [7]. Er schließt, wie Adrian Leverkühn, den Teufelspakt mit der Barbarei.

Die praktischen Auswirkungen auf die Literaturkritik bestätigen die hier geäußerten Bedenken. Ebenso wie die Dichtung ihres Beziehungsreichtums und ihrer Wirklichkeitsbezogenheit beraubt ist, wird auch die Kritik der Vielfalt ihrer Aufgaben entkleidet. Es bleibt kein Raum mehr für deren ethisch-soziale und kulturell-pädagogische Anliegen. Die Funktion des Kritikers als Vermittler zwischen Kunstwerk und Publikum ist unter diesen Umständen auf das äußerste gefährdet. Es bleibt

---

[7] Thomas Mann, *Doktor Faustus*, Aufbau-Verlag, Berlin 1956, S. 676.

weder eine verantwortliche Vermittlung allgemeinbildender Werte im Dienste der Gesellschaft, noch die Mitteilung der Freude am Spielerisch-Unterhaltsamen der Kunst. Da es nach Crane nicht mehr die spezifische Aufgabe des Dichters ist, "to express himself or his age or to resolve psychological or moral difficulties or to communicate a vision of the world or to provide entertainment", ist die kritische Untersuchung all dieser Aspekte gegenstandslos geworden. Dichtung interessiert den Neuen Kritiker weder im Hinblick auf lebenskundliche Erkenntnisse noch im Hinblick auf den durch Vermittlung geschichtlicher Erfahrung möglichen Aufschluß. Zusammen mit der Frage nach dem sozialen und ethischen Sollen des Menschen entfällt die Geschichtlichkeit der Kunst als Gegenstand der Kritik. Das Programm eines Johnson, Lessing, Heine, Belinski wird als altmodisch abgetan. Der Kritiker kann wenig vermitteln und nichts erklären. Gerade das Erklären gilt ja als "the genetic fallacy" und ist, wie Emil Staiger bemerkt, ein „wunderlicher Drang".

Welche Aufgaben verbleiben dann dem Kritiker? Gerät er durch die Selbstverleugnung seines kritischen Auftrags nicht in Verlegenheit? Emil Staigers Antwort auf diese Frage bestreitet dies nicht: „Hier öffnet sich zugleich der Weg, auf dem wir der Verlegenheit entgehen: Beschreiben statt erklären!" [8] Daß die bürgerliche Literaturkritik damit auf einem Verlegenheitspfad wandelte, darüber konnte auch die feinsinnigste Dichtungsinterpretation nicht hinwegtäuschen. Die Rückkehr zur Kunstwerkbeschreibung ist, wissenschaftsgeschichtlich gesehen, der Ausweg aus einem Dilemma. Sie ist ein Ausweg aus der Relativierung historisch-wertender Maßstäbe und weist — trotz angestrengter Systematisierung — zurück auf die deskriptiv-verstehende Essayistik vorpositivistischer Prä-

---

[8] E. Staiger, *Die Zeit als Einbildungskraft des Dichters*, 2. Aufl. Zürich 1953, S. 13. Staigers Auffassung muß als einflußreich und weitgehend repräsentativ betrachtet werden, selbst wenn es diesem „kaum angenehm" sei, „sich ständig in die Position eines Literaturpapstes gedrängt zu sehen" (so H. Oppel in *NSpr*, Jg. 1953, S. 14). Es verdient Erwähnung, daß W. Kayser im Vorwort zu *Das sprachliche Kunstwerk* Staigers Studie schlechthin als „das Wegmal" (S. 6) neuerer Forschung bezeichnet und sich auch sonst ausdrücklich darauf bezieht: Gerade Kaysers vieldiskutierte „Auffassung vom Stil" stimme mit derjenigen Staigers überein und finde dort „ihre über Erwarten ertragreiche Bestätigung". (So 2. Aufl., S. 294, wobei Kayser allerdings Staigers Buchtitel in aufschlußreicher Fehlleistung verballhornt!) Über die Fragwürdigkeit Staigerscher Konzeptionen vgl. neuerdings den wertvollen Beitrag von H. Poschmann, „Einbildungskraft contra Wissenschaft. Bemerkungen zu einem Buch von Emil Staiger", in: *Weimarer Beiträge: Zeitschrift für deutsche Literaturgeschichte*, Jg. 1959, H. 2, S. 224—236.

gung. Dieser „Weg, auf dem wir [d. h. Staiger und seine Schüler] der
Verlegenheit entgehen", war ein Weg der Not, kein Weg der Tugend.
Die an seinem Ende winkende Lösung sollte nicht voreilig als Überwindung der Krise bürgerlicher Literaturwissenschaft bezeichnet werden.

II. Das Prinzip des "close reading"

Das Prinzip des *close reading* bildet als Forderung nach einer textnahen
Interpretation eine notwendige und gerechtfertigte Absage an impressionistische Willkür im Umgang mit Dichtung. Als Grundlage induktiver Literaturforschung ist es eine unerläßliche Voraussetzung intensiver Textinterpretation. Sinnvoll gehandhabt, erweist es sich – wie teilweise bei F. R. Leavis – als wertvolles Instrument analytischer Deutung.
Die Voraussetzungen für solchen sinnvollen Umgang mit dichterischen
Texten sind freilich nur dann gegeben, wenn *close reading* als ein Mittel
im Rahmen einer methodologisch fundierten Literaturbetrachtung Verwendung findet. Noch einmal: *close reading* ist lobenswert, erfordert
jedoch eine Ergänzung ebensosehr, wie jede induktive Forschung schließlich auch der Deduktion bedarf. Die Mehrheit der Neuen Kritiker hat
diese wissenschaftliche Binsenwahrheit verkannt. Die Auswirkungen auf
die Literaturkritik zeigen sich vor allem in zweierlei Hinsicht: einerseits
in der Unfähigkeit zu echter literarischer Wertung, andererseits in der
fragwürdigen Interpretation von dichterisch extensiv organisierten Werken, vornehmlich von erzählender Prosa.

Die Gefährdung der literaturkritischen Wertung ist von verschiedenen Betrachtern beobachtet worden, die sich gegenüber den modisch
gewordenen Thesen des *new criticism* ein gesundes Urteilsvermögen
bewahrt haben. H. Osborne z. B. spricht von "the dull obtuseness of
purblind academic criticism, whose facile devotion to ephemeral stylistic
convention and technical standards blights the capacity for genuine appreciation" [1]. Ist eine wertende Kunstkritik auf der Grundlage einer
rein deskriptiv-analytischen Interpretation überhaupt möglich? Die von
David Daiches in diesem Zusammenhang aufgeworfenen Fragen verlangen eine Antwort, die uns die Neue Kritik schuldig bleibt. "To what
extent", so fragt er, "is this close analytic criticism normative as well
as descriptive? Does it, that is to say, demonstrate how good a work is,
or does it merely tell us what is in the work? To admit that this critical

---

[1] H. Osborne, *Aesthetics and Criticism*, London 1955, p. 16.

method has provided us with a more rigorous technique of description is far from claiming that it satisfies the modern demand for a more scientific assessment of value. ... if complexity, irony, paradox, and the other qualities seen as the differentiating qualities of poetic discourse by such critics as Brooks do represent the criteria of poetry, then the demonstration that irony, paradox, etc., exist in the poem is demonstration that it is true poetry. But does that mean the more irony and paradox, the greater the poem? Or simply that if these qualities are shown to be effectively working in the poem, then the poem is a true poem and questions of greater or lesser are beside the point?" [2]

Das Problem der Wertung ist von R. P. Blackmur in einem einfluß-reichen Aufsatz als *A Burden for Critics* [3] bezeichnet worden. Es ist in der Tat eine zu schwere Bürde für die schwachen methodologischen Tragpfeiler der Neuen Kritik. Die von seinen Vertretern angewandte Methode der Textexplikation mag sich in jenen Bereichen der Dichtung bewähren, wo Komplexität, Paradox, Ironie und Mehrdeutigkeit Trumpf-karten einer intellektuellen *sophistication* sind. Außerhalb der meta-physischen Dichtung und der ihr nahestehenden modernen Lyrik hat der *new criticism* jedoch sehr groteske Fehlurteile hervorgebracht. (Man denke nur an die Milton- oder Shelley-Interpretation des frühen Eliot!) Selbst in dem engen Bereich, wo der literarische Text ein überschaubares, abgeschlossenes Ganzes bildet, also bei der Interpretation von Lyrik und Versepik, ist die Zuständigkeit neukritischer Textexplikation bedingt. Dort aber, wo der interpretierte Gegenstand ein Abschnitt aus einem größeren Zusammenhang, ein Bestandteil eines Entwicklungsprozesses ist, kurz, überall dort, wo die Aufgaben der Literaturwissenschaft über den einzelnen Text hinausweisen, hat die Neue Kritik versagen müssen und die Wissenschaft nicht bereichert, sondern eingeschränkt und ent-scheidender Erkenntnisse beraubt. [4]

---

[2] *Critical Approaches to Literature,* p. 302. Vgl. auch K. Shapiros tempera-mentvolle Polemik (*In Defense of Ignorance,* New York 1952, p. 11, ferner pp. 35—60): "We have today the biggest and busiest criticism in the history of literature, but no judgment. ... The absence of judgment in modern criti-cism is beyond belief." H. Wutz spricht in seinem Beitrag *Zur Theorie der literarischen Wertung* (Tübingen 1957, S. 7) von einer „befremdlichen und er-staunlichen Unklarheit, Unsicherheit und Unentschiedenheit" auch im deutsch-sprachigen Bereich.

[3] Abdruck u. a. bei R. B. West, a. a. O., pp. 155—167.

[4] Vgl. hierzu die Selbstkritik Blackmurs, der sich trotz seiner Einsicht in die bestehenden Beschränktheiten zu der Neuen Kritik bekennt, weil inmitten kul-turellen Verfalls allein diese eine *verbal sensibility* gewähre: "Eminently suited for the *initial* stages of criticism of [modern] poetry, it has never been suited

Dies gilt vor allem für die Interpretation erzählender Prosa. Trotz der an Henry James anknüpfenden einflußreichen Arbeit von Percy Lubbock, *The Craft of Fiction* (1921), hat die literaturkritische Beschäftigung mit dem Roman weder die Intensität noch die Teilerkenntnisse erreicht, auf die sich der *new criticism* im Hinblick auf die Lyrik berufen kann. Wenn Brooks in seiner Analyse von Donnes *Canonization* "a closer reading than most of us give to poetry" [5] unternimmt, so ist das der literaturwissenschaftlichen Deutung des Gedichtes förderlich; ungeachtet aller fragwürdigen Verallgemeinerungen über "the language of paradox" führt am Ende die gründliche, textgebundene Auslegung doch an das Verständnis des Werkes heran. Wenn aber die an Hand der Gedichtinterpretation entwickelte Methode auf eine gänzlich andere Kunstgattung übertragen wird, so ist das Prinzip des *close reading* nicht ein Hilfsmittel, sondern eher ein Hemmnis für die Erschließung des Gesamtkunstwerks. Es ist gleichsam, als sollte das Instrument, das die feinste Maserung eines Holzes ermittelt, nun auch zur Orientierung in einem weiten Wald von Bäumen dienen. Die Auslegung von Zeile und Strophe vermag zu einer synthetischen Deutung des Ganzen vorzudringen, kann in einem einzelnen Sprachbild die Natur der gesamten lyrischen Aussage erfassen und läßt sich — was Brooks natürlich versäumt — literaturhistorisch und sozialgeschichtlich vertiefen. Eine Roman- oder Drameninterpretation hingegen, die in der Analyse von Metaphern gipfelt, versperrt sich selbst den Weg. Aussagen und Ordnungsprinzipien der Epik und Dramatik (darunter Handlung, Charaktere usw.) objektivieren sich viel weniger im sprachlichen Stil als das in der Lyrik der Fall ist; sie können infolgedessen auch nicht allein durch *Lesen*, d. h. durch sprachlichstilistische Textanalysen, erschlossen werden. Aus Gründen, die in unserer systematischen Darstellung der neueren Dramen- und Roman-

---

to the later stages of criticism; neither Eliot nor Yeats has been compared or judged because there has been no criticism able to take those burdens. For the rest, the 'new criticism' has been suited for *some* older poetry, but less because of the nature of the poetry than because of the limitation of the modern reader. For most older poetry it is not suited for anything but sidelights, and has therefore made misjudgments when applied. It is useless for Dante, Chaucer, Goethe, or Racine. Applied to drama, it is disfiguring, as it is to the late seventeenth- and all the eighteenth-century poetry. Yet it has had to be used and abused because there has seemed no other way of recreating — in the absence of a positive culture outside poetry — a verbal sensibility capable of coping with the poetry at all." (Ibid., p. 162; Hervorhebungen ebendort.) Ebenso wie bei Staiger erscheint hier der Weg der analytischen Kritik als *Not*lösung, als *Verlegenheits*pfad.

[5] *The Well Wrought Urn*, p. 11.

interpretation noch zu untersuchen sind, geht eine rein sprachliche Explikation an der Natur des Dramas oder Prosakunstwerks vorbei. Selbst Leavis, dessen empirische und weltoffene Haltung der Prosa noch am besten gerecht wird, offenbart die Grenzen des *close reading*, wenn er „Die große Tradition" des englischen Romans mit George Eliot und Henry James beginnen läßt. In seinen Bemerkungen über Dickens wird die Gattungsfremdheit und die verzerrende Wirkung seiner Kriterien sehr deutlich: Leavis meint, "that *Hard Times* is a poetic work. It suggests that the genius of the writer may fairly be described as that of a poetic dramatist... The final stress may fall on Dickens's command of word, phrase, rhythm and image: in ease and range there is surely no greater master of English except Shakespeare. This comes back to saying that Dickens is a great poet". [6]

Die sich hier auftuende Enge, die von der Begabung des Kritikers Leavis noch halbwegs verdeckt wird, erscheint dann bei dessen Schülern als unerträgliche Einseitigkeit. H. Coombes, der in *Literature and Criticism* die Methode des *close reading* in den Dienst der schulisch-seminaristischen Literaturinterpretation stellen möchte, muß im Hinblick auf seine literarische Kritik eingestehen, daß "fundamental judgments and appraisals of an author's whole *oeuvre* are outside its scope" [7]. Ähnliche Begrenzungen zeigen sich in Brooks' und Warrens *Understanding Fiction* — ein Werk, das keineswegs eine ausgewogene Einführung in *die erzählende Prosa* bietet: Der Kurzgeschichte wird durchaus der Vorzug gegeben, und unter den 37 Textproben und -analysen suchen wir vergeblich nach Namen wie Cervantes, Defoe, Fielding, Austen, Scott, Stendhal, Thackeray, Brontë, Tolstoi, Dostojewski, Turgenjew, Mann u. a.

Die gleiche Einseitigkeit zeigt die gesamte neuere Prosainterpretation. Werfen wir einen Blick in die von J. W. Aldridge herausgegebene repräsentative Anthologie [8], so fällt sofort eine eng umgrenzte Themenstellung auf, wie sie auch für die *Kenyon Review* oder die *Modern Fiction Studies* charakteristisch ist: Flaubert, James, Crane, Conrad, Joyce,

---

[6] *The Great Tradition*, London 1955, pp. 241/246.

[7] H. Coombes, *Literature and Criticism*, London 1953, p. 17. Die von Coombes zusammengestellte "Book List" widerspiegelt getreulich die wachsende Verbreitung des *close reading* auch in der sich auf schulisch-seminaristischen Gebrauch orientierenden Literaturkritik.

[8] J. W. Aldridge (ed.), *Critiques and Essays on Modern Fiction: 1920–1951*, New York 1952. Ähnliches gilt für die im Bereich der deutschen Literatur charakteristischen Interpretationen von Fritz Martini, *Das Wagnis der Sprache: Interpretationen deutscher Prosa von Nietzsche bis Benn*, Stuttgart 1954.

Faulkner, Hemingway, Kafka und andere bürgerliche Autoren dominieren durchaus; der klassische bürgerliche und viktorianische Roman erweist sich dem kritischen Dogma der Analytiker nicht angemessen und
bleibt daher fast völlig unbeachtet. Selbst im Bereich der bevorzugt interpretierten Autoren führt das Prinzip des *close reading* zu einer ganz
bestimmten, von vornherein festgelegten Problemstellung, die selten
über das einzelne Werk hinausweist. So wird trotz einer intensiven Analyse der einzelnen Stilmittel deren Entwicklungsgeschichte kaum beachtet. Die *Entwicklung* des Erzählerstandpunktes, die *Geschichte* der verschiedenen realistischen, naturalistischen Gestaltungsmittel und Roman-
strömungen usw. bleiben nach wie vor im Dunkel und können auch –
durch eine noch so gewissenhafte Auslegung von Einzelwerken – niemals mit Hilfe der neukritischen Methoden erhellt werden. Wird andererseits ein umfassenderes Thema aus der Geschichte des Romans ge-
wählt, so geschieht etwas Überraschendes: Die von Kayser ausdrücklich
zurückgewiesenen Kriterien der Geistes- und Gesellschaftsgeschichte [9]
werden wieder hervorgeholt und die *Entstehung und Krise des modernen Romans* [10] mit Hilfe eben dieser untersucht. Um im Bereich der
Prosa und ihrer historischen Entwicklung zu wissenschaftlichen Resultaten zu gelangen, bedarf es historischer Wissenschaftskriterien. Diese
nicht mehr als logische Schlußfolgerung ist von den extremen Vertretern
des *new criticism* verkannt worden. Insgesamt gesehen, gilt daher für
die Neue Kritik Philip Rahvs Feststellung, "that 20th century criticism
has as yet failed to evolve a theory and a set of practical procedures
dealing with the prose-medium" [11].

III. Texttreue und Interpretationskunst

Die Unfruchtbarkeit des *close reading* in seiner einseitig deskriptiven
Orientierung war von den begabtesten Kritikern sehr früh erkannt
worden. "*Qua* work of art", so schrieb Eliot schon 1919, "the work of
art cannot be interpreted; there is nothing to interpret; we can only
criticize it according to standards" [1]. Der Ausweg, der sich aus diesem
Dilemma bot, führte die deutschsprachige und englisch-amerikanische

---

[9] *Das sprachliche Kunstwerk*, S. 238.
[10] 2. Aufl., Stuttgart 1955; ursprünglich in Bd. 28 (1954), H. 4, der *Deutschen
Vierteljahrsschrift für Literaturwissenschaft und Geistesgeschichte.*
[11] "Fiction and the Criticism of Fiction", in: *The Kenyon Review*, vol. 18
(1956), p. 277.
[1] *Selected Essays*, p. 122.

Literaturwissenschaft in verschiedene Richtungen. Sofern die Kunstwerkbeschreibung sich nicht in „eine erneuerte Rhetorik, Stilistik und
Formenlehre" verwandelte und einen schematischen „Zug zu einer normativen Poetik" [2] annahm, war ihre zu hohem Preis erkaufte Werktreue in zweierlei Hinsicht gefährdet.

Die Kunstwerkbeschreibung sollte eine von historischer Relativierung
und impressionistischer Willkür „reine" Analyse ermöglichen. In Wirklichkeit hat sie das Kunstwerk erst recht der Bedingtheit subjektiver Deu-
telei überantwortet. Gerade weil das Kunstwerk jedes objektiven Wirk-
lichkeitsbezugs beraubt wurde, mußte seine Interpretation zum Vorwand
weltanschaulicher oder künstlerischer Selbstbestätigung werden. Die
rein deskriptive Interpretation war zu steril, um sich selbst zu genügen;
das Beschreiben wurde ein Nachschaffen, der Kritiker ein pseudo-künst-
lerischer Nachbildner. Aus der *wissenschaftlichen* Deutung wurde „Die
Kunst der Interpretation", wie sie Staiger im Titel des 1955 erschienenen Essaybandes verkündete. Die damit erfolgte Absage an die Wissenschaftlichkeit der Kritik ist von berufener Seite offen eingestanden worden. Es wird ohne Bedenken hingenommen, „daß es Staiger gar nicht um
Wissenschaft zu tun sei, sondern um seine Kunst der Interpretation, die
im Heideggerschen Sinne der Ausdruck der existentialen Vorstruktur
des Daseins selbst ist" [3]. Staiger aber war nur der überlegene Vertreter

---

[2] Daß dieser Vorwurf u. a. gegen Wolfgang Kayser erhoben wird, entbehrt
nicht einer gewissen Berechtigung. C. Heselhaus („Zur Methode der Strukturanalyse", in: *Gestaltprobleme der Dichtung*, hg. von R. Alewyn, H. E. Hass
u. C. Heselhaus, Bonn 1957, S. 259–282) unternimmt diese Kritik freilich vom
Standpunkt „existentieller Seinserfahrung", wobei er die von der deutschen
Geisteswissenschaft eingebüßte Metaphysik im Zeichen Heideggers kompensiert. Unter Bezug auf germanistische Arbeiten (im anglistischen Bereich ist die
Tendenz gleichfalls vorhanden!) polemisiert Heselhaus gegen „die heutige Neigung zu einem neuen Formalismus und zu einer integralen Restauration rhetorischer oder humanistischer Formkategorien": „In einer Art Neopositivismus oder
Formalismus werden die vergessenen Redefiguren, Ausdrucksmöglichkeiten und
literarischen Formen wieder hervorgesucht. ... Es soll aber nicht verschwiegen
werden, daß diese Methodenverstraffung schon wieder Gefahr läuft, das aus der
existentiellen Seinserfahrung erneuerte Kunstverständnis an den Kalkül, das
Berechenbare, Schematische und Lehrbare preiszugeben. Das was als Interpretationskunst begonnen war, droht in manchen Schulen schon wieder in eine
erneuerte Rhetorik, Stilistik und Formenlehre umzuschlagen." (S. 279/264 f.)
Diese Polemik ist beachtenswert, weil sich hierin der gegenwärtige Kurs bürgerlicher Literaturwissenschaft zwischen der Skylla deskriptiver Regelpoetik und
der Charybdis metaphysischer Spekulation abzeichnet. Daß das eine Extrem das
andere begünstigt, versuchen wir oben darzulegen.

einer sich rasch verbreitenden Interpretationsrichtung, die die ästhetische
Feinfühligkeit des Meisters in den seltensten Fällen aufzuweisen vermochte. Ihr Anliegen war nicht eine wissenschaftliche Auslegung, sondern, wie Muschg sagt, „ein Nach- und Umdichten des Originals" [4]; es
war eine neue Literaturkritik, die sich nicht, eingedenk ihres Auftrages,
wertend und vermittelnd zwischen Publikum und Künstler stellt, sondern dem Leser nichts anderes als „selbstherrliche Interpretationen" und
„bestrickend schöne Paraphrasen vorlegt, die ihm die Lektüre des Originals ersparen" [5] sollen. Eine Überwindung impressionistischer Kunstkritik? Dies ist der Teufelskreis des Ästhetizismus: sein Radius ist so
magisch, daß der Geist von Oscar Wildes *The Critic as Artist* in des
Zürichers *Kunst der Interpretation* fröhliche Urständ feiert.

Hier also bieten sich die praktischen Konsequenzen wirklichkeits-
verneinender Kunstwerkbeschreibung. Diese fragwürdige „Werktreue"
des Kritikers wirft zugleich ein bezeichnendes Licht auf die historische
Relativiertheit einer Kritik, die sich anmaßt, eben diese Relativiertheit
völlig überwunden zu haben. Sie zeigt die falsche Objektivität jener
Forderung nach „reiner" Kunstwerkbeschreibung. Diese reine Freude an
der reinen Kritik ist nicht so fein, als daß sich hinter ihr nicht trübe
ideologische Bedürfnisse verbergen. Hellsichtige Betrachter wie Heselhaus ahnen die Hintergründe solcher „Kunstwertung in dürftiger Zeit"
und beobachten „die Interpretationslust, die unsere Schulen und Universitäten zur Zeit heimsucht", mit gemischten Gefühlen: „Wo immer
dem Wunsch nach Interpretation nachgegeben wird, hat man hinterher
den Eindruck, daß es den Interpretationslüsternen weniger auf die methodische Technik, wie man interpretieren solle, ankommt, als auf das
Erlebnis, durch die Interpretation das Ereignis der Dichtung mitvoll-
ziehen zu können." [6](Die hier suggerierte Alternative − „methodische

---

[3] Heselhaus, a. a. O., p. 262. Staigers Verhältnis zum Existentialismus ist jedoch widerspruchsvoller als hier − oder auch bei Poschmann (a. a. O., S. 227) −
deutlich wird. Vgl. dazu J. Elsberg, „Die reaktionären Konzeptionen des Existentialismus in der ausländischen Literatur, Ästhetik und Literaturwissenschaft", in: *Kunst und Literatur*, Jg. 7 (1959), S. 588 f.: „letzten Endes hört er
[i. e. Staiger] mehr auf das von ihm untersuchte Material als auf die Forderungen des existentialistischen Dogmas. ... Das erklärt sich daraus, daß die Ehr-
lichkeit und Konsequenz des Wissenschaftlers... in gewissem Grade stärker
waren als seine Vorurteile, als sein vorsätzliches Bestreben, Heidegger gehor-
sam zu folgen." Vgl. den russischen Originaltext jetzt in *Gegen die bürgerlichen
Konzeptionen usw.*, S. 54 f.

[4] W. Muschg, *Die Zerstörung der deutschen Literatur*, Bern 1956, S. 98.

[5] Ibid., S. 94.

[6] Heselhaus, a. a. O., S. 260.

Technik": „Erlebnis" — kennzeichnet dabei die Fragwürdigkeit des Standpunktes, von dem aus polemisiert wird.) Heselhaus hat diese Entwicklung schlechthin als „die Gefahr unserer Zeit" bezeichnet: sie bestehe eben darin, „daß der Interpretierende seine eigenen Anschauungen in das Gedicht hineinverlegt und daß er das Gedicht zum Vehikel und zum Sprachrohr seiner eigenen Wünsche macht" [7].

Die Verkehrung werkästhetischer Grundsätze in ihr Gegenteil kann unter verschiedenen Vorzeichen erfolgen. Mit Recht hat Muschg die im deutschsprachigen Bereich „zerschwatzte Dichtung" in Verbindung mit den „sensationellen Blüten" des angelsächsischen *new criticism* gebracht. Obwohl dieser möglicherweise jene deutschsprachige „Welle des Interpretierens" erst „ausgelöst" hat, sind doch die Unterschiede zwischen den spezifischen Formen literarischer „Interpretationskunst" beträchtlich. Gemeinsam ist ihnen der spätbürgerliche Anspruch auf eine nicht von der Wirklichkeit relativierte „reine" Literaturanalyse. Gemeinsam ist auch das Dilemma, das aus der Sterilität einer solch „reinen" Kunstwerkbetrachtung folgert: *close reading* mit rein deskriptiver Zielsetzung führt, wie Cleanth Brooks sehr richtig erkennt, zu "verbal piddling".

Welches aber ist der Ausweg? Die von Brooks befürwortete Lösung bedeutet gleichfalls einen Verrat an der Werktreue des Kritikers, weist jedoch in eine andere, für die englisch-amerikanische Kritik charakteristische Richtung. In dem Vorwort zu einer repräsentativen neukritischen Anthologie schreibt Brooks die folgenden bemerkenswerten Worte: "But, though the text must provide the ultimate sanction for the meaning of the work, that does not mean that close textual analysis is

---

[7] Ibid., S. 279. Vgl. dazu das „Geständnis" Emil Staigers: „Das allersubjektivste Gefühl gilt als Basis der wissenschaftlichen Arbeit! Ich kann und will es nicht leugnen." (*Die Kunst der Interpretation*, S. 12.) Der bekannte Interpret hat ebendort „den persönlichen Ursprung jeder stilkritischen Interpretation" (S. 32) deutlich hervorgehoben; „die Stilkritik oder immanente Deutung der Texte" (S. 9) konstituiert sich also im Bewußtsein ihrer eigenen individualistischen Relaviertheit. "Individuum est ineffabile", zitiert Staiger (S. 33) und schreibt: „Ob ich mich nun bewußt auf das, was mich am meisten lockt, beschränke oder Vollständigkeit erstrebe, einseitig bleibt meine Darstellung immer. Ich sehe nämlich doch immer nur das, was mir persönlich zu sehen vergönnt, was mir in der ersten Begegnung am Kunstwerk aufgegangen ist. Damit rede ich aber keineswegs einem historischen Relativismus das Wort." (S. 32) Die Darstellung bleibt also immer individuell und sogar „einseitig", ist aber niemals „historischer Relativismus". Der Widerspruch springt in die Augen: Das Individuum darf individualistisch, aber nicht zugleich historisch sein. Auf diese Weise wird die Zeitbedingtheit der Interpretationskunst zwar verhüllt, doch nicht aus der Welt geschafft.

to be conceived of as a sort of verbal piddling. Words open out into the larger symbolizations on all levels — for example, into archetypal symbol, ritual and myth. The critic's concern for language ... can be extended to the largest symbolizations possible." [8]

Freiheit für die größtmögliche Symboldeutung! Das ist die neukritische Zurücknahme empirischer Werktreue, ein Freibrief für jedwede subjektive Willkür in der Deutung. Der Weg der Symboldeutung ist denn auch der Weg hinweg von der Objektivität des literarischen Werkes. Er ist kennzeichnend für eine breite Strömung innerhalb der englisch-amerikanischen Literaturwissenschaft, aus der in den fünfziger Jahren eine Flut von symbolistischen Studien hervorgegangen ist. Angefangen von Wilson Knights Shakespeare-Deutungen *(The Wheel of Fire*, 1930; *The Imperial Theme*, 1931; *The Shakespearian Tempest*, 1932 u. a.) bis zu Charles Feidelson, jr., *Symbolism and American Literature* (1953), hat die symbolische Exegese die Grundtatsachen des dichterischen Werkes verdunkelt und die analytisch greifbaren Elemente der Form (also Komposition, *plot*, Charaktere usw.) in den Hintergrund gedrängt. Unter Verweis auf die "doctrine of aesthetic impersonality" wird nicht nur der intendierte, sondern auch der objektive Gehalt des Werkes beiseite geschoben. Die Symboldeutung ging dabei Hand in Hand mit stilkritischem *close reading*. Ja, die Vertiefung in das „Dichterisch-Sprachliche" (von Kayser noch als das „wiedergewonnene Zentrum" der Literaturwissenschaft betrachtet) diente zur Rechtfertigung und als Ausgangspunkt der Symboldeutung: *"To consider the literary work as a piece of language is to regard it as a symbol*, autonomous in the sense that it is quite distinct both from the personality of the author and from any world of pure objects, and creative in the sense that it brings into existence its own meaning." [9] Daß diese noch heute so weithin praktizierte Suche nach Symbolen gleichfalls latenten weltanschaulichen oder pseudokünstlerischen Bedürfnissen entspringt und nur wenig mit der Achtung vor der vermeintlichen „Autonomie" des Kunstwerks

---

[8] *Critiques and Essays in Criticism 1920–1948*. Representing the Achievement of Modern British and American Critics. Selected by R. W. Stallman, with a Foreword by Cleanth Brooks, New York 1949, p. xix. Vgl. dazu Rahv *(NSt*, vol. LVI (1958), p. 310): "Professor Brooks is indeed the model New Critic. ... It is he who is the real *chef d'école*, in the factional sense, of the New Criticism ..."

[9] *Symbolism and American Literature*, Chicago 1953, p. 49 (Hervorhebungen von mir). "This", so fügt er hinzu, "is obviously not a formula to which all modern theorists and writers ... would subscribe without reservation. But it represents the inherent direction of the interest in language that they evince."

gemein hat, bedarf kaum einer Beweisführung. Feidelson z. B. beruft sich auf eine briefliche Äußerung von Mrs. Hawthorne an Melville, die dieser mit folgenden Worten kommentiert: "But, then, since you, with your spiritualizing nature, see more things than other people, and by the same process, refine all you see, so that they are not the same things that other people see, but *things which while you think you but humbly discover them, you do in fact create them for yourself* — therefore, upon the whole, I do not so much marvel at your expressions concerning Moby Dick." [10] In diesen Worten findet Feidelson "the fullblown doctrine of aesthetic impersonality". Die Zielrichtung von Eliots *Impersonal theory of poetry* wird damit in ihr Gegenteil verkehrt: Sie bedingt nicht die Ausschaltung subjektivistischer Deutung, sondern ermöglicht ihr Zustandekommen. Der aus der Krise und der Relaviertheit bürgerlicher Kultur angestrebte Ausweg erweist sich selbst als relaviert.

Da an dieser Stelle der detaillierten Auseinandersetzung mit den Ergebnissen der symbolischen Interpretationsweise nicht vorweggegriffen werden soll, sei hier nur noch eine literaturtheoretische Äußerung zitiert, die den Schlußparagraph einer neukritischen Spezialstudie über das literarische Symbol bildet. W. Y. Tindall schließt seine Abhandlung *The Literary Symbol* (New York 1955) mit folgenden Worten:

"If forms are symbols, and symbols, though definite, are indefinite in effect, *I cannot be positive about meanings;* if forms are intricate analogies for something unexpressed, my impression of their radiance can be no more than an attempt at telling what forms are like. *My inconclusive conclusions,* no more than *reports of possibility,* may be *challenged* by those who are either more or less familiar with the text than I or more or less sensitive to its shape and quality. When I say that the radiance of 'Sailing to Byzantium' is an experience of timelessness in time, that 'Finnegans Wake' is a vision of trying to understand, or that 'Absalom Absalom!' is a form for all obsession, *I am more tentative than I may seem* since by brief, convenient *is* in those places I mean *suggests to me* after some acquaintance with the object and some reflection." [11]

Die Hervorhebungen ersetzen den Kommentar. Sie offenbaren die Misere einer Wissenschaftsrichtung, deren Bekenntnis zum Text nur noch ein Bekenntnis zum subjektiven Eindruck ist. Das ist die Bankrotterklärung des *close reading,* insofern sich dieses nicht methodologisch an den Maßstäben der objektiven Realität orientiert. Umsonst ist Harry Levins Ruf nach einer "Society for the Protection of Symbols from Critics": "Are we then at the mercy of sheer subjectivity, of the irre-

---

[10] Ibid., p. 176. Hervorhebungen von mir.
[11] A. a. O., p. 276. Kursive Hervorhebungen von mir.

sponsible caprice of the overingenious critic, making symbols mean what he wants them to mean?" [12] Umsonst diese Frage, solange nicht die Besinnung auf die Kriterien der Wirklichkeit dem symbolistischen Relativismus Einhalt gebietet. Stärker noch als in der deutschen Interpretations*kunst* erfolgt hier die Verkehrung des Ideals der Werktreue. Der „hermeneutische Zirkel" (Staiger) der Neuen Kritik beschreibt einen *circulus vitiosus:* Der Kreis schließt sich, und der gegen den Impressionismus gerichtete Vorwurf kehrt sich gegen dessen vermeintliche Überwinder. So geschieht das Paradox, daß James Sutherland, Verteidiger der viktorianischen Kritik, den ursprünglich gegen diese gerichteten Hauptvorwurf umkehrt und gegen die Neuen Kritiker selbst vorbringen darf: "More and more twentieth-century criticism does show signs of becoming an end in itself, self-sufficient and self-important; and more and more, it seems to me, it is being written by persons who do not greatly care about literature, but who are interested in making observations of one sort or another for which literature provides the necessary material." [13] Wo aber bleibt die Werktreue der Neuen Kritik? Wo ihre „Reinheit"? Wo ihre Selbständigkeit und Unabhängigkeit? Kunstwerkbeschreibung und Strukturanalyse weisen keinen Ausweg. Sie sind existentialistischem Dunkelmännertum und symbolistischer Wortstapelei hilflos ausgeliefert. Walter Muschg hat die Diagnose richtig gestellt: „Das alles hat etwas Krankhaftes, es ist der Übermut eines Pfaffentums, das sich als Mittler zwischen dem Dichter und dem gewöhnlichen Sterblichen aufspielt und nicht sieht, wie der Boden unter seinen Tempeln wankt." [14]

---

[12] H. Levin, *Symbolism and Fiction,* Charlottesville 1956, pp. 13/36.

[13] *The English Critic,* p. 4. Vgl. auch Rahv (*The Kenyon Review,* vol. 18 [1956], p. 285), der im Hinblick auf die symbolistische Exegese bemerkt, daß "the interest in symbolism has quite literally consumed the interest in literature". Der Widerspruch zwischen der ursprünglich verkündeten Rettung der Dichtung und ihrer tatsächlichen und abermaligen Gefährdung ist mittlerweile so offensichtlich, daß er auch von wohlwollenden Betrachtern des *new criticism* nicht übersehen wird: "It would be ironic", so schreibt z. B. O'Connor (a. a. O., p. 174), "if a few zealots in criticism managed to raise a complex edifice composed of interrelated lines of knowledge of philosophy, anthropology, and linguistics that was so massive that the literary work beneath it became merely an excuse for the superstructure."

[14] A. a. O., S. 106.

IV. Mehrdeutigkeit und Subjektivismus

In seiner Abhandlung *Symbolism and Fiction* sucht Harry Levin, Professor in Harvard, nach einer Signatur für die amerikanische Literaturkritik der Gegenwart. Er schreibt:

"Criticism is a child of the time, and it changes as times change. The catchwords of critics have tended to echo the ideals of their respective periods. Thus a whole epoch is summed up in the term 'decorum', and another by the shibboleth 'sublime'. What is our keyword? 'Ambiguity' is not my own suggestion; it is an obvious recommendation from our contemporary masters of critical terminology. Their stronghold, be it Axel's castle or Kafka's, is not the old allegorical castle of love or war, of perseverance or indolence; it is a citadel of ambiguity. Since the numerous types of ambiguity presuppose as many levels of meaning, it might be more up-to-date to call this castle a skyscraper, and to call our typologists of ambiguity – borrowing a compendious adjective from *Finnegans Wake* – 'hierarchitectitiptitoploftical'." [1]

Der ironische Hinweis auf die "contemporary masters of critical terminology" bezieht sich auf I. A. Richards und William Empson, dessen *Seven Types of Ambiguity* folgende bemerkenswerte Bestimmung des Begriffs *ambiguity* enthält: " 'Ambiguity' itself can mean an indecision as to what you mean, an intention to mean several things, a probability that one or other or both of two things has been meant, and the fact that a statement has several meanings. It is useful to be able to separate these if you wish, but it is not obvious that in separating them at any particular point you will not be raising more problems than you solve. Thus I shall often use the ambiguity of 'ambiguity' ... My seven types", so erläutert Empson in einem anderen Zusammenhang, "so far as they are not merely a convenient framework, are intended as stages of advancing logical disorder." [2]

Empsons Analyse poetischer *ambiguity* lenkt die Aufmerksamkeit auf die für jede poetische Schöpfung und Wirkung höchst bedeutsame Polysemie in der Dichtung. Auch in der nicht-dichterischen Sprache sind die meisten lexikalischen Einheiten polysem, und auch im syntaktischen Ausdruck findet sich „Polysyntaktizität" (E. Agricola); da aber hier im jeweiligen Kontext die usuelle Bedeutung als beste Voraussetzung gesellschaftlicher Kommunikation gefragt ist, unterliegt die normalsprachliche

---

[1] A. a. O., p. 9.
[2] A. a. O., pp. 5 f./48.

Mehrdeutigkeit einem Prozeß der Dekodierung und Monosemierung. In der Sprache der Poesie ist dies nicht der Fall: Hier ist die semantische Valenz durch ein freieres Verhältnis von Vereinbarkeit und Nichtvereinbarkeit der Bedeutungselemente bestimmt, und der Kontext gewinnt mehr als nur *eine* aktualisierende Funktion. Dichterische Sprache sprechen und verstehen heißt demnach, den Monosemierungsprozeß durch eine stärker komplexe und schöpferische Tätigkeit ersetzen. Die spezifische Leistung der Poesie liegt eben hier: die Aneignung der Welt durch das dichterische Wort entdeckt Beziehungen, erfaßt Bewegungen, stiftet Zusammenhänge, die außerhalb der usuellen Bedeutung liegen oder die das gesetzmäßige Verblassen der normalsprachlichen Metaphern und die Preisgabe seiner Ähnlichkeitsbeziehungen verweigern.

In diesem Sinne besitzt die Mehrdeutigkeit nicht nur eine vitale Funktion in der Dichtung, sondern diese Funktion findet im Rahmen einer realistischen Kunstauffassung auch durchaus theoretische Kriterien der literarischen Bewertung. Diese Kriterien sind jedoch nicht solche, die in der *citadel of ambiguity* gepflegt wurden (und auch heute noch gepflegt werden). Wie die mit dem gesamten *new criticism* einhergehende Vertiefung in das Wort- und Lautmaterial der Sprache, führte auch die Faszination am Mehrdeutigen zu sehr subtilen literarischen Analysen, ohne jedoch diese in dem Zusammenhang einer Theorie (oder auch Praxis) der Wertung zu bewältigen. Selbst William Empson, der die gesellschaftliche Funktion von Dichtung sehr wohl kennt, ist dieser merkwürdigen Inflation von *ambiguity* erlegen. Sein eigenes Verhältnis zu poetischer *ambiguity* ist in der Tat *ambiguous:* "it is evident", so schreibt er, "that a hearty appetite for... ambiguity would apologize for, would be able to extract pleasure from, very bad poetry indeed" [3]. Mit Recht hat ein amerikanischer Kritiker auf die Verschwommenheit der von Empson gebrauchten Begriffe hingewiesen: "He [i. e. Empson] is constantly offering statements; but there is not one — even of his cardinal doctrines — which he is willing to stand by. It would appear that he is offering a method of verbal analysis based on ambiguity; but he is not quite sure what he means by 'ambiguity'." [4]

Gewisse Vorbehalte gegenüber hypertrophierter Mehrdeutigkeit [5] lassen immerhin erkennen, daß in Empsons Werk poetische Zweideutigkeit nicht schlechthin um der Zweideutigkeit willen wertgeschätzt wird. Diese funktionale Auffassung ist auch in späteren Arbeiten sichtbar, die

---

[3] Ibid., p. 160.

[4] Olson, "William Empson: Contemporary Criticism and Poetic Diction", p. 227.

[5] S. o., S. 81.

— seit Richards' *Philosophy of Rhetoric* — Mehrdeutigkeit als konstitutives Element poetischer Wirkung rechtfertigen. "The old Rhetoric", so meint Richards, "treated ambiguity as a fault in language, and hoped to confine or eliminate it, the new Rhetoric sees it as an inevitable consequence of the powers of language and as the indispensable means of most of our most important utterances — especially in Poetry and Religion." [6] Der pejorative Unterton des Begriffes *ambiguity* erscheine daher heute "not altogether happy, for this term reflects the point of view of expository prose, where one meaning, and only one meaning, is wanted" [7]. An die Stelle des Wortes *ambiguity* gehöre "a more positive term, and one that will suggest richness of meaning". In diesem Sinne plädiert Philip Wheelwright für den Begriff *plurisignation* und wendet sich gegen Empsons "misconception of ambiguity which differs from plurisignation as 'either-or' differs from 'both-and' " [8]. In seinem Bemühen um die Herausarbeitung der Grundprinzipien „metalogischer" Bedeutungen betont Wheelwright daher "the positive nature of plurisignation", die in "a controlled variation and plurality of reference in language" [9] zum Ausdruck komme.

Um die literaturkritische Beschäftigung mit poetischer Mehrdeutigkeit recht zu würdigen, bedarf es eines Blickes auf den philosophischen Hintergrund, vor dem jene "typologists of ambiguity" ihre wunderliche Wortzitadelle errichtet haben. Wie auch anderswo in der Entwicklung des *new criticism* stoßen wir auf enge Beziehungen zur Phänomenologie, zur Existenzphilosophie und — besonders offensichtlich — zur Semantik. Während jedoch die von Carnap, Chase u. a. vertretene *general semantics* semasiologische Verwirrung im Interesse der Kommunikationsfunktion der Sprache einzudämmen bzw. zu überwinden trachtet, ist die semantisch-symbolistische Schule im Anschluß an Richards zu einer Negation oder doch Herabminderung der kommunikativen und gnoseologischen Funktion der Dichtung gelangt. Der außerordentliche Erfolg von S. Langers *Philosophy in a New Key* (Cambridge, Mass., 1942) war programmatisch. Von den Semiotikern wurde zunächst die für Poesie durchaus aufschlußreiche Unterscheidung zwischen der abstraktbestimmten Wörterbuch-Bedeutung und den assoziativ und implizit mitschwingenden Bedeutungsnuancen vorgenommen. In neukritischer Ter-

---

[6] *The Philosophy of Rhetoric*, New York/London 1936, p. 40.

[7] Brooks and Wimsatt, *Literary Criticism: A Short History*, p. 637.

[8] P. Wheelwright, "On the Semantics of Poetry", in: *The Kenyon Review*, vol. 2 (1940), pp. 263–283; das Zitat p. 266.

[9] Ibid. Vgl. hierzu auch die umfassendere Studie Wheelwrights, *The Burning Fountain*, Bloomington 1954.

minologie wurde das semiotische Prinzip dahingehend formuliert, "that the relationship between words and referents, which we shall call detonation, is an indirect or imputed one, and that the relationship between words and conceptions, which we shall call connotation, is a direct one" [10]. Diese Unterscheidung zielte jedoch nicht so sehr auf einen analytisch nachweisbaren (und durchaus bedeutsamen) Widerspruch von usueller und okkasioneller Bedeutung, sondern wurde zum Ansatzpunkt genommen, um durch eine hypertrophierte Zuwendung zur *connotation* die kommunikativen und mimetischen Leistungen des Kunstwerks zu verkleinern oder gänzlich zu hintergehen. Durch ungebührliche Hervorkehrung der willkürlich-assoziativen Komponenten der Bedeutung wurden alle möglichen Bezüge in ihrer verbalen Wechselwirkung und Vieldeutigkeit herausgearbeitet, nur nicht der Bezug auf eine jenseits der polysemen Sprache selbst liegende Instanz der Gesellschaft und der Geschichte. Die Realitätsentfremdung der Literatur schien gerechtfertigt, denn der Wirklichkeitsbezug ihres Materials, der Sprache, existiere nicht, bzw. sei "indirect or imputed". Da das einzelne Wort durch poetische *connotation* bestimmt wird (und diese *connotation* sich idealistisch außerhalb jeder Abbildfunktion auffaßt), dürfte − nach Meinung der Neuen Kritiker − auch das literarische Werk als ganzes keine mimetische Funktion mehr besitzen. Da im poetischen Wort (und darüber hinaus im poetischen Werk) das höchst komplexe Verhältnis von gedanklichem Abbild, Bedeutung und Objekt ignoriert oder verzerrt und die Bedeutung als gänzlich *non-referential* ausgegeben wird, ist die Aussage des Werkes relativiert und der Willkür des Interpreten Tür und Tor geöffnet: Das Wort und das Werk widerspiegeln dann *nur noch* eine "conception", d. h. eine "psychological response" des Sprechers oder Autors: sie seien ein Symbol, das nicht über sich selbst hinausweist. *Semantics* im Dienst literarischer Explikation wird in diesem Sinne definiert als "a study of the symbolism of verbal language". [11]

Damit wird nicht nur der Wirklichkeitsbezug der Kunst geleugnet (wie ja allenthalben im Ästhetizismus), sondern das Bedeuten, die objektive Funktion der Aussage eines literarischen Werkes wird überhaupt in Frage gestellt. "Since, therefore, a cleavage exists between symbols and things symbolized, we cannot justly say that words have any single, 'real', 'right', 'correct', 'proper', 'ultimate', or 'true' meanings." [12] Gibt es überhaupt noch objektive oder zumindest feststellbare künstlerische

[10] Heyl, *New Bearings in Esthetics and Art Criticism: A Study in Semantics and Evaluation*, p. 6.
[11] Ibid., p. 3.
[12] Ibid., p. 7.

Aussagen? Die Bedeutungen einzelner Wörter sind ja — wie Richards sagt — "resultants which we arrive at only through the interplay of the interpretative possibilities of the whole utterance" [13]. Welches ist dann aber die Bedeutung eines Wortkunstwerkes (das sich ja u. a. als Synthese zahlreicher Wortbedeutungen darstellt)? Folgerichtig zu Ende gedacht, wäre sie nur zu ermitteln "through the interplay of the interpretative possibilities ... *of the interplay of the interpretative possibilities*". Und die Möglichkeiten literarischer Interpretation? Die Interpretation, so sagt Richards, ist "inference" und "guesswork". "What else is interpretation? How, apart from inference and skilled guesswork, can we be supposed ever to understand a writer's or speaker's thought?" [14]

An diesem Punkt berührt sich die Semantik englisch-amerikanischer Prägung mit der deutschen Phänomenologie, die die Objektivität des Kunstwerks gleichfalls anficht und damit die Voraussetzungen wissenschaftlicher Interpretation ebenso in Frage stellt. E. Husserl *(Ideen zu einer reinen Phänomenologie und phänomenologischen Philosophie*, 1913) und G. Jacoby *(Allgemeine Ontologie der Wirklichkeit*, 1925) haben die Grundlagen für eine Theorie von der spezifischen „Seinsweise" der Dichtung geliefert, die gleichfalls eine Diskrepanz zwischen dem als objektiv existierenden Werk und seiner Bedeutung voraussetzt. Das „Dasein" der Dichtung bestehe danach nicht in ihrer schriftlichen Fixierung, sondern beginne erst in dem Augenblick, da sie von den lesenden und zugleich deutenden Subjekten konkretisiert werde. Aus diesem Grunde existiere das vom Dichter aufgezeichnete Kunstwerk „irgendwie ,neben' oder ,unter' oder ,über' den mannigfachen Konkretisationsversuchen der deutenden Subjekte, und zwar in einem eigenartigen ,Sein', das zwischen den realen ,Zeichen' sowie den psychischen Bewußtseinsoperationen einerseits und idealen eindeutigen Gegebenheiten andererseits zu suchen ist" [15].

Die Berührungspunkte zwischen semantischem und phänomenologischem Agnostizismus sind in diesem Aspekt so offensichtlich, daß schon ein flüchtiger Vergleich die gemeinsame Tendenz der literaturkritischen Schlußfolgerungen erkennen läßt. Diese sind in der Tat erstaunlich: Die objektive Aussage des Kunstwerks ist abgeschafft, *ambiguity* folgert aus der Natur der Sprache oder der „Seinsweise" der Dichtung. Die an sich richtige und wichtige Erkenntnis von der Mehrdeutigkeit des dichterischen *Wortes* als spezifisches Moment poetischer Wirkung wird von der

---

[13] *The Philosophy of Rhetoric*, p. 55.

[14] Ibid., p. 53.

[15] F. Schubel, „Dichtwerk und Literaturgeschichte", in: *Vetenskaps-Societetens I Lund*, Arsbok 1956, p. 50.

Struktur der Sprache her auf die Aussage des *Kunstwerks in seiner Ganzheit* verallgemeinert. Der Nachweis der *ambiguity* ist dann nicht das mögliche, sondern das zwangsläufige Resultat jeder Interpretation jedes Werkes.

Diese erstaunliche Methodologie literarischer Forschung ermöglicht die von Stamm bemerkte „Parteinahme für das Angedeutete, Hintersinnige, Schwebende gegenüber dem Logischen und direkt Ausgesagten" [16]. Sie erklärt, warum immer wieder Paradox und Ironie in den Vordergrund traten und auf Kosten anderer Gestaltungsmittel untersucht werden. Nicht, daß die Untersuchung jener Probleme literaturwissenschaftlich wertlos oder ohne Reiz ist. Ironie und Paradox sind gewiß höchst beachtenswerte Elemente künstlerischer Wirkung; wenn Cleanth Brooks z. B. *irony* als "the acknowledgment of the pressures of context" [17] definiert oder darunter "recognition of incongruities [18] versteht, so ist darin zweifellos ein wahrer dialektischer Kern enthalten. Dies wird auch deutlich, wenn er den Begriff des künstlerischen *paradox* an Coleridges berühmte Definition der *imagination* anlehnt ("the balance or reconcilement of opposite or discordant qualities: of sameness, with difference; of the general, with the concrete ... the individual, with the representative") [19]. Die Tiefe und Dialektik dieser Konzeption, die Coleridge wesentlich der deutschen Ästhetik verdankte (und die über Hegel auch die marxistische Kunstauffassung bereicherte), bedürfen keines Kommentars. Brooks und andere Neue Kritiker übernehmen sie von Coleridge, zerstören aber ihre rationale Grundlage und stellen somit auch die Dialektik auf den Kopf: Brooks' *paradox* ist dann nicht mehr die dialektische Spannung von Gegensatz und Einheit, von Konflikt und Lösung, sondern schlechthin "the language of poetry"! Es ist "the language appropriate and inevitable to poetry ...; apparently the truth which the poet utters can be approached only in terms of paradox" [20]. Aus dem dialektischen Charakter des künstlerischen Schaffens wird somit "the paradox of the imagination itself" [21]! Aus dem berechtigten Mittel künstlerischer Ironie entsteht das Dogma von "Irony as a Prin-

---

[16] A. a. O., S. 17.
[17] "Irony as a Principle of Structure", vgl. Zabel, a. a. O., p. 738.
[18] *The Well Wrought Urn*, p. 209.
[19] Vgl. Ibid., p. 18. Der volle Text in *Biographia Literaria*, ed. by J. Shawcross, 2 vols., Oxford 1907, vol. 2, p. 12. Vgl. dazu A. West, *Crisis and Criticism*, der hierin die Auffassung verborgen sieht, "that in literature the same contradictory movement is active as in society" (p. 21).
[20] *The Well Wrought Urn*, p. 3.
[21] Ibid., p. 21.

ciple of Structure" usw. Das Resultat dieser Verzerrung ist eindeutig: es richtet sich gegen die Objektivität oder überhaupt die Möglichkeit eines Wirklichkeitsbezuges der künstlerischen Aussage. Ausgehend von der Erfahrung modernistischer Dichtung, hat Brooks selbst die erwünschte Schlußfolgerung angedeutet: "we are perfectly clear on this point: that privacy and obscurity, to some degree, are inevitable in all poetry" [22].

Eine ähnliche Tendenz liegt dem neukritischen Studium der Metaphorik und *imagery* zugrunde. Wissenschaftlich fundierte Arbeiten wie Caroline Spurgeons und Wolfgang Clemens Untersuchungen über Shakespeares Bilder können auch hier wertvollen Aufschluß über einen an sich völlig legitimen Forschungsgegenstand vermitteln. In dem Augenblick jedoch, da zugunsten der sprachbildnerischen Erkenntnisse die Grundtatsachen der dramatischen Aussage vernachlässigt oder beiseite geschoben werden, erfolgt die Absage an rationale Forschungsmethoden. Wie die noch näher zu betrachtenden Shakespeare-Studien von Wilson Knight, R. B. Heilman u. a. zeigen, wird das dramatische Kunstwerk in ein Mosaik von sprachbildnerischen Sinnfeldern zerlegt; die Analyse der Handlung, der Charaktere, überhaupt die Betrachtung des Werkes als Theaterstück tritt in den Hintergrund — ganz zu schweigen von der Untersuchung seines Verhältnisses zur sozialen und theatergeschichtlichen Wirklichkeit. An Stelle dessen wird das Sprachbild bzw. die angeblich darauf festgelegte dramatische Struktur auf einige symbolische oder archetypische Gegensatzpaare reduziert, deren typologische Anordnung (Sturm — Musik, Licht — Schatten, Tod — Liebe usw.) dann als *meaning* ausgegeben wird.

Das Ergebnis dieser neukritischen Beschäftigung mit Symbol und Paradox ist damit selbst ein Paradox: Die immanente, angeblich „reine" Textinterpretation fördert alles mögliche, nur nicht den reinen Gehalt des Kunstwerks zutage. Die Betrachtung des Kunstwerks „als solches", die Ausklammerung all seiner Beziehungen, kann seine „Reinheit" nicht gewährleisten. Im Gegenteil, der Verzicht auf alle objektiven Bestimmungen öffnet der subjektiven Willkür abermals Tür und Tor. "When complexity and ambiguity have become a fetish", so schreibt Douglas Bush, "there seems to be no check upon interpretative irresponsibility except the limits of the critic's fancy." [23]

Der Kreis schließt sich: von deskriptiver Textanalyse zu immanenter Interpretationskunst, von der Interpretationskunst zu semantisch-sym-

---

[22] *Modern Poetry and the Tradition*, London 1947, p. 68.
[23] D. Bush, "The New Criticism: Some Old-Fashioned Queries", in: *PMLA*, vol. 64 (1949), Supplement Part 2, p. 19.

bolischer Spekulation, von Semantik und Symbolismus zu agnostizisti-
scher Mehrdeutigkeit, von der Mehrdeutigkeit zu subjektivistischer Entstellung des literarischen Textes. Dies ist nicht nur ein Kreislauf voll
"solemn futility" [24], nicht nur "ruthless manipulation of literary evidence" [25], auch nicht lediglich eine Literaturkritik, "in which boredom is
by now of the very essence" [26]. Derlei Urteile liberaler Kritiker sind berechtigt; sie können indessen das Dilemma des *new criticism* nur ungenügend skizzieren. Dieses besteht in der Ausweglosigkeit seiner Entwicklung: Die Flucht aus der impressionistischen Relativierung der
Maßstäbe führte geradewegs zu der noch stärker relativierten Methode
semantisch-symbolischer Interpretationskunst.

V. Zwischen Geisteswissenschaft und Positivismus

Die kritischen Erkenntnisse über die Methodologie des *new criticism*
ermöglichen neuen Aufschluß über sein Verhältnis zu den älteren literaturwissenschaftlichen Strömungen, vor allem zu der in Deutschland
begründeten Geistesgeschichte. Die bestehenden Beziehungen zwischen
neukritischen und geistesgeschichtlichen Methoden ergeben sich aus dem
Zusammenhang der allgemeinen Hinwendung zum Irrationalismus, die
für die Ideengeschichte der gesamten imperialistischen Epoche charakteristisch ist. Wie bereits bei der Betrachtung Babbitts und Hulmes deutlich wurde, führt hierbei auch die englisch-amerikanische Entwicklung
in die Nachbarschaft der sogenannten Lebensphilosophie. Der Gegensatz
zwischen dem angelsächsischen *new criticism* und der deutschen Geistesgeschichte erweist sich nun keineswegs so absolut, wie es einige ihrer
Vertreter wahr haben möchten. Im Gegenteil: die antipositivistischen
Prinzipien der Geisteswissenschaft kennzeichnen auch den methodologischen Ausgangspunkt der Neuen Kritik. Deren Affront gegen die geisteswissenschaftliche Forschung „ist nur insoweit konsequent, als er das
Geschichtliche betrifft". [1]

So gesehen, hat die „Neue" Kritik also nur Tendenzen entwickelt,
die im 19. Jahrhundert ihren Ursprung haben und am deutlichsten zu-

---

[24] Kazin, a. a. O., p. 335.
[25] Rahv, *NSt*, vol. LVI (1958), p. 312.
[26] Ibid., p. 310.
[1] Weißbach, a. a. O., S. 147.

erst im Deutschland der gescheiterten bürgerlichen Revolution in Erscheinung traten. Seit Dilthey, Rickert und Windelband hat sich hier die Literaturforschung als Geisteswissenschaft, d. h. in bewußtem Gegensatz zur Methode der naturwissenschaftlichen Forschung entwickelt. Diese Geisteswissenschaft bestreitet prinzipiell die Anwendbarkeit naturwissenschaftlicher Forschungsmethoden im Bereich der Geschichte. Entsprechend solle auch die geisteswissenschaftliche Forschung ein prinzipiell anderes Ziel als die Naturwissenschaft verfolgen. Diese sucht ihren Gegenstand zu *erklären* und fragt nach der *Ursache* der Naturprozesse; jene suche ihren Gegenstand zu *verstehen* und frage nach der *Bedeutung* der Geschichtsprozesse. Während somit die Naturwissenschaft die Gesetze ihres Gegenstandes erforscht und Gesetzmäßigkeiten aufdeckt, solle die Geisteswissenschaft etwas gänzlich anderes tun: nicht das Allgemeine und sein Gesetz, sondern das Besondere in seiner Einmaligkeit sei der Gegenstand der Forschung.

„Die einen sind Gesetzeswissenschaften, die anderen Ereigniswissenschaften; jene lehren was immer ist, diese, was einmal war. ... die eine sucht Gesetze, die andere Gestalten. In der einen treibt das Denken von der Feststellung des Besonderen zur Auffassung allgemeiner Beziehungen, in der andern wird es bei der liebevollen Ausprägung des Besonderen festgehalten. ... Für den Historiker besteht *die Aufgabe, irgend ein Gebilde der Vergangenheit in seiner ganzen individuellen Ausprägung zu ideeller Gegenwärtigkeit neu zu beleben.* Er hat an Demjenigen was wirklich war, eine ähnliche Aufgabe zu erfüllen, *wie der Künstler* an Demjenigen was in seiner Phantasie ist. Darin wurzelt die Verwandtschaft des historischen Schaffens mit dem ästhetischen, und die der historischen Disziplinen mit den 'belles lettres'." [2]

Wissenschaftliche *Erklärung* wird hier durch geistesgeschichtliche *Verlebendigung* ersetzt. An die Stelle des Erkennens tritt der „überrationale Akt des wirklichen Verstehens, das seinem Wesen nach erfordert, daß die Möglichkeiten für einen realen Vollzug im Erleben im Subjekt vorhanden sein müssen" [3]. Diese von Dilthey, Spranger, Rothacker, Bollnow u. a. entwickelte Theorie des Verstehens „beabsichtigt gar nicht die möglichst getreue Festlegung eines Befundes" [4], sondern gipfelt in einer irrationalen „Synthese zweier Lebensgebilde", nämlich des Verstehenden und des Verstandenen — was mit den Worten Sprangers nichts anderes als dies bedeutet: „in den Geisteswissenschaften ist es der historisch

---

[2] W. Windelband, *Geschichte und Naturwissenschaft*, 2. Aufl., Straßburg 1900, S. 12/16. Hervorhebungen von mir.

[3] H. Haeckel, „Das Problem von Wesen, Möglichkeiten und Grenzen des Verstehens für den Literaturhistoriker", in: *DVj*, Bd. 27 (1953), S. 439.

[4] Ibid., S. 438.

bedingte Geist, der sich selber erkennt" [5]. Um in diesem Sinne ein geschichtliches Phänomen zu verstehen, bedürfe es nicht der Einordnung in bestehende objektive Zusammenhänge, deren Gesetzmäßigkeit ohnehin angezweifelt wird, sondern eben der Beziehung auf das innere Erleben des Betrachters und die zeitlos gegebenen „Lebensformen" des Menschen. „Es entstehen", so glaubt Eduard Spranger, „auf diese Weise zeitlose Idealtypen, die als Schemata oder Normalstrukturen an die Erscheinungen der historischen und gesellschaftlichen Wirklichkeit angelegt werden sollen." [6]

Während die Geschichte mit Worten also noch nicht verworfen, in Wirklichkeit aber durch unhistorische „Idealtypen" und „Schemata" zugedeckt wird, ist die geisteswissenschaftliche Abwendung von der Objektivität der Geschichte beinahe ebenso konsequent wie die neukritische. Werner Krauss hat diese Geschichtsfeindschaft der „typologischen Literaturbetrachtung" [7] geistvoll und sehr treffend kritisiert:

„Aus der Typologie wird bald ein tödliches Streckbett für das geschichtliche Leben. Das Geklapper der typologischen Antithesen scheint das unerläßliche Nebengeräusch der geistesgeschichtlichen Arbeit zu bilden. ... Als ein Schnellverfahren der ungereiften Erkenntnis kann eine solche Typologie mit jedem Grad der Systemverwirrung paktieren. Führt sie doch die sophistische Wahrheit ins Feld, daß die verkehrteste Ordnung den Vorzug vor einer chaotischen Wirklichkeit fordert. Immer neue Typengesetze gelangen so in den modischen Kreislauf. Aber es bleibt trotz der ermüdenden Vielheit immer dasselbe, ob sich's um Tierkreiszeichen oder Weltanschauungstypen handelt, um die Varianten der Konstitution, der Körperformen, der Charaktere, der Atmung, der Gebetsattitüden, der Gangart, der Handschrift oder um die poetische Stilart. Unwiderstehlich ist das Bedürfnis geworden, der Realität das Netz eines beliebigen Ordnungsdenkens überzustülpen. So ist die Typologie die letzte Grimasse, mit der das gefesselte Geschichtsbewußtsein seine Rache vollendet." [8]

Die Abkehr von dem historischen Gesetzesbegriff vollzieht sich also in der Geistesgeschichte ebenso wie in der Neuen Kritik und entspricht den

---

[5] E. Spranger, *Der gegenwärtige Stand der Geisteswissenschaften und die Schule*, 2. Aufl., Leipzig/Berlin 1925, S. 38.

[6] E. Spranger, *Lebensformen*, 6. Aufl., Halle 1927, S. 114. Der von Spranger entwickelte „theoretische", „ökonomische", „ästhetische" (usw.) „Mensch" wird *a priori* als „ewiger Typus" gedacht, der „in historische Erscheinungsformen eingekleidet" (S. 390) ist.

[7] Vgl. B. Fehr („Typologische Literaturbetrachtung", in: *Englische Studien*, Bd. 64 [1929], S. 475–481), der „das Antihistorische und Antikausale einer solchen Literaturbetrachtung" betont, jedoch dem „nachhinkenden Anglisten" (S. 475 f.) einen kultursoziologisch verbrämten Mittelweg empfiehlt.

[8] A. a. O., S. 100.

allgemeinen Entwicklungstendenzen in der Ideologie der imperialistischen Epoche. Geradeso wie von Bergson und anderen Vertretern der Lebensphilosophie, wird die wissenschaftlich gesicherte, objektive Erkenntnis ersetzt durch den irrationalen Begriff des Erlebnisses und der Intuition, der die wissenschaftliche Erfaßbarkeit geschichtlicher Realität leugnet und schließlich bei Gundolfs „Wesensschau" und Bertrams „Legende" endet. Der Kampf gegen Gesetz und Kausalität geht dabei Hand in Hand mit der Leugnung des historischen Fortschritts — eine Konzeption, die schon in Deutschland nach 1848 ähnliche Formen annahm, wie sie später bei Babbitt und Hulme in den USA und in England in Erscheinung traten. Aus der Krise des bürgerlichen Fortschrittsgedankens und der Bedrohung durch die wachsende Arbeiterbewegung erklärt sich auch die Abwendung von den historischen Gesetzmäßigkeiten, deren Erforschung nur zu fatalen Resultaten geführt hätte und daher unterblieb.

Die gesamte Problematik dieser Entwicklung — die wir hier nur flüchtig und in grober Vereinfachung andeuten können — tritt bereits bei Nietzsche klar zutage. Nietzsche erkannte den immer größer werdenden „Widerspruch zwischen Leben und Wissen"[9], der letztlich dem gesamten bürgerlichen Irrationalismus zugrunde liegt: Er sah die Bedrohung der von ihm leidenschaftlich verteidigten Klassenherrschaft und gelangte schlußfolgernd zu der dann für die gesamte Lebensphilosophie wegweisenden Revision des historischen Gesetzesbegriffs, den er „für wahr, aber für tödlich" hielt und infolgedessen abschaffen wollte.

Es muß in diesem Zusammenhang daran erinnert werden, daß Nietzsche — wenn er von den „Gefahren unseres Lebens und unserer Kultur"[10] spricht — vor allem auch an die „Volksmassen und Arbeiterschichten" denkt. Dies ist der Fall in der kurz nach 1871 — dem Jahr der Pariser Kommune — konzipierten zweiten unzeitgemäßen Betrachtung, in der er sich von dem liberalen Kapitalismus und der materialistischen Geschichtsauffassung abwendet, vornehmlich weil diese „die schrecklichen Ausbrüche des unklugen Egoismus" des Proletariats ermöglichen oder auslösen könnten.

„Es ist gewiß die Stunde einer großen Gefahr: die Menschen scheinen nahe daran zu entdecken, daß der Egoismus der einzelnen, der Gruppen oder der Massen zu allen Zeiten der Hebel der geschichtlichen Bewegung war; zugleich aber ist man durch diese Entdeckung keineswegs beunruhigt, sondern man dekretiert: der Egoismus soll unser Gott sein. Mit diesem neuen Glauben schickt

---

[9] F. Nietzsche, *Vom Nutzen und Nachteil der Historie für das Leben* („Kröners Taschenausgabe", Bd. 37), Leipzig (1933), S. 86.
[10] Ibid., S. 83.

man sich an, mit deutlichster Absichtlichkeit die kommende Geschichte auf dem Egoismus zu errichten: nur soll es ein kluger Egoismus sein, ein solcher, der sich einige Beschränkungen auferlegt, um sich dauerhaft zu befestigen, ein solcher, der die Geschichte deshalb gerade studiert, um den unklugen Egoismus kennen zu lernen. Bei diesem Studium hat man gelernt, daß dem Staate eine ganz besondere Mission in dem zu gründenden Weltsysteme des Egoismus zukomme: er soll der Patron aller klugen Egoismen werden, um sie mit seiner militärischen und polizeilichen Gewalt gegen die schrecklichen Ausbrüche des unklugen Egoismus zu schützen. Zu dem gleichen Zwecke wird auch die Historie – und zwar als Tier- und Menschenhistorie – in die gefährlichen, weil unklugen, Volksmassen und Arbeiterschichten sorglich eingerührt..." [11]

Im Zeitalter der Organisation und Bewußtwerdung der Arbeiterbewegung war die materialistische Geschichtsbetrachtung „vom Standpunkte der Massen" unerträglich geworden; gerade sie erzeugte jenen „Widerspruch von Leben und Wissen", von wissenschaftlicher Erkenntnis und Selbsterhaltungstrieb, von Wahrheit und Klassenideologie, von Wissenschaft und Apologetik. Da „alle Klarheit, alle Natürlichkeit und Reinheit jener Beziehung von Leben und Historie" [12] gefährdet schien, waren – vom bürgerlichen Standpunkt – auch die Geschichtswissenschaft und ihre Gesetze „nichts wert":

„Wenn dagegen die Lehren vom souveränen Werden, von der Flüssigkeit aller Begriffe, Typen und Arten, von dem Mangel aller kardinalen Verschiedenheit zwischen Mensch und Tier – Lehren, die ich für wahr, aber für tödlich halte – in der jetzt üblichen Belehrungs-Wut noch ein Menschenalter hindurch in das Volk geschleudert werden, so soll es niemanden wundernehmen, wenn das Volk... aufhört, Volk zu sein: an dessen Stellen dann vielleicht Systeme von Einzelegoismen, Verbrüderungen zum Zweck raubsüchtiger Ausbeutung der Nicht-Brüder und ähnliche Schöpfungen utilitarischer Gemeinheit auf dem Schauplatze der Zukunft auftreten werden. Man fahre nur fort, um diesen Schöpfungen vorzuarbeiten, die Geschichte vom Standpunkte der *Massen* zu schreiben und nach jenen Gesetzen in ihr zu suchen, die aus den Bedürfnissen dieser Massen abzuleiten sind, also nach den Bewegungsgesetzen der niedersten Lehm- und Tonschichten der Gesellschaft. Die Massen... im übrigen hole sie der Teufel und die Statistik! Wie, die Statistik bewiese, daß es Gesetze in der Geschichte gäbe? Gesetze? Ja, sie beweist, wie gemein und ekelhaft uniform die Masse ist: soll man die Wirkung der Schwerkräfte Dummheit, Nachäfferei, Liebe und Hunger Gesetze nennen? Nun, wir wollen es zugeben, aber damit steht dann auch der Satz fest: soweit es Gesetze in der Geschichte gibt, sind die Gesetze nichts wert und ist die Geschichte nichts wert." [13]

---

[11] Ibid., S. 81 f.
[12] Ibid., S. 26.
[13] Ibid., S. 79 f. Hervorhebung ebendort.

Vor diesem Hintergrund erhält Nietzsches wütender Angriff gegen die „Objektivität"[14] der Geschichte und gegen „die Forderung, daß die Historie Wissenschaft sein soll"[15], einen gänzlich neuen Akzent, dessen demagogische Gefährlichkeit durch die brillante (und weitgehend berechtigte) Polemik gegen Positivisten und Bildungsphilister nur noch erhöht wurde.

Nietzsche blieb bekanntlich kein Rufer in der Wüste, und die von ihm entworfene imperialistische Geschichtsauffassung fand zu Beginn des 20. Jahrhunderts überall gelehrige Schüler. Die Epigonen der Lebensphilosophie von Oswald Spengler bis Rudolf Eucken griffen die irrationale Wendung gegen den Wissenschaftscharakter der Historie, teilweise sogar Nietzsches biologischen Machiavellismus[16], bereitwillig auf. „Geschichte wissenschaftlich behandeln wollen", so meinte Spengler, „ist im letzten Grund immer etwas Widerspruchsvolles. ... über Geschichte soll man dichten"[17]. In ähnlicher Weise äußerte sich Eucken, der „alle Möglichkeit einer Fassung in ein Gesamtbild, einer Aufdeckung eines Sinnes des Ganzen" bestritt; in der Polemik gegen „die Vertreter einer wissenschaftlichen Weltanschauung" bestätigte er die von Nietzsche verfochtene Antinomie von Leben und Wissenschaft und gelangte zu dem Schluß, „daß Wissenschaft kein Erkennen in unserem Sinne zu gewähren und den Menschen nicht mit der Welt innerlich zu verbinden vermag"[18]. Der Bruch zwischen Wissenschaft und Wirklichkeit war da-

---

[14] Ibid., S. 40—47.

[15] Ibid., S. 27.

[16] Schon in *Nutzen und Nachteil der Historie* heißt es: „die Geschichte wird nur von starken Persönlichkeiten ertragen" (S. 39); „das Ziel der Menschheit kann nicht am Ende liegen, sondern nur in ihren höchsten Exemplaren" (S. 77) usw. In welch erschreckendem Ausmaß biologische Konzeptionen die rationale Geschichtsauffassung verdrängten, wird schon am Sprachbildergebrauch deutlich, wenn wir in Sprangers geisteswissenschaftlichem „Aufruf an die Philologie" lesen: „Wie in der Natur ... so scheint auch in der geistig-moralischen Welt Gesundung von selbst aus geheimen Kräften aufzuquellen. Man fühlt es wachsen und werden, man fühlt es pulsieren, wo man die Hände unsrer Jugend faßt. Und der Tag wird kommen, wo es wie ein Sturmwind herausschlägt und über die erstaunte Welt dahinbraust." *(Der gegenwärtige Stand der Geisteswissenschaften* usw., S. 1 f.) Spranger hat später dem Faschismus passiv widerstanden, aber über die objektive ideologische Wirkung solchen „Aufrufs" dürfte wohl kein Zweifel sein.

[17] O. Spengler, *Der Untergang des Abendlandes*, 6. Aufl., München 1920, S. 139.

[18] Eucken, *Erkennen und Leben*, S. 12 ff. Was bei Eucken noch im Gewande akademischer Argumentation auftritt, lautet dann bei Ernst Bertram *(Nietzsche. Versuch einer Mythologie*, 6. Aufl., Berlin 1922, S. 1) so: „Geschichte ... ist

mit philosophisch gerechtfertigt. (Dies endete, wie wir wissen, mit Alfred
Rosenbergs *Mythus des zwanzigsten Jahrhunderts.*)

Die Auswirkungen dieser Ideologie auf die Literaturgeschichtsschreibung können hier nicht annähernd beschrieben werden [19]. Das Verständnis der Methodologie des *new criticism* verlangt jedoch die Feststellung,
daß die Zersetzung der wissenschaftlichen Geschichtsauffassung eine
internationale Erscheinung war. Sie blieb keineswegs auf Deutschland
beschränkt, wo der Einfluß der Geisteswissenschaft die bedeutende lite-
raturgeschichtliche Tradition eines Hettner und Gervinus zerstörte, und
auch nicht auf Italien, wo Hegels Geschichtsauffassung von Benedetto
Croce auf vier „Grundformen des Geistes" reduziert wurde. Gewiß
bewies in England die durch die siegreiche bürgerliche Revolution tief
verwurzelte *Whig interpretation of history* eine viel größere Kontinuität, so daß die geisteswissenschaftlich-typologischen Theorien dort ohne
nennenswerten Einfluß blieben. Die geschichtliche, oft biographisch
orientierte Betrachtung von Literatur war in England durchaus vor-
herrschend [20] — eine Tatsache, die zunächst auch für die deutsche Anglistik von ten Brink und Wülker bis Leon Kellner und Helene Richter
nicht ohne Bedeutung blieb. Die mit dem *new criticism* vollzogene antihistorische Wendung erfolgte viel später als in der Germanistik und
bedeutete — zumindest in den USA — einen viel stärkeren Bruch mit
der philosophischen Wissenschaftstradition.

Der Zerfall der wissenschaftlichen Geschichtsschreibung kündigte sich
indessen auch in England und der europäischen Anglistik an. Das Ent-

---

vielmehr gerade die Entwirklichung dieser ehemaligen Wirklichkeit... Was als
Geschichte übrigbleibt von allem Geschehen ist immer zuletzt... die Legende."

[19] Zu der hier nur am Rande berührten deutschen Literaturwissenschaft vgl.
die grundlegende Darstellung von Krauss, besonders den Abschnitt „Geistesgeschichtliche Antwort und idealistische Reaktion auf die positivistische Entfremdung der Literaturgeschichte" (a. a. O., S. 83—117); ferner die prinzipielle
Kritik an einzelnen Richtungen und Vertretern der Geistesgeschichte bei P. Rilla,
Literatur: Kritik und Polemik, Berlin 1950, S. 295—303; P. Reimann, *Über
realistische Kunstauffassung*, 4. Aufl., Berlin 1952, S. 195—199; u. a. Als systematische Auseinandersetzung mit einem ästhetischen Spezialaspekt vgl. Georgina
Baums Beitrag, *Humor und Satire in der bürgerlichen Ästhetik. Zur Kritik ihres
apologetischen Charakters*, Berlin 1959, der jedoch sein Schwergewicht auf
ältere ästhetische Theorien (Vischer, Volkelt, Lipps, Bergson u. a.) legt und
nur kurze Hinweise auf Dilthey (S. 187) und Kayser (S. 71) enthält.

[20] J. G. O'Leary (*English Literary History and Bibliography*, London 1928,
p. 76) betont gerade für die Jahre nach 1890 "the impetus that was given to
the study of literary history... by the researches of historians". Vgl. auch
pp. 119, 125.

wicklungsgefälle von Leslie Stephens *English Literature and Society in the 18th Century* oder W. J. Courthopes *History of English Poetry* bis Oliver Eltons repräsentativem *Survey of English Literature* (1730–1880, insgesamt 6 Bde., 1912/28) zeigt, daß der geschichtliche Gesetzes- und Kausalitätsbegriff sich auch hier in Ästhetizismus und Ideengeschichte auflöste.[21] Ähnliches gilt auch für die deutsche Anglistik dieses Zeitraums: Wurden fortan die literaturhistorischen Gesetzmäßigkeiten überhaupt noch erforscht, so waren diese im Sinne der Wölfflinschen Grundbegriffe typologisiert, wie etwa von Deutschbein bis Meissner und Hübner, oder schlechthin idealistisch gefaßt, wie etwa in den Literaturgeschichten von Bernhard Fehr und Louis Cazamian. Aus der *Gesamt*geschichte wurde somit *Geistes*geschichte; geistige Entwicklungen wurden nicht länger erklärt, sondern „verstehend" beschrieben oder schematisiert. Während in diesem Sinne Fehr die Geschichte der englischen Literatur als einen ewigen Pendelschlag zwischen Idealismus und Realismus bzw. Materialismus deutete, sah Cazamian darin den rhythmischen Wechsel zwischen Gefühl und Verstand, zwischen emotionalem und rationalem Grunderlebnis.

Während sich die deutsche Geisteswissenschaft am Gegensatz zur Naturwissenschaft orientierte, hatte sie doch bei ihren Begründern noch nicht den „Charakter der Erfahrungswissenschaft"[22] aufgegeben; der von Windelband entwickelte methodische Gegensatz betraf daher „nur die Behandlung, nicht den Inhalt des Wissens selbst"[23]. „Der Unterschied", so sagte Rickert, „wird vielmehr erst deutlich, wo es sich um die Einordnung und Verarbeitung des Materials zum Zweck seiner wissenschaftlichen *Darstellung* handelt, und wo dieser Prozeß zum *Abschluß* gelangt ist. ... Alles, was nur als Materialsammlung angesehen werden kann, bleibt also hier ganz aus dem Spiel."[24]

An diesem Punkte setzte die Sonderentwicklung des frühen *new criticism* ein. Für Ästheten wie Hulme und Pound war eine solche Einschränkung nicht akzeptabel. Für Hulme war sie Ausdruck einer "mechanistic view of the world"[25], für Pound ein Beispiel von "those allegedly scientific methods"[26], wie sie eine akademische Kathederkritik betrieb. In ihren Augen wäre auch die Geisteswissenschaft nur *histori-*

---

[21] Über Elton vgl. M. Ertle, *Englische Literaturgeschichtsschreibung, Ästhetik und Psychologie in ihren Beziehungen*, Berlin (Diss.) 1936, S. 89–108.

[22] Windelband, a. a. O., S. 14.

[23] Ibid., S. 12.

[24] H. Rickert, *Kulturwissenschaft und Naturwissenschaft*, 3. verb. Aufl., Tübingen 1915, S. 2. Hervorhebungen ebendort.

[25] *Speculations*, p. 10.

[26] *Literary Essays of Ezra Pound*, p. 19.

cism, d. h. ein verkappter Positivismus gewesen, den es in allen seinen Spielarten zu bekämpfen galt. Bei ihrem Angriff auf die positivistische Literaturwissenschaft erzielte die Neue Kritik insofern Erfolge, als sich auch in England und den USA ein lähmender Akademismus zwischen den Forscher und den lebendigen Umgang mit Kunstwerken gestellt hatte. Ihr Angriff begnügte sich jedoch nicht mit der Polemik gegen unfruchtbaren Historismus und archivarische Faktensammlung. Die Schwächen des Positivismus wurden der Wissenschaft schlechthin zur Last gelegt. Brooks' spätere Absage an "psychologism" [27] und Tates wütender Angriff gegen "the elaborate cheat that the positivistic movement has perpetrated upon the human spirit" [28] sind in diesem Sinne zu verstehen.

Damit war die positivistisch orientierte, aber notwendige Grundlagenforschung als tote *scholarship* abgetan, und für eine sinnvolle Heranziehung wissenschaftlicher Hilfsdisziplinen blieb überhaupt kein Raum mehr. Shakespeare durfte jetzt von Ransom ohne philologische Kenntnisse gedeutet werden, und Tate konnte die Namen elisabethanischer Dichter verstümmeln. [29] Unter Berufung auf Hulme erklärte Tate jedwede wissenschaftliche Untermauerung als "the expression of a spiritual disorder": "historicism, scientism, psychologism, biologism, in general the confident use of the scientific vocabularies in the spiritual realm, has created or at any rate is the expression of a spiritual disorder. That disorder may be briefly described as a dilemma." [30]

In Wirklichkeit bestand das Dilemma in dem Debakel einer Literaturwissenschaft, die sich der Grundlagen ihrer wissenschaftlichen Arbeitsweise beraubt hatte. Eine Literaturkritik, die den Maßstab objektiver

---

[27] *Literary Criticism: A Short History*, p. 640.

[28] "The Present Function of Criticism", p. 9.

[29] Der Nachweis bei Bush (a. a. O., pp. 15–19), der sich auch der Mühe unterzieht, der heillosen neokritischen Begriffsverwirrung nachzugehen. Man nehme das Beispiel *Platonism*: "So Platonism meant exactly opposite things for Mr. Tate and Mr. Ransom, and for Mr. Ransom Platonism and Puritanism were both good names for 'pure poetry'." Damit nicht genug: "on page 63 of *The World's Body*, 'Platonism' means pure poetry; on pages 120 ff. it means the opposite, the propagandist poetry of ideas which is really science". Der Affront gegen die Geisteswissenschaft richtet sich also nicht nur gegen die Historie, nicht nur gegen die Wissenschaft, sondern gegen das Wissen. An dessen Stelle tritt: "intellectual bubble-blowing" (p. 17)! Bush ist sehr höflich, wenn er an anderer Stelle (p. 15) meint, "one gets the impression that the critics don't greatly care about mere facts and are not always familiar with the things they talk about".

[30] "The Present Function of Criticism", p. 4.

Realität verloren hatte, konnte in der Tat ihre Zuflucht nur bei einem Dualismus Hulmescher Prägung suchen. Dieser begnügte sich nicht mit der Trennung geistiger und physischer Lebensbereiche, sondern warf den Schatten eines trüben Irrationalismus auf jede rationale Regung "in the spiritual realm".

Die Abschaffung verifizierbarer wissenschaftlicher Forschungsweisen brachte die extremen Neuen Kritiker nicht in Verlegenheit. Die Denunziation wissenschaftlicher Erkenntnis minderte nicht den von ihnen erhobenen Anspruch auf absolute Gültigkeit ihrer Interpretationsmethoden. Im Grunde bekämpften sie den Positivismus nur dort, wo er die von ihnen verkündete Autonomie des Kunstwerks widerlegte; denn der von ihnen aufgestellte analytische Apparat mit seiner Spezialterminologie war ja selbst eine Nachahmung von "scientific method and rigor", ein merkwürdiges "pastiche of estheticism and 'scientific method' " [31]. Ihre semantische und strukturelle Analytik sezierte das Kunstwerk ohne Rücksicht auf dessen schöngeistigen Charakter. Das Literaturseminar wurde ein Laboratorium, und die Arbeitsweise des Kritikers bot sich als "the equivalent of the scientist's escape from life into the laboratory" [32].

Dieser Widerspruch zwischen den wissenschaftlichen Ansprüchen und den unwissenschaftlichen Voraussetzungen der Neuen Kritik ist von seinen Verfechtern geflissentlich übergangen worden — mit gutem Grund: "It was precisely this scientific pose, conscious or unconscious, that constituted one of the main strengths of the New Criticism." [33] Nur wenige Betrachter haben diesen — also keineswegs interesselosen — Widerspruch bemerkt und so treffend wie Kazin zum Ausdruck ge-

---

[31] Kazin, a. a. O., p. 357.

[32] Bush, a. a. O., p. 20. A. Closs spricht von einer „Laboratoriumstechnik", die „bei uns und in den USA Schule gemacht" hat. („New Criticism: Kunstwerk, Dichter, Gesellschaft", in: *NSpr, N. F.* [1955], S. 391.)

[33] J. H. Raleigh, "The New Criticism as an Historical Phenomenon", in: *Comparative Literature*, vol. 11 (1959/60), p. 23. Auch Raleigh bemerkt diesen Widerspruch (bes. p. 25), führt ihn jedoch auf den Gegensatz Bentham — Coleridge zurück, aus welchem der gesamten neukritischen Bewegung "its ultimate appeal and power" (ibid.) erwachsen sei. Diese kuriose geistesgeschichtliche Konstruktion überschätzt nicht nur die Bedeutung des frühen — positivistischen — I. A. Richards, sondern basiert auf einer eigentümlich dogmatischen Auslegung von J. S. Mill (p. 28): "Mill had said that nobody could escape being either a Benthamite or a Coleridgean; given the construction of the human mind there was no escape. But the New Criticism managed to have it both ways, so to speak, and to equip the basically anti-scientific attitude of Coleridge with the scientific precision of Bentham."

bracht. Er schreibt im Hinblick auf Tates Anschauungen: "What one saw in his work was a rage, so deep a hatred of science and positivism, not to say democracy, that it was almost too deep for words. There was, of course, a certain irony in his position, since the very textual analysis he defended was an aping of scientific method and rigor." [34]

Der Verzicht auf wissenschaftliche Arbeitsprinzipien wurde also durch pseudowissenschaftliche Arbeitsformen kompensiert, die Abwendung von der positiven Forschung durch Beibehaltung positivistischer Forschungsverfahren verhüllt. Die Widersprüche zwischen geisteswissenschaftlichem Programm und positivistischer Interpretationspraxis blieben ungelöst; denn mit den Geisteswissenschaften teilte die Neue Kritik die irrationalistischen Grundprinzipien, mit dem Positivismus die logisch-analytische Zielsetzung. So wurde der Positivismus zwar ideologisch denunziert, aber methodologisch nicht recht überwunden. Das Ergebnis war eine zwischen Geisteswissenschaften und Positivismus schwankende Literaturkritik, die die esoterische Spekulation der einen Richtung mit der Laboratoriumstechnik der anderen verband. Es war dies, wie Kazin sagt, "a science perpetually talking all around the object, a science that could disclose every insight relevant to the making of literature save why it was important to men. As a consequence it made literature so algebraic that in giving its elucidation in criticism to a Veblen caste of experts, a corps of engineers, it raised the professional prestige of criticism at the expense of every human need of literature as prophecy or history or sustenance." [35] Der „algebraische" Charakter dieser Literaturbetrachtung erinnert lebhaft an die Methoden der logisch-analytischen Philosophen, die gleichfalls die Unfruchtbarkeit ihres „logischen Positivismus" unter einem Schwall von Worten verbergen müssen: „Der rein spekulative Charakter der logischen Analyse, ihre absolute Unfähigkeit, zu irgendwelchen verifizierbaren Schlußfolgerungen zu gelangen, ihre ganze Tendenz, vom Weg der Erkenntnis zu dem der leeren Argumentation über Worte hinzuführen" [36] — all dies kennzeichnet treffend auch das wissenschaftsmethodische Dilemma des *new criticism*.

---

[34] Kazin, a. a. O., p. 361. Vgl. auch Ph. Rahv (*NSt*, vol. LVI [1958], p. 310): "Clearly, some form of positivism is the logical presupposition of the formalist method in criticism. That the American New Critics have failed to discover this, and keep denouncing positivism in any form as 'heresy', is one of the contradictions of which they are unaware and which is tearing their position apart."

[35] Kazin, a. a. O., p. 364.

[36] M. Cornforth, *Wissenschaft contra Idealismus. Eine Untersuchung des „reinen Empirismus" und der modernen Logik* (Übers. ungenannt), Berlin 1953, S. 184.

VI. Kritik und Wirklichkeit

Der Verlust wissenschaftlicher Objektivität ergibt sich notwendig aus der Negation der Wirklichkeit als literaturkritisches Kriterium. Die Abwendung von der Realität ist in der Tat der zentrale Bereich, in dem die verschiedenen, vorausgehend betrachteten Tendenzen zusammenlaufen oder entspringen. Die neukritische Grundanschauung vom Kunstwerk als einem in sich ruhenden Phänomen leugnet ja jede Beziehung zwischen Werk und Realität. Sie verwirft dreierlei: die historische Wirklichkeit, damit aber zugleich das Publikum und schließlich auch den Künstler als Bezugspunkte der Dichtung. Dementsprechend ist auch ihre Frontstellung eine dreifache: sie wendet sich gegen das Aristotelische Prinzip der *mimesis* oder Nachahmung, gegen das Horazsche Prinzip *aut prodesse aut delectare* und schließlich gegen die letzte von der Romantik geduldete und geförderte außerästhetische Bestimmung — die biographische Beziehung zum Schöpfer des Werkes. Sie negiert also die abbildend-verallgemeinernde, die didaktisch-unterhaltende und die Ausdrucksfunktion der Kunst. Sie verwirft damit die Kunstauffassung der größten Dichter der Vergangenheit. Sie verwirft die Prinzipien der attischen Tragödie, sie widerspricht der Shakespeareschen Auffassung von "the purpose of playing, whose end, both at the first and now, was and is, to hold, as 'twere, the mirror up to nature; to show ... the very age and body of the time his form and pressure" [1]. Sie sagt sich los von Fieldings, Lessings und Goethes ästhetischen Auffassungen [2], und sie

---

[1] *Hamlet*, III, ii. Hier und im folgenden zitieren wir *The Complete Works of William Shakespeare*, ed. by W. J. Craig ("The Oxford Shakespeare").

[2] Ebenso wie Aristoteles empfiehlt, nicht *die* Natur, sondern *der* Natur nachzuahmen, sprechen auch die großen Realisten nirgendwo von einer platten Imitation. *Fieldings* Forderung nach "the exactest copying of nature" ist daher nicht falsch zu verstehen. Vgl. dazu zahlreiche Äußerungen im *Tom Jones* (VII, 1; IX, 1; u. a.) und das Vorwort zu *Joseph Andrews* ("Everyman's Library", p. xxviii), wo es heißt: "we should ever confine ourselves strictly to nature, from the *just* imitation of which will flow all the pleasure we can this way convey to a sensible reader". (Hervorhebung von mir.) Ähnliches gilt für *Lessing*, wenn er — am deutlichsten wohl in den Entwürfen zum Laokoon — formuliert: „Poesie und Mahlerey, beyde sind nachahmende Künste, beyder Endzweck ist, von ihren Vorwürffen die lebhaftesten sinnlichsten Vorstellungen in uns zu erwecken. Sie haben folglich alle die Regeln gemein, die aus dem Begriffe der Nachahmung, aus diesem Endzwecke entspringen." (Gotthold Ephraim

wendet sich gegen Blakes, Wordsworths und Shelleys Dichtungsanschauung. Sie leugnet, mit einem Wort, den Wirklichkeitsbezug der Kunst. [3] Da das Kunstwerk jedoch in allen seinen Teilen ständig über sich selbst hinausweist, da es nicht unabhängig von seinem Schöpfer und seinem Publikum existiert und da vor allem die Wirklichkeit selbst als Quelle und Schaffensgrund, als Gegenstand des Vergleichs und der Ver-

---

Lessing, *Gesammelte Werke*, hg. von P. Rilla, 10 Bde., Berlin 1954/58, Bd. 5, S. 225.) Es ist inmitten der neokritischen Konfusion angebracht, in dieser Frage auch noch den größten Dichter deutscher Zunge zu Wort kommen zu lassen. *Goethe* schreibt: „Der Künstler, der immer anschaut, empfindet, denkt, wird die Gegenstände in ihrer höchsten Würde, in ihrer lebhaftesten Wirkung, in ihren reinsten Verhältnissen erblicken, *bei der Nachahmung* wird ihm eine selbstgedachte, eine überlieferte, selbstdurchdachte Methode die Arbeit erleichtern, und wenn gleich bei Ausübung dieser Methode seine Individualität mit ins Spiel kommt, so wird er doch durch dieselbe, so wie durch die reinste Anwendung seiner höchsten Sinnes- und Geisteskräfte immer wieder ins Allgemeine gehoben und kann so bis an die Grenzen der möglichen Produktion geführt werden. Auf diesem Wege erhuben sich die Griechen bis zu der Höhe, auf der wir besonders ihre plastische Kunst kennen." *(Diderots Versuch über die Malerei* [1798/99]) Den Begriff des „Stils" als „Resultat einer echten Methode" erläutert Goethe auch in seinen *Beiträgen zu Wielands Teutschem Merkur* (1788/89). Es heißt dort: „Gelangt die Kunst durch Nachahmung der Natur, durch Bemühung, sich eine allgemeine Sprache zu machen, durch *genaues und tiefes Studium der Gegenstände selbst* endlich dahin, daß sie die Eigenschaften der Dinge und die Art, *wie* sie bestehen, genau und immer genauer kennen lernt, daß sie die Reihe der Gestalten übersieht und die verschiedenen charakteristischen Formen nebeneinander zu stellen und nachzuahmen weiß, dann wird der *Stil* der höchste Grad, wohin sie gelangen kann; der Grad, wo sie sich den höchsten menschlichen Bemühungen gleichstellen darf." (Zitiert nach *Goethes Sämtliche Werke* („Jubiläums-Ausgabe"), Stuttgart/Berlin 1902/12, 40 Bde., Bd. 33, S. 56 und 252; Hervorhebungen ebendort.)

[3] Die Frage nach dem Wirklichkeitsbezug der Kunst steht im Mittelpunkt zahlreicher marxistischer Arbeiten, die an N. G. Tschernyschewskis materialistische Ästhetik (vgl. *Die ästhetischen Beziehungen der Kunst zur Wirklichkeit*, übers. von E. Zunk und W. Düwel, hg. von W. Düwel, Berlin 1954) anknüpfen. Wir verweisen auf G. A. Nedoschiwin, *Abhandlungen über die Theorie der Kunst*, 2 Teile, redigiert von U. Kuhirt („Studienmaterial", H. 2/3, 1955); bes. Teil 1, S. 9–68; A. J. Burow, *Das ästhetische Wesen der Kunst*, übers. von U. Kuhirt, Berlin 1958; W. Besenbruch, *Zum Problem des Typischen in der Kunst. Versuch über den Zusammenhang der Grundkategorien der Ästhetik*, Weimar 1956; u. a. Vgl. ferner die an anderer Stelle aufgeführten Arbeiten von Caudwell, Fox, Reimann, Rilla und Alick West, die gleichfalls nach dem Verhältnis der Kunst zur Wirklichkeit fragen und dabei die ästhetischen Grundgedanken, auf denen die vorliegende Arbeit fußt, darlegen und vertiefen.

allgemeinerung, allerwegen im Kunstwerk lebendig bleibt, gerät der *new criticism* in beträchtliche Verlegenheit. Er erklärt das Kunstwerk zu einem "ontological manoeuvre", zu einem "self-sufficient system", ohne den Willen zu einer Aussage oder einer Wirkung. Das Material dieser ontologischen Struktur jedoch ist die Sprache. Sprache aber ist ein gesellschaftliches Produkt, ihre stärkste Funktion ist die Bedeutungsfunktion, "the referential aspect of language". Trotz aller semantischen Sophistik: Worte bedeuten, und die Tatsache dieses Bedeutens allein schon sprengt die vermeintliche Autonomie jener "modes of structure which we feel to be ontologically possible" [4]. Der extreme Neue Kritiker wie Ransom muß daher mit der Bedeutung des Gedichts auch die Bedeutungsfunktion der Sprache leugnen oder zumindest relativieren. Die abstrakten Kunstwerke erscheinen dabei als Vorbild auf Grund der vermeintlichen Wirklichkeitsunabhängigkeit ihres Materials:

"They exist in their own materials and indicate no other specific materials; structures of color, light, space, stone — the cheapest of materials. They too can symbolize nothing of value unless it is structure or composition itself. But that is precisely the act which denotes will and intelligence; which becomes the act of fuller intelligence if it carefully accompanies its structures with their material textures; for then it understands better the ontological nature of materials. ... It is true, of course, that there is no art employing materials of equal richness with poetry, and that it is beyond the capacity of poetry to employ indifferent materials. The words used in poetry are the words the race has already formed, and naturally they call attention to things and events that have been thought to be worth attending to. But I suggest that any poetry which is 'technically' notable is in part a work of abstractionist art, concentrating upon the structure and the texture, and the structure-texture relation, out of a pure speculative interest." [5]

Diese Auffassung hält einer logischen Analyse nicht stand, und schon ein erstes Durchdenken fördert eine Fülle von Widersprüchen zutage. Einerseits symbolisiert die abstrakte Kunst "nothing of value unless it is structure and composition". Dieses extrem formalistische Postulat verwandelt sich jedoch schon im Nachsatz in "precisely the act which denotes will and intelligence". Sind menschlicher Wille und Verstandeskraft ästhetisch autonome Kriterien? Der Verweis auf derlei „außerästhetische" Kriterien erfährt noch eine Differenzierung ("the act of *fuller* intelligence"), die nun aber ihrerseits im Nachsatz wieder ontologisch-ästhetisch begründet wird. Der gleiche forcierte Übergang von nichtformalistischer Erkenntnis zu formalistischer Schlußfolgerung wie-

---

[4] Ransom, "Criticism as Pure Speculation", vgl. Zabel, a. a. O., p. 650.
[5] Ibid., p. 651.

derholt sich noch einmal, wobei der logische Widerspruch offen hervor-
tritt: Die zwei Schlußsätze beweisen (a) die konkret-gesellschaftliche
Bedeutungsfunktion auch der Dichtersprache und damit den bereichern-
den Realitätsbezug ("things and events ... worth attending to") der
Dichtung; sie „schlußfolgern" jedoch (b) die wirklichkeitsgelöste "structure-texture relation" als Zentrum des Dichterischen.

Criticism as Pure Speculation? Diese Spekulation ist weder "pure"
noch logisch. Und sie kann nicht logisch sein, gerade weil sie sich als
"pure" gebärdet, gerade weil sie sich von jedem Wirklichkeitsbezug
„gereinigt" wissen will. (Allein das *But* des Schlußsatzes ist beachtlich;
hierin liegt eine logische Willkür, die der allgemeinen sprachlich-syn-
taktischen Verwilderung entspricht ["the act which denotes will and intelligence ... becomes ... accompanies ... understands better ..."].)

Die Feindschaft gegen die Wirklichkeit richtet sich nicht nur gegen
dichterisch gestaltete Realität, sondern letztlich gegen das Kunstwerk
selbst. Mit der Wirklichkeitsentleerung der Literatur verarmt aber nicht
nur die Kunst, sondern rückwirkend wiederum die Kritik der Kunst.
Diese fühlt sich von den Kriterien der Wirklichkeit *bedroht,* und die
Bedrohung ("threat") erwächst bereits aus "the referential aspect of language". Diese für einen Kritiker recht eigentümliche Gefahr ("danger"),
die sich aus der Bedeutungsfunktion der Sprache ergibt, besteht in "leading the spectator back to the world"! Solches Dilemma offenbart sich
in den Worten eines folgerichtig denkenden, dabei aber höchst wohlwollenden Interpreten des *new criticism:*

"But the poem does consist of words and words have meanings – the same
meanings they have in prose discourse, since the emotive claims of Richards
have been rejected. These critics [gemeint sind Ransom, Tate, Brooks u. a.]
after all, are not writing a theory of nonsense, the only possible kind of discourse in which the referential aspect of language could be utterly neglected.
Obviously, then, the poet must recognize *the threat* which exists to his attempt
to force us into an aesthetic experience: the threat that the designating character of language may lead us out of his poem at any moment or may, indeed,
prevent us from ever getting enmeshed in it ... Whatever meanings and values
are in the object must, during the experience, function reflexively; they must
be seen as lying immanently within the object rather than as transcending the
object and *thereby leading the spectator back to the world.* The symbols upon
which he focuses must be 'intrareferential' only, *lest his attention be diverted
from the self-sufficient system constituted by these symbols. ...*
These critics unanimously affirm that, while the words of a poem, considered
atomistically, may function referentially, the poetic structure of words, considered contextually, prevents the individual words from so functioning. The
poet knows *the inherent danger* in his medium: *that words struggle to mean
things.* He must, by the formal context he imposes on them, prevent them from

achieving their natural (that is, their nonpoetic) function. *He must use every device at his command to block their direct pointing* or he does not produce an aesthetic object." [6]

„Jedes dem Dichter gegebene Mittel" muß also dazu dienen, die natürliche Assoziation von Wort und Welt zu stören. Die poetische Funktion der Sprache ist nicht mehr eine natürliche! Dichter ist, wer Worte braucht, die *nicht* bedeuten! Dichter ist, wem es gelingt, Natur und Gesellschaft *nicht* zu gestalten. Denn Worte, die bedeuten, sind unpoetisch; sie müssen strukturiert, d. h. ihrer Bedeutung beraubt werden. An die Stelle der Wirklichkeit tritt dabei das Symbol, darf aber nichts („Außerästhetisches") symbolisieren; es bleibt "intrareferential" und wird damit, wie dieser Ausdruck, eine *contradictio in adjecto*.

Mit dieser Auffassung stellt sich die Kritik auf den Boden der von ihr bevorzugt interpretierten formalistischen Dichtung. Der Kritiker übernimmt die Maßstäbe des Kritisierten − Maßstäbe, wie sie etwa von der avantgardistischen *Little Review* (1914−1929) verkündet wurden. Deren Gründerin und Herausgeberin Margaret Anderson hat denn auch diese Maßstäbe im ersten Satz ihrer Autobiographie *My Thirty Years' War* (1930) auf eine knappe Formel gebracht:

"My greatest enemy is reality.
I have fought it successfully for thirty Years." [7]

Angesichts dieser systematischen Wirklichkeitsverneinung drängen sich dem staunenden Leser mancherlei Fragen auf − Fragen nach den Gründen und Hintergründen solch ungewöhnlicher Argumentation. Der Gang der vorliegenden Untersuchung hat den historischen Nährboden dieser Tendenzen schon herausgearbeitet und den Zusammenhang mit der ideologischen Krise der imperialistischen Epoche beleuchtet. Ein Blick auf die Entwicklung neuerer bürgerlicher Philosophie bestätigt, daß die Bewegung der Literaturkritik tatsächlich nur als Teil einer viel umfassenderen Realitätsentfremdung verstanden werden kann. Gerade die englische Philosophie hat sich seit Bertrand Russell immer stärker auf die Analyse rein logischer Probleme orientiert. Mit Wittgenstein und Carnap haben sich die logischen Analytiker einem philosophischen Formalismus verschrieben, der sehr aufschlußreiche Analogien zur Arbeitsweise der

---

[6] Krieger, a. a. O., pp. 129/131. Hervorhebungen von mir. Es sei noch einmal unterstrichen, "that the single greatest point of agreement among these men [i. e. die Neuen Kritiker] is their insistence on the autonomy, the selfsufficiency of the art work". (C. Moorman, "The Vocabulary of the New Criticism", in: *American Quarterly*, vol. 9 (1957), p. 182.)

[7] Zit. bei Smith, a. a. O., p. 353.

Neuen Kritiker bietet. Der aus Österreich stammende R. Carnap hat
z. B. in *The Unity of Science* (1934) und anderen Veröffentlichungen
den Gedanken vertreten, daß die Philosophie nicht länger das Verhältnis
von Denken und Sein untersuchen kann, sondern sich allein der logisch-
sprachlichen Analyse des Verhältnisses von Gedanken zu Gedanken zu
widmen habe. In diesem Zusammenhang verdient Erwähnung, „daß
Carnap darauf bestand, aus der Philosophie alle Bezüge auf *Bedeutungen*
und auf *die Beziehungen zwischen Gedanken und Dingen* auszuschließen.
Derartige Bezüge, so meinte er, führten geradewegs zu Konfusion und
Unsinn, und die Philosophie sollte sich ganz ausschließlich auf ein Programm der logischen Analyse der *Sprache* beschränken."[8] Ähnliche Tendenzen kennzeichnen auch die deutsche Existenzphilosophie, deren ontologische Spekulationen überraschende Entsprechungen zu Ransoms Literaturkritik bieten. Hier wie dort geht es um die Errichtung einer „Sym-
bolwirklichkeit, die an sich selbst gemessen wird"; „Das Bedeuten der
Symbole", so sagt Jaspers, „ist die Seinsgegenwart des Wirklichen."[9]
   Es ist bekannt, daß diesen philosophischen Richtungen, vor allem der
logischen Analytik, ihrerseits zahlreiche Impulse wissenschaftsmethodi-
scher Natur entsprungen sind. Vor allem die bürgerliche Sprachwissenschaft hat — sowohl durch die *general semantics* als auch durch den
Strukturalismus — in den letzten Jahrzehnten eine Wendung genommen,
die auffällige Parallelen zur Entwicklung des *new criticism* aufweist. Die
z. B. bei den Strukturalisten auftauchenden Begriffe wie "linguistique
immanente" (Hjelmslev), die Konzeption der Sprache als "object autonome" (Brøndal), als System von „reinen" Beziehungen, die vor allem
von den amerikanischen Schulen offenbarte Beschränkung auf deskriptive Linguistik, die allgemeine Abwertung historisch-kausaler Betrachtungsweisen — diese und zahlreiche andere Tendenzen entsprechen durchaus der neukritischen Methodologie. Gerade der für diese neue Philologie
grundlegende Strukturbegriff, der die Sprache als "a selfsufficient totality, a structure *sui generis*" (Hjelmslev[10]) auffaßt und somit vom Sprach-
träger und jeder „außersprachlichen" Realität loslöst, ließe sich *mutatis
mutandis* in der Neuen Kritik nachweisen. Er widerspiegelt die gleiche

---

[8] Cornforth, a. a. O., S. 252. Hervorhebungen ebendort.

[9] K. Jaspers, *Von der Wahrheit*, München 1947, S. 1040 f. Vgl. dazu G. Mende,
Studien über die Existenzphilosophie, Berlin 1956, S. 14, 22, 71 und das Jaspers-
Zitat S. 222.

[10] Zit. von K. Hansen, „Wege und Ziele des Strukturalismus", in: *ZAA*, Jg. 6
(1958), S. 352. Für eine Verbindung von Strukturalismus und Neuer Kritik
plädiert z. B. F. L. Utley, "Structural Linguistics and the Literary Critic", in:
JAAC, vol. 18 (1959/60), pp. 319–328.

antihistorische und wirklichkeitsfeindliche Grundposition, die auch für die neuere bürgerliche Philosophie und Literaturkritik maßgebend ist. Es ist an dieser Stelle nicht beabsichtigt, den möglichen Einfluß logisch-analytischer, existentialistischer oder strukturalistischer Methoden auf die Neue Kritik zu untersuchen. Der Nachweis bestehender Übereinstimmungen möge nur dazu dienen, die historische Aktualität und Zwangsläufigkeit dieser scheinbar rein geistigen Entwicklungen nahezulegen. Die Einsicht in die zeitgeschichtlichen Bedingtheiten dieses Denkens erleichtert uns die Einschätzung seiner mit viel Aufwand vorgetragenen Ansprüche auf Allgemeingültigkeit. Wir wissen, was von diesen zu halten ist.

Der Kalte Krieg gegen die Wirklichkeit verdächtigt nicht die objektive Realität als einzig verläßliches Kriterium wissenschaftlicher Forschung. Im Grunde offenbart sich hierin der Zweifel bürgerlichen Denkens an seinen eigenen wissenschaftlichen Prämissen. Die Denunziation der Wirklichkeit entspringt einem tiefen Unsicherheitsgefühl angesichts ihrer gesellschaftlich-historischen Unkontrollierbarkeit. *Weil* die gesellschaftliche Wirklichkeit spätestens nach 1914 diskreditiert war, konnte sie nicht länger als Maßstab kritischen Denkens fungieren. Der Wirklichkeitsbezug in Kunst und Philosophie war seither "the *risky* appeal to objectivity" [11]; er erwies sich als eine fatale Bezogenheit auf soziale und ethische Mächte, deren relativierte Gültigkeit nur noch ignoriert, nicht aber überwunden werden konnte.

Die Verneinung der Wirklichkeit entsprang somit einem tiefen Unbehagen, das mit einem apologetischen Sicherheitsbedürfnis einherging. In diesem Sinne bedeutet die Abwendung von der Realität eine Flucht vor Chaos und Entfremdung. Sie entspringt Russells „Sehnsucht, dem intellektuellen Chaos zu entrinnen" [12] und kommt deutlich in Jaspers' bemerkenswertem Eingeständnis zum Ausdruck: „Je entschiedener ich die Welt auffasse, desto heimatloser fühle ich mich in ihr, die als das Andere, als nur sie, trostlos ist." [13] Ebenso wie der existentialistische Philosoph sein „soziales Ich" als das „uneigentliche Dasein" abzutun versucht, so verwirft auch die „immanente Textdeutung" den Wirklichkeitsbezug der Kunst als „außerästhetisch". Daß die Hintergründe dieser „rein" ästhetischen Kritik gleichfalls historischer Natur sind, geht aus

---

[11] W. K. Wimsatt, "Criticism Today: A Report From America", in: *Essays in Criticism*, vol. 6 (1956), p. 10. Hervorhebung von mir.

[12] B. Russell, *Unser Wissen von der Außenwelt*, S. 41, zit. bei Cornforth, a. a. O., S. 168.

[13] K. Jaspers, *Philosophie*, Bd. 2: „Existenzerhellung", Berlin 1932, S. 3.

[14] A. a. O., S. 388.

W. Kaysers Worten hervor, die sich im Schlußparagraph seiner „Einführung in die Literaturwissenschaft" finden. Dort heißt es: „Das sprachliche Kunstwerk lebt als solches und in sich. Wenn dem so ist, dann droht nicht mehr ... jene Gefahr, der das Denken in den letzten Jahrzehnten oft hilflos ausgesetzt war: daß das Kunstwerk in den Strudel eines psychologischen oder historischen oder nationalen Relativismus gerissen würde" [14] „Wenn dem so ist" — deutlicher kann sich methotologische Fragwürdigkeit nicht darbieten! Hier wird aus der Not eine Tugend, aus der (historischen) Schlußfolgerung eine (methodische) Prämisse gemacht. Wie bei Staiger, ist dieser Ausweg aus der „Gefahr" des „historischen oder nationalen Relativismus" ein Ausweg aus der Verlegenheit: er entspringt keiner methodologischen Tugend, sondern historischer Notwendigkeit.

Die Beziehungen zwischen literaturkritischer Realitätsentfremdung und imperialistischer Gesellschaftskrise sind offensichtlich und bedürfen keiner ausgedehnten Beweisführung. Selbst der Neue Kritiker Cleanth Brooks kann nicht umhin festzustellen, "that the pressures of our age have something to do with the characteristic development of criticism in our time" [15]. In ähnlicher Weise kennzeichnet Wehrli in seinem Forschungsbericht die tieferen Ursachen literaturkritischer Realitätsentfremdung: „Der Anspruch, daß das Werk ein absolut in sich selber ruhendes Phänomen sei, reine ‚Form' ohne den Willen zu einer Aussage oder einer Wirkung ... ist zweifellos ein Symptom für die Grenz- und Krisensituation eines weltlos gewordenen Geistes, in tiefer dialektischer Beziehung zum Nicht-Sein, zur Ohnmacht, zum Schweigen." [16] Ein Symptom also für die „Krisensituation eines weltlos gewordenen Geistes"! Die bürgerliche Kritik ist, ebenso wie die bürgerliche Dichtung, „in eine unhaltbare Lage geraten" [17]: Durchschauen wir die idealistische Vernebelung dieser Aussagen, so wird eines deutlich: Nicht der „Geist an sich" ist weltlos geworden, sondern der Geist einer Literaturkritik, die die „Weltlosigkeit" der Literatur zu ihrem ersten kritischen Postulat erhoben hat. Kein Zweifel: Was sich hier als „neue" Kritik offeriert, steht auf dem Boden alter, erschütterter Realitäten und geht auf sehr gebrechlichen Stelzen einher.

Ein Ausweg aus der Krise der bürgerlichen Literaturwissenschaft? Das Studium der allgemeinen neukritischen Methode zeigt, daß diese die Krise potenziert, aber nicht überwunden hat. Die Kritik an impressionistischer Literaturbetrachtung mag durchaus eine Reihe von wertvollen

---

[15] *Critiques and Essays in Criticism: 1920–1948*, p. xviii.
[16] A. a. O., S. 12 f.
[17] Muschg, *Die Zerstörung der deutschen Literatur*, S. 29.

Erkenntnissen gefördert haben; die intensive Beschäftigung mit dem sprachlichen Medium der Dichtung mag durchaus brauchbare, zuweilen sogar beherzigenswerte Resultate gezeitigt haben. Aber in dem Augenblick, da sich die Teilerkenntnisse methodologisch befestigen und auf ein neues methodisches Prinzip berufen wollen, erweist sich dessen *potenzierte* Brüchigkeit. Diese neue Methodologie hat die alten Probleme der Literaturwissenschaft bestenfalls umgangen, aber nicht gelöst. Sie hat die philologische Grundlagenforschung nicht weitergeführt, sondern des Positivismus verdächtigt. Sie hat die Arbeitsergebnisse der Hilfsdisziplinen nicht methodisch integriert, sondern zurückgewiesen und mißachtet. Sie hat die Bedeutung lebenskundlicher Erkenntnisse nicht geklärt, sondern die Biographie verfemt. Sie hat die Literaturbetrachtung nicht von leeren Abstraktionen und Typologien befreit, sondern die Literaturgeschichte desavouiert; sie hat damit die Geistesgeschichte nicht überwunden, sondern jede „außerästhetische" Verallgemeinerung gescheut. Sie hat schließlich — um dem „Strudel" des „Relativismus" zu entgehen — das Werk der Wirklichkeit, die Literatur dem Leben entfremdet. Aber indem sie dies tat, blieb sogar die selbstgestellte Aufgabe unerfüllt; denn der historische Relativismus der Kritik wurde (natürlich) nicht beseitigt, sondern allenfalls verhüllt, im Grunde aber erhöht. Somit wurde der literarkritische Subjektivismus nur scheinbar bewältigt und die mit viel Aufwand proklamierte Texttreue abermals verletzt. Und all dies blieb am Ende unvermeidbar, da die Grundfrage der Ästhetik — die Frage nach dem Verhältnis der Kunst zur Wirklichkeit — auf eine in der Geschichte der Literaturwissenschaft noch nie dagewesene Weise umgangen und verstellt wurde.

Dritter Teil

Die neue Kritik des Dramas: Wandlungen bürgerlicher Shakespeare-Interpretation

Die Betrachtung der neukritischen Interpretationsmethode hat die allgemeinen ästhetischen Prinzipien ermittelt, die dem *new criticism* zugrunde liegen. Die kritische Analyse dieser Prinzipien kennzeichnet hinreichend den Charakter und die Problematik der neukritischen Methodenlehre. Sie kennzeichnet indessen noch nicht (oder nur ungenügend) die konkreten Probleme und Resultate der neukritischen Interpretations*praxis*. Gewiß besteht zwischen den methodischen Prinzipien und den praktischen Resultaten der Literaturwissenschaft ein überaus enger Zusammenhang. Aber dieser Zusammenhang ist keineswegs deduktiv zu erschließen, sondern bedarf der gegenständlichen Untersuchung: Er verlangt die Auseinandersetzung mit charakteristischen Interpretationen am Beispiel bestimmter Literaturwerke und -gattungen.

Auf der Grundlage der vorausgehenden geschichtlichen und methodologischen Teile kann nun hierbei eine stärker synthetische Betrachtung einsetzen: Es gilt, sowohl die *Geschichte* als auch — gleichzeitig — die *Methoden* der vorherrschenden Interpretationstendenzen zu ermitteln und *am charakteristischen Beispiel* zu kritisieren. Die geschichtliche Darstellung und die methodologische Kritik schließen auch hier einen historisch-materialistischen Standpunkt ein, der sich als Alternative des Kritisierten auffaßt; angesichts der praktischen Interpretationsaufgaben müssen sich — darüber hinaus — nun auch die konstruktiven Lösungen der marxistischen Literaturwissenschaft bewähren, wodurch allein eine wirkliche Überwindung der neukritischen Methode im Bereich der Forminterpretation — also im vorzüglichen Anwendungsbereich des *new criticism* — ermöglicht scheint.

Die Herausbildung der neukritischen Methode erfolgte vornehmlich (aber zumeist unausgesprochen) an Hand der Interpretation von Lyrik, und insofern sind von uns die *besonderen* Probleme der lyrischen Gattung bereits im Rahmen der *allgemeinen* neukritischen Methode berührt worden. Der Lyrikinterpretation kann nicht länger unser Hauptaugenmerk gelten. Gerade die weitere Entwicklung des *new criticism* erweist ja das Bestreben, die — ursprünglich im Umang mit Lyrik entwickelten

– neukritischen Methoden nun auch verstärkt im Bereich anderer literarischer Formen zu realisieren. Gerade in den letzten Jahrzehnten ist eine Neue Kritik des Dramas (und in zweiter Linie des Romans) entstanden, die die traditionelle Behandlung dieser Gattungen weitgehend durch neue Interpretationsmethoden ersetzt. Eine Kritik *dieser* Interpretationsmethoden erscheint auch deswegen vorrangig, weil hierbei geschichtliche und ästhetische Gesichtspunkte auftreten, die in den bisherigen Teilen der Arbeit noch unzureichend (oder gar nicht) berührt wurden.

Dies gilt vor allem für die Neue Kritik des Dramas, die rein stofflich – aber auch historisch und problematisch – an erster Stelle steht. Ihre Darstellung und Kritik kann nur paradigmatisch, im engeren Bereich eines repräsentativen Beispiels, erfolgen. Die ausführliche Berücksichtigung der älteren Dramenkritik bereitet zunächst den Hintergrund, vor dem die neueren Interpretationsweisen zu deuten sind.

I. Grundpositionen romantisch-viktorianischer Shakespeare-Kritik (Ein historischer Rückblick)

In der Drameninterpretation entwickelt sich die neukritische Methode gleichfalls aus dem Gegensatz zu der älteren bürgerlichen Kritik. Dieser Gegensatz, dessen weitreichende historische Voraussetzungen bereits eingehend dargelegt wurden, gewinnt dabei unter den Bedingungen der dramatischen Gattung eine besondere Bedeutung. Anders als in der Interpretation der Lyrik oder der Prosa besitzt die ältere bürgerliche Ästhetik im Drama einen Gegenstand, an Hand dessen sich die romantische Kritik recht eigentlich erst konstituierte und von den historisch vorausgehenden Methoden abgrenzte. Die Entwicklung der Kritik verläuft hier in unmittelbarem Zusammenhang mit den Grundfragen der zeitgenössischen Kunstauffassung und Philosophie. Das Studium der romantischen Dramenkritik ist deswegen so außerordentlich lehrreich, weil es uns hilft, die Entwicklung der bürgerlichen Kritik am konkreten Beispiel der wissenschaftsgeschichtlich bedeutsamsten Gattung zu präzisieren und ästhetisch zu vertiefen. Gerade in der englischen Literatur besitzt die Dramenkritik nicht nur eine hervorragende Tradition, sondern auch einen zentralen Gegenstand: Da das Werk Shakespeares sowohl historisch wie auch methodologisch im Mittelpunkt steht, können wir die Wandlungen in der Shakespeare-Kritik als gültiges Paradigma der Gesamtentwicklung betrachten. Ohne dabei den weit verzweigten methodischen Bestrebungen chronologisch oder in ihrer Gesamtheit nach-

zugehen, müssen wir uns auf jene romantisch-viktorianischen Grundpositionen beschränken, deren Beziehungen zur neukritischen Interpretation wissenschaftsgeschichtlich belangvoll sind. Daß auch in diesem
eingeschränkten Bereich nur wenige beispielhafte Vertreter herangezogen
werden können, ist im Hinblick auf die Fülle der Beiträge zur Shakespeare-Kritik unumgänglich.[1]

1. Zur Entstehung romantischer Dramenkritik in England

Die Geschichte der englischen Dramenkritik im frühen 19. Jahrhundert
ist in gewisser Weise nur als die Geschichte der romantischen Würdigung Shakespeares zu verstehen. Es war Coleridge, der seine romantische
Kunstauffassung mit einem Bekenntnis zu Shakespeare gleichsetzte und
so die Shakespeare-Kritik des 19. Jahrhunderts unlösbar mit der Geschichte englischer Romantik verknüpfte.[2] Die romantische Dichtung
ging einerseits Hand in Hand mit einer Kunstanschauung, aus deren
Grundsätzen eine Neuwertung Shakespeares notwendig folgerte. "If my
conclusions are admitted", so schrieb Wordsworth in der Vorrede zur
zweiten Auflage der *Lyrical Ballads* (1800), "and carried as far as they
must be carried if admitted at all, our judgments concerning the works
of the greatest Poets both ancient and modern will be far different from

---

[1] Eine allen Anforderungen genügende historische Darstellung der Shakespeare-
Kritik steht noch aus. A. Ralli, *A History of Shakespearian Criticism*, 2 vols.,
London 1932, bietet eine detaillierte, leider weitgehend deskriptive Gesamt-
übersicht: es ist in der Tat "a monumental work *summarising* all important
Shakespeare Criticism, English and foreign, but not a history in spite of its
title". So F. E. Halliday, *Shakespeare and his Critics*, London 1949, p. 514, der
jedoch nur ein Kapitel (VIII, pp. 235–266) der Entwicklung der Shakespeare-
Kritik widmet. Außer den von W. Ebisch und L. L. Schücking (*A Shakespeare
Bibliography*, Oxford 1931, pp. 139–146) angeführten Titeln sei hier noch verwiesen auf W. F. Schirmer, *Alte und neue Wege der Shakespeare-Kritik* („Bonner Akademische Reden", N. F. 9), Bonn 1953; K. Muir, "Changing Interpretations of Shakespeare", in: *The Age of Shakespeare*, ed. by B. Ford, Harmondsworth 1956, pp. 282–301; B. Fehr, „Das Shakespeare-Erlebnis der englischen Romantik", in: *Shakespeare-Jahrbuch*, Bd. 65 (1929), S. 8–22; P. S. Conklin, *A History of 'Hamlet' Criticism: 1601–1821*, London 1957; u. a. Spezial-
studien.

[2] "I have named the true genuine modern poetry the romantic; and the works
of Shakespeare are romantic poetry revealing itself in the drama." (*Coleridge's
Shakespearean Criticism*, ed by T. M. Raysor, 2 vols., London 1930, vol. I,
p. 197.)

what they are at present, both when we praise, and when we censure" [3].
Da andererseits die Romantiker ihre ästhetischen Auffassungen bei der
Betrachtung Shakespearescher Dichtung bestätigt fanden und sich auf
den großen Elisabethaner als das überlegene Gegenbeispiel jedweder
klassizistischen Dramenpoetik berufen konnten, gewinnt die Würdigung
Shakespeares für die Romantik und die ihr verpflichtete viktorianische
Dichtung eine Bedeutung, die weit über die hier behandelten kritik-
geschichtlichen Probleme hinausweist.

Gewiß hatte im 18. Jahrhundert in England die klassizistische Abwertung Shakespeares niemals jene Schärfe erreicht, die in Frankreich
etwa in Voltaires Urteil zutage trat. Samuel Johnson z. B. war weit
davon entfernt, Shakespeare als *le monstre* zu beschimpfen, und bezeichnete dessen dramatisches Werk niemals als *son énorme fumier*. Die im
bürgerlichen England des 18. Jahrhunderts entstandene Shakespeare-
Kritik besaß mithin eine größere Kontinuität, als das in dem vorrevo-
lutionären Frankreich der Fall war. Wie die Kunstanschauungen eines
Shaftesbury, Dennis, Addison — ganz abgesehen von Thomson, Akenside, den Wartons, Edward Young u. a. — beweisen, war die klassizistische Poetik hier niemals ein geschlossenes System [4], so daß der
Begriff der englischen „Vorromantik" eine für Periodisierungsversuche
fatale Dehnbarkeit aufweist. In gewisser Weise reicht — wie in unserem
Eingangskapitel angedeutet — die Tradition der englischen bürgerlichen
Kritik tatsächlich zurück bis zu Dryden; ihre Kontinuität ist gewiß beachtenswert. Sie darf jedoch nicht darüber hinwegtäuschen, daß im
weiten Strombett dieser Überlieferung dennoch eine bedeutsame Wendung zu verzeichnen ist, die zeitgeschichtlich mit der Epoche der industriellen Revolution, den Umwälzungen in Frankreich und weitreichenden kulturellen und geistigen Wandlungen zusammenfällt.

Die ersten neuen Akzente der Shakespeare-Kritik fallen bereits in die
letzten Jahrzehnte des 18. Jahrhunderts. Von Maurice Morganns Essay
On the Dramatic Character of Sir John Falstaff (1777) bis zu Coleridges,
Lambs und Hazlitts Abhandlungen entwickelt sich eine in mancher Hinsicht neuartige Dramenkritik, die im 19. Jahrhundert tonangebend bleibt
und deren starke Impulse noch bis A. C. Bradleys *Shakespearean Tragedy*
(1904) und Walter Raleighs *Shakespeare* (1907) reichen. Die Vertreter

---

[3] *The Poetical Works of William Wordsworth*, ed. by T. Hutchinson, Oxford
1913, p. 937.

[4] Vgl. hierzu D. N. Smith, *Shakespeare in the Eighteenth Century*, London
1928; H. S. Robinson, *English Shakespearean Criticism in the Eighteenth Century*, New York 1932; W. J. Bate, *From Classic to Romantic*, Cambridge,
Mass., 1946; u. a.

dieser Tradition besitzen keine einheitliche Methode; sie bilden keine geschlossene Schule, und das ihnen häufig zugelegte Epitheton „romantisch" darf weder die individuellen Eigenarten und geschichtlich bedingten Abwandlungen noch die vor-romantischen Quellen ihres kritischen Programms verdecken. Dennoch fügen sich — in ihrer Gesamtheit — die einzelnen dramenästhetischen Urteile zu einem charakteristischen System kritischer Werte, für dessen Kennzeichnung wir uns mit dem gewiß sehr vagen, aber schwerlich ersetzbaren Begriff „romantisch" [5] behelfen müssen.

Bei der Darlegung der Grundpositionen dieser englischen Shakespeare-Kritik ist von jener zentralen Kategorie auszugehen, die in England im Mittelpunkt der gesamten romantischen Kunstauffassung steht: die von Dichtern und Kritikern immer wieder gepriesene und leidenschaftlich verteidigte *imagination*. Im Gegensatz zu den im 18. Jahrhundert vorherrschenden neoklassizistischen Auffassungen wurde damit nicht so sehr der normative und reproduzierende als der subjektive und schöpferische Aspekt des Kunstschaffens betont. Das klassizistische, von Pope formulierte Programm ("What oft was thought, but ne'er so well express'd") sah den Dichter als Sprachrohr einer wesentlich statischen Gesellschaft, mit deren tragenden Ideen sich auch der Künstler identifizieren konnte, da ja auch für ihn "self-love and social" noch nicht antagonistisch zerrissen war. Das Streben des einzelnen Bürgers und Kaufmanns stand

---

[5] Der Begriff „romantisch" verliert jede gegenständliche Fassungskraft und erlangt jene typologische Abstraktheit der Geisteswissenschaftler, wenn wir die Besonderheiten der nationalen Entwicklungen nicht ständig beachten und auf ihre Beziehungen zur historischen Wirklichkeit hin befragen. Wo dies nicht geschieht, werden Klassik und Romantik — wie etwa in F. Strichs geistreichem Buch — in Begriffe wie „Vollendung", „Unendlichkeit" oder ähnliche Typologien verflüchtigt. Im folgenden bezieht sich daher der Gebrauch des Begriffs „romantisch" nicht auf eine Romantik „an sich", sondern auf historisch begründete Stileigentümlichkeiten der englischen Entwicklung. Diese Einschränkung ist erforderlich, weil die künstlerischen und sozialen Eigentümlichkeiten der europäischen Bewegungen sehr mannigfaltig sind und auch nicht durchweg bürgerlich-liberalen oder gar revolutionären Charakter tragen. Im Gegensatz zu Frankreich und Rußland war gerade die deutsche Romantik zutiefst konservativ gesinnt — ebenso wie der ältere Coleridge, der ihr entscheidende Impulse verdankte. Diese und andere gemeineuropäische Querverbindungen und Einflüsse können hier kaum gestreift werden; der Nutzen ihrer komparatistischen Erforschung (von R. Wellek, H. Oppel, M. Peckham u. a.) bleibt damit unbestritten; nur erfordert dies Voraussetzungen, die außerhalb des Bereichs unserer Untersuchung liegen.

noch mit den Geboten der Gesellschaft — und auch der Vernunft — im Einklang:

"Thus God and Nature link'd the gen'ral frame,
And bade Self-love and Social be the same." [6]

Dieses Verhältnis des Dichters zur Gesellschaft änderte sich jedoch in der zweiten Hälfte des 18. Jahrhunderts beträchtlich. Noch Johnson orientierte sich auf die Bedürfnisse des *common reader,* und für Pope war "the favour of the public" so bedeutungsvoll, daß er erklärte, "I have as great a respect for it, as most authors have for themselves" [7]. Für die Romantiker wie Blake, Shelley und auch Byron war eine solche Einstellung schlechterdings unmöglich geworden; Coleridge z. B. betonte seine persönliche "careless indifference to public opinion". Der engere, großbürgerlich-aristokratische Leserkreis der Klassizisten hatte sich inzwischen um Teile des Kleinbürgertums, das Publikum der *circulating libraries* usw. erweitert und war für den Romantiker nur noch "the multitudinous *Public,* shaped into personal unity by the magic of abstraction" — also ein bereits *weiter*gehend aufgespaltenes Publikum, das sich ihm als "nominal despot on the throne of criticism" [8] darbot.

Ohne daß der Dichter sich von seinem bürgerlichen Publikum — wie es ein Jahrhundert später häufig der Fall sein sollte — unrettbar isoliert hatte, war er doch dem noch immer tonangebenden Gedankengut des 18. Jahrhunderts vorausgeeilt. Der Name des großen Verkünders der

---

[6] *Essay on Man,* III, 317 f. Vgl. *The Poetical Works of Alexander Pope,* ed. by A. W. Ward, London 1911, p. 215; ferner p. 226:

"That *reason, passion,* answer one great aim;
That true *self-love* and *social* are the same;
That *virtue* only makes our Bliss below;
And all our Knowledge is, *ourselves to know.*"   (IV, 395 ff.)

Dies sind die Schlußzeilen des gesamten *Essay!* Vgl. ferner Epistle II, 54–91; III, 149 f., 269–282 und 79 f., 293 f., worin die Stabilität der vorindustriellen Gesellschaft und die dem zugrundeliegende Harmonie wirtschaftlicher Kräfte und gesellschaftlicher Machtverhältnisse anklingt:

"Whether with Reason, or with Instinct blest,
Know, all enjoy that pow'r which suits them best; . . .
'Till jarring int'rests, of themselves create
Th' according music of a well-mix'd State.
Such is the World's great harmony . . ."

[7] Ibid., p. 4.

[8] *Biographia Literaria,* vol. I, pp. 31/42; vgl. jedoch Coleridges einschränkende "remarks on the present mode of conducting critical journals" (ibid., vol. II, pp. 85–94), worin er nicht so sehr das Publikum als vielmehr den es irreführenden Kritiker als "gossip, backbiter, and pasquillant" (p. 87) verurteilt.

bürgerlichen Staats-, Rechts- und Erkenntnislehre, John Locke, wurde für ihn "a by-word for a self-willed society of poverty" [9]. Bacon, der Stammvater der englischen Aufklärung, erschien jetzt als falscher Prophet; er war für Blake "a contemptible Fool", und sein Interesse an Handel und Wandel ähnelte dem eines "Usurer": "Bacon has no notion of anything but Mammon" [10]. Diese Abwendung vom Gedankengut des 18. Jahrhunderts stand, wie J. Bronowski am Beispiel Blakes sehr eindrucksvoll beweisen konnte, in einem tiefen, komplexen Zusammenhang mit den Umwälzungen der industriellen Revolution. Zwölfstündige Kinderarbeit und Maschinenstürme zerstörten *the World's great harmony*. Die von Pope gelobte Harmonie wirtschaftlicher und politischer Machtverhältnisse begann sich aufzulösen, und der ehemals stabile *well-mix'd State* verwandelte sich in ein von Widersprüchen gärendes Gebilde, das erst nach 1832 und nach dem Abklingen des Chartismus eine gewisse Ausgeglichenheit wiedererlangte. — Ohne daß diese zeitgeschichtlichen Bezüge hier erörtert oder auch nur in ihrer Vielschichtigkeit angedeutet werden können, geht aus dem Gesagten doch eines deutlich hervor: Der Dichter, der — wie Blake — gegen die überlieferte *Mechanical philosophy* rebellierte und darin — wie Coleridge — nur eine "philosophy of death" [11] erblickte, mußte auch in seiner Dichtungstheorie die aus den überlieferten Prämissen folgernden Lösungen durch neue ersetzen.

2. Die Rolle der "imagination"

In dieser Situation gewann der Begriff *imagination* die Kraft einer Zauberformel, die den Dichter der Beschränktheit überlieferter Autoritäten und dem Systemzwang des Klassizismus enthob. Die *imagination* vermochte das, weil sie den Springquell dichterischer Leistung in die Seele des Künstlers verlegte. An die Stelle der von Pope geforderten Ausdeutung von gesellschaftlich herrschenden Überzeugungen trat die seherische subjektive Erkenntnis; das Vertrauen auf das gesellschaftlich Gültige wurde ersetzt durch das Vertrauen auf die persönliche Inspiration. Der Dichter war damit nicht länger ein Interpret der überlieferten, sondern der Schöpfer neuer Wahrheiten, die sich ihm auf Grund seiner dichterischen Einbildungskraft auftaten. Er sah jetzt nicht mehr, wie

---

[9] Vgl. J. Bronowski, *William Blake*, Penguin edition 1954, p. 42.

[10] Blakes Randbemerkungen zu Bacons *Essays*, von Geoffrey Keynes 1947 wiederentdeckt und erstmalig in dessen Ausgabe von *The Complete Writings of William Blake*, London 1957, pp. 396—410, aufgenommen. Unsere Zitate: pp. 402, 406, 409.

[11] Zit. bei B. Willey, *Nineteenth Century Studies*, London 1955, p. 27.

Addison, "the proper Limits as well as the Defectiveness of our Imagination", sondern die Phantasie war ihm eine rechte *Bildungskraft*, die große befreiende Vision, die aus den Fesseln einer erstarrten Kunstauffassung herausführte und dem dichterischen Genie die ersehnte Ungebundenheit und schöpferische Freiheit ermöglichte. Nur so erklärt sich die außerordentlich hohe Wertschätzung der *imagination*, die als Inbegriff dichterischer Schöpferkraft in wenigen Jahrzehnten zu dem *bestimmenden* Element in der neuen, romantischen Kunstauffassung wurde. [12]

Die mit dieser Auffassung einhergehenden ästhetischen Grundsätze

---

[12] Im Gegensatz zu Addisons Essay *On the Pleasures of the Imagination* (*Spectator* 1712, Nos. 411–421, Everyman Edition, vol. III, p. 276–309; obiges Zitat p. 303), obwohl doch dieser bereits die Aufmerksamkeit auf die subjektiven und psychischen Aspekte des Problems lenkte: *Imagination*, so sagte er, "has something in it like creation" (p. 306; vgl. auch p. 298). J. G. Robertson (*Studies in the Genesis of Romantic Theory in the Eighteenth Century*, Cambridge 1923, p. 241) bezeichnet diese Auffassung als "the foundation of the whole romantic aesthetics in England", und B. Dobrée sieht in Addison neuerdings "the first generally read critic to claim that beauty was in the mind of the beholder" (*English Literature in the Early Eighteenth Century: 1700–1740*, Oxford 1959, p. 118; die ideengeschichtlichen Zusammenhänge bei Bate, *From Classic to Romantic*, pp. 93–128). Diese frühe Existenz „romantischer" Auffassungen ist bemerkenswert: Sie bezeugt noch einmal die oben hervorgehobene Kontinuität der nachrevolutionären bürgerlichen Ästhetik in England.

Daß diese Kontinuität *dennoch* stark ausgeprägte entwicklungsgeschichtliche Abstufungen umfaßt, darf dabei auch hier nicht übersehen werden; denn Addison versuchte — ebenso wie später Akenside u. a. Vorromantiker — die neuen Ideen mit neoklassizistischem Gedankengut und aristotelischer *mimesis* in Einklang zu bringen. Addisons *Essay* zeigt daher noch höchst charakteristische Vorbehalte gegenüber der *imagination*, denen Robertson u. a. Erforscher der Vorromantik in ihrer Entdeckerfreude nicht immer gerecht werden. Vgl. neben der oben zitierten Kritik an "the Defectiveness of our Imagination" etwa folgende Forderung: "for though whatever is New or Uncommon is apt to delight the Imagination, the chief Design of an Allusion ... *should be always borrowed from what is more known and common*, than the Passages which are to be explained. ... and, that [this] may please the Imagination, *the Likeness ought to be very exact*, or very agreeable, as we love to see *a Picture where the Resemblance is just*" (a. a. O., p. 305; Hervorhebungen von mir).

Derlei Einschränkungen wurden erst von den Romantikern gänzlich verworfen. Blake schrieb: "One Power alone makes a Poet: Imagination, the Divine Vision" (*The Complete Writings*, p. 782). Wordsworth, der im *Prelude* die Geschichte seines Künstlertums als die Geschichte seiner *imagination* auffaßte, betonte jetzt den allumfassenden Inhalt dieses Begriffs:

mußten für die gesamte Entwicklung der zeitgenössischen Literaturkritik, darunter auch der Shakespeare-Kritik, von schwerwiegenden Folgen sein. Bedeutete auf der einen Seite das leidenschaftliche, visionäre
Streben des Dichters eine gerechtfertigte Absage an die für die Elemen-
tarkräfte und Widersprüche der neuen Epoche keine Erklärung bietende
Mechanical philosophy, so wurde dies doch andererseits zum Ausgangspunkt manch bedenklicher Entwicklungstendenzen. Die Theorie der
imagination betonte die Beziehungen der Kunst zu ihrem Schöpfer, vernachlässigte aber deren Bezogenheit auf die Wirklichkeit und z. T. auch
deren Funktionen gegenüber dem Publikum. Sie sah das Kunstwerk als
originalen, zweckfreien Ausdruck einer künstlerischen Individualität,
aber vergaß immer mehr, daß es zugleich doch als Nachahmung der
Natur und als Mittel menschlicher Kommunikation, d. h. in seinem Abbildcharakter und seiner Publikumswirkung, gewertet werden mußte.
Der individuelle Ausdruckswert verdrängte allmählich die aristotelische
mimesis und ersetzte teilweise auch das seit der Renaissance unangefochtene Prinzip *aut prodesse aut delectare* als ästhetisches Kriterium. Jahr-
tausendealte poetische Grundsätze — noch im 18. Jahrhundert die Eck-
pfeiler der Ästhetik eines Johnson und Lessing — wurden damit dem
individualistischen Ausdrucksstreben aufgeopfert. Dies geschah zu einer
Zeit, da das dichtende Individuum immer weniger als legitimierter
Sprecher für die Gesamtheit einer Gesellschaft gelten konnte, in der ein
hungerndes und führerloses Proletariat von kapitalistischen Gradgrinds
und Bounderbys beherrscht und schrankenlos ausgeplündert wurde. Der
bürgerliche Lyriker, wollte er die Belange und Privilegien seiner Klasse
wahrnehmen, konnte schon nicht mehr stellvertretend für die gesamte
Gesellschaft sprechen. Um seine Ideale und Illusionen zu bewahren,
mußte er sich von der politischen Wirklichkeit in die Einsamkeit oder in
die Ferne zurückziehen oder in Protest und Emigration auf ein umfassendes bürgerliches Publikum verzichten.

Es bedarf keiner lückenlosen Beweisführung, um zu erkennen, daß

"Imagination, which, in truth,
Is but another name for absolute power
And clearest insight, amplitude of mind,
And Reason in her most exalted mood."

(Book XIV, 189–192; *The Poetical Works*, p. 749.) Zu dieser späteren Entwicklung vgl. C. M. Bowra, *The Romantic Imagination*, London 1950, der auch
bei den jüngeren Romantikern die Einbildungskraft als Erkenntnisquelle, als
"the most vital activity of the mind" (p. 3) bewertet findet: für Keats war sie
"a power which both creates and reveals" (p. 15), und Shelley glaubte, "that
the imagination is man's highest faculty and through it he realizes his noblest
power" (p. 21). Über Coleridge vgl. unten.

der beginnende Verzicht auf Wirklichkeitsnachahmung und auf Publikumswirkung aus der zeitgeschichtlichen Problematik der romantischen
Kritik folgerte und daß die gesteigerte individualistische Ausdrucks-
wertung einerseits als ein Reflex der Verhältnisse, andererseits als ein
Ausweg aus ihnen zu verstehen ist. Da die dichterische Individualität
die neu in Erscheinung getretenen Widersprüche zwischen *self-love and
social* nicht aus sich heraus überwinden konnte, bot jedoch die Rück-
besinnung auf das Ich und auf die Natur nur einen scheinbaren Ausweg
aus der Zerrissenheit. Mochte die Poesie eines Pope mit ihren charakteristischen Tugenden immerhin einen tiefen Erlebnischarakter auf Kosten
ihrer Geselligkeit vermissen lassen; die Romantiker betonten eher einseitig den Erlebnischarakter auf Kosten der Gesellschaftlichkeit ihres
Dichtens. Die Quellen poetischer Inspiration flossen nicht länger *in* der
Gesellschaft, sondern aus der Abwendung von ihr: Wordsworths "inviolate retirement" z. B. umschloß ein inniges Verhältnis zur Natur, aber
die Erhabenheit dieses Verhältnisses war die eines *Egotistical Sublime.*
"An intense intellectual egotism swallows up everything...", so sagte
schon Hazlitt: "It is as if there were nothing but himself and the universe. He lives in the busy solitude of his own heart; in the deep silence
of thought." [13]

Eine für die Shakespeare-Kritik besondere Bedeutung gewinnt in diesem Zusammenhang das Schaffen *Coleridges.* Coleridge ist der "master-
critic of Romanticism" [14]; er ist der Theoretiker, der um eine begriff-
liche Ausarbeitung des Ideals der *imagination* bemüht war und dieses
dabei von *fancy* differenzierte. "More than any other", so heißt es in
einer neueren Untersuchung, "he brought about the revolution in literary thought that consists in regarding the imagination as the sovereign
creative power, expressing the growth of a whole personality." [15]

Da wir an dieser Stelle die sich wandelnden und vielfach eklektischen
Kunstanschauungen Coleridges [16] nicht in ihrer Gesamtheit berücksich-

---

[13] Zit. bei J. Jones, *The Egotistical Sublime: A History of Wordsworth's
Imagination,* London 1954, p. 29. Vgl. auch ebendort, pp. 31 f.: "In his youth
he [i. e. Wordsworth] sought solitude with his whole heart, and he makes it
quite clear, in *The Prelude* and elsewhere, that he sought it as the means of
poetic grace. ... 'Inviolate retirement' sounds a note of exultation because the
poet believes that the way to wisdom lies through the individual's awareness
of his individuality."

[14] Lucas, *The Decline and Fall of the Romantic Ideal,* p. 157.

[15] L. G. Salingar, "Coleridge: Poet and Philosopher", in: *From Blake to Byron,*
ed. by B. Ford, Harmondsworth 1957, p. 186.

[16] Vgl. Hazlitts Urteil über Coleridge: "There is no subject on which he has
not touched, none on which he has rested" (zit. bei Salingar, ibid.). R. Wellek

tigen können, seien aus seiner Dramenkritik nur einige jener Tendenzen hervorgehoben, die ihn mit anderen romantischen Kritikern verbinden und für die englische Shakespeare-Kritik im 19. Jahrhundert zu einer dominierenden Gestalt machen. Auszugehen ist dabei von einem Kardinalproblem der romantischen Dramenkritik, welches daraus erwuchs, daß die neoklassizistische Lehre von den drei Einheiten verworfen war und durch eine neue Dramenauffassung ersetzt werden mußte. Coleridge unternahm dies, indem er, gestützt auf Schlegel, der klassizistischen *mechanical regularity* die Idee einer *organic form* [17] gegenüberstellte und die alten umstrittenen drei Einheiten ablöste durch ein höheres "law of unity which has its foundation, not in factitious necessity of custom, but in nature herself" [18].

Mit dieser Anschauung hatte Coleridge die dramatische Form Shakespeares zwar überlegen gerechtfertigt; unbeantwortet war jedoch nach wie vor das klassizistische Hauptargument von der Notwendigkeit der Einheiten für die Aufrechterhaltung der dramatischen Illusion des Zuschauers. Johnsons rationalistisches Gegenargument, wonach der Zuschauer sich durch die Illusion des Theaterstücks ohnehin nicht beein-

---

hat neuerdings in seiner *History of Modern Criticism: 1750—1950* (vol. II: *The Romantic Age,* London 1955, pp. 185—187) "the random eclecticism of Coleridge's mind" stark hervorgehoben und "his very looseness and incoherence", aber auch "his suggestiveness, his exploratory mind" dargelegt; sehr richtig folgert er, "that this very eclecticism allowed Coleridge to be something to almost all English critics who came after him". — Die Vielgesichtigkeit des romantischen Kritikers erklärt sich nicht nur aus dem Wandel seiner Anschauungen, auf den B. Willey (a. a. O., pp. 4—10) aufmerksam macht. Coleridge ist in der Tat hochgradig „interpretationsfähig", so daß sich selbst solche Kritiker darauf beziehen können, deren Ausgangspunkt — wie bei I. A. Richards — ihm diametral entgegengesetzt ist. Der Coleridge, auf den sich zuweilen die amerikanische Neue Kritik beruft, ähnelt dem wirklichen Coleridge fast ebensowenig wie McKeons Aristoteles etwas mit dem historischen Stagiriten gemein hat (s. o., S. 90, Anm. 54; vgl. auch unten, S. 154, Anm. 21). Man betrachte als Beispiel die Unbefangenheit, mit der W. K. Wimsatt bei Coleridge „Fehltritte" entdeckt: "the modern critics", so sagt er, "have done well to take the cognitive part of Coleridge's meaning and keep away from the affective lapses" (*The Verbal Icon,* p. 61). Das, was hier als "affective lapses" abgetan wird, ist für Coleridge als "the power of exciting the sympathy of the reader" eines von "the two cardinal points of poetry" (*Biographia Literaria,* vol. II, p. 6). Es ist — wie wir unten darlegen — eines der Grundprinzipien von Coleridges Kunstauffassung, deren Nachwirkung im 19. Jahrhundert schwerlich überschätzt werden kann.

[17] *Coleridge's Shakespearean Criticism,* vol. I, p. 224.
[18] Ibid., vol. II, p. 265.

drucken ließe, konnte den romantischen Kritiker nicht befriedigen. Coleridge bot eine gänzlich neue Lösung: von jeder *cognitive meaning* weit entfernt, berief er sich auf das *Gefühlserlebnis des Zuschauers* als Rechtfertigung der freien *imagination* des Dramatikers:

"the romantic poetry, the Shakespearian drama appealed to the imagination rather than to the senses, and to the reason as contemplating our inward nature, the workings of the passions in their most retired recesses. ... The reason is aloof from time and space; the imagination has an arbitrary control over both; and *if only the poet have such power of exciting our internal emotions as to make us present to the scene in imagination chiefly, he acquires the right and privilege of using time and space as they exist in the imagination,* obedient only to the laws which the imagination acts by." [19]

Die dem dichterischen Werk innewohnende *imagination* erfordert bzw. erregt auch bei dem Hörer oder Zuschauer eine entsprechende Vorstellungskraft. (Coleridge selbst hatte das Wesen der Einbildungskraft erstmalig *beim Anhören* eines Gedichtes von Wordsworth erfahren (1796), und der damalige "sudden effect produced upon my mind" blieb der Ausgangspunkt seiner späteren theoretischen Erörterungen des Problems. [20]) Ebenso wie die romantische Dichtung wendet sich also das Shakespearesche Drama auch an die *imagination* des Zuschauers. Dies geschieht in Verbindung mit einem starken Gefühlserlebnis, das "the passions in their most retired recesses" und alle unsere "internal emotions" weckt. Wird durch dieses Erlebnis die Vorstellungskraft erst einmal erregt, so ist es die *imagination* auch des Erlebenden, aus der die Gesetze dichterischer Gestaltung – also auch die Absage an die drei Einheiten – abzuleiten sind.

Diese *"affective fallacy"* ist ein charakteristischer Ausgangspunkt romantischer Dramenästhetik. Ohne hier die bedenklichen Seiten dieser idealistischen Dichtungsauffassung zu erörtern, müssen wir uns auf jene Prinzipien beschränken, die für die spätere, theoretisch gewöhnlich unbelastete Kritik maßgebend waren. Unschwer läßt sich erkennen, daß zumindest zwei methodologische Grundsätze hierbei bedeutungsvoll sind: Erstens wird die *imagination* nicht nur für die Schaffung, sondern auch für die Aufnahme des Kunstwerks bestimmend. Der Genuß des Kunstwerks – und somit auch dessen Kritik – verlangen mithin ähnliche subjektive, schöpferische Fähigkeiten, wie sie für den Dichter selbst erforderlich sind. Zweitens ist das Wirken der *imagination* auch in ihrer rezeptiven Funktion mit einem starken Gefühlserlebnis verbunden. Es ist die-

---

[19] Ibid., vol. I, p. 198. Hervorhebungen von mir.
[20] Vgl. *Biographia Literaria*, vol. I, pp. 58–61.

ses Erlebnis, das den Kritiker erst befähigt, das Werk — "in imagination chiefly" — zu erfassen und somit seinen Gesetzen gerecht zu werden.

Diese Auffassung, deren historisch wirksame Schlußfolgerungen wir sogleich noch weiter analysieren werden, erfährt eine Ergänzung und Vertiefung in Coleridges *Definition of Poetry*, in der weitere Hauptmomente romantischer Kritik beschlossen liegen. "The proper and immediate object of poetry", so heißt es über die allgemeine Aufgabe der Dichtung, "is the communication of immediate pleasure". Um die Poesie von der Literatur im weiteren Sinne zu differenzieren, sucht Coleridge nun nach "some additional character by which poetry is not only divided from opposites, but likewise distinguished from disparate, though similar, modes of composition".

"What it this? It is that pleasurable emotion, that peculiar state and degree of excitement, which arises in the poet himself in the act of composition; — and in order to understand this, we must combine a more than ordinary sympathy with the objects, emotions, or incidents contemplated by the poet, consequent on a more than common *sensibility*, with a more than ordinary activity of the mind in respect of the fancy and the imagination. Hence is produced a more vivid reflection of the truths of nature and of the human heart, united with a constant activity modifying and correcting these truths by that sort of pleasurable emotion, which the exertion of all our faculties gives in a certain degree; ...

To return, however, to the previous definition, this most general and distinctive character of a poem originates in the poetic genius itself; and though it comprises whatever can with any propriety be called a poem, (unless that word be a more lazy synonym for a composition in metre) it yet becomes a just, and not merely discriminative, but full and adequate, definition of poetry in its highest and most peculiar sense, only so far as the distinction still results from the poetic genius, which sustains and modifies the emotions, thoughts, and vivid representations of the poem by the energy without effort of the poet's own mind, — by the spontaneous activity of his imagination and fancy, and by whatever else with these reveals itself in the balancing and reconciling of opposite or discordant qualities..." [21]

---

[21] *Coleridge's Shakespearean Criticism*, vol. I, pp. 163 f./166. Man beachte auch hier die "affective lapses", die aus der Kommunikationsfunktion der Dichtung erwachsen und für Coleridge nicht weniger als "the proper and immediate object of poetry" ausmachen! Da Coleridge die Dichtung eben *nicht* als autonom betrachtet, sondern immer wieder die *Wirkung auf den Leser als Kriterium dichterischer Leistung* würdigt, ignorieren die Neuen Kritiker diese *affective fallacy* und berufen sich auf Coleridges dialektische Auffassung von der Dichtung als Einheit der Gegensätze (sie stammt weitgehend von Schelling, vgl. Wellek, vol. II, p. 156) und — mit weniger Recht — auf seine Identifizierung von *poetry* und *pleasure*. Sie übersehen dabei, daß Coleridge zugleich von der Dichtung als

Diese Definition darf ohne Vorbehalt als Coleridges literarisches Credo bezeichnet werden. Sie wird — mit geringen Abwandlungen und einigen Ergänzungen — in der *Biographia Literaria* (Kapitel XIV) wiederholt und enthält die Grundgedanken, die die romantische Kunstanschauung seit Coleridge bestimmen. *Emotion* und *excitement* werden schlechthin als Kennzeichen des Poetischen genannt; das Erlebnis des Poetischen setzt voraus eine innige Anteilnahme, ja nahezu eine Identifizierung ("a more than ordinary sympathy") mit jenem "excitement, which arises in the poet himself in the act of composition". Das Erlebnis der Dichtung bietet sich mithin als Erlebnis des Dichters; die Anteilnahme des Hörers erstreckt sich auf "the objects, emotions or incidents *contemplated by the poet*". Der Dichter ist daher der Urquell des Poetischen, geradeso wie er der Erzeuger aller *imagination* ist. Das Poetische ist identisch mit "the poetic genius itself". Diese Gleichsetzung wird von Coleridge prägnant zusammengefaßt, wenn er sagt: "What is poetry? is so nearly the same question with, what is a poet? that the answer to the one is involved in the solution of the other. For it is a distinction resulting from the poetic genius itself..." [22]

3. Erlebniskritik und biographische Deutung

Die Auffassung vom Erlebnischarakter des dichterischen Schaffens ist gerade für die Interpretation des Shakespeareschen Dramas von besonders folgenschwerer Bedeutung gewesen. Da — nach Coleridge — die Quellen der Poesie im Dichter und dessen *imagination* fließen, hat man das Geheimnis von Shakespeares Dichtung durch die Frage nach dessen dichterischer Persönlichkeit, von der Biographie her, lösen wollen. Die Eigenarten des Shakespeareschen Dramas wurden aus den *Eigenarten* des Menschen Shakespeare erschlossen, und umgekehrt. Der gesamte Tenor dieser auf das dichterische Genie gerichteten Betrachtung wird bereits von Wordsworth in einem Zitat über Thomson vorweggenom-

---

"reflection of the truths of nature" spricht und in der *Biographia Literaria* (vol. II, p. 9) die obige Definition folgendermaßen erweitert: "the communication of pleasure may be the immediate purpose; ... truth, either moral or intellectual, ought to be the *ultimate* end..." (Hervorhebung im Original). Dem entsprechen vollauf Coleridges eigene kritische Maßstäbe in den Shakespeare-*lectures,* so daß T. M. Raysor in seiner Ausgabe von "the overwhelming ethical bias of Coleridge's criticism" (a. a. O., vol. I, p. 1) sprechen kann und Wellek Coleridges Shakespeare-Auffassung mit den Worten zusammenfaßt: "Shakespeare is thought of as a kind of purveyor of the Nicomachean Ethics in dramatic disguise" (vol. II, p. 183).

[22] *Biographia Literaria*, vol. II, p. 12.

men, in dem es u. a. heißt: "His digressions too, the overflowings of a tender benevolent heart, charmed the reader no less; leaving him in doubt, whether he should more admire the Poet or love the Man." [23]

Diese *Einstellung* des Kritikers läßt sich von Wordsworth über Hazlitt, Lamb, Carlyle, Emerson, Bagehot bis zu Dowden, Brandes, Raleigh, ja teilweise selbst J. M. Murry und J. D. Wilson verfolgen. Charakteristisch hierfür ist die sich schon unter Coleridges Notizen findende Bemerkung: "Shakespeare's fondness for children: his Arthur; the sweet scene in the *Winter's Tale* between Hermione and the (little prince); nay even Evan's examination of Mrs. Page's schoolboy." [24] Der hier zwischen biographischer Hypothese und literarischer Leistung gesetzte Doppelpunkt ist beachtlich: Da der Nachwelt über Shakespeares Verhältnis zu Kindern absolut nichts bekannt ist, wird aus dem Werk auf das Leben und – wie das Zitat nahelegt – aus der (hypothetisch gefolgerten) Lebenstatsache wieder zurück auf das Werk geschlossen. Dieser hermeneutische Zirkel wird von Coleridge nicht durchweg in so bedenklicher Konsequenz beschrieben (an anderer Stelle betont er – wie auch Hazlitt – den objektiven Charakter der Dramen [25]), kennzeichnet aber doch den weiteren Umkreis ungezählter literarkritischer Urteile, aus dem hier nur wenige charakteristische Beispiele angeführt werden können. Emerson schreibt in seinem Aufsatz *Shakespeare; or, the Poet:*

"Shakespeare is the only biographer of Shakespeare; ... Hence, though our external history is so meagre, yet with Shakespeare for biographer, instead of Aubrey and Rowe, we have really the information which is material, that which describes character and fortune, that which, if we were about to meet the man and deal with him, would most import us to know. We have his recorded convictions on those questions which knock for answer at every heart, – on life and death, on love, on wealth and poverty, on the prizes of life, and the ways whereby we come at them; ... What trait of his private mind has he hidden in his dramas? One can discern, in his ample pictures of the gentleman and the king, what forms and humanities pleased him; his delight in troops of friends, in large hospitality, in cheerful giving. Let Timon, let Warwick, let Antonio the merchant, answer for his great heart. So far from Shakespeare's being the least known, he is the one person, in all modern history, known to us." [26]

---

[23] A. a. O., p. 948.

[24] *Coleridge's Shakespearean Criticism*, vol. I, p. 79.

[25] Vgl. hierzu das Kapitel "The Paradox of Shakespeare" bei M. H. Abrams, *The Mirror and the Lamp: Romantic Theory and the Critical Tradition*, New York 1953, pp. 244–249; ferner p. 375, n. 58.

[26] *English Critical Essays (Nineteenth Century)*. Selected and ed. by E. D. Jones, Oxford 1950 (repr.), pp. 470 f.

Diese Worte finden ein Echo in dem für die späte viktorianische Literaturkritik repräsentativen *Shakespeare* (1907) von Walter Raleigh. Es heißt dort:

"*Yet Shakespeare was a man*, and a writer: there was no escape for him; *when he wrote, it was himself that he related to paper, his own mind that he revealed.*
... The rapid, alert reading of one of the great plays brings us *nearer to the heart of Shakespeare* than all the faithful and laudable business of the antiquary and the commentator. ... *We share in the emotions that are aroused in him* by certain situations and events; *we are made to respond to the strange imaginative appeal of* certain others; we know, more clearly than if we had heard it uttered, the verdict that he passes on certain characters and certain kinds of conduct. *He has made us acquainted with* all that he sees and all *that he feels,* he has spread out before us the scroll that contains his interpretation of the world; – how dare we complain that he has hidden himself from our knowledge?" [27]

Unsere Hervorhebungen deuten an, wie unmittelbar die ästhetische Auffassung vom Erlebnischarakter der Dichtung zur Methode der biographisch gerichteten Kritik führt. In Unkenntnis der Konventionen elisabethanischer Lyrik mochte diese Methode im Hinblick auf Shakespeares Gedichte verständlich sein; Wordsworth z. B. betrachtete sie als "poems, in which Shakespeare expresses his own feelings in his own person" [28]. Erstaunlich ist jedoch die biographische Wertung dramatischer Aussagen. "Shakespeare is the only biographer of Shakespeare" bedeutet nichts anderes, als im Drama ein autobiographisches Dokument zu sehen. Von der dramatisch relativierten Aussage der Figuren wurde jetzt auf deren Autor geschlossen – obwohl (oder gerade weil) über dessen Leben nur spärliche Nachrichten überliefert sind. Die biographische Ausdeutung ließ sich also durch die Spärlichkeit lebenskundlicher Fakten nicht abschrecken, sondern anreizen; und der unbekannte Dichter Shakespeare verwandelte sich in die „einzige uns in der neueren Geschichte bekannte Persönlichkeit" (Emerson).

Shakespeare besaß nun die Kinderliebe eines Macduff, die Leidenschaft eines Othello, die Melancholie eines Jaques, den Tiefsinn eines Hamlet, die Tapferkeit eines Hotspur usw. Aus seinen juristischen Kenntnissen erschloß man eine Anstellung bei einem Anwalt, aus seinem Wissen um die Schafzucht eine wollhändlerische Tätigkeit, seinen militärischen Anspielungen entnahm man eine Dienstzeit als Soldat und

---

[27] *Shakespeare* ("English Men of Letters"), London 1907, pp. 5–8.
[28] A. a. O., p. 947. Vgl. Abrams, a. a. O., p. 246: "The growth of interest in the sonnets is synchronous with the development of the biographical bias in criticism."

so fort. Ein Beispiel möge hier für viele andere stehen. Es entstammt Walter Bagehots Aufsatz mit dem charakteristischen Titel *Shakespeare — the Man:*

"We think we demonstrated before that Shakespeare was a sportsman, but if there be still a sceptic or a dissentient, let him read the following remarks on dogs: —

> 'My hounds are bred out of the Spartan kind,
> So flewed, so sanded; and their heads are hung
> With ears that sweep away the morning dew,
> Crook-kneed and dewlapped like Thessalian bulls;
> Slow in pursuit, but matched in mouth like bells.
> Each under each. A cry more tunable
> Was never holla'd to nor cheered with horn
> In Crete, in Sparta, nor in Thessaly.'

'Judge when you hear.' It is evident that the man who wrote this was a judge of dogs, was an out-of-door sporting man, full of natural sensibility, not defective in 'daintiness of ear', and above all things, apt to cast on Nature random, sportive, half-boyish glances, which reveal so much, and bequeath such abiding knowledge." [29]

So wurde Shakespeare zum Hundekenner und Weidmann, und über ihn ergoß sich "the largest mass of conjectural biography under which any author has ever staggered on his way to immortality" [30]. Noch in jüngerer Zeit schloß man aus Shakespeares Verben der flinken Bewegung auf dessen eigene Agilität; in Dramenaussagen und in der Bildersprache entdeckte man, daß er ein vorzüglicher Schwimmer war, daß er zeitweilig an Sodbrennen litt, daß er "like Richard II, was fair and flushed easily" [31] und dergleichen mehr. Die biographische Interpretation nahm gewiß nicht überall derart dogmatische Formen an; es gab auch eine Reihe von Kritikern, die — wie Sidney Lee und teilweise auch A. C. Bradley [32] — jegliche Beziehung von Werk und Lebensweg *bestritten.* Dennoch dürfen wir sagen, daß die romantische Auffassung vom Erlebnischarakter der Dichtung in der viktorianischen Kritik vorherrschte

---

[29] *Literary Studies*, Everyman Edition, 2 vols., London 1932 (repr.), vol. I, p. 121.

[30] Abrams, a. a. O., p. 249.

[31] Diese Thesen finden sich selbst noch in einem für die spätere Bilderforschung so bedeutsamen Buch wie C. Spurgeons *Shakespeare's Imagery and What It Tells Us*, Cambridge 1935, pp. 61/119.

[32] *Shakespearean Tragedy*, 2. Aufl., London 1918. Obgleich Bradley sich bemüht, "to be content with his *dramatic* view" (p. 6), geht es ihm doch andererseits auch um "real contact with his [Shakespeare's] mind" (p. 24).

und der Forschung die entscheidenden Impulse verlieh. In diesem Zusammenhang wäre schließlich auch zu erwägen, inwieweit diese Auffassung die methodologischen Grundlagen der Bacon-Theorie und anderer Hypothesen enthielt, die für das Shakespearesche Werk ein schöneres
und vornehmeres seelisches Äquivalent suchen zu müssen glaubten, als
ihnen der Schauspieler aus Stratford zu bieten schien.

Ohne daß wir die biographische Kritik als eine der möglichen Methoden zur Erhellung des Kunstwerks bedingungslos abtun sollten, offenbaren sich doch die zeitgeschichtlichen Bedingtheiten dieser romantischen,
zutiefst individualistischen Auffassung. Die Verherrlichung des schöpferischen Genies und der subjektiven Vorstellungskraft lenkten die Aufmerksamkeit nicht auf das Werk, sondern auf den Dichter, nicht auf das
Kunstwerk, sondern auf das Werk als seelisches Vermächtnis eines über
den Zeiten stehendes großen Geistes. Das Studium der Biographie diente
nicht mehr der Deutung der Literatur, sondern das Deuten von Dichtung
wurde Mittel zu einem literaturwissenschaftlich sekundären Zweck. Das
individualistische Vorurteil des Kritikers versperrte den Zugang zu der
objektiven Aussage des Kunstwerks, für die der lebenskundliche Bezug
nur bedingt und in jeweils unterschiedlichem Maße belangvoll ist. [33]

Gerade das Drama bietet bekanntlich keine Gewähr dafür, daß der
Standpunkt einer einzelnen Gestalt oder auch der Summe der Gestalten
mit dem individuellen Blickpunkt des Autors zusammenfällt. Wie die
Geschichte des elisabethanischen Theaters beweist, tritt ohnehin die
individuelle Aussage des Dramatikers zurück; sie wird den gesellschaft-

---

[33] Die Auffassung vom relativen Nutzen der Biographie für die Literaturwissenschaft findet sich bereits bei den russischen revolutionär-demokratischen Kritikern, z. B. bei N. A. Dobroljubow, der in seiner Analyse von Turgenjews Roman
Am Vorabend (1860) schreibt: „Für uns ist nicht so wichtig, was der Autor
sagen wollte, als vielmehr das, was er, wenn auch unabsichtlich, einfach infolge
der wahrheitsgemäßen Wiedergabe der Tatsachen des Lebens tatsächlich gesagt
hat." (*Aus den ästhetischen Schriften N. A. Dobroljubows*, hg. von G. Dudek;
„Studienmaterial", Reihe 2, H. 3, S. 43.) Das entspricht der Engelsschen Auffassung vom Realismus, wonach dieser „sogar trotz den Ansichten des Autors
in Erscheinung treten" kann (Brief an Margaret Harkness vom April 1888, vgl.
K. Marx/F. Engels, *Über Kunst und Literatur*, hg. von M. Lifschitz, Berlin 1952,
S. 105). Es ist dies die gleiche Anschauung, die auch Lenins Aufsätzen *Über
Tolstoi* (hg. und übers. von E. Nowack, Berlin 1953, bes. S. 7, 12, 22, 29 et
passim) zugrunde liegt, jene realistische Konzeption, von der Rilla (a. a. O.,
S. 311) treffend sagt, sie bedeute den „Sieg einer dialektisch begründeten Ästhetik über jenen flachen Positivismus, der das literarische Werk historisch bestimmt zu haben glaubt, sobald er es nur mit den obenauf liegenden Meinungen
des Verfassers identifizieren kann".

lich herrschenden Ideen und Geschmacksauffassungen untergeordnet oder fällt auf natürliche Weise mit ihnen zusammen. Aus diesem Grunde ist "the Romantic view of Shakespeare, the view that the tragedies and romances 'reflect personal feeling and inner spiritual experience' " [34] in den vergangenen Jahren auch in der bürgerlichen Kritik seltener geworden; ihr Zurücktreten hat den Triumph der von uns unten dargestellten neukritischen Gegenbewegung erleichtert.

4. Das Studium der Charaktere

Hand in Hand mit der biographischen Deutung widmete sich die romantische Kritik dem Studium der Charaktere. Da mit der Ablösung der klassizistischen Poetik das *plot* als Zentrum der Dramenkritik [35] in den Hintergrund trat, wandten sich die Romantiker den dramatischen Gestalten zu, in denen sie das Herz des Dichters pochen zu hören vermeinten. Im Gegensatz zu dem *plot*, das Shakespeare seinen Quellen entlehnt hatte, fand man hier die Originalgeschöpfe des Meisters: "Shakespeare's mode of conceiving characters out of his own intellectual and moral faculties" wurde schon von Coleridge hervorgehoben: Der Dramatiker tat dies "by conceiving any one intellectual or moral faculty in morbid excess and then placing himself, thus mutilated and diseased, under given circumstances". [36]

Die Charaktergestaltung Shakespeares war seit Dryden wiederholt gelobt worden, wurde aber erst in der zweiten Hälfte des 18. Jahrhunderts Gegenstand detaillierter Untersuchungen. William Richardsons *Philosophical Analysis and Illustration of some of Shakespeare's Remarkable Charakters* (1774) und Thomas Whateleys *Remarks on some*

---

[34] K. Muir, "Fifty Years of Shakespearean Criticism", in: *Shakespeare Survey*, vol. 4 (1951), p. 10.

[35] Vgl. etwa Thomas Rymer in *The Tragedies of the Last Age Consider'd*: "I have chiefly consider'd the *Fable* or *Plot*, which all conclude to be the *Soul* of a *Tragedy*" (*Critical Essays of the Seventeenth Century*, ed. by J. E. Spingarn, 3 vols., London 1957 repr., vol. II, p. 183, Hervorhebungen ebendort; ferner pp. 210 f.). Daß auch in der epischen Gattung die Charaktere nicht im Mittelpunkt der Kritik standen, geht klar aus Drydens Worten hervor: "Now the words are the colouring of the work which, in the order of nature, is last to be consider'd. The design, the disposition, the manners, and the thoughts are all before it: where any of those are wanting or imperfect, so much wants or is imperfect in the imitation of humane life, which is in the very definition of a poem." ("Preface to the Fables", vgl. *Essays of John Dryden*, vol. II, pp. 252 f.)

[36] *Coleridge's Shakespearean Criticism*, vol. I, p. 37.

of the Characters of Shakespeare (1785) waren beide vor Maurice Morganns berühmter Abhandlung über Falstaff (gedr. 1777) entstanden. Sie sind die Anfangsglieder jener Kette, die über Hazlitts *Characters of Shakespeare's Plays* (1817) und Heines *Shakespeares Mädchen und Frauen* (1838) bis zu A. C. Bradleys *Shakespearean Tragedy* (1905) reicht. Selbst Raleigh, der am Ende der viktorianischen Tradition steht und bereits kritisch jener "character-study which is so much in vogue among Shakespeare critics" [37] gegenübertritt, befindet sich doch noch ganz im Banne der methodologischen Voraussetzungen dieser Forschung, wenn er schreibt:

"No dramatist can create live characters save by bequeathing the best of himself to the children of his art, scattering among them a largess of his own qualities, giving, it may be, to one his wit, to another his philosophic doubt, to another his love of action, to another the simplicity and constancy that he finds deep in his own nature. There is no thrill of feeling communicated from the printed page but has first been alive in the mind of the author; there was nothing alive in his mind that was not intensely and sincerely felt." [38]

Zusammenfassend wird hier noch einmal deutlich, wie aus der Auffassung vom Erlebnischarakter der Dichtung die Charakteranalyse als kostbarste Erkenntnisquelle des Kritikers hervorgeht. Die Charaktere Shakespeares sind "the children of his art"; sie sind die authentischen Überbringer jenes "thrill of feeling", das aus der Brust des Dichters den Weg in die Herzen *der Leser* (vgl. "the printed page"!) findet. Die Dichtung — von Wordsworth als "the spontaneous overflow of powerful feelings" [39] definiert — findet also hier ein vollkommenes Medium; es steht im Zentrum des dramatischen Erlebnisses, dessen Gefühlskraft sowohl den Schaffenden als auch den Aufnehmenden des Kunstwerks auf Grund ihrer *imagination* vereint. Für die Romantiker und ihre Nachfolger war die Individualität des Charakters eben noch nicht "that bastard thing personality", das laut Hulme und Ortega y Gasset mit moderner bürgerlicher Kunst unvereinbar sei. Im Gegenteil, die Betonung der Individualität entsprang einem mystischen Glauben an das eigene Ich, an jenes von Coleridge angebetete "self; — strange and generous self! ... Such self is but a perpetual religion, an inalienable acknowledgment of God, the sole basis and ground of being." [40]

---

[37] A. a. O., p. 153; vgl. auch p. 155.
[38] Ibid., pp. 7 f.
[39] A. a. O., p. 935.
[40] *Coleridge's Shakespearean Criticism,* vol. I, p. 115. Vgl. dazu auch A. C. Bradley (*Shakespearean Tragedy,* p. 1), der das Ziel seiner Interpretation der Tragödien so bestimmt: "to learn to apprehend the action and some of the

Der Charakter wurde somit der umfassende dichterische und emotionale Mittelpunkt des Dramas. Für die "unity of action" als wichtiger Maßstab der Dramenkritik war jetzt — ebenso wie für die anderen Einheiten — kein Raum mehr: Coleridge nahm an dem Begriff Anstoß und wollte ihn ersetzt wissen durch "totality of interest" — wodurch wiederum implizite der Maßstab der Kritik in Richtung auf die Subjektivität des Betrachters hin verschoben wurde. "The plot", so bemerkte er, "interests us on account of the characters, not *vice versâ*; it is the canvas only." [41] Die der "totality of interest" entsprechende, umfassende Einheit des Dramas konnte also nur die "unity of character" sein — eine Einheit, die sowohl für die dichterische Schöpfung als auch für das dichterische Erlebnis bestimmend war und somit einer "unity of feeling" gleichgesetzt werden konnte:

"A unity of feeling pervades the whole of his plays. In *Romeo and Juliet* all is youth and spring — it is youth with its follies, its virtues, its precipitancies; it is spring with its odours, flowers, and transiency: — the same feeling commences, goes through, and ends the play. The old men, the Capulets and Montagues, are not common old men; they have an eagerness, a hastiness, a precipitancy — the effect of spring. With Romeo his precipitate change of passion, his hasty marriage, and his rash death, are all the effects of youth. With Juliet love has all that is tender and melancholy in the nightingale, all that is voluptuous in the rose, with whatever is sweet in the freshness of spring; but it ends with a long deep sigh, like the breeze of the evening. This unity of character pervades the whole of his dramas." [42]

Die Einheit des Gefühls mündet in die Einheit der Charaktere! Die "totality of interest" entspricht dem totalen Eindruck, den die Eigenart der Gestalten hinterläßt! Coleridges bemerkenswert impressionistische Analyse offenbart, wie stark diese neuen ästhetischen Kategorien ihren wahren Bezugspunkt im Erlebnis des Betrachters haben. Die der Charaktergestaltung entsprechende "unity of feeling" kennzeichnet die Emotionen des Kritikers zumindest ebensosehr wie deren künstlerisches Sub-

---

personages of each with a somewhat greater truth and intensity, so that they may assume in our imaginations a shape a little less unlike the shape they wore in the imagination of their creator."

[41] A. a. O., vol. I, p. 226; das vorausgehende Zitat ibid., p. 4. Vgl. ferner p. 50 und vol. II, p. 82.

[42] Ibid., vol. II, p. 265; wie Raysor (ibid., Anm. 4) vermerkt, stützt sich Coleridge hier teilweise auf Schlegel. Bedeutsam ist für uns nicht so sehr, *daß* er das tut, als vielmehr, *was* er von dem Deutschen übernimmt. Aufschlußreich ist daher, daß sich Hazlitt in den *Characters of Shakespeare's Plays* auf die gleiche Stelle bei Schlegel bezieht. Vgl. *The Complete Works of William Hazlitt*, vol. 4, p. 248.

strat im Werke des Dichters. Sie mündet geradewegs in der impressionistischen Auffassung Walter Paters, der — anknüpfend an Coleridge — Shakespeares höchste künstlerische Einheit rein vom Eindruck her, als "the constraining unity of effect, the uneffaceable impression," [43] bestimmte.

Die Vorrangstellung der Charakterdeutung basiert auf einer Neuwertung des Verhältnisses von Held und Handlung. Sie trat auch bei jenen viktorianischen Kritikern in Erscheinung, deren Konzeption des Charakters keineswegs jene Einseitigkeit aufwies, gegen die Raleighs Polemik gerichtet war. Bradley z. B. war in seinem überaus einflußreichen Werk *Shakespearean Tragedy* keineswegs der Meinung, daß "Shakespeare's main interest ... lay in *mere* character, or was a psychological interest" [44]. Wenn er dennoch gut zwei Drittel seines Werkes gerade diesen Charakterproblemen widmete, so war dies nicht gedankenlose Modekritik, sondern eben eine natürliche Schlußfolgerung aus jener hier dargelegten methodologischen Grundposition. Bradley untersuchte — von seinem Standpunkt — das Verhältnis zwischen *plot* und Charakter sehr eindringlich und gelangte dabei zu dem Ergebnis, "that the calamities and catastrophe follow inevitably from the deeds of men, and that the main source of these deeds is character". [45] Bradley vernachlässigte also das Geschehen des Dramas so wenig, daß er es in seinen Bedingtheiten untersuchte; in seiner neoidealistischen Sicht konnten Handlung und auch Konflikte natürlich nur Ausdruck des Charakters sein, und der Charakter blieb somit die letzte seiner Kritik gesetzte Instanz. In diesem Sinne bemerkt er zusammenfassend,

"that the notion of tragedy as a conflict emphasises the fact that action is the centre of the story, while the concentration of interest, in the greater plays, on the inward struggle emphasises the fact that this action is essentially the expression of character." [46]

Die sich auf Grund dieser Dramenauffassung entwickelnde Charakteranalyse mußte ihrer Natur nach vorwiegend psychologisch sein. Die unvergleichliche Eigenart Shakespearescher Gestalten hatte man seit Dennis und Theobald immer wieder in deren Natürlichkeit erblickt. Für Johnson und Mrs. Montagu war Shakespeare "the poet of nature". [47] "He reads the human heart directly", meinte Elizabeth Griffith, "not through

---

[43] W. Pater, "Coleridge's Writings", Abdruck in *English Critical Essays*, ed. E. D. Jones, pp. 421–457; das Zitat p. 442.
[44] A. a. O., p. 12. Hervorhebung ebendort.
[45] Ibid., p. 13.
[46] Ibid., p. 19.
[47] Vgl. Ralli, vol. I, p. 81.

books and theory ... We feel his characters to be our acquaintances and countrymen ..." [48] Shakespeares Charaktere, so schrieb Whateley, sind "masterly copies from nature" [49]. Gerade weil Shakespeare bestrebt war, natürliche Menschen zu zeigen, konnte er den Regeln nicht gerecht werden. [50]

Da man in Shakespeares Kunst Originalwerke der Natur sah, begann man, auch seine Dramen mit jenen neuen Maßstäben der Natur zu messen, die nicht bereits von den Alten als "Nature methodiz'd" (*Essay on Criticism*, I, 89) in Form von Regeln niedergelegt waren. Die alte Gleichsetzung von Natur und Kunst beruhte auf der Abstraktion einer (statisch erscheinenden) Natur in Form von Regeln; die dem Naturbegriff zugrundeliegende Wirklichkeit war jedoch seit spätestens 1760 tiefgreifenden Wandlungen unterworfen, so daß das gesamte, mit Hilfe antiker Autorität entwickelte Verhältnis Kunst — Natur (bzw. Gesellschaft) neu zu durchdenken war. Offensichtlich bildeten jetzt die Regeln eine nur unzulängliche Verallgemeinerung („Methodisierung") einer Natur, deren Wandlungsfähigkeit und deren Widersprüche weit über antike Präzedenzfälle hinausreichten. War aber die Natur nicht in mechanischen Regeln zu erfassen, so durfte auch die Kunst diesen nicht länger unterworfen sein. „Kunst" im klassizistischen Sinne bestand darin, die Natur im Sinne der Regeln zu ordnen; „Kunst" im romantischen Sinne wollte die Natur direkt erfassen, ohne den Umweg über eine inzwischen in ihrer historischen Bedingtheit erkannte, nicht länger gültige „Methodisierung".

Die Nachahmung der Natur durch die Kunst war so nicht *mit Hilfe* der Regeln, sondern nur *gegen* die Regeln möglich. In diesem Sinne sah Morgann am Beispiel Shakespeares, "that a more compendious nature may be obtained; a nature of effects only, to which neither the relations of place, or continuity of time, are always essential" [51]. Shakespeares Kunst war gerade deswegen mit der Natur gleichzusetzen, weil hierin *art* (mit ihren Einheiten und überlebten Regeln) gänzlich hinter *nature* zurücktrat und somit höchste Vollendung erreichte. "This produces a wonderful effect; it seems to carry us beyond the poet to nature itself", so schrieb Morgann; "Shakespeare stands to us in the place of truth and nature: If we desert this principle we cut the turf from under us" [52].

---

[48] Rallis Zusammenfassung, ibid., p. 70.

[49] Vgl. ibid., p. 92.

[50] Vgl. ibid., p. 106.

[51] *An Essay on the Dramatic Character of Sir John Falstaff*, London 1777, p. 70.

[52] Ibid., pp. 43 f./62.

Im Gegensatz zum Klassizismus, dessen Einheiten jetzt als historisch bedingte antike Theaterkonventionen abgetan wurden, erblickte der romantische Kritiker in Shakespeare somit ein höheres "law of unity which has its foundation, not in factitious necessity of custom, but in nature herself" [53]. Aus dieser Auffassung heraus gelangte Coleridge zu der für die Interpretation folgenschwere These, "that Shakespeare's characters are like those in life, to be *inferred* by the reader, not *told to him*" [54].

Hier ist das methodologische Prinzip romantischer Charakterinterpretation prägnant formuliert. Der Kritiker, der Shakespeares Dramenfiguren mit Geschöpfen der Natur gleichsetzt, kann sich in deren Ausdeutung natürlich nicht mit den oft spärlichen Worten des dramatischen Dialogs begnügen; er schöpft seine Deutung nicht nur aus den gestalteten Motiven, sondern auch "from latent motives, and from policies not avowed" (Morgann). Der wirkliche Charakter liegt somit nicht im dichterischen Text beschlossen, sondern dieser gibt dem Leser gleichsam nur Anhaltspunkte, auf Grund derer er sich selbst ein Bild der Gestalt zu formen habe.

Methodologisch gesehen, bot diese Charakterauffassung dem Kritiker nicht so sehr ein ästhetisches als ein psychologisches Problem. Ebenso wichtig wie die Motive des dramatisch gestalteten Helden war jetzt auch dessen Vorgeschichte, die jedoch nicht im literarischen Werk, sondern nur in der Einbildungskraft des Kritikers existierte. Schon Morgann spekuliert über die psychische Problematik des *jungen* Falstaff, über dessen frühen gesellschaftlichen Erfolg u. a. Dinge, die "the time of life in which he is represented to us" [55] vorausgehen, aber zur Erklärung

---

[53] *Coleridge's Shakespearean Criticism*, vol. II, p. 265.

[54] Ibid., vol. I, p. 227 (Hervorhebung ebendort); Raysor vermerkt hierzu in seiner Ausgabe: "Though there is no similarity of phrase whatever ... the influence of Schlegel is highly probable" (ibid., n. 3). Er übersieht indessen, daß schon Morgann den gleichen Gedanken mit einer beachtenswerten *similarity of phrase* vorwegnimmt und literarkritisch verwirklicht: Shakespeare, so heißt es, "boldly makes a character act and speak from those parts of the composition, which are *inferred* only, and not distinctly shewn. ... If the characters of *Shakespeare* are thus *whole*, and as it were original, while those of almost all other writers are mere imitation, it may be fit to consider them rather as Historic than Dramatic beings; and, when occasion requires, to account for their conduct from the *whole* of character, from general principles, from latent motives, and from policies not avowed." (A. a. O., p. 62; Hervorhebungen im Original.)

[55] *An Essay on the Dramatic Character of Sir John Falstaff*, p. 24. Die gesamte, von E. E. Stoll inzwischen (*Shakespeare Studies*, New York 1927, pp. 403–490)

seines „späteren" Verhaltens berücksichtigt werden. Der dramatisch gestaltete Held wurde damit einem Double, einer imaginären Figur, gegenübergestellt, die weder dem Kunstwerk noch der Literaturwissenschaft,
sondern den Köpfen seiner romantischen Interpreten entsprang. Diese
imaginäre Figur (etwa der durch Erfolg verführte Jüngling Falstaff)
wurde zwar hypothetisch aus dem dichterischen Charakter erschlossen,
diente dann aber ihrerseits wieder als Ausgangspunkt psychologischer
Deduktionen für die Deutung der wirklichen dichterischen Gestalt. Auf
der Netzhaut der begeisterten Romantiker verschwammen Dramenheld
und Double, Objektives und Subjektives zu einem vagen psychologischen
Konglomerat, das die künstlerischen Leistungen des sechzehnten und die
ideologischen Bedürfnisse des neunzehnten Jahrhunderts in Personalunion vereinte und infolgedessen Gegenstand endlos variierbarer, liebe-
voller "embroidery" (W. Raleigh) war.

Wenn auch Coleridge auf Grund von "the imaginative depth and
delicacy of his psychological analyses" [56] die ärgste subjektive Willkür
dieser Interpretationsweise gewöhnlich zu vermeiden wußte, so bezeugte
er doch "such deep faith in Shakespeare's heart-lore (Herzlehre)" [57], daß
die ihm folgenden Kritiker unter dem Eindruck seines Vorbildes eher
Seelenkunde als Literaturwissenschaft betrieben. So entstand jener für
die viktorianische Shakespeare-Kritik charakteristische Psychologismus,
der selbst für ein so hervorragendes Werk wie Bradleys *Shakespearean
Tragedy* bestimmend wurde. Bradleys Bemerkung "It may be that Mac-

---

widerlegte Grundkonzeption Morganns — wonach Falstaff *kein* Feigling sei —
basiert ja auf der Auffassung, "that, in our hasty judgment of some particular
transaction we forget the circumstances and condition of his whole life and
character" (Morgann, p. 44). Da Falstaffs *"whole* life" vom Dichter aber gar
nicht dargestellt wurde, gelangt Morgann zu der literaturwissenschaftlich un-
haltbaren Aufgabenstellung, "to look farther, and examine if there be not
something more in the character than is *shewn; something inferred, which is
not brought under our special notice" (p. 153, Hervorhebung ebendort). Die
darauf aufbauende These ("the *real* character of *Falstaff* may be different from
his *apparent* one", p. 14, Hervorhebungen ebendort) führt dann zu jener spekulativen Unterscheidung zwischen dem „wirklichen" und dem „scheinbaren"
Charakter Falstaffs, zwischen dem beherzten Krieger und dem nur durch un-
glückliche Umstände als feige erscheinenden Schlemmer.

[56] Raysor, vol. I. p. lx. W. F. Schirmers Urteil erscheint demgegenüber doch
zu wenig differenziert, wenn er schreibt (a. a. O., S. 14): „Was Coleridge sagt,
... ist weniger Kritik als die immer erneute Aussprache seines Shakespeare-
Erlebnisses." Ähnlich auch Fehr, „Das Shakespeare-Erlebnis in der englischen
Romantik", S. 13 f.

[57] Vgl. vol. I, p. 90. Der deutsche Begriff steht bei Coleridge!

beth had many children or that he had none" [58] hat inzwischen durch
L. C. *Knights'* Essay [59] eine notorische Berühmtheit erlangt; sie kennzeichnet die Endphase einer Charakterdeutung, deren Individualismus
und Subjektivismus der literaturwissenschaftlichen Arbeit immer größere
Hindernisse in den Weg legte.

5. Theaterstücke als Lesedramen

Hand in Hand mit der romantischen Charakterdeutung ging die Wertung von Shakespeares Werk als Lesedramen, als Poesie. In dem Maße,
wie der Erlebnischarakter Shakespearescher Kunst betont wurde, das
plot hinter der Charakterdeutung zurücktrat, betrachtete man Shakespeares Stücke nicht als Dramen, sondern als Dichtung. Der Dramatiker
Shakespeare war weder in der Restauration noch im Zeitalter Popes
unbeachtet geblieben; wenig Aufmerksamkeit indessen hatte der Dichter
gefunden. Die Romantiker verkehrten diese Rangordnung von Grund
auf; sie zeichneten das Bild eines Shakespeare, "whose rights as a poet,
contra-distinguished from those which he is universally allowed to
possess as a dramatist, we have vindicated" [60]. Die Größe Shakespeares
erwuchs nicht auf Grund seines Schaffens für die elisabethanische Bühne,
sondern Shakespeare war groß, *obwohl* er für das Theater schrieb: "that
Shakespeare", so schrieb Wordsworth, "stooped to accomodate himself
to the People, is sufficiently apparent; and one of the most striking
proofs of his almost omnipotent genius, is, that he could turn to such
glorious purpose those materials which the prepossessions of the age
compelled him to make use of." [61]

Diese romantische Geringschätzung der Bühne und die daraus folgernde Betrachtung von Shakespeares Theaterstücken als Lesedramen sind
mehrfach aus dem Zustand des englischen Theaters zu Beginn des
19. Jahrhunderts erklärt worden. Charles Lambs Essay *On the Tragedies
of Shakespeare Considered with Reference to their Fitness for Stage
Representation* (1811) bietet in der Tat zahlreiche Hinweise auf die für
Shakespeare-Aufführungen wohl kaum geeignete Bühnentechnik der
Zeit; er erwähnt "the elaborate and anxious provision of scenery, which
the luxury of the age demands", "the help of painted trees and caverns,
which we know to be painted", "the Dresses, which are so anxiously

---

[58] A. a. O., p. 489.
[59] "How Many Children had Lady Macbeth?", in: *Explorations*, London
1946, pp. 1–39.
[60] *The Poetical Works of William Wordsworth*, p. 951.
[61] Ibid., p. 946.

attended to on our stage" [62] und dergleichen mehr. Es besteht mithin kein Zweifel, daß die romantische und weitgehend auch die viktorianische Kritik auf Grund ihrer Vorstellungen von zeitgenössischer Theaterkunst Shakespeare nicht als Dramatiker zu würdigen vermochte.

So berechtigt diese Erklärung ist: sie begründet jedoch noch nicht Lambs Auffassung, "that the plays of Shakespeare are less calculated for performance on a stage, than those of almost any other dramatist whatever" [63]. Bei näherer Betrachtung zeigt sich, daß der romantische Kritiker Shakespeares Dramen nicht nur nicht als Theaterstücke würdigen *konnte*, sondern auf Grund seiner romantischen Kunstauffassung gänzlich andere vorgefaßte Maßstäbe an sie legen *wollte*. Zunächst wertete er — aus bereits dargelegten Gründen — nicht die dramatische Kunst des Dichters, sondern dessen "heart-lore". Lamb selbst bringt dies zum Ausdruck, wenn er schreibt:

"But in all the best dramas, and in Shakespeare above all, how obvious it is, that the form of *speaking*, whether it be in soliloquy or dialogue, is only a medium, and often a highly artificial one, for putting the reader or spectator into possession of that knowledge of the inner structure and workings of mind in a character, which he could otherwise never have arrived at *in that form of composition* by any gift short of intuition." [64]

Lambs Worte offenbaren, wie sehr die Eigenarten der dramatischen Gattung, wie sehr Größe und Grenzen des Dramas von den Romantikern verkannt wurden. Die dramatische Rede, der Dialog, der dramatische Vorgang, Handlung und Konflikte, die gesamte lebendig-sinnliche Welt des *Schau*spiels wurden abgewertet zugunsten von "that knowledge of the inner structure and workings of mind in a character".

"The truth is", so meinte Lamb, "the Characters of Shakespeare are so much the objects of meditation rather than of interest or curiosity as to their actions,

---

[62] Abdruck in *English Critical Essays*, ed. E. D. Jones, pp. 81—101; die Zitate pp. 99 f. Vgl. auch *Coleridge's Shakespearean Criticism*, vol. I, p. liv; vol. II, pp 85 f., 97 und 278, wo es von Coleridge heißt, "he never saw any of Shakespeare's plays performed, but with a degree of pain, disgust, and indignation". Schauspieler, so hatte er sich geäußert, "drove Shakespeare from the stage, to find his proper place in the heart and in the closet, where he sits with Milton, enthroned on a double-headed Parnassus". Selbst Hazlitt, der doch am wenigsten Vorurteile gegenüber dem Theater hegte, sagt in seinen *Characters of Shakespeare's Plays:* "We do not like to see our author's plays acted, and least of all, HAMLET ... Hamlet himself seems hardly capable of being acted." (*The Complete Works*, vol. 4, p. 237.)

[63] A. a. O., p. 84.

[64] Ibid., pp. 84 f. Hervorhebungen ebendort.

that while we are reading any of his great criminal characters, – Macbeth, Richard, even Iago, – we think not so much of the crimes which they commit, as of the ambition, the aspiring spirit, the intellectual activity ..." [65]

So wurden die großen Charaktere in der stillen Ecke einer Bibliothek „gelesen", ihre Vorgeschichte wurde enträtselt, ihre subtilen Motive romantisch gedeutet, und die Subjektivität des lesenden Viktorianers ermöglichte "all that beautiful compromise which we make in reading" [66]. (Daß dieser „wunderschöne Kompromiß" die Schärfe und den Wirklichkeitsgehalt des dramatischen Konfliktes verwässern mußte, beweist der Zusammenhang, auf den Charles Lamb diese Worte bezog: "the courtship and wedded caresses" zwischen dem Mohren und seiner holden Desdemona waren im Zeitalter der bürgerlichen Kolonialisierung wohl als "objects of meditation", nicht aber in der öffentlichen Sphäre des Theaters erträglich.)

Die sich hier auftuende Enge steht in direkter Proportion zu dem idealistischen Dogmatismus, der die romantische Ästhetik von vornherein entscheidender Erkenntnisse beraubte. Shakespeare fand "his proper place in the heart and in the closet" [67] – nicht nur, weil das zeitgenössische Theater ihn verstümmelte, sondern weil die romantische Kunstauffassung Shakespeares theatralische Sendung und Weltoffenheit verfälschte. Die Verflachung des bürgerlichen Theaters und der emotionale Subjektivismus der romantischen Kritik waren zwei Seiten ein und derselben Medaille; ihre Wechselbeziehungen waren viel inniger, als die Romantiker dies wahr haben wollten. Gewiß betrachtete Coleridge hier und da auch "the particular stage for which Shakespeare wrote, *as far as he can be said to have written for any stage but that of the universal mind*". [68] Dieser Nachsatz offenbart den romantischen Geist, der die gelegentlichen historischen und theatralischen Erkenntnisse der Romantiker in einer Nebelwolke von psychologischen Abstraktionen verflüchtigte.

Die methodologischen Schlußfolgerungen liegen auf der Hand. Die aus dem Geiste dieser Ästhetik schöpfende Literaturkritik konnte weder die theatergeschichtlichen Voraussetzungen des Shakespeareschen Wer-

---

[65] Ibid., p. 93. Bis A. C. Bradley geht es den Kritikern immer um den *"reader who is in touch with Shakespeare's mind"* (*Shakespearean Tragedy*, p. 26). Für Bradley ist infolgedessen das Ende einer Tragödie nicht das Ende eines tragischen Schauspiels, sondern eines Lesedramas: "No one ever closes the book with the feeling..." (ibid., p. 23) u. a. Formulierungen verraten diesen allenthalben eingenommenen Standpunkt.

[66] A. a. O., p. 96.

[67] Vgl. oben, S. 168 f., Anm. 62.

[68] *Coleridge's Shakespearean Criticism*, vol. I, p. 4. Hervorhebungen von mir.

kes noch überhaupt die Eigengesetzlichkeit der dramatischen Gattung
würdigen. An deren Stelle trat bei Coleridge eine August Wilhelm von
Schlegel entlehnte, psychologisch begründete Auffassung von Poesie, die
auf das Drama übertragen wurde. Coleridge, der Shakespeares Kunst
als "romantic poetry revealing itself in the drama" definiert hatte, bestimmte in eben diesem Sinne auch die Tragödie und Komödie:

"tragedy is poetry in its deepest earnest — comedy, poetry in unlimited jest.
Earnestness consists in the direction and convergence of all the powers of the
soul to one aim, and the voluntary limitation of its activity in consequence;
the opposite, therefore, in the apparent abandonment of all definite aim or end,
the removal of all bounds in the exercise of the mind ..." [69]

Shakespeares Theaterstücke wurden romantische Lesedramen, seine
Kunst zur Kunst zeitloser Poesie: "the perception of the poetic beauties
of his dramas" (nach Wordsworth "so faint and limited ... in the time
of Pope") [70] trat in den Vordergrund und stand — bis Bradley — im
Dienste eines "imaginative reading or *re-creation* of the drama". [71] Und
die Tatsache, daß Shakespeare nicht in lyrischer Form, sondern für das
Theater schrieb? Daß die Natur der Gattung für die Interpretation
belangvoll ist? Der viktorianische Kritiker kannte — wie Emerson —
keine solche Bedenken: "'Tis like making a question concerning the
paper on which a king's message is written." [72]

6. Wertschätzung statt Wertung

In dem von Emerson gebrauchten Bild von der „Botschaft eines Königs"
schwingt eine charakteristische Einstellung des romantischen Kritikers
mit, die wir hier mit Coleridges Worten als *reverential criticism* bezeichnen wollen. Coleridge schreibt:

"I have undertaken the task of criticizing the works of that great dramatist
whose own name has become their best and most expressive epithet. The task
will be genial in proportion as the criticism is reverential. Assuredly the Eng-
lishman who without reverence, who without a proud and affectionate reverence, can utter the name of Shakespeare, stands disqualified for the office." [73]

---

[69] Ibid., p. 169.
[70] A. a. O., p. 946.
[71] *Shakespearean Tragedy*, p. 2; Hervorhebung von mir. "This, carried through
a drama, is the right way to read the dramatist Shakespeare; and the prime
requisite here is therefore a vivid and intent imagination" (ibid.).
[72] *Shakespeare: or, the Poet*, p. 472.
[73] *Coleridge's Shakespearean Criticism*, vol. I, p. 126.

Ehrerbietung als erste Voraussetzung der Shakespeare-Kritik! Die in dieser Forderung enthaltene methodologische Spannung zwischen Kritik und Bewunderung, Urteil und Empfindung, Werten und Verstehen kennzeichnet die romantische und weite Teile der viktorianischen Shakespeare-Interpretation. Das Lob des Dramatikers umfaßte alle Superlative: Shakespeare — "his genius being superhuman" [74] — erschien als ein "youthful god of poetry" [75]; er besaß "divine features" [76] und andere, eher göttliche als irdisch-dichterische Attribute.

Diese überschwenglichen Huldigungen an den großen Elisabethaner können nicht lediglich als eine Herausforderung an die kritischen Vorbehalte der klassizistischen Kritik verstanden werden. Ihre fortgesetzte Kontinuität legt nahe, daß ihnen eine tiefere ästhetische Problematik zugrunde lag, die aus den dargelegten Voraussetzungen der romantischen Kritik folgerte. Bereits William Richardson berührt diese Zusammenhänge, wenn er die Frage aufwirft nach "the reason why critics of active imaginations are generally disposed to favour". Die von ihm selbst erteilte Antwort verdient Beachtung, weil sie die neuen subjektiven Einstellungen des aus dem Erlebnis urteilenden Kritikers als Vorbedingung des *reverential criticism* sehr klar erkennen läßt: Richardson bemerkt, "that our own imaginations contribute highly to the pleasure we receive from works of invention, ... they please him, [i. e. den miterlebenden Leser, "a person of lively fancy"] and he perceives not, in the ardour of the operation, that the picture is his own, and not that of the writer" [77]. War die hier noch zurückhaltend bewertete *imagination* erst einmal als "the power of identification with other beings" [78] ver-

---

[74] Ibid., p. 19.

[75] Ibid., p. 95.

[76] Charles Lamb, a. a. O., p. 87.

[77] *Essays on some of Shakespeare's Dramatic Characters*, 5th edition, London 1798, pp. 28 f.

[78] So Wellek über die Einbildungskraft des Kritikers Hazlitt; vgl. *The Romantic Age*, p. 202. Große ideengeschichtliche Bedeutung erlangt in dieser Entwicklung "the increasing rôle assigned to sympathy in both moral and aesthetic theory"; vgl. dazu Bate, *From Classic to Romantic*, pp. 131 ff. Auch W. Richardson sprach von der ästhetischen Fähigkeit, sich mit den Gestalten des Dramas zu identifizieren; er forderte dies jedoch vom Dichter, noch nicht vom Kritiker! Man vergleiche: "But perfect imitation can never be effectuated, unless the poet in some measure become the person he represents, clothe himself with his character, assume his manners, and transfer himself into his situation." (A. a. O., p. 21.) Diese Worte verdeutlichen, wie sich die Auffassung vom Erlebnischarakter des dichterischen Schaffens zunächst noch mit Aristotelischer *mimesis* verbinden kann, freilich nur, um die überlieferte Konzeption in subjektiv-emotionaler Richtung abzuwandeln.

herrlicht, so mußte das kritische Urteil einem Akt der Einfühlung statt-
geben, so daß — in Abwandlung der Wordsworthschen Definition —
nicht nur *poetry*, sondern auch *criticism* "a spontaneous overflow of
powerful feelings" darstellte.

Es ist diese Grundposition der romantischen Kritik, die eine gefühls-
mäßige Identifizierung des Kritikers mit seinem Gegenstand erstrebt
und die Höhe des literarischen Lobs nach der Stärke des psychischen
Erlebnisses bemißt. Angesichts Shakespeares führte diese romantische
Wertung notwendig zu jener "impassioned hymn of praise", zu "the
very ecstasy of criticism", die von Morgann bis Raleigh aus den gleichen
ideologischen und methodischen Voraussetzungen erwuchs. Zwei Belege
mögen deren beachtenswerte Kontinuität illustrieren. Zu Beginn der
romantischen Ära — ein Jahr nach der amerikanischen Unabhängigkeitserklärung — schreibt Morgann, in Abwehr gegen Voltaires Kritik:

"there are those, who firmly believe that this wild, this uncultivated Barbarian,
has not yet obtained one half of his fame; and who trust that some new Stagy-
rite will arise, who instead of pecking at the surface of things will *enter into
the inward soul of his compositions*, and expel by the force of *congenial feelings*,
those foreign impurities which have stained and disgraced his page. And as to
those spots which will still remain, they may perhaps become invisible to those
who shall seek them *thro' the medium of his beauties*, instead of looking for
those beauties, as is too frequently done, thro' the smoke of some real or
imputed obscurity. When the hand of time shall have brushed off his present
Editors and Commentators, and when the very name of Voltaire, and even the
memory of the language in which he has written, shall be no more, the Apa-
lachian mountains, the banks of the Ohio, and the plains of Sciola shall resound
with the accents of this Barbarian . . .

He differs essentially from all other writers: *Him we may profess rather to
feel than to understand;* and it is safer to say, on many occasions, *that we are
possessed by him, than that we possess him.* And no wonder; . . . He master
[sic] of our feelings, submits himself so little to our judgment, that every thing
seems superior. We discern not his course, we see no connection of cause and
effect, *we are rapt in ignorant admiration,* and claim no kindred with his abil-
ities. . . . I restrain the further expressions of my admiration lest they should
not seem applicable to man." [79]

Als die Romantik 130 Jahre später schon in spätviktorianischem Epigonentum dahinsiechte, kann sich Walter Raleigh von ihrer Methodologie noch immer nicht distanzieren. Er schreibt:

"There is something noble and true, after all, in these excesses of religious
zeal. To judge Shakespeare *it is necessary to include his thought in ours,* and

---

[79] Morgann, a. a. O., pp. 64—68.

the mind instinctively recoils from the audacity of the attempt. On his characters we pass judgment freely; as we grow familiar with them, *we seem to
belong to their world, and to be ourselves the pawns, if not the creatures, of
Shakespeare's genius.* We are well content *to share in this dream-life,* which
is so marvellously vital, so like the real world as we know it; and we are
unwilling to be awakened. *How should the dream judge the dreamer? By what
insolent device can we raise ourselves to a point outside the orbèd continent of
Shakespeare's life-giving imagination?*" [80]

Die von uns hervorgehobenen Worte kennzeichnen die in ihrer
Ästhetik erstaunlich kontinuierlichen Grundlagen des *reverential criticism.* Sie verdeutlichen die von Anfang an vorhandene methodische
Grundschwäche dieser Kritik, die eben *nicht* "outside the orbèd continent
of Shakespeare's life-giving imagination" verharren kann, sondern sich
mit Shakespeares poetischer Welt und — *last not least* — deren Gestalten
im Augenblick des Kunsterlebens vereinigen möchte. Wie die Sprache
Raleighs ("the orbèd continent" usw. — vgl. *Twelfth Night,* V, i, 281)
nahelegt, erlangt dieses Kunsterlebnis eine solche Intensität, daß es
selbst nach dichterischem Ausdruck strebt. Damit mündet es in die
von uns bereits einleitend dargelegte Problematik des *Critic as Artist*
(Oscar Wilde).

Die für die Shakespeare-Kritik charakteristischen Auswirkungen sind
unschwer zu erkennen. "It is safer to say . . . that we are possessed by
him than that we possess him" (Morgann) — die literarkritische Problematik dieser Worte wird von Raleigh prägnant in der Frage zusammengefaßt: "How should the dream judge the dreamer?" Die kritische
Würdigung verwandelt sich in einen „Traum", und dieser Traum hat
— schon bei Morgann — nicht so sehr das Kunstwerk, als den Künstler
Shakespeare ("him" — "the dreamer") zum Gegenstand. Da aber dieser
der Urheber des Erlebnisses ist — wie kann der Kritiker dessen Werk
erleben und zugleich beurteilen? Wie kann er sich in einem Gefühlserlebnis verlieren und zugleich dessen Inhalt kritisieren?

Eine befriedigende Antwort auf diese Fragen konnte die romantische
Shakespeare-Kritik nicht geben. Sie verzichtete auf die kritische Wertung und ersetzte sie durch einfühlende Wertschätzung. Sie sah ihre
Aufgabe nicht im kritischen Urteil, sondern im nachempfindenden Erleben. "It is *we* who are Hamlet", schrieb Hazlitt. "We have been so
used to this tragedy that we hardly know how to criticise it any more
than we should know how to describe our own faces." [81] Der Kritiker

---

[80] *Shakespeare,* p. 5.
[81] *The Complete Works,* vol. 4, pp. 232 f. Hazlitts Urteil ist natürlich nur der
Höhepunkt von "a development of the romantic tendency to read into Ham-

konnte um so weniger werten, je stärker er sich — kraft seiner *imagination* — mit dem Gegenstand der Wertung identifizierte. Er schaute auf
Hamlet und sah nur sein eigenes, romantisches Antlitz. Statt kritisch zu
analysieren, drängte es die Romantiker, "to plunge themselves deeper
under the spell of the enchantment, and to hug the dream" [82]. Statt kritischer Objektivität ging es ihnen um Erlebnisintensität. Gewiß mochte
das private Empfinden eines Lamb und Hazlitt noch wertvolle kritische
Erkenntnisse umspannen; allein den Grenzen ihrer Methode waren auch
sie unterworfen. In einer Hinsicht waren sie alle Kritiker wider Willen:
Lamb faßt dies prägnant zusammen, wenn er ausruft: "The accursed
critical habit, — the being called upon to judge and pronounce . . ." [83].

7. Die impressionistische Verflachung

Die unter diesen Voraussetzungen unvermeidbare spätere Krise der
romantischen Kritik ist von uns in großen Zügen bereits eingangs dargelegt worden. Inwiefern, so ist hier abschließend zu fragen, trat deren
impressionistische Verflachung auch im Bereich der Shakespeare-Kritik
zutage und welche ästhetischen Besonderheiten wies sie auf?

Bei der Beantwortung dieser Frage ist davon auszugehen, daß die
Subjektivität des Kritikers sich bei der Interpretation des Dramas nicht
weniger in den Vordergrund schob, als das bei der Lyrik der Fall war.
Auch der Shakespeare-Kritiker interpretierte in erster Linie nicht das
dichterische Werk, sondern die dadurch ausgelösten Erlebnisse und Impressionen. Das ihn bewegende Problem war die Frage nach den "imaginative impressions", die durchaus im Mittelpunkt aller Interpretation
stand. A. C. Bradley hat diese Frage zurückhaltend, aber doch eindeutig
beantwortet:

"Any answer we give to the question proposed ought to correspond with, or
to represent in terms of the understanding, our imaginative and emotional ex-

---

let's character some prominent element in the psychology of the critic, the
prince thus becoming a 'man-of-feeling', a 'young Werther', or the like"
(Conklin, *A History of 'Hamlet' Criticism: 1601–1821*, p. 64). Conklins Untersuchung belegt in der Hamlet-Kritik nach ca. 1770 "signs of a vital and almost
permanent change" (p. 63): Im Gegensatz zu der vorausgehenden Kritik
"[which] did not look upon the hero's character as a subject needing much
elaboration" (p. 3) tritt von nun an Hamlets Charakter in den Vordergrund —
"a strange new 'psychologized' figure, whose existence in any realm of art must
be apprehended and enjoyed in the study, book in hand" (pp. 76 f.).

[82] Raleigh, a. a. O., p. 5.
[83] A. a. O., p. 101.

perience in reading the tragedies. We have, of course, to do our best by study
and effort to make this experience true to Shakespeare; but, that done to the best
of our ability, the experience is the matter to be interpreted, and the test by
which the interpretation must be tried." [84]

Das Erlebnis ist der Gegenstand der Interpretation! Es ging auch der
Dramenkritik nicht um das Kunstwerk, sondern um dessen seelisches
Echo in der Brust des Betrachters, um das, was Emerson als "the Shake-
speare in us" [85] bezeichnete.

Die methodischen Schlußfolgerungen für die Shakespeare-Kritik weisen in die gleiche Richtung, die wir bereits als Krise der viktorianischen
Literaturkritik bezeichnet haben. Die einzelnen Stadien dieser Entwicklung brauchen hier nicht noch einmal dargelegt zu werden. Auch in der
Shakespeare-Kritik begann man nach der Jahrhundertwende "a taint of
insincerity" in der romantischen Haltung zu erblicken. Walter Raleigh,
der am Ende der viktorianischen Ära steht und bereits einen offenen
Blick für methodologische Probleme besitzt, hat dies treffend dargelegt:

"The romantic attitude begins to be fatiguing. The great romantic critics,
when they are writing at their best, do succeed in communicating to the reader
those thrills of wonder and exaltation which they have felt in contact with
Shakespeare's imaginative work. This is not a little thing to do; but it cannot
be done continuously, and it has furnished the workaday critic with a vicious
model. There is a taint of insincerity about romantic criticism, from which not
even the great romantics are free. They are never in danger from the pitfalls
that waylay the plodding critic; but they are always falling upward, as it were,
into vacuity. They love to lose themselves in *O altitudo*. From the most worth-
less material they will fashion a new hasty altar to the unknown God. When
they are inspired by their divinity they say wonderful things; when the
inspiration fails them language is maintained at the same height, and they say
more than they feel. You can never be sure of them." [86]

Raleigh selbst war — bei all seiner Bewunderung für Johnson — der
romantischen Ästhetik noch zu sehr verhaftet, als daß er einen konstruktiven Ausweg aus diesem Dilemma weisen konnte. Das in seinem
Shakespeare-Buch abgelegte Bekenntnis ("The impression is the play" [87])
öffnete dem Impressionismus in der Shakespeare-Deutung Tür und Tor.
Es ist kein Zufall, daß gerade hier die spätere „realistische" Kritik eines
Schücking und Stoll ihren polemischen Ausgangspunkt nahm. Schücking,

---

[84] A. a. O., p. 24.
[85] A. a. O., p. 470. Hamlets Worte, so sagt Hazlitt, "are as real as our own
thoughts. Their reality is in the reader's mind."
[86] *Six Essays on Johnson*, Oxford 1910, pp. 84 f.
[87] A. a. O., p. 155.

der sich auf der ersten Seite seiner *Charakterprobleme bei Shakespeare* auf Raleighs Diktum bezog, bemerkte, daß „dabei gerade das Wesentliche übersehen, daß ja dieser Eindruck bei den Lesern je nach ihrer Eigenart eben verschieden ist." [88]

Angesichts der wachsenden Relativierung des individuellen Kunsterlebnisses hatte nun das persönliche Urteil des Kritikers auch jene bedingte Gültigkeit verloren, die es in den Zeiten eines weniger heterogenen Publikums besaß. "I say what I think: I think what I feel. I cannot help receiving certain impressions from things; and I have sufficient courage to declare (somewhat abruptly) what they are." [89] Diese Grundformel romantischer Erlebniskritik trug von vornherein die Gefahren individualistischer Willkür in sich. Jetzt hatte sie ihre Berechtigung vollends eingebüßt, und Hazlitts "certain impressions" erschienen als flacher Impressionismus. Indem Schücking sich gegen Raleighs *The impression is the play* wandte, leitete er die Reaktion gegen die romantisch-viktorianische Kritik ein, als deren Alternative auch der *new criticism* verstanden werden muß.

II. Zur Entwicklung neuerer Shakespeare-Kritik

Der Niedergang der romantisch-viktorianischen Kritik ist auch im Bereich der Drameninterpretation ein in England zeitlich schwer abgrenzbarer Prozeß. Wie überall in der neueren bürgerlichen Literaturwissenschaft entwickelt sich im zweiten und dritten Jahrzehnt des zwanzigsten Jahrhunderts eine solche Vielfalt von Methoden und Arbeitsweisen, daß von *einer* vorherrschenden oder gar einheitlichen Strömung keine Rede sein kann. So wie in der schönen Literatur der bürgerliche Epochenstil von der chaotischen Vielfalt der Individualstile abgelöst wird, so wie im neueren Roman eine gesellschaftlich gültige Erzählperspektive hinter dem individualistisch relativierten *point of view* zurücktritt, so zeigt auch die bürgerliche Shakespeare-Kritik eine Zersplitterung in einzelne Betrachtungsweisen, die häufig genug dem individuellen oder spezialisierten Anliegen der einzelnen Kritiker entspringen und vor allem in ihrer Zusammenhanglosigkeit die anarchistischen Tendenzen der ihnen zugrundeliegenden Gesellschaft widerspiegeln.

In diesem Sinne wurde die romantische Kritik nicht so sehr *abgelöst*, als vielmehr in vielfältige, miteinander rivalisierende und einander oft

---

[88] *Die Charakterprobleme bei Shakespeare*, Leipzig 1919, S. 1.
[89] *The Complete Works of William Hazlitt*, vol. 5, p. 175.

widersprechende Strömungen und Gegenbewegungen *aufgelöst*. Die Entwicklung der Textkritik, der Theaterforschung, der exakten Biographie, der *background*-Studien usw. führte zu einer noch nie dagewesenen wissenschaftlichen Spezialisierung in der Forschung, die von den methodischen Strömungen der Kunstkritik nur sehr bedingt abhängig war und in der Regel auf positivistischen Grundlagen beruhte. Diese *scholarship* umging die Gefahren der romantischen Kritik, indem sie auf jegliches kritische Urteil verzichtete. Die aller Spekulation abholde, rein auf Faktenvermittlung orientierte Forschung von Sidney Lee (*Life of William Shakespeare*, 1898) bis E. K. Chambers (*The Medieval Stage*, 1903; *The Elizabethan Stage*, 1923; *William Shakespeare: A Study of Facts and Problems*, 1930) hat das unentbehrliche, noch heute gültige Grundlagenwissen erschlossen. Hinsichtlich ihrer literaturwissenschaftlichen Methodologie sind diese Werke jedoch nichts anderes als die Kehrseite der romantischen Medaille: sie konnten die vorausgehende Literaturkritik nur „überwinden", indem sie sowohl die Kritik als auch die Literatur (als ästhetische Erscheinung) ignorierten. Zwischen der subjektiv-impressionistischen Literaturinterpretation und der biographischtheatergeschichtlichen Dokumentation gab es keine Brücke, keinen Ausgleich, keine Synthese.

Die nachromantische Dramenkritik, welche die von der Forschung neu erschlossenen Erkenntnisse für die Shakespeare-Interpretation fruchtbar machen wollte, begann erst allmählich, gewisse methodische Schlußfolgerungen aus den positivistischen Positionen eben dieser *scholarship* zu ziehen. Sie blieb dabei in der Regel in einem problematischen Historismus befangen, wie er für Stoll und selbst Schücking charakteristisch ist. Schückings Forderung, Shakespeares Dramen mit den Augen der elisabethanischen Zeitgenossen zu betrachten, trat zwar der impressionistischen Verflachung entgegen und entsprang dem Wunsch, „wenigstens bis zu einem gewissen Grade dieses subjektive Moment in der Shakespearebetrachtung zurückzudämmen"[1]; sie blieb jedoch methodologisch widerspruchsvoll[2] und mußte sich letztlich mit dem von Stoll geführten negativen Nachweis bescheiden, "that the world of fact and the world of the creative imagination cannot be one and the same"[3]. Die in diesem

---

[1] *Die Charakterprobleme bei Shakespeare*, S. 1.

[2] Vgl. die scharfsinnige Dissertation von G. Stahr, *Zur Methodik der Shakespeare-Interpretation* (Aus Anlaß von Schückings ‚Charakterproblemen'), Rostock 1925, bes. S. 35 f.

[3] E. E. Stoll, *Shakespeare Studies*, New York 1927, p. 86. Nicht zufällig bekennt sich Stoll in *Art and Artifice in Shakespeare* (Cambridge 1933, p. 156) zu Charles Lambs Deutung der Restaurationskomödie als "a world of itself", als "fairy-

(ironisch gemeinten) Ausspruch zutage tretende Antinomie enthielt ein gut Teil unbeabsichtigte Selbstkritik: Zwischen der schöpferischen Größe des Dichters und dem Nachweis seiner Zeitgebundenheit, zwischen Künstlertum und Geschichtlichkeit fehlte bei Stoll und teilweise auch bei Schücking der dialektische Bezug, so daß die romantische Kritik zwar negiert, aber methodologisch nicht überwunden wurde: "Des cimes de la métaphysique on retombe dans la plaine du bon sens." [4] Als Reaktion auf romantische Übersteigerungen war der gesunde Menschenverstand eine vortreffliche Angelegenheit; als methodische Grundlage der Shakespeare-Kritik blieb er allzuoft Ausdruck einer eklektischen und verkappt positivistischen Haltung und konnte der Menschlichkeit und Tiefe der Shakespeareschen Kunst nicht gerecht werden.

Die hier nur sehr knapp angedeutete Problematik und Zersplitterung der allgemeinen nachromantischen Kritik gilt es im Auge zu behalten, wenn wir aus der Fülle der neueren Shakespeare-Interpretationen die Anfänge jener Bewegung verfolgen wollen, die später als *new criticism*

---

land"! Auch bei Shakespeare sieht er die dramatischen Kunstmittel ("misunderstanding or deception, disguise or feigning" usw., p. 161) nicht als Überhöhung, sondern als Verhüllung der Wirklichkeit, als "the natural cloak over reality" (ibid.): "Their improbability is the price of their effectiveness: such fine and fruitful situations life itself does not afford" (p. 2). Aus der *Unwahrscheinlichkeit* des *artifice* entsteht — nach Stoll — aber andererseits wieder eine dramatische *Illusion* als höchste Leistung des Dichters: "It is not reality, or even perfect consistency, but an illusion, and, above all, an illusion whereby the spirit of man shall be moved. ... And Shakespeare is the greatest of dramatists because the illusion he offers is the widest and highest" (pp. 168 f.). Dieser Widerspruch wird potenziert durch Stolls Auffassung der Charaktere, deren Bedeutung für das Gesamtdrama er erst zugunsten der Handlung und der dramatischen Konventionen herabsetzt (Othellos Wandlung ist "impossible as psychology" usw.), sie dann aber doch wiederum als Medium der höchsten dramatischen Wirkung — eben der Illusion — auffaßt: "Shakespeare's characters, more unmistakably than anyone else's, are, from the outset, given voices... — a fact which inveigles us, throughout the play, and even (witness the critics) afterwards, into accepting, not them only, but also the incredible things that they not infrequently do. They speak — like human beings, though none we know or hear of — *therefore* they are; and then, if for nothing else, their story is — 'for the moment' — credible." Diese Auffassung (pp. 170 f.) bezeugt einen konfusen Eklektizismus in methodischen Fragen, der durch die vorangestellten *Dogmata Critica* (Zitate von Aristoteles, Pope, Goethe, Pater, Spingarn, Abercrombie, Lubbock, Eliot usw.) nur unterstrichen wird, wenn Stoll schreibt: "it is in the light of the *Dogmata* that I would be judged" (p. vi).

[4] E. Legouis, "La réaction contre la critique romantique de Shakespeare", in: *Essays and Studies,* vol. 13 (1928), p. 76.

bezeichnet werden sollte. Bei der Bestimmung der frühen neukritischen Tendenzen dürfen wir daher den Gegensatz zur romantischen Methode nicht als einziges oder absolutes Kriterium betrachten: Erstens sollte bei Kritikern wie L. Abercrombie und G. Wilson Knight das neue Interpretationsverfahren in eklektizistischer Kunstanschauung auftreten; zweitens war die Abkehr vom Impressionismus der spätviktorianischen Kritik auch für andere Richtungen der Shakespeare-Kritik charakteristisch.

Gerade die „historisch-realistische" Schule bedeutete ja eine Reaktion auf die individualistischen Vorurteile der romantischen Kritik, welche die traditionsgebundenen und z. T. primitiven Ausdrucksformen des großen Elisabethaners vernachlässigt hatte. Da jedoch Schücking sowohl wie Stoll einer „gewissenhaften geschichtlichen Betrachtung" [5] das Wort redeten, konnten ihre Bemühungen nicht zum Ausgangspunkt einer Literaturkritik werden, die angesichts der imperialistischen Weltkatastrophen unter dem „Zerfall des geschichtlichen Bewußtseins" litt und infolgedessen die „Literarhistorie auf den Aussterbe-Etat gesetzt" [6] hatte. Trotz der Beachtung, die man Stolls und Schückings Arbeiten zuteil werden ließ (*Die Charakterprobleme bei Shakespeare* wurden 1922 ins Englische übertragen), konnte daher L. Abercrombie in einer *British Academy Lecture* bereits 1930 das Ende des kurzlebigen "reign of scientific or realistic criticism" verkünden; "the process of Shakespearian criticism", so konstatierte er, "is once more on the turn: we may perhaps have come to the beginning of another revolution".

Diese Worte zielten auf *A Plea for the Liberty of Interpreting* [7]; und obwohl Abercrombie selbst eher an eine Rückkehr zu einer vorpositivistischen ästhetischen Kritik dachte, war seine einflußreiche und noch heute vielbeachtete [8] Vorlesung eine Vorwegnahme zukünftiger Tendenzen. Aus der Forderung "judge by results" entwickelte er "the grand principle of aesthetic criticism", das nun dem Prinzip der realistischen Methode ("judge by intentions") entgegengestellt wurde. [9]

---

[5] *Die Charakterprobleme bei Shakespeare*, S. 3.

[6] Wehrli, *Allgemeine Literaturwissenschaft*, S. 133.

[7] So der Titel der Vorlesung; Abdruck in *Aspects of Shakespeare*. Being British Academy Lectures (ed. by J. W. MacKail), Oxford 1933, pp. 227–254; obige Zitate: pp. 227/230.

[8] Vgl. z. B. L. C. Knights' und J. Lawlors Diskussion "On Historical Scholarship and the Interpretation of Shakespeare", in: *The Sewanee Review*, vol. 63 (1955) und vol. 64 (1956), in der beide Kritiker auf "Abercrombie's celebrated lecture" (vol. 64, p. 186) Bezug nehmen und nachdrücklich erklären: "here are a good many things apparently settled once and for all" (p. 187).

[9] A. a. O., pp. 230 f.

Abercrombie bestritt nicht nur die Bedeutsamkeit, sondern auch die Erkennbarkeit der objektiven historischen Aussage Shakespeares. Das elisabethanische Theaterstück besaß überhaupt keinen eindeutig bestimmbaren Inhalt: "it had as many different existences in an Elizabethan theatre as there were heads in the audience"! Die Relativiertheit der modernen bürgerlichen Kunstauffassung wurde somit dem elisabethanischen Theaterpublikum zur Last gelegt, und die „Freiheit der Interpretation" war für Abercrombie gerechtfertigt: "Every reader or spectator is at liberty to say what the play means to him. The reason is a simple one: the play, as a work of art, has no other existence ... for as a work of art it does not exist in what it may have meant to some one else, but in what it means to me: that is the only way it can exist." [10] Dieser phänomenologische Formalismus war ein Zeichen der Zeit; er beruhte auf einem ästhetischen Programm, das die Geschichtlichkeit Shakespearescher Kunst leugnete und die Kritik an dem vorwegnahm, was man wenig später als "intentional fallacy" brandmarken sollte. Damit waren auch im Bereich der Shakespeare-Kritik die von uns oben skizzierten neukritischen Grundsätze in Erscheinung getreten.

Ohne daß wir einem flachen ökonomischen Determinismus das Wort reden wollen, halten wir es für bemerkenswert, daß diese Abwendung von Realität und Geschichte aus dem Jahre 1930 datiert. Obwohl wir aus den soeben dargelegten Gründen schwerlich von einer abermaligen "revolution" in der Shakespeare-Kritik reden können, muß Abercrombies Vorlesung doch als das Manifest einer neuen, bislang wenig hervorgetretenen Interpretationsrichtung gewertet werden. Wenn überhaupt der „Beginn" der neukritischen Shakespeare-Interpretation an Hand einer Jahreszahl ermittelt werden kann, so ist es das Jahr der Weltwirtschaftskrise. Es sah das Erscheinen von G. Wilson Knights erstem Shakespeare-Buch, *The Wheel of Fire*, von F. C. Kolbës *Shakespeare's Way* und C. Spurgeons erster Arbeit über Shakespeares Bilder, *Leading Motives in the Imagery of Shakespeare*. Keiner dieser Autoren, am allerwenigsten Spurgeon, dürfte nach den Regeln der amerikanischen Analytiker uneingeschränkt als *new critic* gelten. Dennoch kennzeichnen ihre Werke — vor allem der Beitrag Wilson Knights — in Themenstellung oder Blickpunkt jene Richtung, von der sehr bald das Symbol, das Bildmuster, die Sprachstruktur, das Mythische sowie die mehr oder weniger autonome Kunstwerkbetrachtung zu Hauptanliegen der Shakespeare-Kritik erklärt wurden.

Der tiefere Zusammenhang der sich jetzt auch im Bereich der Shakespeare-Kritik zu Wort meldenden Bestrebungen wird deutlich, wenn

---

[10] Ibid., p. 253.

wir diese in Beziehung zu den gleichgerichteten Tendenzen in Lyrikinterpretation und Literaturtheorie setzen. Es ist aufschlußreich, hier
einmal das Erscheinungsjahr einiger anderer wegweisender Abhandlungen in Parenthese zu vermerken: *Practical Criticism* (1929); *Seven Types
of Ambiguity* (1930); *Fiction and the Reading Public* (1930); *I'll Take
My Stand* (1930); Roman Ingardens *Das literarische Kunstwerk* (1931);
New Bearings in English Poetry (1932); *Scrutiny* (1932 ff.) u. a. Ein
zeitgeschichtlicher Zusammenhang läßt sich gewiß nicht auf Grund einiger Publikationsdaten beweisen. Wenn uns diese dennoch bemerkenswert
erscheinen, so deshalb, weil der zeitliche Zusammenfall so vieler Publikationen eine Zufälligkeit ihrer Entstehung sehr unwahrscheinlich macht.
Die Zusammengehörigkeit dieser Tendenzen beruht in der Tat weder
auf irgendeinem Zufall noch auf individueller Absprache, sondern auf
der komplexen und indirekten Widerspiegelung einer ihnen gemeinsam
zugrundeliegenden Wirklichkeit.

In diesem Sinne dürfen wir auch in der Shakespeare-Interpretation
den Begriff der *Neuen* Kritik verwenden: Nicht, weil Wilson Knight
und die ihm folgenden Kritiker eine geschlossene oder gar einheitliche
Schule darstellen, sodern weil sie, insgesamt gesehen, sowohl mit der
romantisch-impressionistischen Shakespeare-Kritik als auch mit dem
historisch-positivistischen Wissenschaftserbe am weitestgehenden gebrochen haben. Sie alle setzen sich mit den neuen Gegebenheiten der
imperialistischen Epoche auseinander: Nicht, indem sie ökonomisch-
politische Kommentare verfassen, sondern indem sie — keineswegs
direkt und wohl keineswegs bewußt — ihr ästhetisches Programm abwandeln unter dem Eindruck der seit der Jahrhundertwende immer
stärker sichtbar werdenden wirtschaftlichen und sozialen Widersprüche
des Imperialismus und der damit Hand in Hand gehenden Umwertungen
im Bereich des Geisteslebens. Dieses Programm kann weder vulgär-
soziologisch noch aus dem Bewußtsein der betreffenden Kritiker verstanden werden. Im Gegenteil: Die bei den einzelnen Kritikern zwischen
Theorie und Praxis, Ziel und Leistung vorhandenen Spannungen können — ebenso wie die oft eklektisch verhüllten, tieferen methodologischen
Widersprüche — nur in detaillierter Analyse erschlossen und somit konkret kritisiert und überwunden werden.

III. Der Beitrag Wilson Knights

"We have watched a change come over Shakespearian studies during
the last two decades", so schreibt G. Wilson Knight im Vorwort zu *The
Crown of Life* (1947), "to which my attempts from 'Myth and Miracle'
(1929) onwards may, I like to think, have contributed, perhaps origin-
ated, something; though it will probably be wiser to consider such
supposed origins as themselves symptoms rather than causes of a given
movement." [1] Diese Einschätzung kennzeichnet treffend Knights Beitrag: obwohl nur Teil einer umfassenderen Strömung, haben seine Werke
doch zu deren Herausbildung und Verbreitung wesentlich beigetragen.
Die *The Wheel of Fire* folgenden Bände (*The Imperial Theme*, 1931;
The Shakespearian Tempest, 1932; *The Sovereign Flower*, 1958) bilden
— zusammen mit *The Crown of Life* — die schon in Umfang und Verbreitung bedeutendste und wohl auch einflußreichste neukritische *re-
interpretation* des Shakespeareschen Dramas. [2]

Knights methodisches Programm entspricht nicht in allen Punkten

---

[1] *The Crown of Life: Essays in Interpretation of Shakespeare's Final Plays*,
London usw. 1947, pp. vii f.

[2] Das jüngste und abschließende Werk *The Sovereign Flower. On Shakespeare
as the Poet of Royalism.* Together with related essays and indexes to earlier
volumes, London 1958, ersetzt jetzt die während des Krieges erschienenen Titel
This Sceptred Isle (1940) und *The Olive and the Sword* (1944). Bemerkenswert sind die zahlreichen Neuauflagen: wir benutzen im folgenden *The Wheel
of Fire*, "fourth revised and enlarged edition" 1949, davon 3rd repr. London
1959; *The Imperial Theme*, 3rd ed. London 1951; *The Shakespearian Tempest*,
3rd ed. London 1953. Dem entspricht die Bewertung Knights durch K. Muir
in dessen 25seitigem Überblick über "Fifty Years of Shakespeare Criticism:
1900—1950": Wilson Knights Beitrag wird auf nahezu drei Seiten dargestellt
(Shakespeare Survey 2, pp. 20—23); er erhält damit mehr als doppelt so viel
Raum wie irgend ein anderer Kritiker dieser Epoche. Muir betont Knights Einfluß (p. 20) und umschreibt die gesamte neukritische Richtung an einer Stelle
als "the School of Knight" (p. 23). Vgl. ferner O. J. Campbell, "Shakespeare
and the 'New' Critics", in: *Joseph Quincy Adams Memorial Studies*, Washington 1948, pp. 81—96, und W. T. Hastings, "The New Critics of Shakespeare",
in: *The Shakespeare Quarterly*, vol. I (1950), pp. 165—176. In beiden Studien
wird der Einfluß Knights auf L. C. Knights, F. R. Leavis, D. A. Traversi, R. B.
Heilman u. a. Kritiker hervorgehoben; Campbell spricht von "a deep allegiance"
(p. 93), Hastings sogar von Knight als "the Master" und bezeichnet Heilman,
Traversi u. a. als "his disciples" (p. 168, auch p. 172).

den Forderungen der orthodoxen Formalisten; er verharrt teilweise auf
traditionellen Positionen, so daß — wissenschaftsgeschichtlich — sein
Werk eine gewisse Übergangsstellung einnimmt. Er verwirft noch nicht
jegliche biographische Kritik, kennt noch nicht die Scheu vor der romantischen Erlebnisinterpretation und vermag sich daher auf einzelne überlieferte Grundsätze Bradleys zu berufen. Auch in weltanschaulicher Hinsicht bleibt er bei allem Einfluß von Bergson und Nietzsche "the pas-
sionately eclectic G. Wilson Knight" [3]. Dennoch berührt sich Knights
Kritik mit den späteren Bestrebungen eines Brooks und Heilman sehr
offensichtlich, und die von ihm propagierte symbolische Shakespeare-
Deutung muß als die früheste und zugleich bedeutendste Vorwegnahme
späterer amerikanischer Bestrebungen verstanden werden. Gerade das
frühe Erscheinungsjahr seiner Hauptwerke macht Knights Kritik wissenschaftsgeschichtlich aufschlußreich: es erklärt die Verbindungslinien
zur älteren Kritik, nimmt jedoch seinen symbolischen Hauptthesen nichts
von ihrer unerreichten methodologischen Konsequenz. Das gesamte Werk
dieses Kritikers verdient es daher, von uns an zentraler Stelle behandelt
zu werden.

Der Ausgangspunkt Knights ist nur vor dem Hintergrund der Krise
der älteren bürgerlichen Shakespeare-Kritik zu verstehen. Angesichts
des "intellectual chaos such as has surely emerged throughout recent
Shakespearian investigation" empfindet er den Verlust eines methodologischen Mittelpunktes als lastende Hypothek der älteren Kritik. "We
are in sore need of unity", erklärt er und folgert daraus eine für die
Tradition der britischen Kritik charakteristische Verpflichtung, "to safe-
guard Shakespeare for the general reader from the disintegration of
misguided scholarship" [4]. In einem Frontalangriff wendet sich Knight
gegen die viktorianische und positivistische Kritik mit ihren "troop of
concepts irrelevant to the nature of the work it thinks to analyse, and
with its army of 'intentions', 'causes', 'sources', and 'characters', and
its essentially ethical outlook" [5]. Ähnlich wie Abercrombie setzt er der
ethischen, auf die dichterischen Intentionen zielenden Kritik die Freiheit
eines "imaginative criticism" entgegen: "Ethical criticism judges a man
by his intentions, in literature or life. Imaginative criticism judges
rather by results, by the tree's fruits, not its roots." [6] In diesem Sinne
distanziert er sich entschieden von der romantischen Vorliebe für die
Charakterdeutung: "To devote excessive attention to 'characters' is,

---

[3] Hyman, *The Armed Vision*, p. 339.
[4] *The Shakespearian Tempest*, pp. 1 f.
[5] *The Wheel of Fire*, p. 7.
[6] *The Imperial Theme*, p. 21.

indeed, fatal. . . . criticism of 'character' often leaves pages of commentary with few references to the Shakespearian text; whereas an imaginative interpretation will always be interwoven with numerous quotations. By the number of such quotations all interpretation must, to a large extent, be judged." [7] Diese auf den Text gerichtete Deutung wird der älteren psychologischen Analyse gegenübergestellt, deren "constant and fruitless search for motives" [8] scharfe Kritik erfährt. Ebenso wie die Charakterdeutung wird nun aber auch die theatergeschichtliche Erschließung des Werkes, das Studium elisabethanischer Aufführungsbedingungen verworfen: "Nor will a sound knowledge of the stage and the especial theatrical technique of Shakespeare's work render up its imaginative secret." [9] Um dieses „Geheimnis" zu lösen, brauchen wir auch die Quellen des Dichters nicht zu berücksichtigen. "Sources", so meint Knight, ". . . fail empirically to explain any essential whatsoever." [10] Damit sind fundamentale Grundsätze der romantischen und der historischen Kritik über Bord geworfen. Nicht nur die Methoden, sondern die gesamte Zielsetzung der traditionellen Interpretation werden als verfehlt betrachtet: Gerade die größten Bewunderer Shakespeares, so behauptet Knight bilderstürmend, "had continually passed over the poet's most important qualities" [11].

Trotz ihrer maßlosen Überspitzung ist diese Kritik — wie unsere Betrachtung der romantischen Interpretationsweise zeigte — nicht aus der Luft gegriffen. Es verdient Beachtung, daß sich Knight aus einem echten Krisenbewußtsein heraus gegen "the extravagances of individual opinion" auflehnt und das schwankende Schiff der zeitgenössischen Shakespeare-Deutung aus "the tumultuous seas of personal prejudice" [12] heraussteuern möchte. "We have failed", so schreibt er, "to focus correctly the Shakespearian unity. Thus, there being no common starting-point for our inquiry, indeed no purely objective element at all in our subject-matter to which we are all equally responsive, we have become involved in pure emotionalism, individualism, and anarchy." [13] Knight hat die Problematik der romantischen und historischen Kritik wohl erkannt; sein Streben, die Interpretation zurück zu "the objective basis of an imaginative understanding" zu führen, entspringt zweifellos einem

---

[7] Ibid., p. 19.
[8] *The Wheel of Fire*, p. 9.
[9] Ibid., p. 13.
[10] Ibid., p. 7.
[11] Ibid., p. 275.
[12] *The Shakespearian Tempest*, pp. 2 f.
[13] Ibid., p. 3.

aufrichtigen Bemühen um "the imaginative solidities of Shake-speare" [14]. Welches aber ist „die objektive Grundlage" von Knights *imaginative understanding?* Welche Methodologie setzt Knight an die Stelle der von ihm verworfenen Methoden?

Die Beantwortung dieser Frage führt uns zunächst zu dem für Knights Werk zentralen Interpretationsbegriff. In den einleitenden Essays zu *The Wheel of Fire* ("On the Principles of Shakespeare Interpretation") und *The Imperial Theme* ("On Imaginative Interpretation") entwickelt er eine Interpretationsmethode, die in dem 1951 bekräftigten Postulat gipfelt, "that poetic 'interpretation' is to be firmly distinguished from 'criticism' " [15].

" 'Criticism' to me suggests a certain process of deliberately objectifying the work under consideration; . . . 'Interpretation', on the contrary, tends to merge into the work it analyses; it attempts, as far as possible, to understand its subject in the light of its own nature, employing external reference, if at all, only as a preliminary to understandig; it avoids discussion of merits, and, since its existence depends entirely on its original acceptance of the validity of the poetic unit which it claims, in some measure, to translate into discursive reasoning, it can recognize no division of 'good' from 'bad'. Thus criticism is active and looks ahead, often treating past work as material on which to base future standards and canons of art; interpretation is passive, and looks back, regarding only the imperative challenge of a poetic vision." [16]

Diese Definition bietet uns Aufklärung darüber, was Knight unter "the *objective* basis of an imaginative understanding" versteht. Seine „poetische Interpretation" entspricht der immanenten Textdeutung in dem Bestreben, "to understand its subject in the light of its own nature". Im Gegensatz zum *close reading* verzichtet sie *ausdrücklich* auf die literarische Wertung; an deren Stelle tritt eine deskriptiv ge-richtete, eher verstehende als analytische Auseinandersetzung mit "the imperative challenge of a poetic vision".

Der imposante Klang dieser Worte darf uns nicht abhalten, deren methodologische Grundlagen zu prüfen. Ihre Analyse führt zu dem

---

[14] Ibid.

[15] "Prefatory Note" zu *The Imperial Theme*, p. vi. Vgl. dazu A. E. Rodway und G. Salgado, "The School of Knight", in: *Essays in Criticism*, vol. 4 (1954), pp. 212–217, und Knights Entgegnung, ibid., pp. 217–222. Wenn Knight seine „Interpretation" von dem Begriff der „Kritik" distanziert, so können wir ihm nur mit F. W. Bateson entgegenhalten: "Although he may not like to be told so Mr. Knight is just as much a critic as the rest of us, and 'interpretation' is simply a specialized kind of criticism . . ." (ibid., p. 224).

[16] *The Wheel of Fire*, p. 1.

staunenswerten Ergebnis, daß Knight trotz seiner Kritik an den Romantikern selbst noch einer ausgesprochenen Erlebnisdeutung das Wort redet. Das wird sichtbar auch in der neueren Definition, worin es heißt:

"The critic is, and should be, cool and urbane, seeing the poetry he discusses not with the eyes of a lover but as an object; whereas interpretation deliberately immerses itself in its theme and speaks less from the seats of judgment than from the creative centre. It deliberately aims to write of genius from the standpoint not of the reader, but of genius itself; to write of it from *within*. . . . interpretation, it must be confessed, is happiest among the vast open spaces of what is, nevertheless, a severely disciplined speculation." [17]

Angesichts der tönenden Worte über Objektivität und "solidity" entbehrt diese romantische Erbschaft nicht einer gewissen Peinlichkeit. Es zeigt sich: Knight hat die idealistische Methodologie so wenig überwunden, daß er gerade deren irrationale Elemente übernimmt. "In essence", so heißt es in *The Crown of Life*, "our understanding is a mystic understanding . . ." [18]

Dieser irrationale Grundzug charakterisiert Knights gesamten Interpretationsbegriff. Da Shakespeares Werk geniale Intuition aufweise, müsse auch die Interpretation intuitiv sein: "we should follow our dramatic intuitions" [19], so plädiert Knight. Die Intuition erfaßt natürlich nicht das Werk in seiner ästhetischen Ganzheit, sondern widerspiegelt wie eh und jeh das subjektive Erleben des Betrachters. "Poetry is a mystery" [20], meint Knight. Die aus dieser Kunstauffassung folgernde „kritische" Methode hat er selbst treffend formuliert:

"We should not, in fact, think critically at all: we should interpret our original imaginative experience into the slower consciousness of logic and intellect, preserving something of that child-like faith which we possess, or should possess, in the theatre. It is exactly this translation from one order of consciousness to another that interpretation claims to perform. Uncritically, and passively, it receives the whole of the poet's vision; it then proceeds to re-express this experience in its own terms." [21]

Knight hat hiermit die romantische Erlebniskritik konsequent zu Ende gedacht: er verzichtet nicht nur auf die Wertung, sondern auf die Wissenschaft, und damit auch auf die Interpretation als Kritik.

---

[17] *The Imperial Theme*, p. vi.
[18] A. a. O., p. 12.
[19] *The Wheel of Fire*, pp. 7/9.
[20] *The Shakespearian Tempest*, p. 11.
[21] *The Wheel of Fire*, p. 3.

Knights Begriff der *imaginative interpretation* weist somit keinen Ausweg aus der Methodenkrise der Shakespeare-Interpretation. Er zeigt vielmehr, daß die Abwendung von der positiven Wissenschaft den Positivismus nicht überwinden kann, sondern sich der Grundlagen begibt, auf denen auch eine nicht-positivistische Deutung zu fußen hat. Unter diesem Aspekt gewinnt Knights — teilweise berechtigte — Kritik an der älteren bürgerlichen Shakespeare-Deutung einen höchst bedenklichen Akzent: Es scheint, als zielte sein Angriff gegen die herkömmlichen philologischen Methoden nicht so sehr auf deren historische Handhabung als vielmehr auf die in ihnen enthaltene Wissenschaftlichkeit und Rationalität.

IV. Das neue "Pattern"

Knights intuitive Interpretationsauffassung gilt es im Auge zu behalten, wenn wir uns dem für die gesamte Neue Shakespeare-Kritik charakteristischen Begriff des *pattern* zuwenden. Wilson Knight ist nicht nur einer der einflußreichsten modernen Symbolinterpreten, auch seine Konzeption des *pattern* muß als eine der frühesten „räumlichen" Interpretationstheorien bezeichnet werden. Er antizipiert die entsprechenden Bestrebungen anderer Kritiker (darunter auch die der neukritischen Romaninterpreten [1]) und vollzieht die Abkehr von der aristotelischen Dramenauffassung mit einer Konsequenz, wie sie später weder von Brooks, Heilman, Leavis noch Traversi erreicht wurde. Es ist dabei bezeichnend für den widerspruchsvollen Eklektizismus dieses Kritikers, daß er die für seine modernistische Symboldeutung erforderliche „räumliche" Interpretationstheorie mit den vorausgehend dargelegten Auffassungen verbinden kann.

Im Zentrum dieser neuen Betrachtungsweise steht das, was Eliot in seinem Vorwort zu *The Wheel of Fire* als "the pattern below the level of 'plot' and 'character'" [2] bezeichnet. Knight bestimmt dieses *pattern* als die von Handlungsverlauf und Charakterentwicklung weitgehend unabhängige "peculiar atmosphere, intellectual or imaginative, which

---

[1] Etwa Joseph Franks *Spatial Form in Modern Literature*. Zur Theorie der „räumlichen" Form vgl. W. Sutton, "The Literary Image and the Reader. A Consideration of the Theory of Spatial Form", in: *Journal of Aesthetics and Art Criticism*, vol. 16 (1957/58), pp. 112–123. Knights *spatial approach* ist von zahlreichen neukritischen Interpreten übernommen worden: vgl. darüber Campbell, a. a. O., p. 82, auch Hastings, a. a. O., p. 170.

[2] A. a. O., p. xviii.

binds the play" [3]. Diese „Atmosphäre" ist Ausdruck von "the omni-present and mysterious reality brooding motionless over and within the play's movement" [4]. Die Mittel, mit denen Shakespeare diese „mysteriöse Realität" aufbaut, findet Knight in den Bildern, Motiven und Leitideen der Stücke; er verwebt sie in einen Teppich von Entsprechungen und Kontrasten, die in ihrer Gesamtheit "an imaginative *area,* or field of significance" [5] — eben jenes *pattern* — bilden. Es ist dieses „Muster", das — nach Knight — "the unique quality of the play" bestimmt; ihm entspricht eine "new layer of symbolic meaning" [6], in der Knight die entscheidende Aussage des gesamten Dramas erblickt.

Diese eigentümliche Drameninterpretation wird nun von Knight durch eine Theorie des *spatial approach* gerechtfertigt. In seinem Essay "On the Principles of Shakespeare Interpretation" wird diese „räumliche" Betrachtungsweise folgendermaßen bestimmt:

"the spatial approach is implicit in our imaginative pleasure to a greater or a less degree always. It is, probably, the ability to see larger and still larger areas of a great work spatially with a continual widening of vision that causes us to appreciate it more deeply, to own it with our minds more surely, on every reading; whereas at first, knowing it only as a story, much of it may have seemed sterile, and much of it irrelevant. ... The spatial, that is, the spiritual, quality uses the temporal, that is, the story, lending it dominance in order to express itself the more clearly ..." [7]

Das „räumliche" Element verwandelt sich somit in das rein geistige, dem die „zeitliche" Dimension des Dramas untergeordnet wird. Es ver-dient Beachtung, wie Knight durch die Gleichsetzung von *spatial = spir-itual* auch in der Antithese *temporal* eine entsprechende Zweideutigkeit suggeriert, wodurch neben die Zeit als Dimension auch die Zeitlichkeit

---

[3] *The Wheel of Fire,* p. 15.

[4] Ibid., pp. 4 f.

[5] *The Imperial Theme,* p. viii.

[6] *The Shakespearian Tempest,* p. vii.

[7] *The Wheel of Fire,* pp. 4/6. Eine ähnliche, wenn auch meist stärker sprach-analytisch gerichtete Konzeption des *pattern* findet sich bei zahlreichen Neuen Kritikern. Man vgl. etwa D. A. Traversi, *An Approach to Shakespeare,* rev. and enl. ed., London/Glasgow [1957], p. 4: "To proceed from the word to the image in its verse setting, and thence to trace the way in which a pattern of interdependent themes is gradually woven into the dramatic action, unifying and illuminating it, is the most fruitful approach". Beachtenswert ist Traversis Verhältnis zu Wilson Knight: "Among modern writers, I have been particularly helped by Mr. Wilson Knight, whose work ... has seemed to me the most comprehensive modern attempt to deal with Shakespeare" ("Note to the First Edition" [1937]).

(gleich Weltlichkeit) gerückt wird. Abgesehen von der dichtungslogischen Fragwürdigkeit dieses Schemas, kommt hierin eine Tendenz zum Ausdruck, die wir bereits mehrfach als Grundlage neukritischer Kunstauffassung bezeichnet haben. Es ist dies die Anschauung vom Kunstwerk als autonomes Gebilde, als das, was Knight "a visionary unit bound to obey none but its own self-imposed laws" [8] nennt.

Unter diesem Blickwinkel gewinnt der *spatial approach* eine außerordentliche Aktualität. Die „räumliche" Interpretation betrachtet das Werk als "an imaginative *area*"; im Gegensatz zu der „zeitlichen" Interpretation werden die Elemente der Aussage und Fabel nicht in ihrer Entwicklung und ihrer Verstrickung, sondern in ihrer Analogie- und Kontrastfähigkeit gewertet. Entwicklung und Verstrickung, d. h. Prozesse, die letztlich „außerästhetischen" Charakters sind, werden damit aus dem Kunstwerk verbannt, bzw. auf den Hintergrund eines räumlich konzipierten *pattern* projiziert und somit ihres eigentlichen Wesens beraubt. Auf diese Weise werden genau jene Elemente des Kunstwerks übergangen, die die Bewegung und Dialektik des dramatischen Vorgangs konstituieren.

Die "omnipresent and mysterious reality" von Knights *pattern* ist daher eine „bewegungslose" und autonome „Realität", die mit der bewegten Wirklichkeit absolut nichts zu tun hat. Mehr noch: die „räumliche" Dimension des *pattern* findet weder in der Wirklichkeit, noch auch eigentlich im Kunstwerk irgendeine objektive Entsprechung. Die wirkliche räumliche Dimension des Dramas ist der abgegrenzte Bühnenraum des Theaters, auf dem — wie Aristoteles (*Poetik*, VI) sagt — eine Verknüpfung von Begebenheiten, also eine sich *in der Zeit* erstreckende Handlung abläuft. Abgesehen von dem durch Szenenwechsel symbolisierten Wechsel des Schauplatzes und abgesehen von der auf Druckbogen meßbaren Ausdehnung des ungesprochenen Textes gibt es keine andere räumliche Dimension des Dramas. Diese existiert vielmehr nur im Bewußtsein des Betrachters; nicht im Bewußtsein des vorurteilslosen Zuschauers oder Lesers, sondern lediglich im Bewußtsein jenes Kritikers, der die Vorwärtsbewegung des dramatischen Geschehens und die Dynamik des dramatischen Konfliktes einebnet zugunsten eines notwendig zweidimensionalen, flächenhaften *pattern*.

Knights *spatial approach* hat seinen wahren Bezugspunkt also nicht in der Räumlichkeit des Kunstwerks, sondern in seiner eigenen stati-

---

[8] Ibid., p. 14. Die im folgenden dargelegte Kritik am *spatial approach* wird durch Knights spätere Überlegungen (in *The Sovereign Flower*, pp. 254–257) nicht entkräftet; diese bleiben — recht verworrene — theoretische Postulate, von denen Knight sagen muß (p. 255): "The complexities remain baffling enough".

schen Dramenauffassung. Die „räumliche" Betrachtungsweise widerspiegelt mithin keine statischen Elemente bei Shakespeare, vielmehr
den Mangel an dynamischem Zusammensehen in der Arbeitsweise des
Kritikers.

Dem zugrunde liegt der Verlust der Fähigkeit, das Drama in seinen
totalen Dimensionen, d. h. auch als zeitliches Ereignis, in seinem Wirklichkeitsbezug und seinen dialektischen Zusammenhängen zu sehen. In
der Tat ist Knights metaphysische, auf Intuition beruhende Kunstauffassung den Anforderungen einer solchen umfassenden Interpretation
nicht mehr gewachsen. Seine Ästhetik kann nur der „räumlichen", aber
nicht der zeitlich-kausalen oder historischen Dimension des Kunstwerks
poetische Wirkungen abgewinnen. Wie bei dem gleichfalls stark von
Bergson beeinflußten T. E. Hulme finden wir "an artistic preoccu-
pation with the single image and a relative indifference to the unity of
the whole" [9]. Der Bezugspunkt des Bildes, der Atmosphäre und des
pattern überwindet nicht, sondern steigert den von Knight selbst erkannten Mangel an Einheit *(need of unity)* in der Shakespeare-Interpretation. So gesehen, ist Knights *spatial approach* nicht Ausdruck eines
verfeinerten Kunstverständnisses, sondern − dem Betrachter unbewußt
− ein Symptom jener neukritischen Verlegenheit, die die weltanschau-
liche Not des Kritikers in dessen ästhetische Tugend verwandeln möchte.

Als Beleg für diese Deutung sei hier eine für Knights *pattern*-Theorie
zentrale Überlegung wiedergegeben, die dieser als Antwort bietet auf
die Frage, "why so important an element in Shakespeare has failed to
receive recognition and understanding". Trotz seiner Länge bleibt das
Zitat im wesentlichen ungekürzt, um den Leser zu befähigen, Knights
Argumentation möglichst lückenlos selbst zu überprüfen.

"A Shakespearian play is, indeed, mysterious. It is not life, though it is very
life-like; and our normal waking consciousness, which we may call the intellectual, is not readily and instinctively adapted to understand this poetic reality,
which demands and awakens an especial intuition. The intellect may however,
be unaware of its own limitations, and lay claim to an understanding for which
it is not equipped: then it becomes very dangerous. This normal intellectual
consciousness is, clearly, accustomed to traffic daily with a limited human rather
than a universal reality; therein is its chief interest. Moreover, it has itself given
birth to our ethical systems, which will be found ever to reflect the more 'common-sense' view of human conduct, rejecting the impassioned, the visionary,
or the nihilistic, and all immediate intuitions, whose fine frenzies of delight or
agony cannot be justified by considerations of cause and effect. True, this

---

[9] R. H. Fogle, "Romantic Bards and Metaphysical Reviewers", in: *ELH*,
vol. 12 (1945), p. 224.

common-sense view may well be an excellent thing in life; ... But this intellectual consciousness is ill adapted to analysis of poetry. A Shakespearian play
certainly has elements both psychological and ethical, but it has much else, of
more universal suggestion, besides. Moreover, those other elements are exactly
those which constitute our poetic enjoyment. They are received intuitively,
enjoyed, and swiftly forgotten ... Thus our imaginative reaction to a poem
is *a succession of intuitive states,* each forgotten in its unique quality as it
passes ..." [10]

Hier wird sichtbar, daß die Abkehr von einer rationalen Auffassung
des Kunstwerks dessen Betrachtung tatsächlich in "a succession of intuitive states" verwandelt. Aus der Intuition läßt sich jedoch weder die Verknüpfung und Bedeutung des Geschehens noch auch der tiefere Gehalt
der dichterischen Bilder, deren dramatische Funktion und Aussage interpretieren. Gerade die besten Bild-Interpretationen haben wohlweislich
den *spatial approach* verworfen — aus Gründen, die Wolfgang Clemen
überzeugend dargelegt hat. Er schreibt: „Es ist der natürliche Wesens-
zug des Dramas, das Geschehen in einem Nacheinander zu geben, in
einer successiven Enthüllung, nicht in einem Zugleich. Und zwar leitet
sich gerade von diesem Nacheinander die Hauptwirkung des Dramas ab.
Jedes Bild steht nun in solcher zeitlichen Folge an einem bestimmten
Punkt, es hat teil an dieser stufenweisen, progressiven Enthüllung, es
ist gesagt in einem bestimmten Moment dieser im Drama eingeschlosse-
nen Zeitspanne, es ist gesprochen aus einer bestimmten dramatischen
Situation heraus und aus dem Munde einer bestimmten Person. So

---

[10] *The Shakespearian Tempest,* pp. 6 f. Hervorhebungen von mir. Hier wie
anderswo ist Knights Auffassung keineswegs originell. Die von ihm postulierte
Aufspaltung des Bewußtseins in Instinkt und Intellekt erinnert an Nietzsches
„Widerspruch von Leben und Wissen" (s. o., S. 122); wir finden sie auch bei
Bergson, und zwar mit der gleichen Abwertung des Intellekts. Vgl. etwa *Schöpferische Entwicklung,* übers. von G. Kantorowicz, Jena 1921, S. 181: „Denn,
und nicht oft genug kann es gesagt werden, Intellekt und Instinkt sind in ent-
gegengesetztem Sinne gerichtet, jener auf die tote Materie, dieser auf das Leben.
... Ins Innere des Lebens selber dagegen würde *die Intuition,* ich meine der
uninteressierte, der seiner selbst bewußt gewordene Instinkt führen ..." Im
gleichen Zusammenhang beruft sich Bergson gerade auf „das Dasein des ästhetischen Vermögens" (ibid.) als vermeintlichen Beweis für seine Intuitionslehre,
wobei er freilich eine in Knights "intellect-instinct distinction" (*The Shakespearian Tempest,* p. 6) nicht enthaltene Einschränkung macht, wenn er sagt:
„Zwar ergreift diese ästhetische Intuition, wie ja übrigens auch die äußere
Wahrnehmung, nur das Individuelle" (S. 182). Die hier recht umwunden angedeuteten dichtungstheoretischen Grenzen der „ästhetischen Intuition" versucht
Knight durch höchst schematische symbolische „Verallgemeinerungen" zu um-
gehen.

erscheint ein jedes Bild als Zelle in dem Organismus des Stückes, und mit ihm auf vielfältige Weise verknüpft."[11] Knight verstößt gegen das Grundgesetz des dramatischen Kunstwerks, und seine „räumliche" Interpretation sieht das einzelne Bild nicht „als Zelle in dem Organismus des Stückes", nicht in der Totalität seiner dialektischen Beziehungen, sondern als Steinchen in einem Mosaik, in einem flächigen *pattern*, dessen tatsächliche Beziehungslosigkeiten er — wie noch zu zeigen ist — durch antithetische Symbolisierung wettzumachen trachtet.

Es muß darüber hinaus hervorgehoben werden, daß Knight der intuitiven Interpretation nicht nur den Vorzug gibt, sondern sie in einen letztlich unversöhnlichen Gegensatz zu dem "normal intellectual consciousness" stellt. Diese Tatsache verdient allergrößte Beachtung: Die abstrakte Gegenüberstellung von *consciousness* und Vision, *poetry* und Intellekt, Leidenschaft und Psychologie widerspiegelt eine Aufspaltung kritischer Sensibilität, die an Eliots eigene "dissociation of sensibility"[12] erinnert. Indem Knight das „intellektuelle Bewußtsein" als ungeeignete Voraussetzung der Kunstwerkinterpretation betrachtet, verzichtet er nicht lediglich auf die Deutung der kausalen und dialektischen Elemente des *plot*. Da er zusammen mit dem menschlichen Bewußtsein auch "our ethical systems" verwirft, begibt er sich jedes Wertsystems, an Hand dessen er das *menschliche* Korrelat der Charaktere und dessen *gesellschaftliche* Bedeutsamkeit ermitteln könnte.

Die Charakterdeutung der Romantiker mochte methodologisch unfruchtbar sein; bei Knight jedoch wird die Unfruchtbarkeit dieser Methode ersetzt durch deren Zerstörung. Die Einwände gegen die viktorianische Charakteranalyse wollen wir gelten lassen; allein deren Alternative ist gänzlich unannehmbar. Knight überwindet nicht die — von uns oben dargelegten — wirklichen Schwächen der Romantiker, sondern eröffnet den Kampf gegen "the ethical attitude".[13] Damit ist — wohl-

---

[11] W. Clemen, *Shakespeares Bilder. Ihre Entwicklung und ihre Funktionen im dramatischen Werk*, Bonn 1936, S. 7.

[12] S. o., S. 63 ff.; vgl. wiederum Bergson, der unter einer ähnlichen Spaltung des Bewußtseins litt und als erster die problematisch gewordene Beziehung zwischen der Materie, der gegebenen Wirklichkeit und „dem Fließen des Lebens" erkennen ließ: „Andererseits aber hatte sich das Bewußtsein doch nur in Intuition und Intellekt gespalten, um der Notwendigkeit zu genügen, sich sowohl auf die Materie anwenden zu lassen, wie dem Fließen des Lebens zu folgen." (*Schöpferische Entwicklung*, S. 183.)

[13] Vgl. *The Wheel of Fire*, p. 11: "Thus when a critic adopts the ethical attitude, we shall generally find that he is unconsciously lifting the object of his attention [i. e. den dramatischen Helden] from his setting and regarding him as actually alive."

gemerkt — weniger die aufdringliche Lehrhaftigkeit gemeint als vielmehr die der poetischen "vision" eben diametral entgegengestellte menschliche Moral, die dem "normal intellectual consciousness" entspringt: "It is impossible", so sagt Knight, "to use the term [i. e. 'character'] without any tinge of a morality which blurs vision." [14]

Die von Knight formulierte Alternative ("the commentator must be true to his artistic, not his normal, ethic" [15]) ist zutiefst falsch und letztlich unmenschlich. Sie entspricht Eliots Gegenüberstellung von "the man who suffers and the mind which creates" und offenbart einen der gesamten Neuen Kritik eigentümlichen Widerspruch, der schließlich nur aus dem ihm zugrundeliegenden gesellschaftlichen Grundwiderspruch erklärt werden kann. Wie abwegig und literaturtheoretisch irreführend eine solche Konzeption ist, können wir am besten ermessen, indem wir uns auf die großen Kritiker der Vergangenheit besinnen: Ein Johnson und ein Lessing kannten keinen Konflikt zwischen der Ethik der Menschen und den Visionen des Kritikers. Sie besaßen keine "morality which blurs vision", sondern im Gegenteil: ihre Moral war das durchdringende Element, das die Würde und die Größe ihrer dichterischen Visionen ermöglichte und steigerte. [16]

V. Die Methode der Symbolinterpretation

Die Verlagerung der Aufmerksamkeit auf das *pattern* geht Hand in Hand mit der symbolischen Interpretation des Dramas. Ebenso wie die „räumliche" Betrachtungsweise hat auch die Symboldeutung in den letzten Jahren einen immer größeren Einfluß erlangt, so daß Knights früher Beitrag (1930/1932) trotz seiner eklektischen Ausgangsposition

---

[14] Ibid., p. 10.

[15] Ibid., p. 9. Vgl. auch *The Imperial Theme*, wo es (p. 23) heißt: "we must then be prepared to modify our ethical response till it is in tune with our imaginative vision".

[16] Diese Auffassung war nicht auf die großen Kritiker beschränkt; sie bestimmte das gesamte ästhetische Denken des aufstrebenden Bürgertums. Vgl. neben vielen anderen Belegen W. J. Bate ("The Sympathetic Imagination in 18th Century English Criticism", in: *ELH*, vol. 12 [1945], p. 146), der die von Shaftesbury, Hutcheson u. a. geforderte Einheit von *taste* und *morality* hervorhebt und hinweist auf "the continually reiterated assertion in the criticism of the period that taste and morality are psychologically dependent on each other, that they augment each other's growth and delicacy, and that decline in the one necessarily precipitates decline in the other".

eine unverminderte, möglicherweise noch verstärkte Aktualität gewann. Unabhängig von einzelnen Vorläufern wie C. Still (*Shakespeare's Mystery Play*, 1921; 2. Aufl. unter dem Titel *The Timeless Theme*, 1936) bleibt Wilson Knight der eigentliche Wegbereiter dieser Interpretationsrichtung. Seinen Beitrag wollen wir daher auch hier in den Mittelpunkt unserer Auseinandersetzung rücken.

Auszugehen ist dabei von jener für die Neue Kritik sehr charakteristischen Bestimmung des Symbols, wie sie Knight mehrfach dargelegt hat. In *The Shakespearian Tempest* vertritt er die Auffassung,

"that any immediate appeal to the imagination constitutes a symbolic force to the intelligence. Thus there is nothing rigid about a symbol. It is not a sign which 'stands instead of' something else. Any one symbol is not a symbol of any one thing in particular but holds rather a number of suggestions." [1]

Diese Definition schränkt den Abbildcharakter eines Symbols entschieden ein. Knights „Symbol" symbolisiert nichts Bestimmtes, hat keinen fixierbaren Aussagewert. Dieser sei vielmehr relativ und konstituiere sich aus den Beziehungen des Symbols zu anderen Elementen des Kunstwerks. Ein Symbol ist für Knight im Grunde nur ein Element poetischer Kraft. In diesem Sinne betont Knight "the variable nature of the symbol" und verdeutlicht dies an Hand eines Beispiels, das Beachtung verdient:

"We cannot say about any one symbol that it means anything more or less than it must mean in its particular context. All we can, ultimately, say is that it has dynamic relations: it receives and radiates power. Such is the tempest or the sea in Shakespeare. ... The sea is usually impregnated with tragic power. Often it holds a 'death' suggestion; it is often a formless chaos; and yet it may, if imaged as calm, suggest peace. Again, its infinite expanse may suggest the infinities of either guilt or glory; its raging contest with rocks may indicate either nobility or savagery ... We thus, clearly, cannot finally say the sea in Shakespeare has any one persistent meaning as a symbol but only as itself, as the sea. It becomes a symbol only when we start to interpret." [2]

Diese Theorie wirft mehr Probleme auf, als sie zu lösen vermag. Das Symbol „Meer" *hat* gar keine andere symbolische Bedeutung als "only as itself, as the sea", ist aber *dennoch* ein Symbol. Es gewinnt den Charakter eines Symbols nicht auf Grund seiner Funktion im Kunstwerk, sondern weil der Interpret es in ein solches verwandelt. "A poet's symbol", so folgert Knight, "has thus queer propensities. It may often

---

[1] A. a. O., pp. 13 f.
[2] Ibid., p. 14.

be equivalent to its opposite in the sense that any contrast is a comparison." [3]

Wie auch immer die Logik dieser Argumentation beschaffen ist, man möchte meinen, daß damit die subjektive Bedingtheit des Symbols und seine künstlerische Instabilität erwiesen wäre. Knight, der doch bekanntlich eine "objective basis of imaginative understanding" erstreben wollte, hat uns ursprünglich – in einschlägiger Metaphorik – "the tumultuous seas of personal prejudice" (s. o., S. 177) zu meiden versprochen. Dennoch steuert das Schifflein seiner symbolischen Exegese in ein Meer von wenig „disziplinierter Spekulation".

Dies bestätigt sich im gleichen Zusammenhang, am Beispiel eines anderen Symbols, des Sturmes.

"In *Othello* the tempest suggests not Fortune's cruelty but rather Fortune's favour; yet, by contrast, it throws forward to another, spiritual, tempest, wherein Fortune's favour is withdrawn. In *Lear* the tempest, though cruel, is yet kind in comparison with man's cruelty. ... Thus physical tempests are primarily cruel in Shakespeare; yet often their presence serves to indicate a tempestuous reality even more cruel in terms of spiritual experience. The tempest is kind by comparison and is, apparently, introduced primarily that we may be aware of this kindness. Tempests thus vary from play to play. We cannot finally say that tempests are to be absolutely and always equated with tragedy when they are as likely to be contrasted with it." [4]

"And yet, from a comprehensive view of Shakespeare's work, we are forced to regard tempest and sea-imagery as less flexible than other fictional realities. ... Therefore, in the Shakespearian system, we shall be forced to regard either the sea in all its variations or the tempest-music opposition (these being equivalent since the sea, variably rough and calm, tends to include the modes suggested by the other terms) as fixed; and we shall say that plots are built round tempests – or, to be more exact, round the tempest-music opposition – rather than that tempests are inserted into plots. Plots vary, tempests persist. It is always the same tempest; and, indeed, it is continually given almost exactly repetitive phrases in description." [5]

Der Widerspruch ist offensichtlich. "*Tempests thus vary* from play to play. ... Plots vary, tempests persist. *It is always the same tempest*" – zwischen beiden unvereinbaren Thesen suchen wir vergeblich nach einer Erklärung, einer Beziehung. Die theoretischen Grundlagen dieser Symbolinterpretation erscheinen auch dann widersprüchlich, wenn Knight den poetischen Gehalt und dramatischen Tenor der Stücke sehr treffend und feinsinnig erfaßt oder wenn es ihm – gegen positivistische Ver-

---

[3] Ibid., p. 15.
[4] Ibid.
[5] Ibid., pp. 15 f.

flachung — geht um "that soullife of the Shakespearian play", um "that burning core of mental or spiritual reality from which each play derives its nature and meaning" [6].

Betrachten wir das für die gesamte Neue Kritik so charakteristische Verfahren der Symboldeutung einmal *en détail*, so wird deutlich, daß nicht zufällig der Symboldeutung im Rahmen der Shakespeare-Kritik eine außerordentlich hohe Bedeutung zukommt. Die Gründe für diese hohe Wertschätzung der Symbole werden verständlich, wenn wir an das bei allem Eklektizismus doch ablehnende Verhältnis der Symbolkritiker zur älteren bürgerlichen Shakespeare-Kritik erinnern. Knight zum Beispiel sah in ihr ein methodologisches Chaos, und es war seine erklärte Absicht, "to replace that chaos by drawing attention to the true Shakespearian unity" [7].

Diese immer wieder betonte Suche nach einer neuen Shakespeareschen „Einheit" konnte weder im Rahmen der über das Kunstwerk hinausweisenden *plot*-Analyse noch im Bereich der an ethisch-ideologische Gesichtspunkte geknüpften Charakterdeutung zu Ergebnissen führen. Die Neue Kritik, die diese älteren Interpretationsmethoden verwarf, suchte jetzt "significant coherences that could be, provisionally, discussed in their own right in loose dissociation from the story" [8]. Für eben solche neuen *coherences* boten sich die Symbole an, deren Analyse der neukritischen Grundforderung ("we should first regard each play as a visionary unit bound to obey none but its own self-imposed laws") in idealer Weise zu entsprechen schien. Aus diesem Grunde nennt Knight die Symbolinterpretation als eines von "the main principles of right Shakespearian interpretation". Er fordert: "We should analyse the use and meaning of direct poetic symbolism — that is, events whose significance can hardly be related to the normal processes of actual life." [9]

Der hiermit in den Vordergrund der Shakespeare-Interpretation gerückte Symbolismus manifestiert sich also in Geschehnissen, deren Bedeutung im wirklichen Leben keine Entsprechung findet. Welcher Art sind nun diese symbolischen Geschehnisse? Die Antwort wurde bereits angedeutet: es sind Sturm und Musik, und in ihrem Gegensatz findet Knight "the true Shakespearian unity" [10]. Dieses Symbolpaar wird da-

---

[6] *The Wheel of Fire*, p. 14.
[7] *The Shakespearian Tempest*, p. 1.
[8] *The Imperial Theme*, p. viii.
[9] *The Wheel of Fire*, p. 15.
[10] Das bereits angeführte Zitat lautet vollständig so: "My purpose here is to replace that chaos by drawing attention to the true Shakespearian unity: the opposition throughout the plays, of 'tempest' and 'music'." (*The Shakespearian Tempest*, p. 1.)

mit zum Ausgangspunkt seiner gesamten *re-interpretation!* Es bildet die bislang verkannte Zauberformel, worin das Wesen und die höchste Einheit der Shakespeareschen Dramen beschlossen liegen:

"The imaginative study of Shakespeare has not yet properly begun. For any such understanding must surely start by consideration of *the hitherto neglected Shakespearian essence:* the tempest-music opposition. Tempests are thus all-important. Taken in opposition with music they form *the only principle of unity in Shakespeare.* 'Characterization', plots, metre, even typical 'values', change; plays are tragical, historical, comical, or pastoral, light as Plautus or heavy as Seneca; but all may be shown to revolve on *this one axis.*" [11]

Um *music* und *tempest* gruppieren sich nun alle positiven und negativen „Werte", abgewandelte Gegensatzpaare und antithetisch gerichtete „Themen". Knight spricht von einem *life-theme* und einem *hate-theme,* von *love* und *war,* von *order* und *disorder* usw., ohne im geringsten den zeitgeschichtlichen Bezug oder konkret historischen Inhalt etwa der letztgenannten Motive zu berücksichtigen. Für historische Überlegungen oder gar Quellenuntersuchungen bleibt natürlich kein Raum, wenn alle von Shakespeare gestalteten menschlichen, gesellschaftlichen, historischen, ideellen, ethischen Kräfte ihren letzten Bezugspunkt in Musik-und-Sturm-Symbolen haben. S. Hyman hat dieses antithetische Schema treffend gekennzeichnet: "It is the polarization of the whole of Shakespeare's work in two columns (although certainly never written down in that fashion), one of which could be headed 'tempest' and the other 'music'. Thus all winter associations are tempest and all summer associations music, all sea monsters (Caliban) tempest and all winged things (Ariel) music, villains are tempest forces and heroes are music forces, words like 'deaf'd' and 'clamours' are tempest words, characters like Hamlet and Ophelia are musically out of tune, and even animals are either tempest beasts or music beasts." [12] Wenngleich Knight in späteren Essays die dogmatische Antithetik teilweise aufgibt und die Symbolik unter anderem auch in den Handlungselementen selbst sucht [13],

---

[11] Ibid., pp. 5 f. Hervorhebungen von mir.

[12] A. a. O., p. 258.

[13] So in *The Crown of Life.* In dem 1952 verfaßten Vorwort zur Neuausgabe von *The Shakespearian Tempest* findet sich eine eigentümliche "chart of Shakespeare's Dramatic Universe" (pp. xvi f.), die wohl der erweiterten Konzeption Rechnung trägt, aber dennoch die alte Antithetik umschließt. Diese wird dann auch 1953 von Knight bekräftigt und als "the basis of all my later work" bezeichnet: "the whole Shakespearian corpus [is] revealing its structure in terms of the recurring symbols of tempest and music". Vgl. G. W. Knight, "The New Interpretation", in: *Essays in Criticism,* vol. 3 (1953), p. 382.

kennzeichnet das genannte Gegensatzpaar den Hauptaspekt der mit dem Namen Wilson Knight verbundenen Symboldeutung.

Eine Kritik ihrer methodologischen Grundlagen sollte sich nicht mit dem Einwand Schückings begnügen, daß unser Wissen von den Quellen, den Konventionen und dem Publikum des elisabethanischen Dramas jeder symbolischen Aussage widerspricht[14]. Sie sollte nicht bei der Forderung W. R. Keasts stehen bleiben, wonach "the necessity of symbolic interpretation must be established independently of the interpretation itself"[15]. So berechtigt diese Einwände sind: als Kritik der Symbolinterpretation sind sie unzureichend, weil sie deren eigentliche methodologische Prämisse nicht aus der Auffassung des Verhältnisses von Kunst und Wirklichkeit ableiten und somit die Voraussetzungen dieser Methode nicht *von der Wurzel her* begreifen. Eine solche *radikale* Kritik der

---

[14] In *Die Charakterprobleme bei Shakespeare* widerlegt Schücking „die angebliche Symbolik" (S. 271) aus der von ihm dargelegten „Grundlage der Shakespeareschen Kunst".

[15] Keast bezieht dies auf R. B. Heilmans symbolische *Lear*-Deutung in *This Great Stage* ("Imagery and Meaning in the Interpretation of *King Lear*", ein mehrfach, auch in *Critics and Criticism* abgedruckter Aufsatz; unser Zitat entstammt *MP*, vol. 47 [1949/50], p. 64). Was dort über Heilmans Auslegung von *King Lear* gesagt wird, gilt für Knights Interpretation *sämtlicher* Shakespeare-Dramen. (Es verdient Beachtung, daß sich der Chicagoer Kritiker – zumindest in seiner Polemik – sehr wohl auf „außerästhetische" Kriterien zu beziehen weiß – was ihm denn auch prompt von W. K. Wimsatt [*The Verbal Icon*, p. 56] angekreidet wird.) Keast schreibt (a. a. O.): "Nothing in the text of the play, nothing in Shakespeare's habits as a dramatist, nothing in the circumstances of its composition and production, nothing in Elizabethan dramatic practice in general, nothing in the dramatic criticism of Shakespeare's day – nothing, in short, internal or external, suggests, or has been thought until recent years to suggest, that a literal reading of *King Lear* will fail to account for essential features of the play and that the tragedy must be interpreted, therefore, as an organized body of symbols." Von diesem – mehr literarhistorischen als methodologischen – Standpunkt ist die symbolische Dramendeutung bereits mehrfach kritisiert worden, so z. B. von E. E. Stoll, "Symbolism in Shakespeare", in: *MLR*, vol. 42 (1947), pp. 9–23. Gegen den neukritischen Nachweis von "paradoxical symbolism" in *Othello* wendet sich Stoll in *ELH*, vol. 13 (1946), pp. 46–58, das Zitat ebendort p. 52. Schücking beschäftigt sich mit F. R. Leavis' Umdeutung des gleichen Dramas in „Der neue Othello", in: *Studies in English Language and Literature. Presented to Prof. Dr. Karl Brunner*, Wien/Stuttgart 1957, pp. 191–199, und gelangt zu dem beachtenswerten Ergebnis, daß die neukritische Interpretation „die Shakespearesche Form in einer Weise mißversteht, wie es vielleicht seit den Zeiten der Restoration ohne Parallele ist" (p. 194).

Symboldeutung soll daher unsere Auseinandersetzung mit Knight und der durch ihn repräsentierten neukritischen Richtung abschließen.

1. Symbol und Wirklichkeit

Der Symboldeutung liegt eine Auffassung von Text und Kontext zugrunde, die an die für den *new criticism* charakteristische Vorstellung von der Autonomie ästhetischer Vorgänge erinnert. Im Lichte der allgemeinen neukritischen Realitätsentfremdung gewinnt Knights Begriffsbestimmung des Symbols eine bedenkliche Wendung: "It is not a sign which 'stands instead of' something else." [16] Mit dieser Bestimmung wird die bereits in der Etymologie des Wortes begründete Beziehung zwischen Zeichen und Bezeichnetem, zwischen Symbol und Symbolisiertem gesprengt. Die im herkömmlichen Gebrauch des Wortes dominierende Sinngebung als "that of something standing for, representing, something else" [17] wird nicht berücksichtigt. Die Beziehung zwischen Bild und Bedeutung und damit die sehr komplexe Inhalt-Form-Relation des Symbols gerät dadurch in eine Krise, daß das Symbol über sein Verhältnis zum ‚innerästhetischen' Kontext auch seinen ‚außerästhetischen' Bezug zur Wirklichkeit gefährdet.

Es ist zu beachten, daß Knight mit dieser Auffassung nicht allein dasteht, vielmehr als Paradigma für die gegenwärtig führende bürgerliche Symbollehre gelten darf. Wir können nur kurz darauf hinweisen, daß er bestimmte Thesen der semantischen Philosophen vorwegnimmt oder doch unabhängig von ihnen entwickelt; trotz seiner gänzlich anders gerichteten Ausgangsposition gelangt Knight zu ähnlichen Ergebnissen wie die formalistische Richtung in der Semiotik, die den "cleavage ... between symbols and things symbolized" [18] gleichfalls im Sinne autonomer Kunstauffassung auslegt. Schon ein Jahrzehnt vor dem Erscheinen von *Philosophy in a New Key* vertritt Knight eine Auffassung, die Susanne K. Langer später philosophisch zu begründen versucht hat. In *Problems of Art* spricht sie von einem *art symbol* und meint,

"that it is a symbol in a somewhat special sense, because it performs some symbolic functions, but not all; especially, it does not stand for something else, nor refer to anything that exists apart from it." [19]

---

[16] S. o., S. 187, Anm. 1.

[17] Warren/Wellek, *Theory of Literature*, p. 193.

[18] Heyl, *New Bearings in Esthetics and Art Criticism: A Study in Semantics and Evaluation*, p. 7.

[19] *Problems of Art. Ten Philosophical Lectures*, New York 1957, p. 132, vgl. auch p. 139.

In ähnlicher Weise hat Langer dies in *Feeling and Form* darzulegen versucht. Dort heißt es:

"A symbol that cannot be separated from its sense cannot really by said to refer to something outside of itself. 'Refer' is not the right word for its characteristic function. And where the symbol does not have an accepted reference, the use of it is not properly 'communication'." [20]

Hier wird die Kommunikationsfunktion des Symbols durch die Isolation des Zeichens *(symbol)* von seinem *sense* in Frage gestellt. Es ist dies eine Auffassung, die an Ernst Cassirers Symbolphilosophie anknüpft und sowohl die Einheit von Bild (Zeichen) und Bedeutung wie auch die Abbildfunktion dieser Einheit gefährdet. Auf das Kunstwerk als ganzes (das Werk als Symbol) übertragen, wird dann — unvermeidlich — das eigentliche Symbol mit dem ganzen Kunstwerk identifiziert, das selbst als *iconic symbol* aufgefaßt wird: "it denotes any object which has the properties ... which it itself has" [21]. Als Schlußfolgerung wird die von der klassischen idealistischen Ästhetik hervorgebrachte Auffassung ("that a work of art is a symbol" [22]) nicht im ursprünglichen Sinne der konsequenten Einheit von Inhalt und Form, sondern im Dienste der Befestigung des Autonomie-Anspruchs weiterentwickelt: "The work of art, then, is not a sign of other things but a sign of itself." [23]

Indem Knight — ebenso wie die Semantiker — die angebliche Autonomie des Symbols zur Grundlage (und Rechtfertigung) einer subjektiven Deutung setzt, verwirft er natürlich die materialistische Abbildtheorie als methodologische Grundlage der Inhalt-Form-Beziehung. Die von ihm anstelle dessen entwickelte metaphysische Auffassung gefährdet nun aber jede historisch-konkrete Bestimmung des literarischen Symbols: Da er den allgemeinen Abbildcharakter des Symbols verwirft, kann er auch die jeweilige Korrelation von Bild und Bedeutung nicht als geschichtliche Struktur erfassen; er kann die eigentümliche Spannung zwischen dem sinnlich-konkreten Bild (etwa dem Sturm) und der geistig-abstrakten Bedeutung weder mimetisch noch funktional voll erschließen. Gerade das künstlerische Symbol schöpft aber seine ästhetische Struktur aus der geschichtlich und funktional bestimmten Bezogenheit beider. Im Gegensatz zu dem außerkünstlerischen Symbol (etwa der Ziffer, der

---

[20] *Feeling and Form*, New York 1953, p. 380.

[21] *Sign, Language and Behavior*, New York 1946, p. 191.

[22] Vgl. E. G. Ballard, *Art and Analysis. An Essay toward a Theory in Aesthetics*, The Hague 1957, p. 76; vgl. bes. Chapt. IV, "The Aesthetic Symbol", pp. 64—80.

[23] Diese Zusammenfassung stammt von G. Dorfles, "Communication and Symbol in the Work of Art", in: *JAAC*, vol. 15 (1956/57), p. 289.

Flagge usw.) *darf* ja das Zeichen gar nicht willkürlich sein, sondern in seiner sinnlichen Gestalt, in seinem Bildcharakter *müssen* bereits charakteristische Teile der gewünschten Bedeutung bildhaft beschlossen liegen: Seine Erscheinung muß bereits einen Vergleich mit dem Wesen, seine Form bereits Aussage als Gleichnis enthalten.

Knight, der die Dialektik dieser Inhalt-Form-Beziehung verkennt, kann daher weder der Gestalt noch der Bedeutung des künstlerischen Symbols gerecht werden. Die nicht erfaßte Beziehung beider steht daher auch dem Verständnis des poetisch-generalisierenden und doch funktional-bestimmenden Charakters des Symbols im Wege: Ein solch „autonomes" Symbol *kann* dann natürlich kein bildhaftes Gleichnis von Realität sein: es hat eine „immanente", nur in sich beschlossene Bedeutung. Folgerichtig kann das Symbol nichts Historisch-Konkretes symbolisieren: "Any one symbol is not a symbol of any one thing in particular but holds rather a number of suggestions."

Was sind das für "suggestions"? Haben sie etwas mit der "objective basis of imaginative understanding" gemein? Die Antwort auf diese Fragen veranschaulicht das Dilemma von Wilson Knights literarischer Metaphysik; es kommt treffend in der bereits zitierten Auslegung des See-Symbols zum Ausdruck, deren Fragwürdigkeit wir erst jetzt methodologisch verstehen können:

"We thus, clearly, cannot finally say the sea in Shakespeare has any one persistent meaning as a symbol but only as itself, as the sea. It becomes a symbol only when we start to interpret." [24]

Das autonome Symbol „See" hat keinen symbolischen Aussagewert, sei aber dennoch ein Symbol. Es sei Bild, aber kein Abbild. Es steht "only as itself, as the sea". Es ist also überhaupt kein Symbol, sondern wird erst vom Interpreten in ein solches verwandelt: "It becomes a symbol only when we start to interpret."

Diese Äußerung ist eine so treffende Zusammenfassung der Methode der Symbolinterpretation, weil sie noch einmal schlaglichtartig die Grundproblematik neukritischer Literaturbetrachtung beleuchtet. Der Ausgangspunkt dieser Betrachtungsweise ist das autonome Kunstwerk, das autonome Bild oder — wie hier — das autonome Symbol. Da nun aber nach neukritischer Auffassung das Kunstwerk nichts ausdrücken, das Bild nichts verbildlichen, das Symbol nichts symbolisieren kann — was soll da der Neue Kritiker in seiner Verlegenheit tun? Er sagt, wie Knight, das Symbol "is not a symbol of any one thing in particular *but holds rather a number of suggestions*". Durch solche *suggestions* wird

---

[24] S. o., S. 187, Anm. 2. Zu dem vorausgehenden Zitat vgl. S. 187, Anm. 1.

das Symbol eben „erst zu einem Symbol, wenn wir zu interpretieren beginnen". Damit handelt der Kritiker geradeso wie die Gattin Hawthornes, die auf *ihre* Weise in Kunstwerken Symbole entdeckte ("things which while you think you but humbly discover them, you do in fact create them for yourself" [25]). Nicht wenige der von Knight vorgelegten Interpretationsergebnisse beruhen auf eben dieser Methode. In der Tat, solche Ergebnisse können nichts anderes sein als "inconclusive conclusions", als "reports of possibility" — wie ein neukritischer Symbolforscher [26] es offen eingestand. Sie beruhen auf den subjektiven Assoziationen des Kritikers und führen uns also geradewegs in den Impressionismus zurück.

Damit wiederholt sich der *circulus vitiosus* der gesamten Neuen Kritik: Die „immanente Textinterpretation" führt auch in der Symboldeutung nicht zu einer textnahen, sondern zu einer spekulativen Auslegung. Sie muß dies, sobald der einzig objektive Maßstab, der Wirklichkeitsbezug, verworfen und durch die angebliche Autonomie des Kunstwerks ersetzt wird. Der Kritiker, der das Symbol als autonom betrachtet, beraubt es seines Abbild- und Funktionscharakters; er negiert die Beziehung zwischen dem Symbol und dem Symbolisierten als geschichtliche Bewegung ästhetischer Strukturen und nimmt sich damit den Maßstab für das Verständnis des Wechselverhältnisses von Form und Inhalt des Symbols. Ein Symbol, das aber nichts „Außerästhetisches" symbolisiert, hat sich aus dem Verhältnis von Werk und Wirklichkeit ausgesperrt und kann dann tatsächlich nur subjektive *suggestions* auslösen. Diese Schlußfolgerung bestätigt die Not, nicht aber die Tugend der Neuen Kritik.

Wiederum führt also die Auffassung von der ästhetischen Autonomie des Kunstwerks notwendig zu höchst außerästhetischer Willkür in dessen Interpretation! Indem Knight den Gehalt der Form aufopfert, verwirft er das Symbolisierte zugunsten der symbolischen Gestalt, das Abbild zugunsten des Bildes. Der Ausgangspunkt seiner Deutung ist nicht das Symbolisierte, sondern das autonome Bild, das „Symbol" ohne symbolische Aussage. Wie in der Auffassung W. Y. Tindalls sind die Symbole lediglich reine Form und als solche "intricate analogies for something unexpressed" [27]. Knight deutet nicht die von Shakespeare verdichtete Fülle der Wirklichkeiten, sondern eben das immanente Bild, die Parallele, die Antithese, das Muster. Aus diesem Grunde sieht er

---

[25] Zit. bei Feidelson, *Symbolism and American Literature*, p. 176; vgl. dazu oben, S. 105.
[26] Tindall, *The Literary Symbol*, p. 276.
[27] *The Literary Symbol*, p. 276.

die See, den Sturm nicht in bezug auf die in der dichterischen Totalität
gegebene Abbildung und Wertung von Wirklichkeit noch als Ausdruck
einer Wertung, sondern als symbolische Form.

Bei aller Nähe zum Text ist diese Interpretationsweise daher deduktiv.
Knight geht nicht von den jeweils verschiedenen konkreten Darstellun-
gen der See oder des Sturms usw. aus, sondern von dem allgemeinen
Bild „See", „Sturm" usw. Dieses wird von ihm *a priori* als Symbol angesehen und auf seine *suggestions* befragt, welche — unter Berücksichtigung des Kontextes — dann die Grundlage der zu ermittelnden „Bedeutung" bilden. Auf diese Weise werden "chaos", "peace", "guilt",
"glory", "nobility", "savagery" usw. samt und sonders als *suggestion*
bzw. *meaning* aus dem Symbol "sea" abgeleitet [28]. Würde Knight umgekehrt, von der dramatischen Darstellung des Chaos, des Friedens, der
Schuld usw. ausgehen, er landete schwerlich bei dem Symbol der See als
deren gültige poetische Beziehungseinheit.

2. *Symbol und Dramenaussage*

Das hier auftauchende Problem des Kontextes leitet über zu der Frage
nach dem Verhältnis von Symbolbedeutung und Aussage des Dramas.
Es geht in unserem Zusammenhang natürlich nicht um eine prinzipielle
Klärung dieser Frage, sondern um eine Kritik der von Wilson Knight
unternommenen neukritischen Umdeutung Shakespeares. Da wir einige
wesentliche Aspekte bereits im Zusammenhang mit unserer Analyse der
pattern-Theorie dargestellt haben und da gerade diese Frage bereits
mehrfach in der Sekundärliteratur berührt worden ist, können wir uns
auf wenige grundsätzliche Feststellungen beschränken und das eigentliche Problem an Hand eines Interpretationsbeispiels untersuchen.

Die von Knight im Shakespeareschen Drama entdeckte "new layer of
symbolic meaning" [29] wird von ihm als der Schlüssel zu dem Geheimnis
des Dichters, als die nun endlich enträtselte Chiffre seiner poetischen
unity betrachtet. Die methodologische Problematik dieser Behauptung
haben wir bereits darzulegen versucht. Noch nicht beantwortet ist
indessen die Frage nach den Auswirkungen dieser Theorie im Hinblick
auf das praktische Interpretationsergebnis. Welche Rolle wird dem
Symbol inmitten eines nicht-symbolischen Kunstwerks nachgesagt? Inwiefern entspricht die von Knight ermittelte symbolische Bedeutung
der mit wissenschaftlichen Maßstäben erschlossenen wirklichen Aussage
des Dramas?

---

[28] Vgl. oben, S. 187, das Zitat zu Anm. 2.
[29] *The Shakespearian Tempest*, p. vii.

Wir wissen, daß Knight die Interpretation der Symbole ebenso wie des *pattern* auf Kosten der Handlungs- und Charakterinterpretation unternimmt. Die Symbolinterpretation bildet nicht eine *zusätzliche* Erkenntnisquelle, sie tritt *an die Stelle* der bisher anerkannten Einsichten. Wir erinnern uns an Knights Behauptung, "that plots are built round tempests ... rather than that tempests are inserted into plots" [30]. Musik und Sturm, so heißt es in einem anderen Zusammenhang, "are clothed in different plots, themselves ultimate" [31].

Die solchen Thesen zugrundeliegende Auffassung von der Funktion der Symbole geht weit über das hinaus, was Eliot meinte, als er von "the pattern below the level of plot and character" sprach [32]. Knight spricht nicht allein von einer symbolischen Schicht, die sich *unter* den Aussage- und Formelementen befindet, sondern er verwandelt diese in "the heart and essence of Shakespeare's work" [33].

Die Konsequenz dieser Auffassung ist bereits mehrfach von Shakespeare-Forschern kritisiert worden, deren Standpunkt sich keineswegs mit der marxistischen Methode berührt. Rudolf Stamm z. B. warnt vor „der Neigung, alles, was indirekt und vieldeutig in den Sprachbildern schillert und aufleuchtet, höher zu bewerten und wichtiger zu nehmen als das direkt Ausgesprochene. Damit", so betont er völlig zu Recht, „wird der Raum für die rein subjektive Deutung sehr groß und mit ihm die Gefahr, daß Knights Interpretationen – darin denjenigen Gundolfs ähnlich – uns mindestens soviel über ihren Verfasser mitteilen wie über Shakespeare." [34] Nicht weniger eindeutig verurteilt Wolfgang Clemen „diese Einseitigkeit: daß stets nur von einer Ebene aus und im Innenraum des Stückes interpretiert wird"; obwohl Clemen sich hierbei

---

[30] S. o., S. 188, Anm. 5.

[31] *The Imperial Theme*, p. 30.

[32] Bedenklich bleibt hier der bei aller unklaren Bestimmung doch wertende Unterton der Präposition *below*: inwiefern liegen *pattern* und Symbole überhaupt *unterhalb* von *plot* und Charakteren? Und selbst wenn dies so wäre, warum ist hier das Untere wertvoller als das Obere? In Wirklichkeit ist diese Unterscheidung unhaltbar und verzerrt die tatsächliche Architektonik der Dichtung. Sie erregt den Verdacht, als beziehe sich „unten" hier auf die unteren Schichten des Bewußtseins (bzw. auf das Unterbewußtsein), als deren künstlerische Entsprechung dann nicht die Charaktere und das *plot*, sondern Bilder und Symbole verstanden werden. Würde man diesen Wertmaßstab konsequent anlegen, so wäre die Darstellung der am höchsten entwickelten Vorgänge eines ganzheitlichen Bewußtseins künstlerisch weniger bedeutend.

[33] *The Imperial Theme*, p. 30.

[34] *Englische Literatur*, S. 124.

auf die „spitzfindigen Formeln und spekulativen Typenanalysen" [35] der amerikanischen Neuen Kritik — insbesondere R. B. Heilmans — bezieht, dürfte dies gleichermaßen für den Engländer Knight gelten.

Diese Kritik erscheint uns berechtigt und unwiderlegbar. Wir wollen ergänzend hinzufügen: Knights Symbolinterpretation ist nicht nur methodologisch widersprüchlich, sondern verdunkelt, da sie die Rangordnung literaturwissenschaftlicher Erkenntnisse verkehrt, die Grundtatsachen in Inhalt und Form des gesamten Kunstwerks. Die Symboldeutung negiert die Voraussetzungen für eine sinnvolle Interpretation des Gesamtkunstwerks.

Dieses Urteil sei hier an Hand eines Beispiels erhärtet. Wir wählen hierfür Knights „*Hamlet*"-*Interpretationen*, die in mehreren Aufsätzen vorliegen: "The Ambassy of Death" eröffnet die Studien in *The Wheel of Fire;* ihm folgt "Rose of May: An Essay on Life-Themes in Hamlet" in *The Imperial Theme*, dem sich in der Neuauflage des ersten Buches "Hamlet Reconsidered (1947)" anschließt. Diese Essays verdienen unsere Aufmerksamkeit vor allem deswegen, weil Knight gerade in *Hamlet* "the hub and pivot of Shakespeare's whole work in its massed direction" [36] findet. *Hamlet*, so heißt es mit großem Nachdruck, "thus contains the germ of *Troilus and Cressida, Othello*, and *Timon of Athens*. Many other themes of later plays occur in *Hamlet*. . . . *Hamlet* in fact, contains the essence of all these later plays . . ." [37]

Auf Grund dieser Anschauung — deren Berechtigung hier nicht untersucht werden soll — wirft Knight in seiner *Hamlet*-Deutung eine für ihn zentrale Fragestellung auf. Der zwischen dem Helden Hamlet und der Welt des Stückes bestehende Gegensatz wird von ihm als Widerstreit jener Lebens- und Todessymbole gedeutet, die er in den späteren Dramen immer wieder vorzufinden meint: "This contrast between Hamlet and his world is of extreme importance, for it is repeated in different forms in the plays to follow. *Hamlet* contains them all in embryo. They are to reflect the contest between (i) human life, and (ii) the principle of negation. That principle may be subdivided into love-cynicism and death-consciousness, which I elsewhere call 'hate' and 'evil', respec-

---

[35] „Neue Wege der Shakespeare-Interpretation", in: *Shakespeare-Jahrbuch* Bd. 87/88 (1952/53), S. 65 f.

[36] *The Wheel of Fire*, p. 324.

[37] Ibid., p. 253. Wilson Knights neukritische Umdeutung des *Hamlet* hat inzwischen Schule gemacht. Vgl. L. C. Knights' Studie *An Approach to Hamlet* (London 1960), von der sich sagen läßt: "the main lines of approach are clearly those indicated in Professor Wilson Knight's essay 'The Ambassy of Death' " (*TLS* vom 18. 11. 1960, p. 742).

tively."[38] Da Knight den dramatischen Konflikt auch hier auf den Hintergrund einer symbolischen Antithetik projiziert, muß er die in dem Stück aufeinanderprallenden menschlichen, historischen, ethischen Kräfte gleichfalls auf das Prokrustesbett seiner symbolischen Formel zwängen. Dabei gelangt er zu einer Deutung, deren Ergebnis und deren Rechtfertigung wir mit den Worten des Kritikers wiedergeben möchten:

"Except for the original murder of Hamlet's father, the *Hamlet* universe is one of healthy and robust life, good-nature, humour, romantic strength, and welfare: against this background is the figure of Hamlet pale with the consciousness of death. He is the ambassador of death walking amid life. The effect is at first primarily one of separation. But it is to be noted that the consciousness of death, and consequent bitterness, cruelty, and inaction, in Hamlet not only grows in his own mind disintegrating it as we watch, but also spreads its effects outward among the other persons like a blighting disease, and, as the play progresses, by its very passivity and negation of purpose, insidiously undermines the health of the state, and adds victim to victim until at the end the stage is filled with corpses. It is, as it were, a nihilistic birth in the consciousness of Hamlet that spreads its deadly venom around. That Hamlet is originally blameless, that the King is originally guilty, may well be granted. But, if we refuse to be diverted from a clear vision by questions of praise and blame, responsibility and causality, and watch only the actions and reactions of the persons as they appear, we shall observe a striking reversal of the usual commentary."[39]

Diese Worte sind die Probe auf das Exempel, weil die hier gebotene „eindrucksvolle Umwertung der herkömmlichen Deutung" nachweisbar als direktes Ergebnis des symbolischen Interpretationsverfahrens in Erscheinung tritt. Erst der Verzicht auf Wertung ("questions of praise and blame, responsibility") und wissenschaftliche Verknüpfung ("causality") ermöglicht jene poetische „Vision", die den Gehalt der *Hamlet*-Tragödie auf merkwürdige Weise auslegt: Nicht Claudius mit seinem Verbrechen, sondern Hamlet zerstört die Ordnung im Staate Dänemark! Die Welt des Hofes ist gesund und robust, gutmütig, fröhlich, voll Humor und Wohlfahrt; Hamlet ist der Bote des Todes, der tödliches Gift verbreitet: Nicht Claudius, sondern Hamlet "undermines the health of the state"!

Diese symbolische Umwertung ist denkbar konsequent. Da Knight die Charaktere nicht als gestalterisch überhöhtes Abbild von Individuen, sondern als Maschen im Netz eines symbolischen *pattern* sieht, verkennt er die Widersprüchlichkeit, aber auch die Typik der Gestalten. Die wirkliche Analyse der Charaktergestaltung, die Interpretation der Charak-

---

[38] *The Wheel of Fire*, p. 43.
[39] Ibid., pp. 32 f.

tere, ihrer Beziehungen und ihrer Triebkräfte, ihrer wirklichen Stellung zu den dramatischen Gewalten und Konflikten, die Erläuterung ihrer menschlich-geschichtlichen Problematik – all dies tritt zurück zugunsten jener symbolischen Umbuchung, mit der Knight das Soll und Haben seiner antithetischen Bilanz vollzieht.

Auf der einen Seite steht die *life-force* (oder *life-theme*, dem Musik-Symbol entsprechend). Sie wird verkörpert von der Welt des Hofes, von Claudius, Ophelia, Laertes, Polonius usw.: "they are of humanity", während Hamlet unmenschlich ("inhuman") ist [40]. Aus dem Hof mit seinem "environment of eminently likeable people" [41] ragt besonders Claudius hervor. In einer ausführlichen Analyse beweist Knight, "how clearly Claudius is drawn as a life-force" [42]. Der Brudermörder ist "a man kindly, confident and fond of pleasure" [43]. Er ist "a good and gentle king, enmeshed by the chain of causality linking him with his crime" [44]. Da Knight jedoch die lästige Kette der Kausalität entschlossen abschüttelt, eröffnet sich ihm eine gänzlich neue, ungeahnte Vision: Claudius, so meint er, "is in a state of healthy and robust spiritual life" [45]. *Sic!* "Claudius rouses our admiration" [46], und zwar nicht nur in seinen Staatsgeschäften: "he is distinguished by creative and wise action, a sense of purpose, benevolence, a faith in himself and those around him" [47]. Knight erwähnt zwar nicht die Spionagedienste von Rosencrantz und Guildenstern, bemerkt aber im Hinblick auf Claudius' Anschlag gegen Hamlet: "one can hardly blame him" [48]. Das Treffen zwischen Laertes und Claudius, auf dem der Meuchelmord ausgeheckt wird, "has a fine dignity" [49]. Claudius ist eben nicht nur "an excellent diplomatist and king" [50], er bleibt "the wise and considerate Claudius" [51]. Damit nicht genug: Knight entdeckt in ihm "a host of good qualities" sowie "other eminently pleasant traits" [52].

---

[40] Ibid., p. 34.
[41] Ibid., p. 37.
[42] *The Imperial Theme*, p. 96.
[43] *The Wheel of Fire*, p. 34.
[44] Ibid., p. 35.
[45] Ibid., p. 41.
[46] Ibid., p. 37.
[47] Ibid., p. 38.
[48] Ibid., p. 37.
[49] *The Imperial Theme*, p. 113.
[50] *The Wheel of Fire*, p. 33.
[51] Ibid., p. 44.
[52] Ibid., pp. 36 f.

All diesen *life-themes* ("culminating in Ophelia's life-in-death" [53]) werden nun "the death-forces" mit "Hamlet, their instrument" [54] gegenübergestellt. So deutet Knight den gesamten Konflikt zwischen Claudius und Hamlet: "Those are mighty opposites of life and death which form no contact" [55]. Wiederum unternimmt Knight eine ausführliche Analyse, diesmal mit dem Ergebnis, "that Hamlet is a dark force in that world" [56]. Knight wiederholt und bekräftigt sein Urteil in abgewandelter Form: "Hamlet, the hero, evil-obsessed, has become a death-force, like Macbeth" [57]. Und mit Hilfe der von ihm geforderten „disziplinierten Spekulation" schlußfolgert er über den von der Menge verehrten Helden: "As King of Denmark he would have been a thousand times more dangerous than Claudius." [58] Damit ist die erstaunliche Metamorphose des Prinzen vollkommen: Er verwandelt sich von einem Kämpfer gegen das Übel selbst zu einem "element of evil in the state of Denmark" [59].

Der Leser vergleicht diese Urteile mit der Aussage des Dramas und ist betroffen. Wie ist es nur möglich, daß die Auslegung das Kunstwerk so sehr mißversteht? Daß ein Kritiker, der auszog, um "the extravagances of individual opinion" zu bekämpfen, nun selbst in den von ihm so nachdrücklich verworfenen "seas of personal prejudice" zu ertrinken droht? Die Antwort auf diese Frage ist nicht leicht. Die Fehlerquellen der Symboldeutung sind so vielfältiger Natur, daß der Nachweis einer einzigen *fallacy* noch nicht das volle Ausmaß der hier vorliegenden Fehlinterpretation erklären kann. Versuchen wir, die methodologische Problematik aus dem Text des Kritikers selbst zu erschließen.

Wie begründet Knight sein ungewöhnliches Urteil über Hamlet?

"The 'dram of evil' infects Hamlet's view of life. Thus, Death, in the form of the ghost, brings to birth a death in Hamlet's soul: his father's life gave him birth, his father's ghost begets him a second time in death. In this sense, he, and his vision, contrast with our themes of life. Thus, though we ever see clearly the failings and falsities rampant in Hamlet's world, we yet see with equal clarity that Hamlet is a dark force in that world." [60]

Solcherart sind die Grundlagen von Knights Interpretation. Der Geist

---

[53] *The Imperial Theme*, p. 119.
[54] Ibid., p. 122.
[55] Ibid., p. 113.
[56] Ibid., p. 102.
[57] Ibid., p. 123.
[58] *The Wheel of Fire*, p. 35.
[59] Ibid., p. 38.
[60] *The Imperial Theme*, p. 102.

ist nach Knight "the spirit of dark, walking 'in the dead vast and middle of the night' (i. ii. 198)" [61]. Das Gespenst ist der Geist eines Toten und erscheint um Mitternacht, also ist es Inbegriff des „Todes" und des „Dunklen". Die Begegnung Hamlets mit dem Geiste genügt, um den Wittenberger Humanisten als "a dark force" abzustempeln. Der ihm auferlegte Auftrag verwandelt nun, weil es sich um eine Rache handelt, Hamlets Handeln in "death-activity".

"Hamlet has thus been exposed suddenly as a dark and dangerous force: which force is related (i) to the ghost scenes and (ii) to his passive melancholia of the second act." [62]

Das Gespenst wirft seine Schatten auch auf Horatio: "Horatio, after the ghost scenes, becomes a queer shadowy charakter..." [63].

Die Symbolinterpretation führt also nicht unbedingt in die Tiefen des Shakespeareschen Werkes. Das von Knight erforschte "burning central core" des Dramas entpuppt sich als eine auf Sinneseindrücken (hell-dunkel) und Assoziationen (dunkel-Tod usw.) aufgebaute Hypothese. Diese basiert nicht auf der sorgsam untersuchten Summe aller sprachlich-dichterischen Indizien, nicht auf verantwortungsbewußter Auslegung des Textes, sondern auf der Intuition eines Kritikers, der sich von Kontrasten, Vergleichen und bildhaften Eingebungen leiten läßt.

Wir wollen mit Knight nicht über die Ausdeutung einzelner Bilder und Motive rechten; die *Gesamt*konzeption erscheint uns fragwürdig. Wir wollen dem Kritiker zugestehen, daß er durch seine Symbol- und Bilderdeutung einzelne Stimmungen, Situationen und bildhafte Zusammenhänge erfaßt und geistreich deutet. [64] Zweifellos hat Shakespeare auch gewisse lebensbejahende Züge und Bilder der Darstellung des dänischen Hofes einverleibt. Er hat auch die Gefährlichkeit und Eingefleischtheit der Korruption gerade dadurch pointiert, daß er im Bereich des Verbrechens, des Treuebruchs, der Kriecherei dennoch eine gewisse — im Vergleich zu Hamlets Entwurzelung — „normale" Lebensauffassung gestaltete. Die „Gesundheit", „Fröhlichkeit" und der „Hu-

---

[61] Ibid., p. 103.

[62] Ibid., p. 111.

[63] *The Wheel of Fire*, p. 38.

[64] Vgl. etwa *The Imperial Theme*, p. 116: "Death by water is, in Shakespeare, a constantly recurring suggestion with strong relevance to love: love eternal lost, or apparently lost, in the floods of time, or love victoriously blending with the water that would engulf it to make another beauty 'rich and strange' more lovely in death than life. So Ophelia's death has an immortal loveliness that itself slays death." Derlei Bemerkungen stehen aber oft außerhalb Knights abstrakter Schematik.

mor" des Hofes sind jedoch Oberflächenzeichen, die mit dem tieferen Sinn des Geschehens kunstvoll kontrastieren. Der wirkliche Konflikt des Dramas, seine menschlich-gesellschaftliche Konkretheit und Geistigkeit lassen sich eben niemals aus einem „Muster" von Symbolen, Bildern usw. erschließen. Der Gedanke, daß Bilder und Symbole die tiefere Dramenaussage *kontrapunktisch* verdeutlichen, dem eigentlichen Thema als *Folie* dienen, es *durch Kontrast* hervorheben – dieser Gedanke ist von Knight augenscheinlich nicht einmal als Möglichkeit erwogen worden.

Die neukritische Gleichung: Symboldeutung gleich Dramenaussage geht also in keinem Falle auf. Der von uns mehrfach berührte Grundwiderspruch wird von Knight selbst zum Ausdruck gebracht, wenn er über die Geistererscheinung in *Hamlet* schreibt:

"He [i. e. the spirit] is morally justified by all laws of man. Yet, in being a ghost, he is outside the laws of man. Hence he is vividly shown as a thing of darkness. In this play the dark forces are given ethical sanction: but this alters not their darkness." [65]

Hier wird das falsche Verfahren noch einmal demonstriert: Setzen wir den Geist wirklich als Symbol, so werden das Bild ("darkness") und seine wirkliche Bedeutung nicht aus der Einheit und dem Widerspruch ihrer Wechselbezüge, als komplexes Gleichnis und Abbild, erschlossen, sondern das Symbol als Ganzes wird – da als Abbild nicht befragt – einseitig zugunsten des Bildes interpretiert. Da zeigt sich noch einmal die wahre Willkür der Symbolexegese, die Flachheit dieser Kategorien, die hinter ihrem vermeintlichen Tiefsinn nur ein simples Schema von antithetisch konstruierten Flachheiten zu verbergen haben. Die „dunklen Mächte" des Stückes seien historisch und ethisch im Recht? Das kann nicht sein, antwortet Knight, denn: "The contrast is one of darkness and daylight" [66]. Und was der Scheintiefe dieser impressionistischen Bildkategorien widerspricht, hat eben keinen Platz in "a visionary unit bound to obey none but its own self-imposed laws". So bleiben denn die „dunklen Mächte" auch dann noch dunkel, wenn "ethical sanction" auf ihrer Seite ist. Der Widerspruch zwischen dramatischen Werten und poetischen Bildern kann den Kritiker Wilson Knight nicht erschüttern. Uns aber erschüttert die Unbekümmertheit, mit der die Symbolinterpretation Shakespeares *Hamlet* mißversteht. Der Widerspruch ist vollkommen: Symboldeutung contra Dramenaussage.

Dieser Widerspruch ist für uns mehr als nur eine literarkritische Fehl-

---

[65] Ibid., p. 104.
[66] Ibid., p. 103.

leistung. In der Diskongruenz zwischen inhaltlichen Werten und symbolischen Formen offenbart sich ein Zerfall der Einheit des Menschlichen und Ästhetischen, eine Zerrissenheit, die an die von Nietzsche geschürten Gegensätze zwischen Leben und Wissenschaft, Vitalität und Vernunft erinnert. Aus ihrer historisch begründeten Antinomie resultiert in letzter Instanz die menschlich halbierte Einsicht, jene gehemmte Erkenntnis, wie sie sich in Wilson Knights Mißverständnissen manifestiert. Aus dem ideologischen Dilemma, „daß Wissenschaft kein Erkennen ... zu gewähren und den Menschen nicht mit der Welt innerlich zu verbinden vermag" [67], gibt es schließlich nur noch *einen* Ausweg, der zugleich den Zustand der Zerrissenheit sublimiert und deren wirkliche Ursachen apologetisch verschleiert: den Ausweg der Mystifizierung. Es ist der Ausweg einer Erkenntnis, die ihre eigene Gehemmtheit im Innersten ahnt, aber zugleich deren Voraussetzungen bejaht.

"The finest commentary will always leave the work of art more mysterious than it was before." [68]

Fordern diese Worte eine dem dichterischen „Geheimnis" kongeniale, also musisch-feinfühlige Erhellung? Sie mögen sehr wohl echten Respekt vor der Einzigartigkeit der künstlerischen Schöpfung bekunden, aber dieser Respekt fällt (leider) zusammen mit einem illegitimen Hang, die Dichtung als Mysterium zu verdunkeln, geradeso wie Knight auch die politische Wirklichkeit, die britische Monarchie ("The Crown is a mystic symbol ..." [69]) und Englands "imperial destiny" [70] mystifiziert. Solche Mystifikation zerstört den *menschlichen* Maßstab der Ästhetik, aber konstruiert bedenkenlos einen *ästhetischen* (oder symbolischen) Maßstab für die menschliche Gesellschaft. Es ist eine *verkehrte* Methode; sie verschleiert sowohl die Ästhetik als auch die Politik. Sie ist — in ihren ästhetischen Symptomen und ihren historischen Folgen — Bestandteil einer Ideologie, die die Not und die Blindheit nicht zu wenden

---

[67] Eucken, *Erkennen und Leben*, S. 14.

[68] "The New Interpretation", in: *Essays in Criticism*, vol. 3 (1953), p. 390. „So gesehen wird das Symbol zum Werkzeug der Befreiung von den Grenzen unseres wissenschaftlichen, verstandesmäßigen Zeitalters: es übernimmt eine erlösende, quasi-religiöse Funktion. Es öffnet den Weg zu den Müttern." Diese Worte, die Ursula Brumm („Der neue Symbolismus in Amerika", in: *Neue Deutsche Hefte*, Jg. 5 [1958/59], S. 245) auf die Amerikaner (Wheelwright, Tindall, Feidelson) bezieht, gelten gleichermaßen für ihren englischen Vorläufer Wilson Knight.

[69] *The Sovereign Flower*, p. 270; vgl. auch pp. 268, 274.

[70] Ibid., p. 272.

strebt, sondern in ein (unwahres) Ideal erhebt und also rechtfertigt. Solcherart ist die späte Phase einer Entwicklung, die Nietzsche mit seiner hilflosen Revolte „gegen die Tyrannei des Wirklichen" [71] eröffnete.

VI. Interpretation der Sprachbilder

Zusammen mit der Symboldeutung hat die Neue Kritik auch die Interpretation der Sprachbilder in den Vordergrund moderner Literaturkritik gerückt. Wie jene bleibt auch diese keinesfalls auf das Drama beschränkt; dennoch bildet das Werk Shakespeares einen zentralen Bereich, in dem die Bemühungen der Bildinterpreten entspringen oder doch zusammenlaufen und somit einer knappen methodologischen Betrachtung zugänglich sind.

Im Gegensatz zu der so fragwürdigen symbolischen Kritik besitzt die Interpretation der *imagery* bei Shakespeare einen unbestrittenen Gegenstand. Angesichts des Bilderreichtums seiner Sprache ist dessen Untersuchung nicht nur eine legitime, sondern auch eine notwendige und höchst fruchtbare Aufgabe literaturwissenschaftlicher Forschung und Deutung. Daß die viktorianische Shakespeare-Kritik – mit wenigen Ausnahmen – diesen Gegenstand so gänzlich übersah, erhöht nur die Fruchtbarkeit seiner nachträglichen Erkundung. Schon dieser Umstand rechtfertigt die intensiven, spezialisierten Untersuchungen jener Forscher, die in den dreißiger Jahren erstmalig eine Bestandsaufnahme der Shakespeareschen *imagery* durchführten.

Es erscheint uns beachtenswert, daß die bedeutendsten frühen Sprachbilder-Studien in den Händen solider Wissenschaftler lagen, deren systematische Untersuchungen nichts mit Knights *imaginative interpretation* gemein haben. Dies gilt vor allem für die beiden grundlegenden Arbeiten von Caroline Spurgeon [1] und Wolfgang Clemen [2] – Arbeiten, denen jede spätere Interpretation auch dann noch verpflichtet bleibt, wenn sie

---

[71] *Vom Nutzen und Nachteil der Historie für das Leben*, S. 70.

[1] *Shakespeare's Imagery and What It Tells Us*, Cambridge 1935.

[2] *Shakespeares Bilder. Ihre Entwicklung und ihre Funktionen im dramatischen Werk*, Bonn 1936; englisch als *The Development of Shakespeare's Imagery*, London 1951. Die z. T. beträchtlich überarbeitete engl. Ausgabe war nur begrenzte Zeit über Fernleihe zugänglich, so daß im folgenden in der Regel die ältere deutsche Fassung herangezogen wurde.

deren methodologische Ausgangsposition nicht zu teilen vermag. Beide Studien ergänzen einander trotz der Verschiedenheit ihrer Zielsetzungen: Spurgeon unternimmt eine systematische Sichtung und Katalogisierung der gesamten *imagery* in Shakespeares Dramen, Clemen untersucht deren Entwicklung und Funktion. Im Gegensatz zu Spurgeons fragwürdigen lebenskundlichen Rückschlüssen — sie sieht die Bilder als autobiographische Zeugnisse "helping to reveal to us the man himself" [3] — betrachtet Clemen die spezifisch dramatischen Wirkungen der *imagery* und lenkt den Blick immer wieder „auf die Verwurzelung des Bildes mit dem ganzen Stück" [4]. Während Clemen „die Bilder Shakespeares in steter Nähe zu seinem *Gesamtwerk* und dessen *Entwicklung*" betrachtet, also durchweg „vom entwicklungsmäßigen Gesichtspunkt aus" [5] interpretiert, sieht Spurgeon die Bilder oder Bildreihen ("iterative imagery" [6]) als Träger von Motiven, die für das Verständnis einzelner Dramen oder Dramengruppen von Wichtigkeit sind. Während Clemen also besonders die künstlerisch-dialektischen Beziehungen der Bilder herausarbeitet, liegt das Hauptverdienst Spurgeons nicht in der Dialektik und Vielseitigkeit ihrer Interpretation, sondern in der grundlegenden statistisch-exakten Bestandsaufnahme des Bildmaterials, wodurch ihre Studie noch heute als "the most fundamental investigation of Shakespeare's imagery" [7] zu betrachten ist.

Die durch das Studium der Bilder gewonnenen wissenschaftlichen Erkenntnisse brauchen an dieser Stelle nicht *en détail* aufgezählt zu werden. Nicht der Wert und die Notwendigkeit der Bilderforschung stehen hier zur Diskussion, sondern allein deren Methodologie und neukritische Interpretationspraxis. Diese grundsätzliche Feststellung wollen wir nachdrücklich unterstreichen, bevor wir im folgenden einige Haupttendenzen der neueren Bildinterpretation betrachten.

1. Die Konjunktur der "imagery"

Auszugehen ist dabei von einer — für die Zwecke der Shakespeare-Interpretation erforderlichen — Definition des *image*. Das Problem der

---

[3] A. a. O., p. 11; dieser Konzeption entspricht der erste und umfangreichste Teil der Arbeit: "The Revelation of the Man" (pp. 3–209).

[4] A. a. O., S. 8.

[5] Ibid., S. 10 f.

[6] A. a. O., p. 215; vgl. dazu den Aufsatz "Shakespeare's Iterative Imagery", in: *Aspects of Shakespeare*, ed. MacKail, pp. 255–286.

[7] M. M. Morozov, "The Individualization of Shakespeare's Characters Through Imagery", in: *Shakespeare Survey 2* (1949), p. 83.

Begriffsbestimmung ist ja keineswegs gelöst; die Tatsache, daß der Gegenstand gerade vom new criticism in neuem, umfassenderem Sinne definiert worden ist, muß hier eingangs berücksichtigt werden.

Es ist gewiß kein Zufall, daß die wirklich ergebnisreichen Bilderanalysen auf eine theoretische Erörterung des Begriffs als rhetorische Kategorie verzichtet und sich in ihren Definitionen auf das Kriterium des allgemeinen bildlich-metaphorischen Ausdrucks gestützt haben. In diesem Sinne nennen Spurgeon und Clemen Metapher und Vergleich als die zwei Hauptformen des *image*:

"I use the term 'image' here", so schreibt Spurgeon, "as the only available word to cover every kind of simile, as well as every kind of what is really compressed simile – metaphor. I suggest that we divest our minds of the hint the term carries with it of visual image only, and think of it, for the present purpose, as connoting any and every imaginative picture or other experience, drawn in every kind of way, which may have come to the poet, not only through any of his senses, but through his mind and emotions as well, and which he uses, in the forms of simile and metaphor in their widest sense, for purposes of analogy." [8]

In ähnlicher Weise verfährt Clemen, der „eine getrennte Behandlung der einzelnen metaphorischen Formen" ablehnt:

„Denn in der Tat handelt es sich ja nicht bloß um die Entwicklung des Vergleichs oder der Metapher, sondern um das Werden von Shakespeares sprachlicher Bildlichkeit überhaupt; ... Oft ist es in der Tat nur ein ganz äußerlicher Grund, warum dasselbe Bild einmal als Vergleich, einmal als Metapher auftritt." [9]

Diese Definitionen wollen zweifellos nicht das letzte zur Bestimmung der Sprachbilder leisten; als Arbeitsgrundlage haben sie sich bewährt, indem sie das Studium der *imagery* von der Symboldeutung abgrenzten und das Augenmerk auf „das Werden von Shakespeares sprachlicher Bildlichkeit überhaupt" (Clemen) richteten.

Diese Auffassung vom Sprachbild als metaphorischer Ausdruck im weitesten Sinne entspricht den besten Traditionen der dialektischen Ästhetik: Schon Hegel betrachtete in seiner *Ästhetik* „das Bildliche über-

---

[8] A. a. O., p. 5. Vgl. auch Spurgeons Beitrag in *Aspects of Shakespeare* (p. 256): "When I say 'images' I mean every kind of picture, drawn in every kind of way, in the form of simile or metaphor – in their widest sense – to be found in Shakespeare's work."

[9] A. a. O., S. 6. Eine ähnliche Auffassung auch bei E. A. Armstrong, *Shakespeare's Imagination*, London 1946, p. 9 ("no good purpose would be served by attempting greater exactitude here").

haupt"[10] als tragendes gemeinsames Kriterium von Metapher, Bild und Vergleich.

„Das Bild", so sagt er, „findet besonders statt, wenn zwei — für sich genommen mehr selbständige — Erscheinungen oder Zustände in eins gesetzt werden, so daß der eine Zustand die Bedeutung abgibt, welche durch das Bild des anderen faßbar gemacht wird."[11]

Obwohl Hegel das „Bild" im engeren Sinne auffaßt und noch von Metapher und Gleichnis unterscheidet, sieht er in ihm „eigentlich nur eine ausführliche Metapher", betont also das Metaphorische und Gleichnishafte als Hauptkriterien gegenüber angrenzenden Formen wie der Allegorie und dem Rätsel. In diesem Sinne ist das Sprachbild bis in die jüngste Zeit hin betrachtet worden. Im englischen Sprachgebrauch hat seit den zwanziger Jahren der Oberbegriff *imagery* die Termini für die einzelnen Redefiguren (*metaphor, simile, synecdoche, metonymy* usw.) in zunehmendem Maße überschattet.[12] Die Nützlichkeit des Begriffs besteht gerade darin, daß er sowohl *simile* als auch *metaphor*, also den ausgeführten, aber auch den verkürzten Vergleich umspannt und deren Gemeinsamkeit unterstreicht. "The word *image*", so sagt Middleton Murry, "precisely because it is used to cover both metaphor and simile, can be used to point toward their fundamental identity."[13] Wie die

---

[10] Hg. von F. Bassenge, Berlin 1955, S. 396.

[11] Ibid., S. 401. Sowohl die spekulativ-idealistische Ästhetik nach Hegel als auch die psychologisch-positivistische Richtung im Anschluß an G. Th. Fechner (*Vorschule der Ästhetik*, Leipzig 1876) hat die Bildlichkeit in der Dichtung wenig beachtet. Als Beispiel sei hier auf J. Volkelt (*System der Ästhetik*, 3 Bde., München 1904/14) verwiesen, der eine Synthese beider versucht und dabei auf mehr als 1700 Seiten die Metapher in einem halbseitigen Abschnitt behandelt. Statt einer Begriffsbestimmung vermerkt er in Fußnote: „Ich gebrauche hier das Wort Metapher in dem herkömmlichen Sinn. Es schadet hier nichts, wenn ich, auf feinere Unterscheidung verzichtend, mich dem gewöhnlichen Sprachgebrauch anbequeme" (Bd. 2, S. 44). Volkelt faßte die einschlägigen Resultate sowohl der spekulativen als auch der älteren psychologischen Ästhetik sehr treffend mit dem Satz (ibid.) zusammen: „Die Lehre von dem Bildlichen in der Dichtung liegt geradezu im Argen."

[12] So etwa bei S. J. Brown, *The World of Imagery*, London 1927, wo der Autor im Hinblick auf die der Rhetorik entstammenden Termini noch etwas zögernd meint, "he has ventured to range them under the general term 'Imagery' " (p. 1). Dennoch weist das *NED* den modernen Gebrauch von *image* und *imagery* schon seit Ende des 17. Jahrhunderts (Dryden, Boswell u. a.) nach. Zur Entstehung des Begriffs vgl. jetzt R. Frazer, "The Origin of the Term *Image*", in: *ELH*, vol. 27 (1960), pp. 149–161.

[13] *Countries of the Mind: Essays in Literary Criticism*, 2nd Series, London 1931, p. 4.

Praxis auch der älteren sowjetischen Forschung zeigt, [14] bedarf es keiner begriffsbestimmenden Differenzierungen, solange „das Bildliche überhaupt" als natürliche Grundlage der *imagery*-Studien betrachtet wird. "Every poetic image, therefore, is to some degree metaphorical" [15] — dieser Schlußfolgerung wollen wir beipflichten und sie als arbeitshypothetische Bestimmung des *image* im folgenden im Auge behalten.

Diese Definition des Gegenstandes der Bilderinterpretation mag als Gemeinplatz betrachtet werden; sie ist indessen nicht so selbstverständlich, wie es auf den ersten Blick scheint. Der Begriff des *image* hat ja in den vierziger, fünfziger und sechziger Jahren eine Ausweitung erfahren, die den angezeigten Rahmen der älteren Forschungsarbeiten durchbricht und eine eigentümliche terminologische Verwirrung zur Folge hat. Die Tendenz zu dieser Begriffserweiterung können wir sehr deutlich bereits in der Mitte der vierziger Jahre nachweisen, so z. B. in dem einflußreichen Werk von Cleanth Brooks und R. B. Heilman, *Understanding Drama*. In dem angefügten "glossary" finden wir folgende Definition:

"IMAGERY: The use of images; the conveying of meaning through appeal to the various senses; communication by means of the *concrete* and the particular. Imagery includes direct and literal description; *figurative language* such as *similes*, which are comparisons using *as* or *like*, and *metaphors*, which identify the two things being compared; and symbols." [16]

Alle gegenständlich-sinnlichen Elemente des Kunstwerks werden hier als *imagery* bezeichnet. *Imagery* besteht in "the conveying of meaning through appeal to the various senses" — ist also schlechthin Ursache *aller* sinnlichen Wirkungen der Dichtung. Da diese Bestimmung im Grunde auf einer "fallacy of communication" basiert, sind wir nicht verwundert,

---

[14] M. M. Morozov z. B. gebraucht *image* schlechthin als Synonym für Metapher (vgl. etwa den Schlußsatz seiner Studie, a. a. O., p. 106). Morozov steht damit im Gegensatz zu der jüngsten begonnenen, überaus regen und vielseitigen Diskussion, in der einerseits das „bildhafte Denken" gnoseologisch und ästhetisch betrachtet wird (z. B. von J. Rjurikow, „Der enge Pfad der Tropen und der breite Weg der Bilder", in: *Kunst und Literatur*, 8. Jg. [1960], Heft 8, S. 784 bis 802), andererseits das Problem des künstlerischen Stils im Sinne einer „wiederauflebenden oder, genauer gesagt, neu entstehenden Wissenschaft von der Sprache im Kunstwerk" untersucht wird. (So u. a. von W. Turbin, „Was ist denn eigentlich der Stil eines literarischen Kunstwerks?", ibid., Heft 2, S. 143—158; das Zitat S. 144.) Einen kritischen Überblick über die vorläufigen Ergebnisse dieser Diskussion bietet W. Winogradow, „Zu den Diskussionen um Wort und Bild", ibid., H. 9, S. 892—917.

[15] C. Day Lewis, *The Poetic Image*, London 1947, p. 18.

[16] New York 1945, Appendix B, p. 49. Hervorhebungen ebendort.

daß Brooks in einem andern Zusammenhang diese Definition noch schärfer faßt:

"IMAGERY: The representation of any sense experience. Imagery does not consist merely of 'mental pictures', but may make an appeal to any of the senses." [17]

Nehmen wir diese Definition beim Wort, so ist im Kunstwerk jeder Satz mit einem Verbum der Sinneswahrnehmung ein *image*. Darüber hinaus wären die mit Sinneswahrnehmungen verbundenen Äußerungen und Handlungen der Personen gleichfalls als *image* aufzufassen, etwa:

"Capulet: What noise is this? Give me my long sword, ho!"

(*Romeo and Juliet*, I, i, 81)

Die Entgrenzung des Begriffs *image* wird durch dieses Beispiel anschaulich; sie führt unausbleiblich zu dessen terminologischer Entwertung. Die bildhafte Umschreibung von Gegenständen wird mit deren konkreter Darstellung verwechselt, das Figürliche mit dem Gegenständlichen durcheinander gebracht. Nach dieser neukritischen Begriffsbestimmung ist in unserem Beispiel nicht nur die Frage ("What noise is this?") — als offensichtliche Darstellung eines "sense experience" — ein Bild; selbst das Schwert des alten Capulet wird zum "image" — mag er es noch so gegenständlich schwingen! Eben dies postuliert S. L. Bethell, wenn er schreibt: "I shall widen the scope of the term 'image' to cover any reference in word or phrase to a distinct object or class of objects, whether used figuratively or directly" [18].

Es ist nur folgerichtig, wenn in jüngerer Zeit das *image* überhaupt nicht mehr als *Sprach*bild aufgefaßt wird, sondern anderen Elementen des Kunstwerks und schließlich auch der Drameninszenierung gleichgesetzt wird. Eine Neigung zu dieser Auffassung bekundet schon Una Ellis-Fermor; sie bemerkt, daß "in the special case of drama, there are sometimes reasons for extending it [gemeint ist der Begriff *imagery*] to include the frontiers of symbolism, description, or even, it may be, the setting itself" [19]. In einem noch weiteren Sinne betrachtet z. B. M. C.

---

[17] Cl. Brooks and R. P. Warren, *Understanding Fiction*, New York 1943, p. 605.

[18] "Shakespeare's Imagery: The Diabolic Images in *Othello*", in: *Shakespeare Survey* 5 (1952), pp. 62–80; das Zitat p. 62. Erwähnung verdient Bethells Fußnote Nr. 3: "I owe to Knight's essay [gemeint ist "The Othello Music" in: *The Wheel of Fire*, pp. 97–119] the outline of the metaphysical interpretation of *Othello* . . ."

[19] *The Frontiers of Drama*, London 1945, p. 78.

Bradbrook die „dramatische Rolle" im Theaterstück als *social image*: der Gegensatz zwischen Charakterdeutung und Sprachbilderinterpretation sei ungerechtfertigt,

"since dramatic characters are only another, though the most complex, form of image, projections of the poet's inner vision, interpreted by the actors and reformed within the minds of spectators, in accordance with those inward images which shape and dominate the deeper levels of thought and feeling in every one" [20].

Die philologische Substanz des *image* ist hiermit aufgegeben. Wie bei Knights „räumlicher" Interpretation werden die vieldimensionalen Charaktere als *projections* innerer Visionen verstanden und somit aus ihren zeitlichen und Wirklichkeitsbezügen entschieden ausgeklammert. Das "*image*", das nun jeglicher sprachlichen Basis entbehrt, wird zum Synonym für beliebige Inszenierungseffekte.

"We also need to extend our concept of 'image' beyond the mere words of the play to the actual performance in the theater. Costume, stage properties, gesture, grouping, and the theater itself all provide us with significant images." [21]

Diese eigentümliche Begriffserweiterung wird gerechtfertigt mit einem Hinweis auf den spezifisch dramatischen Gebrauch der Bilder, die als "non-verbal and characteristically dramatic images" mit der Bezeichnung *presentational imagery* versehen werden. Als solche werden sie nun in ungeahntem Ausmaß nachgewiesen: Der Interpret des *Coriolanus* definiert Kostüm und Kulisse, Lärm und selbst Schweigen als *imagery*! Er bemerkt, "how the imagery of costume expresses the dramatic meaning" [22]; er behauptet von der "imagery of sound", sie sei "more suggestive than a comparable visual imagery" [23]; er betrachtet "the imagery of silence" und meint dazu: "This imagery develops the climax of the play . . ." [24]. Diese Bilder — so heißt es abschließend — sind nicht nur "the most significant images" des Stückes, sondern sie bilden "the distinct originality and mastery of *Coriolanus*" [25]!

Die hier an einigen Beispielen dargelegte Inflation des Begriffes *image* geht Hand in Hand mit einer außerordentlichen *Ausbreitung der Bilder-*

---

[20] "Dramatic Rôle as Social Image: a Study of *The Taming of the Shrew*", in: *Shakespeare-Jahrbuch*, Bd. 94 (1958), S. 132—150; das Zitat p. 132.

[21] M. M. Charney, "The Dramatic Use of Imagery in Shakespeare's *Coriolanus*", in: *ELH*, Bd. 23 (1956), pp. 183—193; das Zitat p. 183.

[22] Ibid., p. 189.

[23] Ibid., p. 191.

[24] Ibid.

[25] Ibid., p. 193.

interpretation. Wir beziehen uns auf die bibliographisch nachprüfbare Tatsache, daß die Studien über *imagery* in den fünfziger und sechziger Jahren ein Ausmaß angenommen haben, das in keiner Beziehung mehr zu der tatsächlichen Bedeutung der Bilder im Werke Shakespeares steht.

Selbst wenn wir die Vernachlässigung der Bilderanalyse in der viktorianischen Shakespeare-Kritik berücksichtigen und somit ein gut Teil der Arbeiten als gerechtfertigte Reaktion auf die Versäumnisse der Vergangenheit auffassen, wurden doch die Proportionen zwischen der Bilderinterpretation und anderen Bereichen der Shakespeare-Forschung seltsam verschoben. Während die historischen und sozialen Grundlagen der elisabethanischen Epoche kaum beachtet wurden, während wir in dieser Zeit noch immer keine befriedigende Arbeit über Shakespeares Behandlung seiner Quellen besaßen und noch sehr ungenügend über sein Verhältnis zu den ihm vorausgehenden Dramatikern informiert waren, während die Entwicklung der „privaten" Theater, Ereignisse wie der Theaterkrieg und andere literaturhistorische Probleme noch recht dürftig beleuchtet war, schwoll der Strom der Bilduntersuchungen auf beängstigende Weise an.

Schon die Titel zahlreicher Abhandlungen verrieten eine eigentümliche Einseitigkeit der Interpreten: Angefangen von Wilson Knights *The Wheel of Fire* — der auch der Bilderinterpretation einige Anregungen gab — über Cleanth Brooks' *The Well Wrought Urn*, R. B. Heilmans *This Great Stage* und *Magic in the Web*, R. Walkers *The Time is out of Joint* und *The Time is Free* bis zu G. R. Elliotts *Flaming Minister* und *Scourge and Minister* entwickelt sich die *image*-Interpretation in enger Verbindung mit einem auffälligen Hang zu metaphorischer Titelgebung. Ähnliches galt für Zwischentitel. Die folgenden Kapitelüberschriften entnehmen wir dem Inhaltsverzeichnis einer bekannten Untersuchung, deren Gegenstand im Untertitel als *The Development of his [Shakespeare's] Moral Ideas* bestimmt wird: "The Country Mouse" (pp. 11–38), "The School of Love" (pp. 39–66), "The Garden of Eden" (pp. 67–109), "The Unweeded Garden" (pp. 110–162), "The Dark Tower" (pp. 163–220), "Roads to Freedom" (pp. 221–265) und "A World of Images" (pp. 266–323).[26] Diese eigentümliche Manier be-

---

[26] D. A. Stauffer, *Shakespeare's World of Images. The Development of his Moral Ideas*, New York 1949. Als ein anderes Beispiel sei auf G. R. Elliotts *Dramatic Providence in 'Macbeth': A Study of Shakespeare's Tragic Theme of Humanity and Grace* (Princeton 1958) verwiesen. Nach einer "Introduction" (pp. 3–32), bietet man dem Leser als Inhaltsverzeichnis ("Contents", p. xv) folgende Übersicht:

zeugt eine metaphorische Voreingenommenheit des Kritikers: Selbst dort, wo das *image* keineswegs im Mittelpunkt der Untersuchung steht, bestimmt es die Fassung des Titels und der Disposition als höchste Verallgemeinerungen der Intentionen des Kritikers. Beim bürgerlichen Lesepublikum des 19. Jahrhunderts hätte ein derart willkürlicher Verzicht auf sinnvolle Verallgemeinerung nur Befremden hervorgerufen, und die Publikation literaturkritischer Abhandlungen unter dem Titel *Maule's Curse* (von Yvor Winters, 1938) oder *The Hovering Fly* (von Allen Tate, 1949) wäre vermutlich als eine Anmaßung des Autors gerügt worden. Jetzt aber treten an die Stelle von objektiven und gesellschaftlich verständlichen Ordnungs- und Klassifizierungsprinzipien esoterische Metaphern, an die Stelle von rationalen Verallgemeinerungen Zitate oder poetisch-sein-sollende Bilder. Wie in anderen Bereichen der Neuen Kritik bestimmt und begrenzt auch hier der Charakter des poetischen Gegenstandes die Mittel und die Methoden seiner Erforschung.

Unabhängig von derartig metaphorischen Titeln entstanden intensive Bilder-Studien wie E. A. Armstrongs *Shakespeare's Imagination* (London 1946) und J. E. Hankins' *Shakespeare's Derived Imagery* (Lawrence 1953); selbst Bücher, deren Gegenstand viel weitergefaßt ist — wie etwa D. A. Stauffers *Shakespeare's World of Images* —, drängen den Begriff

"First Phase: This Terrible Feat (Act One)	33
a. with Macbeth (I.i)	35
b. death ... Macbeth (I.ii)	36
c. that suggestion (I.iii)	40
d. loyalty ... black desires (I.iv)	48
e. This Night's great Business (I.v)	52
f. our Graces towards him (I.vi)	57
g. with fairest show (I.vii)	58
Second Phase: Young in Deed (Act Two — Act Three, Scene Four)	77
a. Nature seems dead (II.i)	79
b. this my Hand (II.ii)	85
c. the great Hand of God (II.iii)	91
d. the good Macduff (II.iv)	103
e. my Genius is rebuked (III.i)	106
f. invisible Hand (III.ii)	116
g. the lated Traveller (III.iii)	123
h. those eyes (III.iv)" etc. etc.	

Dies bekundet aber nicht eine texttreue, Szene um Szene erhellende Interpretation, sondern beruht auf solchen methodischen Grundlagen: "Continually the spirit of Christ may be discerned by the reader in, through, and above the Shakespearean scene." (p. 7) "The play is a series of abruptly shifting but subtly related images; they emerge from, and merge mystically into, a single vision." (p. 13)

image in den Haupttitel. "It is probably safe to say that, at the present time, studies of Shakespearean imagery constitute, along with investigations of the relation of the plays to Renaissance or medieval thought ... the dominant modes of critical scholarship dealing with Shakespeare." [27] Dieses Urteil hat zumindest für die fünfziger und die erste Hälfte der sechziger Jahre seine Gültigkeit bewahrt. [28] Der Kreis der Publikationen dehnte sich ständig weiter aus: Nicht nur neukritische Zeitschriften wie *The Sewanee Review* und *The Kenyon Review,* auch einstmals literarhistorisch orientierte Periodica — wie *Studies in Philology, PMLA, Modern Language Quarterly, English Literary History* u. a. — stellten ihre Seiten der Bild- und auch der Symbolinterpretation zur Verfügung. [29]

---

[27] W. R. Keast, in: *MP,* vol. 47 (1949/50), p. 45.

[28] Vgl. H. Oppel, „Stand und Aufgaben der deutschen Shakespeare-Forschung (1952—1957)", in: *DVj,* Bd. 32 (1958), S. 111—171. Entgegen C. Fehrmans Auffassung ("The Study of Shakespeare's Imagery", in: *Moderna Språk,* vol. 51 [1957], pp. 7—20) vermerkt der mit der internationalen Forschung und Methodenlehre bestens vertraute Referent, „daß sich hier [i. e. in der Bilderinterpretation] dem Forscher ein weites Feld eröffnet, das gerade erst abgesteckt, aber noch keineswegs wirklich bebaut worden ist" (S. 142).

[29] Über die älteren Arbeiten informieren Una Ellis-Fermor, *Some Recent Research in Shakespeare's Imagery,* London 1937, sowie mehrere Forschungsberichte, darunter von der gleichen Verfasserin, "English and American Shakespeare-Studies 1937—1952", in: *Anglia,* Bd. 71 (1952), S. 1—49; H. Lüdeke, „Shakespeare-Bibliographie für die Kriegsjahre 1939—1946", in: *Archiv* (1950), S. 25—36, (1951), S. 8—40, u. a. Wir notieren im folgenden eine charakteristische Auswahl der *image*-Studien aus der Mitte der fünfziger Jahre: M. M. Charney, "Shakespeare's Roman Plays: a Study of the Function of Imagery in the Drama", in: *Dissertation Abstracts* (Princeton), vol. 14 (1954), pp. 118 f.; E. C. Pettet, "Dangerous Sea and Unvalued Jewels: Some Notes on Shakespeare's Consciousness of the Sea", in: *English,* vol. 10 (1954/55), pp. 215—220; M. E. Prior, "Imagery as a Test of Authorship", in: *ShQ,* vol. 6 (1955), pp. 381—386; G. F. Provost, "The Techniques of Characterization and Dramatic Imagery in Richard II and King Lear", in: *Dissertation Abstracts* (Louisiana State Univ.), vol. 15 (1955), pp. 1615 f.; M. M. Charney, "The Dramatic Use of Imagery in Shakespeare's *Coriolanus*", in: *Journal of English Literary History,* vol. 23 (1956), pp. 183 to 193; K. Muir, "Arthur Brooke and the Imagery of *Romeo and Juliet*", in: *NQ,* vol. 3 (1956), pp. 241 f.; A. Suzman, "Imagery and Symbolism in Richard II", in: *ShQ,* vol. 7 (1956), pp. 355—370; C. G. Thayer, "Hamlet: Drama as Discovery and as Metaphor", in: *Studia Neophilologica,* vol. 28 (1956), pp. 118—128; W. A. Armstrong, "The Imagery of Hamlet", in: *Mitteilungsblatt d. Allg. Dt. Neuphilologenverbandes,* Bd. 10 (1957), S. 70—73;

Welche Gründe erklärten diese außerordentliche und fortgesetzte Bevorzugung der Bildinterpretation? Worauf, so fragen wir, beruhte diese Konjunktur der *imagery*? Bevor wir die Methoden und Interpretationsergebnisse einiger beispielhafter Studien *en détail* betrachten, soll versucht werden, diese Fragen zumindest andeutungsweise zu beantworten.

2. Metapher und Wirklichkeit

Wir können an dieser Stelle nicht auf die Geschichte oder die Typologie der Metapher eingehen, sondern müssen uns mit einem Blick auf einige theoretische Grundfragen des Studiums der Shakespeareschen Metapher begnügen. Die Ästhetik der Metapher und des metaphorischen Ausdrucks im weitesten Sinne – und hierin erblicken wir nach wie vor das Zentralproblem der *imagery* – ist von marxistischer Seite sehr zu Unrecht vernachlässigt worden. Funktion und Wirkung der Metapher, ihr sich wandelndes Verhältnis zur Wirklichkeit und zur dichterischen Aussage bilden einen fesselnden Gegenstand der Literaturwissenschaft, dessen Erforschung auf gar keinen Fall als formalistisch abgetan werden kann.

Die Wirkungen und Relationen der Metapher bei Shakespeare sind so vielfältig, daß hier nur solche berücksichtigt werden können, die die zugespitzten, extremen Beziehungen zwischen Sprachbild und Wirklichkeit beleuchten, also nicht für *jede* Metapher notwendig konstitutiv sind. Zwei eng miteinander verbundene, *wechselseitig verknüpfte* Funktionen wollen wir unterscheiden: Einerseits eine objektiv-bestimmende, andererseits eine subjektiv-wertende.

Es liegt im Wesen der Metapher, daß sie zunächst einerseits zur *objektiven Bestimmung*, zur Aneignung von etwas Entfernterem dient. Das Abstrakte oder Entlegene wird durch das Gegenständliche oder Greifbare ersetzt und somit be-griffen. Dieses tut Shakespeare, wenn er Hamlet erwägen läßt, *"to take arms* against *a sea* of troubles" (III, i, 59); oder ihn sagen läßt: "There is something *rotten* in the State of

---

H. Blau, "Language and Structure in Poetic Drama", in: *Modern Language Quarterly*, vol. 18 (1957), pp. 27–34; M. M. Charney, "Shakespeare's Antony: a Study of Image Themes", in: *Studies in Philology*, vol. 54 (1957), pp. 149 to 161; C. F. Fehrman, "The Study of Shakespeare's Imagery", in: *Moderna Språk*, vol. 51 (1957), pp. 7–20; J. Lawlor, "Mind and Hand. Some Reflections on the Studies of Shakespeare's Imagery", in: *ShQ*, vol. 8 (1957), pp. 179–193. Diese Aufstellung soll die Verbreitung der *imagery*-Studien belegen, kann aber selbstverständlich kein Pauschalurteil über den Wert der angeführten Arbeiten enthalten.

Denmark" (I, iv, 90); oder "The time is *out of joint*" (I, v, 188). Die Funktion dieser Metaphern besteht in der bildhaften Bestimmung sehr komplexer, schwer überschaubarer Tatbestände oder Handlungen. Ihre Aufgabe ist die geistig-emotionale Aneignung einer (historischen oder zeitgenössischen) Wirklichkeit, eines Geschehens, einer Handlung, einer Empfindung, eines Gedankens. Je besser die Metapher ihrer Funktion gerecht wird, desto größer ihr Wert. Dieser besteht somit nicht allein in der *Bildhaftigkeit* der Widerspiegelung, sondern zugleich auch in deren Wahrhaftigkeit und in der Objektivität der Entsprechung. Zum anderen hat die Metapher eine *subjektiv-wertende Funktion.* Das Bild tritt an die Stelle eines Tatbestandes, aber nicht, um den Tatbestand zu bestimmen, sondern um dessen Bewertung, dessen Bejahung oder Verneinung, dessen Verherrlichung oder Verabscheuung auszudrücken.

> "Life's but a walking shadow, a poor player
> That struts and frets his hour upon the stage ..."
> *(Macbeth, V, v, 24 f.)*

> "But, soft! what light through yonder window breaks?
> It is the east, and Juliet is the sun!"
> *(Romeo and Juliet, II, ii, 2 f.)*

Die Metapher beleuchtet somit nicht das Wirkliche, sondern dessen Reflex in der Seele des Betrachters. Sie bestimmt nicht den objektiven Tatbestand, sondern dessen subjektive Bewertung. Es ist diese subjektiv-wertende Funktion der Metapher, die einen Gegenstand nicht so sehr bestimmt als ihn schmückt oder schmäht, überhöht oder verzerrt, verlebendigt oder verstümmelt. Sie tut dies, indem sie ihn in das Bezugssystem einer Stimmung, eines Temperaments oder eines Individuums einrückt und das Bildliche von eben diesem Standpunkt aus formt. (Es versteht sich, daß das Individuum seinerseits von zahlreichen objektiven, überindividuellen Faktoren abhängig ist, die sich indirekt in der individuellen Wertung reflektieren.)

Beide Grundfunktionen der Metapher sind natürlich nur in theoretischer Analyse zu trennen. In Wirklichkeit durchdringen sich Objektives und Subjektives, Bestimmung und Wertung. Die Imitation des Objektiven steht neben dem Ausdruck des Subjektiven, die Erkenntnisfunktion neben der Affektbezogenheit, und der Widerspruch beider — so behaupten wir — fließt in das Bild ein und markiert eine der sprachlich-künstlerischen Voraussetzungen der spezifischen Wirkungen der Metapher. Er wird zur Quelle der charakteristischen metaphorischen Spannung von Übereinstimmung und Verschiedenheit, die zwischen dem Gegenstand und dem zu seiner Bestimmung und Bewertung benutzten

Bild besteht. Diese Spannung zwischen Gleichartigkeit und Ungleichartigkeit, zwischen Entsprechung und Abwandlung basiert auf der unendlich variierbaren Verbindung von Objekt und Subjekt und ermöglicht die nahezu unbegrenzte Vielfalt metaphorischer Wirkungen und Funktionen.

Diese unsere Auffassung von der Metapher können wir hier nur ganz schematisch darlegen; das Gesagte wird aber bereits genügen, um das komplexe Wirklichkeitsverhältnis der Shakespeareschen Metapher zumindest in seinen zwei extremen Bezugspunkten zu verstehen. Dies ist erforderlich, weil die moderne bürgerliche Dichtung und die damit eng verbundene Konzeption der Neuen Kritik gerade die dialektische Zusammengehörigkeit und das ständige Nebeneinander beider Komponenten in Frage stellt. *Weil* aber die *mimesis* der Metapher, ihr vermittelter Wirklichkeitsbezug, so völlig erlischt, wird — so meinen wir — auch die Fülle und Tiefe der Spannung von Objektivem und Subjektivem gefährdet. Der Verlust des Wirklichkeitsbezuges schwächt die Analogiewirkung der Metapher; die geschwächte Analogiewirkung dokumentiert und bewirkt eine progressive Subjektivierung der Metapher, die Subjektivierung der Metaphorik aber begünstigt eine willkürlich-assoziative Aufreihung der *imagery*, und diese assoziative Aufreihung ersetzt die innere Bezogenheit und Geschlossenheit des Gedichtes. Sie tut das, weil nicht länger ein menschlich bedeutsamer Gehalt die Form und Komposition des Gedichts bestimmt, sondern weil jetzt eine zusammenhangarme Reihe von *images* die Struktur des Gedichts beherrscht.

Die Metapher, deren vermittelter Wirklichkeitsbezug aufgegeben bzw. nicht mehr nachweisbar ist, kann auch nicht länger dienender, organischer Bestandteil eines Kunstwerks sein. Das Kunstwerk gestaltet einen Stoff, eine historische, soziale, geistige, ethische und zugleich erlebte Wirklichkeit, und die Struktur des Werkes steht *im Dienste* der Verdichtung des Stoffes; sie ist nicht lediglich subjektiv bedingt, sondern wird durch die Erfordernisse dieser Verdichtung bestimmt. Dies ist ihr Gesetz. Wird es ignoriert, so wird die kunstwerkliche Ordnung zur „Manier" (Goethe [31]). Die assoziative *imagery* usurpiert die Struktur

---

[30] Vgl. *The Penguin Book of Contemporary Verse,* ed. by K. Allott, Harmondsworth 1950, p. 226.

[31] „Die Manier hingegen individualisiert, wenn man so sagen darf, noch das Individuum. Der Mensch, der seinen Trieben und Neigungen unaufhaltsam nachhängt, entfernt sich immer mehr von der Einheit des Ganzen, ja sogar von denen, die ihm allenfalls noch ähnlich sein könnten; er macht keine Ansprüche an die Menschheit, und so trennt er sich von den Menschen." („Diderots Versuch über die Malerei", vgl. *Jubiläums-Ausgabe,* Bd. 33, S. 253.)

und Komposition des Gedichts und „entfernt sich immer mehr von der Einheit des Ganzen". Sie gelangt zu einer Verselbständigung, zu einer Unabhängigkeit vom Ganzen, wodurch die *imagery* das Kunstwerk nicht länger verdichtet, sondern zersetzt, nicht länger organisiert, sondern desorganisiert.

Es ist dieses wirklichkeitsentleerte, unabhängige — in einem Wort: autonome — *image*, das im Mittelpunkt der neukritischen Bildinterpretation steht. So wie das modernistische Gedicht mit Hilfe eines *pattern* von Metaphern komponiert ist, so glauben Wilson Knight, Heilman, Walker u. a. Kritiker, daß es tatsächlich die *imagery* ist, die auch die Struktur des Shakespeareschen Dramas bestimmt. Die bildliche Interpretationsmethode wird unbewußt aus der Natur des assoziativen Schaffensprozesses abgeleitet. "The new critics", so schreibt O. J. Campbell, "demand that a poem be a coherent system of images organized so artfully as to embody the essential imaginative significance of the work. Only through a proper understanding of this inner structure does a reader come to know all that a poem means and all that it is." [32] Diese Auffassung finden wir in Heilmans Deutung von *King Lear*, wenn er schreibt: "in its fullness the structure can be set forth *only* by means of the pattern of imagery" [33]. Wir finden sie in der immer wieder vertretenen Anschauung, daß das Ordnungsprinzip des Dramas ein rein sprachliches sei, daß ein Bild sich als Mittelpunkt darbiete, als "a junction point of many lines of verbal activity that run through the play" [34]. Der Kritiker, der — wie Heilman — das Drama als ein „magisches Netz" sprachlich-bildlicher Assoziationen betrachtet, überträgt im Grunde nur das Ordnungsschema modernistischer Lyrik auf das Shakespearesche Drama. Auf Grund einer subtilen Aufreihung aller sprachbildlichen Entsprechungen (bzw. Antithesen) verwandelt er das Theaterstück in "an immensely complicated verbal structure" [35]. Da er — wie der moderne bürgerliche Lyriker — keine objektiv, d. h. dramatisch-gehaltlich bestimmte Struktur sieht oder anerkennt, begreift er das Drama als "a web of the threads of language, literal and metaphorical".

"Of all the ways of binding together the parts by verbal, figural, and imaginal echo and interplay, the subtlest and yet surest is the construction of an individual speech in such a way as to make it a web of the threads of language, literal and metaphorical, that may be traced throughout the play . . ." [36]

---

[32] "Shakespeare and the 'New' Critics", p. 81.
[33] *This Great Stage*, p. 32. Hervorhebung von mir.
[34] *Magic in the Web*, p. 21.
[35] Ibid., p. 4.
[36] Ibid., p. 23.

Die metaphorischen Fäden der Bildlichkeit und das Echo lautlich-
sprachlicher Entsprechungen determinieren möglicherweise die Struktur
der modernistischen Lyrik, aber niemals Shakespeares Theaterstücke.
Imagery bzw. "verbal, figural, and imaginal echo and interplay" als
Träger der Struktur oder gar der Bedeutung des Dramas zu interpretieren, ist ebenso abwegig wie etwa die Betrachtung von *The Image as
Guide to Meaning in the Historical Novel* [37]. Die Usurpation des Kunstwerks durch das *image* ist dadurch vollkommen. Statt die dramatische
Rolle der Bilder, ihre Leistung im Rahmen des Gesamtkunstwerks zu
erforschen, sehen die Neuen Kritiker das Gesamtkunstwerk durch
imagery strukturiert: Sie betrachten das Drama als eine Kette von Bildern ("The play is a series of abruptly shifting but subtly related
images" [38]) und sehen es schließlich als eine einzige große Metapher, als
"the large metaphor which is the play itself" [39], wie es Heilman in *This
Great Stage* postuliert. (Daß er darin niemand anderem als Wilson
Knight folgt, der schon in *The Wheel of Fire* "each play as an expanded
metaphor" [40] betrachtet, sei hier am Rande vermerkt.)

Hand in Hand mit der von uns oben bemerkten Ausweitung des Begriffs und der erstaunlichen Ausbreitung der *image*-Studien geht also
eine maßlose Überbewertung der Rolle der Metapher im Rahmen des
einzelnen Kunstwerks. Diese von Knight, Heilman, Brooks, Bethell,
Traversi u. a. so bevorzugt betrachtete Metapher ist längst nicht mehr
"the means by which the poet explores reality" [41], ist nicht "a method
of asserting or reasserting spiritual control over the material" [42]. Die
von ihnen gemeinte Metapher erfüllt eine gänzlich andere, höchst einseitige Funktion. Sie verweist — trotz aller neukritischen Theoreme —
nach wie vor auf etwas Außerästhetisches; aber sie tritt an die Stelle
von etwas Realem, *nicht* um es zu erfassen, zu verdeutlichen, sondern
um es zu verflüchtigen, zu verschleiern, in seinen wirklichen Beziehungen zu verhüllen. So wie in dem Tabu der Primitiven der zu meidende
Gegenstand weder berührt noch genannt wird (Name und Ding, Bezeichnung und Gegenstand fallen ja bei ihnen zusammen), so gehen

---

[37] So lautet der Titel eines Aufsatzes von A. N. Lytle in *The Sewanee Review*,
vol. 61 (1953), pp. 408–426, in dem ein *image* tatsächlich als "a common referent" (p. 412) für *Krieg und Frieden* dienen muß: ihm wird "the burden of
meaning" (p. 415) eines mehr als tausendseitigen Romans auferlegt!

[38] Elliott, *Dramatic Providence in Macbeth*, p. 13.

[39] A. a. O., p. 12.

[40] A. a. O., p. 15.

[41] Day Lewis, *The Poetic Image*, p. 117.

[42] Ibid., p. 104.

auch die Neuen Kritiker der Wirklichkeit metaphorisch, d. h. mittels der Metapher, aus dem Wege. [43]

Diese Deutung der gegenwärtigen Metapher-Konjunktur findet eine überraschende Bestätigung, wenn wir die neukritische Interpretationspraxis mit ihren ideengeschichtlichen Voraussetzungen konfrontieren. Wir beziehen uns dabei auf die bekannte Tatsache, daß die führenden Ideologen der neukritischen Bewegung, darunter Hulme, Pound, z. T. auch Eliot und Ortega y Gasset, der dichterischen Metapher eine ganz besondere Aufmerksamkeit gewidmet haben. Ein Studium ihrer Auffassungen offenbart die gleiche Überbewertung des *image*, die wir in der neukritischen Interpretationspraxis nachweisen konnten: *Images*, so lautet die Definition bei Hulme, sind "the very essence of an intuitive language" [44]. Der "intuitive" Charakter dieser Bildersprache weist nicht so sehr auf ein Vorherrschen spontaner und emotionaler Regungen im Künstler als vielmehr auf eine extrem formale Auffassung ("Subject doesn't matter", vermerkt Hulme [45]) sowie auf die Ausklammerung aller zeitlichen Bewegungen in der Metapher (in diesem Sinne definiert Pound ein *image* als "that which presents an intellectual and emotional complex in an instant of time" [46]).

T. E. Hulme war nur der frühe Theoretiker jener von Pound geführten Dichtergeneration, unter denen die sogenannten *Imagists* eine führende Rolle spielten. Indem sie das *image* zum Leitsatz ihres dichterischen Programms erklärten, verselbständigten sie ein einzelnes poetisches Element in der gleichen Weise, wie der Expressionismus in der bildenden Kunst etwa die Farbe, das Lineare usw. als Ausdrucksmittel verabsolutiert. Die damit Hand in Hand gehende künstlerische Unver-

---

[43] H. Werner (*Die Ursprünge der Metapher*, Leipzig 1919) verfolgt „die Hauptentwicklung der Metapher aus dem Geiste des tabu" (S. 191): „Die Metapher verdankt ... ihre Entstehung dem Bestreben, eine sprachliche Mitteilung irgendwelcher Art zu verhüllen." (S. 183) Es wäre aufschlußreich, „diese vermummende Tendenz" (ibid.) im Werke gewisser moderner Lyriker zu untersuchen und auf ihre Funktionen und Wirkungen hin zu beleuchten. Vgl. in diesem Zusammenhang das oben (S. 134 f.) zitierte methodologische Programm des extremen *new criticism*!

[44] *Speculations*, p. 135.

[45] Ibid., p. 137.

[46] *Literary Essays by Ezra Pound*, p. 4. Erläuternd fügt Pound hinzu: "It is the presentation of such a 'complex' instantaneously which gives that sense of sudden liberation; that sense of freedom from time limits and space limits; . . ." Es ist die hier postulierte Zeitlosigkeit des *image*, die bei Knight und dann in der Theorie J. Franks die Entzeitlichung des Kunstwerks — vor allem des Romans — rechtfertigen muß. Dazu s. u., S. 316 ff.

ständlichkeit und Esoterik widerspiegelten die Isolierung des Künstlers und Kritikers inmitten der nach 1900 einsetzenden imperialistischen Krise. Das Verhältnis der *Imagists* zur Gesellschaft entsprach nicht mehr der Stellung des Dichters in der vorimperialistischen Epoche:

"The Imagists", so schreibt de Sola Pinto, "were the first true 'modernist' group in the sense that they no longer attempted to communicate with a general public of poetry lovers which had ceased to exist, but concentrated on searching for a means of expressing the modern consciousness for their own satisfaction and that of their friends. ... the poets had to recognize that they were living in a new dark age of Barbarism and vulgarity where the arts could only survive in small islands of culture, which was no longer the possession of a securely established social class but which had to be fashioned anew by a selfchosen *élite* that managed to escape the spiritual degradation of a commercialized world." [47]

Im Lichte dieser — hier nicht weiter ausführbaren — sozialhistorischen Voraussetzungen ist es gewiß kein Zufall, daß gerade der nach Nietzsche gefährlichste Verkünder antiliberaler Elitephilosophie — der Autor von *La rebelión de la masas* — nun auch zum Fürsprecher einer wirklichkeitsfeindlichen Metapherkonzeption wurde.

„Die Romantik", so schrieb Ortega y Gasset, „ist der volkstümliche Stil *par excellence*. Erstgeborener der Demokratie, wurde er von der Masse verhätschelt. Die neue Kunst aber hat die Masse gegen sich und wird sie immer gegen sich haben. ... Die neue Kunst ist nicht für jedermann wie die romantische, sie spricht von Anfang an zu einer besonders begabten Minderheit." [48]

Die romantische Dichtungstheorie hatte — wie später Cleanth Brooks in *Modern Poetry and the Tradition* [49] nachwies — keinen Raum für eine esoterische Metaphorik. Der von Ortega y Gasset begrüßte „anhebende

---

[47] *Crisis in English Poetry: 1880—1940*, London 1951, pp. 151 f.

[48] *Gesammelte Werke*, 4 Bde. (mehrere Übersetzer), Stuttgart 1954/1956, Bd. II, S. 230 f.

[49] Vgl. Chapter I, "Metaphor and the Tradition", pp. 13—27. Brooks' Darstellung der romantischen Auffassung enthält indessen grobe Entstellungen. Er zitiert A. E. Housmans Urteil, "that metaphor and simile are 'things inessential to poetry'": sie seien lediglich "illustration" oder "ornament" (pp. 15 f.) — und verallgemeinert dies für die gesamte romantische Poetik. Brooks' Kritik an dieser vulgären Auffassung ist berechtigt, gründet sich jedoch auf eine unerlaubte Verallgemeinerung. Vgl. Shelley: der metaphorische Ausdruck, so sagt er in *A Defence of Poetry*, "marks the before unapprehended relations of things and perpetuates their apprehension" (vgl. *English Critical Essays (Nineteenth Century)*, pp. 102—138, das Zitat p. 105). Der Gegensatz zwischen romantischer und modernistischer Metaphorik ist also nicht der Unterschied

Klassizismus [50] vertrat hingegen eine genau entgegengesetzte Auffassung: „Poesie", so bemerkte er, „ist heutzutage die höhere Algebra der Metapher". [51] Die Metapher aber dient als das vollkommene Mittel der Wirklichkeitsflucht, „das wirksamste Werkzeug zur Austreibung der Natur" [52].

„Es ist in der Tat wunderbar, daß im Menschen eine Geistestätigkeit existiert, die eine Sache durch eine andere ersetzt, nicht so sehr, um zu dieser zu gelangen, als um jener zu entfliehen. Die Metapher beseitigt einen Gegenstand, indem sie ihn mit einem andern maskiert; sie hätte keinen Sinn, wenn ihr nicht ein Urinstinkt zugrunde läge, der den Menschen dazu treibt, gewisse Wirklichkeiten zu meiden. ... Alle anderen Anlagen halten uns im Wirklichen, in dem schon Seienden fest. Unsere ganze Tätigkeit erschöpft sich darin, Dinge zu addieren und zu subtrahieren. Der Metapher allein danken wir die Möglichkeit, uns aus dem Staub zu machen; zwischen den wirklichen Dingen läßt sie die Riffe und schwimmenden Blüteninseln der Phantasie hervortauchen." [53]

Der Metapher also „danken wir die Möglichkeit, uns aus dem Staub zu machen"! Nun weiß Ortega y Gasset freilich sehr wohl, daß die Metapher auch ganz andere, erkennende Funktionen hat [54]. Allein es geht ihm nicht um das tatsächliche ästhetische Wirklichkeitsverhältnis der Metapher, vielmehr um eine Apologie der strukturbestimmenden, verselbständigten Metapher, die im Gegensatz zu allem „außerpoetischen, d. h. realen Stoff" steht:

„Wenn die Metapher sich vergegenständlicht, wird sie mehr oder weniger zum eigentlichen Helden der Handlung. Das bedeutet, daß die ästhetische Absicht ihr Vorzeichen gewechselt, daß sie sich um 180⁰ gedreht hat. Früher legte die Metapher sich über ein Wirkliches – als Ornament, Spitzenschleier oder Regenmantel. Heute will man im Gegenteil den außerpoetischen, d. h. realen Stoff hinauswerfen und die Metapher realisieren, d. h. zur *res poetica* machen." [55]

Diese Worte kennzeichnen sowohl bestimmte lyrische Bestrebungen seit der Zeit der *Imagists* als auch die ästhetische Doktrin des *new criti-*

---

zwischen einer platten und einer dialektischen Auffassung, sondern der zwischen der allseitigen, subjektiv *und* objektiv bestimmten Funktion der Metapher und ihrem autonomen, esoterischen Gebrauch.

[50] A. a. O., Bd. II, S. 272.

[51] Ibid., S. 248.

[52] Ibid., S. 250.

[53] Ibid., S. 248.

[54] Vgl. etwa Bd. I, S. 243 ff.

[55] Ibid., Bd. II, S. 251. Die Unterstellung einer falschen Alternative (Metapher = „Ornament, Spitzenschleier" usw.) ist rhetorische Vereinfachung; sie widerspricht im übrigen Ortega y Gassets eigenen Erkenntnissen (vgl. Bd. I, S. 243 ff.).

cism. Gerade *das* ist es, was Knight, Brooks, Heilman und deren Schüler-
schar meinen: Die Ersetzung der „außerpoetisch" verankerten Aspekte
des Kunstwerks durch eine neue *res poetica* in Gestalt der strukturbestimmenden Metapher — eben "the large metaphor which is the play
itself" (Heilman). Oder wie es Brooks formuliert: "The comparison *is*
the poem in a structural sense." [56]
Von allen Elementen des Kunstwerks bietet die Metapher in der Tat
die beste Voraussetzung zu einer — natürlich nur scheinbaren — „Autonomie": Die Metapher ist ein Bild, das auf die Wirklichkeit nicht direkt
verweist, sondern diese auf dem Umweg eines verkürzten, bildhaften
Vergleichs vermittelt. Da dieser Wirklichkeitsbezug durch die subjektiv-
wertende Funktion des Bildes bis zur Unkenntlichkeit verhüllt werden
kann, erweisen sich Metapher und Vergleich für eine Unterstellung
„autonomer" Kunststrukturen besonders geeignet. Sie müssen für den
an formalistischer Lyrik geschulten Kritiker eine geradezu magische Ver-
lockung enthalten. Ihr *pattern* bildet einen so schönen, bunten Zauber-
teppich, der alles Erdgebundene in die Lüfte trägt und hinter den Wol-
ken neukritischer Spekulation zu Paradox, Ironie und *ambiguity* verflüchtigt.
Da man aber zugleich auch das gesamte Kunstwerk als autonomes
Gebilde verstehen möchte, beginnt jetzt eine folgenschwere Verwechse-
lung und Konfusion: Ist alle Kunst bildhaft und autonom, so teilt sie —
folgern die Neuen Kritiker — die Eigenschaften der Metapher. Ist die
Metapher sinnlich-konkret, so ist folglich im Kunstwerk alles Sinnlich-
Konkrete ein *image;* ist der theatralische Effekt, etwa das Kostüm, bildhaft, so ist auch der theatralische Effekt ein Teil der *imagery;* ist schließlich das gesamte Stück mit seinen Konflikten symbolische Form, so muß
das gesamte Drama als "an expanded metaphor" (Wilson Knight) angesehen werden. "The sensuous elements", so meint Susanne K. Langer,
"often spoken of as the 'sense-content' of a work, are not content at all
but pure symbol" [57].
Wir verstehen jetzt die Ursachen jener inflationistischen Entwicklung
des Terminus *imagery* und ahnen die Hintergründe einer fatalen Begriffsverwirrung. Man hat den Eindruck, als hätten sich die Neuen Kritiker in das Netz ihrer eigenen Doktrin verstrickt, so daß jede weitere
Handhabung des Begriffs beträchtliche Verwirrung stiftet. Sie haben —
wollten wir das oben gebrauchte Bild präzisieren — ihren Luftteppich
zwar in die Höhe, aber nicht zur Erde zurück bewegen können, so daß

---

[56] *Modern Poetry and the Tradition*, p. 26; Hervorhebung ebendort.
[57] *Problems of Art*, p. 180.

sich nebst dessen *pattern* samt und sonders alles in den Lüften der *imagery* verflüchtigt — *plot*, Dialog, Charaktere, ja selbst Kostüme und Kulissen.

3. Gehalt und Geschichtlichkeit

Die bedenklichen Schlußfolgerungen aus dieser Wirklichkeitsentfremdung der Metapher sind damit noch nicht einmal angedeutet. Die literaturwissenschaftliche Problematik der neukritischen *image*-Interpretation wird erst in dem Augenblick sichtbar, da wir nach dem konkreten dramatischen Gehalt der Shakespeareschen *image* fragen und diese Frage unter Berücksichtigung des geschichtlichen Charakters elisabethanischer Metaphorik zu beantworten suchen. Mit dem Begriff „Gehalt" meinen wir dabei *die bildliche, d. h. in Form des Bildes gestaltete Bedeutung;* da im *image* — ähnlich wie im Symbol [58] — das Bildliche bereits Aussagefunktion besitzt, in der Form also bereits der Inhalt beschlossen liegt, meiden wir — um nicht mißverstanden zu werden — das letztgenannte, gewöhnlich antithetisch gebrauchte Begriffspaar.

Die Einsicht in das dialektische Ineinander von Form und Gehalt darf jedoch methodologisch nicht zu deren Verquickung führen. Es ist gerade die in weitester Runde zu beobachtende mangelhafte Differenzierung beider Aspekte, die der neukritischen Wirklichkeitsentfremdung der Metapher förderlich war und selbst bei wissenschaftlich bedeutsamen Arbeiten — wie etwa Caroline Spurgeons — zu einer methodisch unbefriedigenden Fragestellung führte. All dies läßt sich am besten an Hand einiger Beispiele veranschaulichen:

(a) "It will but skin and film the ulcerous place,
Whiles rank corruption, mining all within,
Infects unseen."

(*Hamlet*, III, iv, 147 ff.)

(b)   "give me leave
To speak my mind, and I will through and through
Cleanse the foul body of th' infected world,
If they will patiently receive my medicine."

(*As You Like It*, II, vii, 58 ff.)

(c)   "we are all diseas'd:
And, with our surfeiting and wanton hours
Have brought ourselves into a burning fever,
And we must bleed for it: . . ."

(*2 Henry IV*, IV, i, 54 ff.)

---

[58] S. o., S. 193.

Welches, so fragen wir, ist der dramatische *Gehalt* dieser Bilder? Caroline Spurgeon — und die ihr folgenden *image*-Interpreten — bestimmen deren *subject-matter* als "Sickness and medicine". Unter dieser Rubrik erscheinen sie in den graphischen Tabellen Spurgeons. Sie werden unter eben diesem Gesichtspunkt auch ausgewertet: Shakespeare, so folgert Spurgeon, "had throughout his life a distinct interest in the treatment of disease and the action of medicine on the body" [59]; die *imagery* bezeuge "Shakespeare's interest in the compounding and action of drugs, healing or noxious, and in medical theories" [60]. Gerade die mittlere Schaffensperiode "reveals incidentally a graver conception of disease, and a peculiar horror of tumours, ulcers, abscesses, cancer and the like" [61].

Die Fragwürdigkeit dieses Verfahrens besteht darin, daß hier *das Mittel* der Verbildlichung *als Inhalt* des Bildes ausgegeben wird. "It is this latter aspect of the images", so sagt Spurgeon, "in which I am here primarily interested, that is in their stuff, and what this stuff or content tells us, and I use them from this point of view as documents, first as helping to reveal to us the man himself, and secondly as throwing fresh light on the individual plays." [62] Das, was hier sehr nachdrücklich als "stuff", "content" und anderswo als "subject-matter" [63] bezeichnet wird, können wir entschieden *nicht* als den Gehalt betrachten. Ein Blick auf den Kontext der angeführten Beispiele genügt um festzustellen, daß sie nicht auf Medizin und Krankheit, nicht auf "tumours, ulcers, abscesses, cancer and the like", auch nicht auf "the compounding and action of drugs, healing or noxious, and ... medical theories" verweisen, sondern sich auf etwas gänzlich anderes beziehen, das mit Hilfe des „medizinischen Bildes" nur erläutert, bestimmt und bewertet wird. In unseren Beispielen handelt es sich (a) um eine sittliche Verderbtheit, (b) um die Schlechtigkeit der Welt und (c) um das Unheil des Bürgerkrieges und den damit verbundenen Verlust an Menschenleben.

Weitere Beispiele verstärken unsere Bedenken. Welches ist das *subject-matter* von "sun-like Majesty" (*1 Henry IV*, III, ii, 79)? Die Astronomie oder die Monarchie? Spurgeon bucht das *image* unter "celestial bodies" [64] und geht damit an der eigentlichen historischen und drama-

---

[59] *Shakespeare's Imagery and What It Tells Us*, p. 129.
[60] Ibid., p. 135.
[61] Ibid., p. 134.
[62] A. a. O., p. 11.
[63] Vgl. *Chapter IV: "The Subject-matter of Shakespeare's Images"* (pp. 43 bis 56).
[64] Vgl. *Chart I* und *V*.

tischen Bedeutung dieses Bildes (und der zahlreichen ihm entsprechenden *images*) vorbei. In gleicher Weise werden die für Shakespeare besonders zahlreichen Bilder aus dem Bereich des Gartens behandelt:

> "When our sea-walled garden, the whole land,
> Is full of weeds, her fairest flowers chok'd up,
> Her fruit-trees all unprun'd, her hedges ruin'd
> Her knots disorder'd, and her wholesome herbs
> Swarming with caterpillars?"
>
> (*Richard II*, III, iv, 43 ff.)

Spurgeon zitiert dieses Bild unter der Überschrift *garden images*, klassifiziert es unter der Rubrik "Gardening" und setzt es in Beziehung zu
Shakespeares "delight in outdoor life" [65]. Der wirkliche Gehalt des Bildes
ist damit aber gänzlich verkannt. Gerade um seine dramatische Wirkung
zu verstehen, müssen wir einerseits das Chaos der Rosenkriege, andererseits dessen bildhafte Bewertung durch den in Form des Gartens ver-
körperten Ordnungsgedanken sehen. Das Bild verweist also nicht auf
Probleme der Gärtnerei, sondern sein Gehalt umspannt einen historischen Tatbestand plus dessen — nachweisbar sozial bedingter — emotionaler, bildhaft-künstlerischer *Bewertung*. Dies scheint uns für das Verständnis des *image* und für die aus ihm möglichen Rückschlüsse weitaus
wichtiger als eine Hypothese über Shakespeares gärtnerische Betätigung.
An dieser Stelle soll jedoch nicht die Fragwürdigkeit biographischer
Bilderdeutung kritisiert werden; dies ist bereits ausgiebig und mit Erfolg
geschehen [66]. Auch ist die lebenskundliche Auswertung der *imagery*
keine für den *new criticism* charakteristische Methode und hat im letzten Jahrzehnt nur wenige Kritiker verlockt. Von Bedeutung ist hier einzig und allein der Umstand, daß sowohl bei Spurgeon als auch deren
Nachfolgern grundlegende Begriffe wie "content", "subject-matter"
usw. nicht durchdacht sind und methodologisch geradezu auf den Kopf
gestellt werden. Dies ist der Fall, obwohl auch bürgerliche Ästhetiker
sehr wohl Form und Idee der Metapher begrifflich differenzieren: S. J.
Brown z. B. spricht von dem "adventitious and imported image" und
"the main notion" [67], wobei er Letztgenanntes als "the real subject of

---

[65] Ibid., p. 205.

[66] Vgl. vor allem L. H. Hornstein, "Analysis of Imagery: A Critique of Literary
Method", in: *PMLA*, vol. 57 (1942), pp. 638–653. Hornstein kritisiert vor allem
"the assumption that imagery ... always has a direct basis in physical experience" (p. 639) sowie die eng damit verbundene Prämisse, wonach "the absence
of an image is an indication of lack of knowledge or lack of interest" (p. 651).

[67] *The World of Imagery*, London 1927, pp. 50, 52.

the discourse", als "main idea or object" [68] bezeichnet. I. A. Richards unterscheidet zwischen *vehicle* (das ist in unserem Beispiel der Garten) und *tenor* — welch letzteren Begriff er eindeutig definiert als "the underlying idea or principal subject which the vehicle or figure means" [69]. In ähnlicher Weise unterscheidet H. W. Wells zwischen *minor term* und *major term* [70] usw.

Wenn dennoch — mit wenigen Ausnahmen [71] — in der *image*-Interpretation die Betrachtung des rein bildlichen *vehicle* dominiert, so zeugt das von einer methodischen Einseitigkeit und Enge, die in umgekehrter Proportion zu der Weltbezogenheit und Wirklichkeitsfülle der Shakespeareschen Bilder stehen. Die Gründe für diese methodische Einseitigkeit haben wir bereits hinlänglich dargelegt. (Sie stehen in engstem Zusammenhang mit der allgemeinen Subjektivierung der Metapher, mit der Vernachlässigung ihrer Erkenntnisfunktionen und Wirklichkeitsbezüge, die schließlich im *new criticism* in dem Anspruch auf völlige Autonomie gipfeln.) Wir können uns infolgedessen jetzt darauf beschränken, einige Auswirkungen dieser formalen Konzeption auf die Interpretation von Shakespeares *images* sowie auf andere Bilder der englischen Renaissancedichtung zu untersuchen.

Eine Folgeerscheinung der formal-bildlichen Interpretation drängt sich sogleich in den Vordergrund: die Vernachlässigung der *Geschichtlichkeit*

---

[68] Ibid., pp. 48 f.

[69] *The Philosophy of Rhetoric*, p. 97.

[70] *Poetic Imagery*, New York 1924; zit. bei R. A. Foakes, "Suggestions for a New Approach to Shakespeare's Imagery", in: *Shakespeare Survey* 5 (1952), p. 83. Foakes selbst plädiert für die Bezeichnung "subject-matter" und "object-matter". Diese und andere Begriffsdifferenzierungen sind nützlich und weisen über die formale Behandlung der *images* hinaus; die bloße Gegenüberstellung beider Aspekte muß indessen deren ästhetische Beziehungs*einheit* offenlassen und ergibt noch keine methodischen oder Wertmaßstäbe für die Interpretation.

[71] Neben der Arbeit von Foakes (Anm. 70) wäre hier u. a. auf Clemens Untersuchung zu verweisen, der wiederholt fragt nach der „Beziehung zwischen Anlaß und Bild" (S. 35–37, 45–46, 55–57), nach dem „Quellpunkt" (S. 73), nach dem „Wirklichkeitsanlaß der Bilder" (S. 162–164) usw. Obwohl also Clemen sehr wohl die „Verbindung zwischen einem Wirklichkeitsanstoß und einer sich von hier ausbreitenden Bilderkette" (S. 162) sieht und in deren Erhellung sehr richtig die Gewähr gegen eine „allzu spekulative" Bildinterpretation (vgl. ibid.) erblickt, ist doch andererseits auch seine Studie formal konzipiert, so daß die Frage nach dem „Gehalt der Bilder" (S. 47) in Wirklichkeit „Sonne, Mond, Rosen, Tauperlen, Edelsteine" (ibid.) meint, also nicht die gehaltliche Beziehungseinheit, sondern das *vehicle* der Bilder erforscht. Es ist in diesem formalen Sinne, daß er „die Frage nach einer durch die Bilder hindurch deutlich werdenden *Thematik*" (S. 37; Hervorhebung von mir) beantwortet.

der *imagery*. Es ist gewiß nicht überraschend und bedarf keiner ausgedehnten Beweisführung, daß zunächst die historisch-konkrete Bedeutung der Bilder so gänzlich vernachlässigt worden ist. Erblicke ich
in einem *image* nicht den erläuterten und bewerteten Gehalt, sondern
nur das zu dieser Erläuterung, Bewertung usw. benutzte bildhafte
Material, also nicht das Versinnbildlichte, sondern das Bildliche, so muß
in der Tat die tiefere geschichtliche Bedeutung des gesamten Bildes verschlossen bleiben. Die Erforschung dieser geschichtlichen Bedeutung des
Bildes aber ist weit mehr als die Rekonstruktion eines vergangenen Tatbestandes im Sinne des Historismus: sie gibt uns den Schlüssel zur Bestimmung der konkreten künstlerischen Struktur und metaphorischen
Spannung der *imagery*.

Wir können dies an Hand unserer Beispiele in stark vereinfachter
Form etwa folgendermaßen erläutern: Eine Sonne hat es gegeben, solange die Erde existiert, und die Menschen haben sie als eines der
"celestial bodies" betrachtet und bestaunt. Die Verwendung der Sonne
(und nicht – sagen wir – der Rose oder des Feuers) als bildlicher
Bezugspunkt des Dichters ist also von recht bedingtem Aufschluß. Sie
wird erst in dem Augenblick bedeutsam und konkret, da ein Objekt
metaphorischer Bestimmung oder Bewertung (in unserem Fall ein König) hinzutritt und mit dem Bild eine Beziehungseinheit bildet.

Die Sonne (oder irgendeine andere Bezugsmöglichkeit) konstituiert
ja überhaupt dann erst ein *image*, wenn sie mit einer Person, einem
Gegenstand, einer Idee – also etwas *nicht* Bildhaftem – verbunden wird.
Diese Verbindung wird in einem bestimmten zeitgeschichtlichen Augenblick vollzogen: nicht nur das Objekt der Bestimmung, auch der Standpunkt und die Kriterien des wertenden Subjektes sind wandelbar. Die
Wandelbarkeit des zu bestimmenden Gegenstandes mag – ebenso wie
die der Wertkriterien – häufig so minimal sein, daß die Interpretation
sie gänzlich vernachlässigen kann. Prinzipiell ist jedoch die vollzogene
Beziehungseinheit geschichtlich verankert und kann nur so in ihren
totalen Funktionen verstanden werden. Dies gilt letztlich auch für die
ästhetische Wirkung des *image*: Gerade die Art und der Grad der ein-
zugehenden Verbindung, deren vollkommene oder mangelhafte Synthese, das Verhältnis von subjektiv-wertenden und objektiv-bestimmen-
den Funktionen, deren Widerspruch und Intensität usw. entscheiden
über den konkreten Gehalt des Bildes. Die Konkretheit des Gehalts –
und damit sein künstlerischer Wert – erwächst aber vorzüglich aus einer
konkreten, geschichtlichen Situation. Gerade die Geschichtlichkeit des
Kunstwerks ist auch hier seiner die Zeiten überdauernden Wirkung nur
förderlich.

Dies trifft auch auf das Gleichnis zu, in dem das Bildliche nicht unmittelbar mit dem Objekt zusammenfällt, etwa in den bekannten Worten aus *Troilus and Cressida*:

> "The heavens themselves, the planets, and this centre
> Observe degree, priority, and place . . .
> And therefore is the glorious planet Sol
> In noble eminence enthron'd and spher'd
> Amidst the other; whose med'cinable eye
> Corrects the ill aspects of planets evil,
> And posts, like the commandment of a king,
> Sans check, to good and bad . . ."
>
> **(I, iii, 85 ff.)**

Auch dieses gleichnishafte Bild setzt den König und die Sonne in eins — eine Gleichsetzung, die noch metaphorisch ("enthroned") und durch direkten Vergleich ("like the commandment of a king") verschränkt wird. Auch hier aber konstituiert sich der Gehalt des Bildes durch die sowohl in Bestimmung als auch in Bewertung *wandelbare* Relation zweier Bezugspunkte, von denen zumindest einer eine keineswegs konstante, überzeitliche Größe darstellt.

Wir brauchen hier nicht im einzelnen die historischen Kräfte zu erörtern, welche diese eigentümliche Bildklammerung hervorbrachten. Begnügen wir uns mit dem Hinweis, daß die geschichtliche Situation des englischen Absolutismus sowohl die wertenden als auch gewisse objektiv-analogische Funktionen des Bildes erfüllt. Während Letztgenannte aus der überragenden Rolle der *new monarchy* erwuchsen, die sich leuchtend aus der Nacht des feudalen Chaos emporgehoben hatte, war die hohe Wertschätzung des Königtums zugleich auch durch zahlreiche komplizierte ideologische Voraussetzungen gestützt, unter denen die Gottesgnadenlehre und das universale Ordnungsprinzip hervorragten und in der analogiefreudigen Anschauung gipfelten, "that order in the state duplicates the order of the macrocosm" [72].

In ähnlicher Weise schöpfen auch andere Bilder, etwa Garten-*images*, ihre künstlerische Wirkung aus der Geschichtlichkeit ihrer Struktur. Der Gartenbau und die damit verbundenen Gegenstände und Tätigkeiten sind als bildlicher Bezugspunkt — als *vehicle*, bzw. *minor term* — fast ebensowenig gehaltreich wie die Sonne und können im Dienste der verschiedensten metaphorischen Bestimmungen und Wertungen stehen. (Man denke etwa an das Motiv des Schrebergartens in der revolutio-

---

[72] E. M. W. Tillyard, *The Elizabethan World Picture*, London 1943, p. 82. Die ideengeschichtliche Konstellation habe ich sozialhistorisch in *Drama und Wirklichkeit in der Shakespearezeit*, S. 79—90, 96 ff. gedeutet.

nären Lyrik.) Trotz seines gegenständlichen Charakters ist auch hier das rein Bildliche ein unbestimmter Koeffizient, dessen nur deskriptive oder assoziative Bestandsaufnahme durch den Interpreten noch sehr wenig über den funktionalen Gehalt des Bildes im Kunstwerk sagt. Dieser wird eben erst auf Grund seiner konkreten geschichtlichen Bestimmung realisiert: Die Gleichsetzung von Garten und Inselland — wie in der Metapher "sea-walled garden" — wird erst dann sinnvoll und künstlerisch wirksam, wenn dahinter ganz bestimmte Wirklichkeiten stehen. Die Geschichtlichkeit dieses *image* beruht ja zweifellos auf dem erwachten nationalen Denken, das die Nation nicht nur als Ganzes, sondern zugleich auch als *wohlgeordnete* und *produktive* Ganzheit erfaßt. (Wir bezweifeln, ob vor der Nationsbildung und der spanischen Bedrohung das Meer als Schutzwall, d. h. als sinnvolle, abschirmende Einfriedung, überhaupt eine tiefere metaphorische Wirkung hätte realisieren können. [73])

Es ist dieses Wissen um die geschichtliche Substanz einer nur scheinbar „reinen" Bildlichkeit, das uns erst so recht befähigt, den vollen dramatischen Gehalt des Bildes zu würdigen. Gerade die neuartig wertende Funktion des Bildes, gerade der Inhalt und die Tendenz der Wertung bleiben uns verschlossen, solange wir nicht Objekt und Mittel der Bestimmung in ihrem sozialen Charakter betrachten. Dabei erweist sich, wie sehr bereits der Standpunkt des Bürgertums die metaphorisch gestaltete Wertung bestimmt. Der Aristokratie mochte als bildliche Entsprechung womöglich ein großer Turnierplatz, ein weites Jagdgefilde oder später vielleicht ein Landschaftspark oder Ziergarten vorschweben. Shakespeare jedoch spricht von einem Garten, in dem nicht *Schmuck und Ornament*, sondern Ordnung und Nützlichkeit als bestimmende Kri-

---

[73] Diese Anschauung ist z. B. dem *Beowulf* völlig fremd, wie zahlreiche Kenningar für „Meer" beweisen: *hron-rād* z. B. und andere Komposita mit *rād* betonen gerade das *offene* Meer; *ȝar-secȝ* verlebendigt und personifiziert es. Ähnlich die hinter anderen Synonyma stehende Anschauungsweise: *mere* ist mit *mōr*, der Bezeichnung für sumpfige *Landstriche* verwandt; *faroþ* meint nicht nur die See, sondern auch die sich bewegende Strömung und gehört zu *faran* und *fær* (= Fahrzeug, Schiff, vgl. *Beowulf*, Z. 34); *holm* weist auf einen *Berg* von Wellen und ist über das Altnordische zu gegenteiliger Bedeutung gelangt: Born*holm* ist das sich über dem Wasser erhebende (aber nicht durch das Meer geschirmte) Inselland. *Sæ-weal* schließlich, das scheinbar der Shakespeareschen Metapher entspricht, meint im *Beowulf* (Z. 1924) gerade nicht das Meer, sondern *die Küste*: es bedeutet das Gestade, welches nicht so sehr das Land als das Meer umgibt. Der Inhalt des Bildes realisiert also eine gegenteilige Auffassung; denn die metaphorische Vorstellung vom Meer als schützende Mauer ist einfach noch nicht existent.

terien fungieren. Gerade dadurch wird die Gefährlichkeit der Schädlinge, der *caterpillars* und des wuchernden Unkrauts erst zwingend und bildhaft. Diese Schädlinge aber sind die feudalen Widersacher des nationalen Königtums, jene "great and growing men" (III, iv, 61), deren Bekämpfung mit großer Schärfe gefordert wird:

> "Go thou, and like an executioner,
> Cut off the heads of too fast growing sprays,
> That look too lofty in our commonwealth:
> All must be even in our government.
> You thus employ'd, I will go root away
> The noisome weeds, that without profit suck
> The soil's fertility from wholesome flowers."
>
> (III, iv, 33 ff.)

Es versteht sich, daß der bildliche Gehalt der *images* nicht überall durch eine so eindeutig historische Tendenz bestimmt wird; schon deshalb müßte die Interpretation der metaphorischen Wertung und Bestimmung noch viel stärker kontextgebunden sein, als der uns hier zur Verfügung stehende Raum gestattet. Damit meinen wir nicht lediglich ihre funktionale Betrachtung im Zusammenhang mit Szene, Akt, *plot*, Komposition usw., sondern den innigen Zusammenhang zwischen Sprachbild und Charakterisierung [74]. Die *imagery* des Dramatikers existiert ja immer als dramatische Rede der handelnden Personen, wird also zunächst durch das Denken und Handeln der Charaktere bedingt. Gerade die Allgemeingültigkeit der metaphorischen Wertung wird daher in dem Augenblick relativiert, da sie in den Dienst der Charakterisierung der Gestalten tritt, so daß der – in unserem Beispiel angängige – *direkte* Rückschluß vom Bild auf die gesamte Dramenaussage nur in den allerwenigsten Fällen gestattet sein dürfte. Im allgemeinen gilt, daß nur mit Hilfe einer textnahen Interpretation des jeweiligen Bildes erschlossen werden kann, inwiefern die charakter- und situationsbedingten metaphorischen Wertungen im Sinne der dramatischen Gesamtaussage Gültigkeit besitzen.

---

[74] Ch. Ehrl hat in *Sprachstil und Charakter bei Shakespeare* (Heidelberg 1957) „den großen Reichtum des Shakespeareschen Dramas an Spielarten der sprachlichen Charakterisierung" (S. 178) sehr überzeugend dargelegt. Vgl. ferner Morozov, "The Individualization of Shakespeare's Characters through Imagery"; Ellis-Fermor, "The Function of Imagery in Drama", chap. V in *The Frontiers of Drama*, bes. pp. 87–91; sowie die einschlägigen Abschnitte bei Clemen, „Zusammenhang zwischen Bild und Person" (S. 50 f.), „Personencharakteristik durch Bilder" (S. 71 f., 77 ff.), „Beziehung zwischen Bildersprache und Charakter" (S. 73 ff.) et passim.

Als Beispiel betrachte man das oben (S. 224) angeführte *Hamlet*-Zitat, in dem "the ulcerous place" und "rank corruption" sich auf das verwerfliche Handeln der Königin beziehen. Diese stark wertenden *images* sind Hamlet in den Mund gelegt, also charakter- und situationsbedingt. Nichtsdestoweniger berühren sie die gesamte Aussage des Stückes. Wenn wir das Gesamtkunstwerk als komplexe Widerspiegelung zeitgenössischer Wirklichkeit verstehen, können wir auch eine objektivbestimmende Relation seiner *imagery* zu eben dieser Wirklichkeit, also zur Krise des nationalen Absolutismus und zu dem Zerfall des elisabethanischen Humanismus in Erwägung ziehen. Die von mir in einem anderen Zusammenhang untersuchten zeitgeschichtlichen Symptome, aber auch die Datierung dieser Krise [75] entsprechen auffällig dem von Spurgeon registrierten Tatbestand in der Entwicklung von Shakespeares *imagery*. Sie schreibt: "But at the turn of the century, in *Hamlet*, we find in the 'sickness' images a feeling of horror, disgust and even helplessness not met before (save for a touch of the first two in Jacques' bitter moralising and the duke's answer, A. Y. L. I. 2. 7. 58—61, and 67—9); and the general sense of inward and unseen corruption, of man helplessly succumbing to a deadly and 'foul disease', which feeds 'even on the pith of life', is very strong." [76] Auch Clemen bemerkt in dem Schlußkapitel seiner Arbeit die quantitative und qualitative Steigerung der Krankheitsbilder, die dem Dichter in der „letzten Periode seines Schaffens in ganz anderer Weise als noch vorher bewußt gewesen sein müssen" [77]. Sie „verraten eine starke persönliche Beteiligung des Dichters selbst", so daß Clemen sie als „ein Zeichen jenes beim späten Shakespeare immer mehr wachsenden Weltekels" [78] deutet.

Ähnlich wie bei Spurgeon handelt es sich hier um lebenskundliche Rückschlüsse, die nicht überprüfbar sind. Wir wollen die Zulässigkeit der biographischen Ausdeutung von *imagery* nicht absolut anzweifeln, bestreiten jedoch bei Shakespeare deren Zulänglichkeit, *solange andere,*

---

[75] *Drama und Wirklichkeit in der Shakespearezeit*, S. 44—57.

[76] A. a. O., p. 133.

[77] A. a. O., S. 269.

[78] Ibid., S. 269 f. Anzumerken ist, daß das Schlußkapitel („Zwei Hauptsymbole Shakespeares", S. 246—270) nicht in der engl. Ausgabe (1951) erscheint. Das Problem biographischer Rückschlüsse wird dort von Clemen "with the utmost reserve and caution" (p. 227) behandelt. Dennoch heißt es im Hinblick auf Coriolanus, "the imagery throws much light on Shakespeare's attitude" (p. 154), und ähnlich auch über die Krankheitsbilder: "the conspicuous employment of these images in the later plays perhaps suggests some connection with Shakespeare's own increasingly pessimistic outlook" (p. 173).

positive Erklärungsquellen unausgeschöpft sind. Gerade im Hinblick auf das elisabethanische Drama meinen wir mit Schücking, „daß der Individualismus des Dichters in ganz anderer Weise eingeschränkt ist als in späteren Jahrhunderten": „Seine individuelle Auffassung kann und soll nur im Rahmen des allgemeinen Denkens zum Ausdruck kommen, was darüber ist, das behält er für sich." [79] Die bei Shakespeare ohnehin nur bedingt gültige biographische Ausdeutung wird nun problematisch in dem Augenblick, da sich die individuell ausgelegten Indizien gar nicht auf das Individuum Shakespeare beschränken, sondern sich allenthalben auch im Werke seiner Zeitgenossen finden. Diese teilen ja mit ihm "that mood of spiritual despair" [80], sie sind gleichfalls voller „Leidensfähigkeit" und „Todesgedanken" [81], so daß der von Clemen bemerkte "increasingly pessimistic outlook" nicht allein Shakespeare, vielmehr den „Tragödienstil seiner Zeit", also "the greatest plays of the years 1600—12" [82] charakterisiert. Daß dieser überindividuelle Tatbestand auch für das Verständnis der *imagery* herangezogen werden muß, scheint uns literarhistorisch zwingend. Ebenso wie der Charakter der *imagery* mit dem Organismus des einzelnen Dramas verbunden ist, sind auch in der Regel deren Wandlungen mit der Entwicklung der gesamten Gattung verknüpft. Wie sehr diese dramengeschichtlichen Wandlungen mit den Veränderungen der historischen Wirklichkeit verknüpft sind, ist inzwischen nachgewiesen; die Innigkeit der bestehenden Verknüpfung darf erst dann bestritten werden, nachdem das einschlägige Beweismaterial widerlegt und durch überzeugendere Argumente ersetzt worden ist. —

Die hier erörterten Beispiele können das Problem nicht annähernd ausschöpfen, erhellen aber doch hinreichend die Geschichtlichkeit der *imagery*. Sie lassen die Komplexität des Gegenstandes ahnen und erweisen die völlig unzulänglichen Voraussetzungen der formalen *image*-Interpretation. Das *image* — können wir sagen — ist so wenig ein autonomes Gebilde, daß es sich vielmehr inniglich aus all den „außerästhetischen" Quellen nährt, die auch das gesamte Kunstwerk speisen. Weit von aller Zeitlosigkeit entfernt, ist der Gehalt der hier betrachteten *images* ein Ausdruck zeitgeschichtlicher Wirklichkeiten, Beziehungen und Wertungen. Eine formale Interpretation, die nur von den sinnlichen Qualitäten des rein bildlichen *vehicle* ausgeht, kann dem wirklichen

---

[79] *Die Charakterprobleme bei Shakespeare*, S. 3 und 10.

[80] Una Ellis-Fermor, *The Jacobean Drama*, 3rd ed., London 1953, p. 1.

[81] L. L. Schücking, *Shakespeare und der Tragödienstil seiner Zeit*, Bern 1947, S. 153 ff.

[82] Ellis-Fermor, a. a. O., p. 3.

Charakter des Bildes, seinem Gehalt, seiner kunstwerklichen Funktion
und seinen literarhistorischen Wandlungen niemals gerecht werden.

4. „Metaphysische" Tradition oder humanistische Poetik?

Dieser Sachverhalt läßt sich durch einen Blick auf die dichterische Praxis
und Poetik der englischen Renaissance veranschaulichen. Wir wollen
dabei nicht den Fehler begehen, die Konventionen der elisabethanischen
oder „metaphysischen" Lyrik und die Forderungen der englischen
Renaissancepoetik als bindend für die dramatische Kunst des Volks-
theaters zu betrachten. Wir wollen andererseits aber auch nicht die zahlreichen Berührungspunkte übersehen, die es zwischen den volkstümlichen Dramatikern und der humanistischen Poetik, Rhetorik, Logik
usw. gab. Nicht nur die *university wits*, auch der *grammar school*-
Schüler aus Stratford war mit dem ästhetisch-rhetorischen Bildungsgut
seiner Epoche viel inniger vertraut, als die ältere Forschung dies wahr
haben wollte. [83] Shakespeare "reflects the critical commonplaces (like
the 'ut pictura poesis' theme or the mirror concept of drama) of his
time" [84]; höchstwahrscheinlich kannte er auch die bedeutendste Poetik
der englischen Renaissance, Sidneys *Defence of Poesy* [85].

Ohne also die Eigenständigkeit des volkstümlichen Theaters zu verkennen, dürfen wir doch in Dichtung und Ästhetik der gesamten Epoche
einige gemeinsame humanistische Grundanschauungen erblicken, deren
zeitgenössische Gültigkeit und bleibende Bedeutung von der romantischen Kritik und dann vollends vom *new criticism* verdunkelt wurden.

---

[83] Zu dieser Feststellung berechtigen uns vor allem die Arbeiten von T. W.
Baldwin, *William Shakspere's Small Latine and Lesse Greeke*, 2 vols., Urbana,
Ill., 1944; Miriam Joseph, *Shakespeare's Use of the Arts of Language*, New
York 1947, u. a. E. R. Curtius spricht in *Europäische Literatur und Lateinisches
Mittelalter* von einer „Rhetorisierung der englischen Dichtung" (S. 334) und
vermag dies an Hand der Buch-Metaphorik auch bei Shakespeare zu belegen.
Jedoch: „Er nimmt die Buchmetaphorik aus dem rhetorischen Dichtungsstil der
Epoche auf und steigert sie zu hundertfältigem Sinnspiel, mit dem er die Zeit-
genossen funkelnd überstrahlt" (S. 344). Der Gebrauch, die Verlebendigung
und schließliche Überwindung der Rhetorik wird ähnlich auch von W. F. Schirmer („Shakespeare und die Rhetorik", in: *Kleine Schriften*, Tübingen 1950,
S. 83—108) dargestellt, wobei er hervorhebt, „wie lange rhetorisches Gut noch
herrschend bleibt" (S. 96).

[84] Madeleine Doran, *Endeavors of Art: A Study of Form in Elizabethan
Drama*, Madison 1954, pp. 83 f.

[85] A. Thaler, *Shakespeare and Sir Philip Sidney: The Influence of "The Defence of Poesy"*, Cambridge, Mass., 1947.

In Wirklichkeit besaß die englische Renaissancepoetik eine vielfach verkannte "vitality of critical purpose" [86]. Die neuere Forschung hat daher,
insofern sie sich von romantischen Einstellungen und neukritischen Vorurteilen freimachen konnte, "the integrity of Renaissance criticism" und
"the unity, consistency and workableness of Renaissance poetic" an-
erkennen müssen [87].

Diese Tatsachen müssen wir hier in Erinnerung rufen, um den tatsächlichen Charakter der „metaphysischen" Tradition vorurteilsfrei beleuchten zu können. Nach den Forschungen von Rosemond Tuve, denen
jede Behandlung des Gegenstandes verpflichtet sein muß, sind ja die
Renaissancepoetik und deren Metapher-Auffassung für die „metaphysische" Dichtung viel stärker bestimmend als bislang berücksichtigt
wurde, so daß die in der Vergangenheit vorgenommene scharfe Trennung zwischen Tudorlyrik und *metaphysical poetry* wohl chronologisch,
aber nicht dichtungstheoretisch zulässig ist.

Diese Tatsache ist in unserem Zusammenhang höchst bedeutungsvoll,
weil sich gerade die neukritische Metapher-Theorie auf die „metaphysische" *imagery* beruft und hier die Quellen ihrer eigenen Auffassungen zu sehen vermeint. Cleanth Brooks hat darin "the real reason
for Donne's renewed importance for poets" gesehen. In dem Aufsatz
"Metaphor and the Tradition" äußert er sich über "the tremendous
resurgence of interest in Donne" folgendermaßen:

"The significant relationship between the modernist poets and the seventeenth-
century poets of wit lies here – in their common conception of the use of
metaphor. . . . The significant relationship is indicated by the fact that the metaphysical poets and the modernists stand opposed to both the neo-classic and
Romantic poets on the issue of metaphor." [88]

---

[86] G. G. Smith (ed.), *Elizabethan Critical Essays*, 2 vols., London 1950 (repr.),
vol. I, p. xii. Smith bietet die wichtigsten dichtungstheoretischen Quellen bis
S. Daniels *A Defence of Rhyme* (1603). Die späteren Äußerungen bei J. E.
Spingarn (ed.), *Critical Essays of the Seventeenth Century*, 3 vols., London
1957 (repr.), bes. vol. I: 1605–1650.

[87] R. Tuve, *Elizabethan and Metaphysical Imagery. Renaissance Poetic and
Twentieth-Century Critics*, Chicago 1947, p. 416. Es heißt dort (p. 418) u. a.:
"it would seem time to withdraw our characterization of it as contradictory,
immature, or ridden by certain inherited *idées fixes*. It is possible that, in
examining the theory, we should be examining some of the reasons why poetry
written under its flexible but stable laws, throughout the whole of this long
period, achieved such variety and such lasting significance."

[88] *Modern Poetry and the Tradition*, p. 22. Aus dieser (fragwürdigen) Wahlverwandtschaft erklärt sich dann die sehr ausschließlich gefaßte neue "Tradi-

Brooks folgt hierin der Auffassung Eliots, die dieser in seiner berühmten Besprechung von H. J. C. Griersons *Metaphysical Lyrics and Poems of the Seventeenth Century* (in *TLS* vom 20. 10. 1921) niederlegte. Eliot bewundert in der metaphysischen Dichtung "the sudden contrast of associations" sowie "this telescoping of images and multiplied associations": "we find", so schreibt er, "instead of the mere explication of the content of a comparison, a development by rapid association of thought which requires considerable agility on the part of the reader" [89].

Die abwertende Gegenüberstellung von "mere explication of the content" auf der einen Seite und "a development by rapid association" auf der anderen kann uns nicht überraschen: sie entspricht der oben eingehend dargelegten neukritischen *image*-Konzeption. Überraschend ist jedoch die Unbekümmertheit, mit der die modernistische Richtung sich in der älteren Lyrik bestätigt findet und somit "the poets of the seventeenth century (up to the Revolution)" [90] als die gültige Tradition ansieht, die den modernen Lyriker auf merkwürdige Weise verpflichtet. ("Racine or Donne looked into a good deal more than the heart. One must look into the cerebral cortex, the nervous system, and the digestive tracts." [91])

Dieser Anspruch ist höchst anfechtbar. Eine Gegenüberstellung der tatsächlichen „metaphysischen" *imagery* mit ihren neukritischen Interpretationen offenbart zunächst die von R. Tuve sehr treffend dargelegte Problematik des von Eliot, Brooks u. a. entwickelten Traditionsbegriffes. Darüber hinaus zeigt sich gerade auf dem Hintergrund der traditionellen Metapher-Auffassung die neukritische Bildkonzeption in ihrer **Zeitbedingtheit** und ihrer dichtungstheoretischen Einseitigkeit. Die Besinnung auf die humanistische Poetik hilft uns, den neukritischen Formalismus zu erkennen und zu überwinden.

Die englische Renaissancepoetik kennt keine einzige theoretische Bestimmung der *imagery*, die unseren Vorstellungen Genüge tut. [92] Erst wenn wir die verstreuten Äußerungen über *metaphors and similes* zu-

---

tion", nämlich: "the 'main line' of the English tradition — with varying emphasis, authors such as Shakespeare, Donne, Crashaw, the two Herberts, Vaughan, Marvell, King, Pope, Hopkins, Eliot" als "the poetry which the new criticism advocates". (W. J. Ong, "The Meaning of the *New Criticism*", in: *Twentieth Century English*, ed. by W. S. Knickerbocker, New York 1946, p. 364.)

[89] *Selected Essays 1917—1932*, London 1932, pp. 268 f.

[90] Ibid., p. 271.

[91] Ibid., p. 276.

[92] Gelegentlich finden sich Bemerkungen wie etwa Richard Carews (in *The Excellency of the English Tongue* 1595/96): "our speech doth not consist only

sammentragen, unter den charakteristischen Gesichtspunkten des *Orna-ment, Decorum* und *Significancy* betrachten und mit der dichterischen Praxis der Zeit konfrontieren, ergibt sich eine *image*-Auffassung, deren Hauptgesichtspunkte wir — mit einigen Einschränkungen — als noch heute gültig bezeichnen möchten.

Die Renaissancepoetik sah Metapher und Gleichnis in einer harmo-nischen Beziehung mit allen Aspekten des Kunstwerks. Das *image* stand in Übereinkunft mit "the almost universally held theory of art as imitation" [93], wonach das Verhältnis zur Wirklichkeit materialistisch, aber keineswegs im Sinne vulgärer Imitation bestimmt wurde. Es be-fand sich im Einklang mit dem Ziel des Werkes und seiner beabsich-tigten Wirkung auf den Hörer oder Leser. [94] Es war ein Teil des *Orna-ment*, das aber keineswegs formal, sondern in einem umfassend funktio-nalen Sinne gebraucht wurde: "to such purpose as it may delight and allure *as well the mynde as the eare* of the hearers" [95]. Es entsprach somit den didaktischen und rational-logischen Aufgaben, aber auch der ästhetisch-emotionalen Wirkung des Gesamtkunstwerks. Es war ein Teil der zentralen *cause* des Werkes, die dessen Gehalt und beabsichtigte Wirkung umschloß und in sinnvolle Beziehung setzte.

Bestimmend für die Wertung der *imagery* war das zentrale dichte-rische Prinzip des *Decorum*, das gleichfalls sowohl „formale" als auch „inhaltliche" Werte umspannte. In diesem Sinne gebraucht Puttenham den Begriff *Decorum* als

---

of wordes, but in a sorte euen of deedes, as when wee expresse a matter by Metaphors, wherin the English is very frutefull and forcible" (Smith, vol. II, p. 288). Charakteristisch aber ist die Behandlung der "Figures and Figuratiue Speaches" bei Puttenham in *The Arte of English Poesie*, Book III, "Of Orna-ment"; vgl. bes. Chapter VII (Smith, vol. II, pp. 159–161).

[93] Doran, *Endeavors of Art*, p. 70. Die Anschauung von der Dichtung als "an arte of imitation ... a representing, counterfetting, or figuring foorth" findet sich bei Sidney (*Elizabethan Critical Essays*, vol. I, p. 158), bei Ascham (vgl. ibid., "Of Imitation", pp. 5–45), bei Puttenham (ibid., vol. II, p. 3), der sehr deutlich erkennen läßt, wie wenig dabei die Kunst als plattes Abbild gedacht wurde: "arte is not only an aide and coadiutor to nature in all her actions but an alterer of them, and in some sort a surmounter of her skill (p. 188). Das dichterische Schaffen, so sagt er, sei "even as nature her selfe working by her owne peculiar vertue and proper instinct" (p. 191). Vgl. dazu in *Timon of Athens* (I, i. 38 f.) die Worte des Dichters über das Kunstwerk:
"It tutors nature: artificial strife
Lives in these touches, livelier than life."

[94] Vgl. dazu Clemen, a. a. O., S. 298.

[95] *Elizabethan Critical Essays*, vol. II, p. 142. Hervorhebungen von mir.

"the terme which our eye onely for his noble prerogatiue ouer all the rest of the sences doth vsurpe," und fordert, "to apply the same to *all good, comely, pleasant, and honest things,* euen to *the spirituall obiectes of the mynde,* which stand no lesse in the due *proportion of reason* and discourse than any other *materiall thing* doth in his *sensible bewtie, proportion, and comelynesse.*" [96]

Diese Renaissanceästhetik scheute nicht das Nebeneinander von "pleasant" und "honest", von "spirituall obiectes" und "materiall thing", von "reason" und "bewtie". Im Gegenteil, die von Puttenham angestrebte humanistische Synthese äußerte sich in solch charakteristischen Wendungen wie "proportion of reason" und "sensible bewtie", in denen — wie auch in "comelynesse" — Wahres *und* Schönes, Ethisches *und* Ästhetisches, Vernunft *und* Gefühl zusammenfallen. Die bemerkenswerte Dialektik dieser Poetik wird gerade dort sichtbar, wo *Decorum* als Richtschnur für die Gestaltung der Metaphorik, der "Figures and Figuratiue Speaches", gefordert wird. In dem so überschriebenen Kapitel bemerkt Puttenham die Gefahren einer willkürlichen und beziehungslosen *imagery:*

"On the other side, such trespasses in speach (whereof there be many) as geue dolour and disliking to the eare & minde by any foule indecencie or disproportion of sounde, situation, or sence, they be called and not without cause the vicious parts or rather heresies of language: wherefore the matter resteth much in the definition and acceptance of this word *decorum,* for whatsoeuer is so cannot iustly be misliked. ... So as in keeping measure, and not exceeding nor shewing any defect in the vse of his figures, he cannot lightly do amisse, if he haue besides (as that must needes be) a speciall regard to all circumstances of the person, place, time, cause, and purpose he hath in hand; which being well obserued, it easily auoideth all the recited inconueniences..." [97]

Dieser erstaunliche Beziehungsreichtum der "Figuratiue Speaches" ist nun keinesfalls nur ein theoretisches Postulat der Poetik, sondern wird auch in der Dichtung gestaltet — und zwar sowohl in der elisabethanischen als auch in der „metaphysischen". Wir brauchen nicht — wie Tuve es tut [98] — das qualitativ Neue der „metaphysischen" Lyrik herabzumindern, um die Kontinuität einiger wichtiger humanistischer Grund-

---

[96] Ibid., p. 174. Hervorhebungen von mir.

[97] Ibid., p. 161.

[98] Vgl. hierzu *Elizabethan and Metaphysical Imagery,* pp. 193, 226 f., 351, 382 f. et passim. Die von Tuve zusammengetragenen Belege sind eindrucksvoll und beweisen die Kontinuität der humanistischen Poetik. Tuves Polemik gegen die überkommene Anschauung ("that important differences in poetic separated Spenserians from Metaphysicals", p. 226) geht jedoch teilweise zu weit. Sie fällt in das entgegengesetzte Extrem, wenn sie — ausgehend von der relativ konstanten Dichtungs*theorie* — nun auch in der dichterischen *Praxis* das Ent-

anschauungen zu erkennen. Diese ist in der Poetik weit stärker als in der dichterischen Praxis; zwischen metaphysischer Dichtung und humanistischer Poetik bestehen daher größere Differenzen als Tuve es wahr haben möchte. Aber selbst wenn wir diese größeren Gegensätze berücksichtigen, verbleiben der „metaphysischen" Dichtung nach wie vor wichtige humanistische Elemente, die mit den Auffassungen der neukritischen Interpreten unvereinbar sind. Von aller vermeintlichen Autonomie weit entfernt, besitzen Metapher und Gleichnis auch bei Donne und Marvell wirklichkeitserkennende Funktionen, deren künstlerischer Charakter durch "certain nineteenth-century vulgarizations of didactic theory" [99] nur verhüllt wurde. In zahlreichen "figures seemingly conceived to assist the aim of instructing, it is quite impossible to separate off some *didactic* what-is-said from the *pleasing* how-to-say-it" [100]. Die *imagery* steht so wenig im Gegensatz zu der rationalen *cause* des Gedichtes, daß sie diese vielmehr unterstützen kann und dabei zahlreiche logische Funktionen zu übernehmen vermag. Rosemond Tuve, die "The Logical Functions of Imagery" in aufschlußreiche Beziehung zur zeitgenössischen Logik Ramus' setzt, unterscheidet u. a. "Images Which Define", "Images Which Differentiate" und "Images Which Bring Proof or Support a Position" [101].

Ebenso wie die erzieherisch-bildenden Aufgaben der *imagery* waren deren logisch-analytische Elemente kein Fremdkörper im Werke des Künstlers. Sie entsprachen gänzlich der hohen Verpflichtung, die der humanistische Künstler als „Monarch der Wissenschaften" (Sidney) empfand: "of all Sciences (I speak still of humane, and according to the humaine conceits) is our poet the Monarch" [102]. Mit Recht wendet sich daher Tuve gegen die Einseitigkeit jener "modern attempts to bring nonrational levels of consciousness into poems through images" und empfiehlt den Interpreten, "to get rid of the modern notion that 'logic' in a poem will make it either coldly unimaginative or pedantically 'abstract'" [103]. Erst dadurch verstehen wir die poetisch verallgemeinernden Aussagen auch der „metaphysischen" Dichter und können begreifen, "that they also stood with their predecessors in using images whose

---

wicklungsgefälle unterschätzt und (im Hinblick auf die *images*) "the English poetic tradition ... from Marlowe (or Wyatt) to Marvell" als "so much of a piece" (p. 351) bezeichnet.

[99] Ibid., p. 414.

[100] Ibid., p. 404. Hervorhebungen ebendort.

[101] Ibid., pp. 249–381, bes. 355 ff.

[102] *An Apology for Poetry*, vgl. Smith, vol. I, p. 172.

[103] A. a. O., pp. 272/320.

significancy committed them to generalized interpretations of experience or to evaluations with general implications" [104].

Diese ausgewogene, viel umfassendere *image*-Konzeption bot nun zugleich die Voraussetzungen für eine organische Integration der Metaphorik im Gesamtkunstwerk. Im Gegensatz zu der neukritischen Verselbständigung der Bilder als *res poetica* stand "the general notion that the poet's images must suit the 'cause and purpose he hath in hand' " [105]. Mit dem einzelnen, logisch oder syntaktisch isolierten, lediglich geistreichen *image* war es nicht getan: "Images must be *both* efficacious and proportionate to the nature of what they help to express." [106] Dies erforderte nicht nur eine Berücksichtigung des poetischen Kontextes, der Gattung des Werkes, des Lesers usw., sondern führte zu dem ästhetisch entscheidenden Wertkriterium: "do the images sharpen or blunt the meaning?" [107]

Es versteht sich, daß eine solche *image*-Konzeption auf methodologischen Voraussetzungen fußt, die mit der neukritischen Auffassung wenig gemeinsam haben. Für die Subjektivierung der Metapher war in der Renaissancedichtung kein Raum. Gerade darin besteht auch ein Hauptgegensatz zwischen der modernen bürgerlichen Dichtung und ihren vermeintlichen Vorbildern, den *metaphysical poets*. Rosemond Tuve hat dies sehr einleuchtend begründet:

"The earlier author's subject was different, however similar his stuff; his subject was still 'his meaning', not 'himself-seeing-it'. One finds the choice of the images made upon different grounds, and their structural function differently affecting their nature, if one reads first Eliot's *Prufrock* and then even a difficult border-line case like Donne's *Elegy XI, Upon the losse of his Mistresses Chaine* ... Eliot shows us a man having a thought. Donne arranges the thoughts a man had, upon losing his mistress' property, into a carefully logical and hence wantonly witty exposition of the 'bitter' and disproportionate cost of ladies. The measure of the difference is the strict logical coherence of Donne's images. This does not mean that the images are not sensuously vivid; only that they are not primarily so. Each is chosen and presented as a 'significant' part of an ordered pattern, and every care is taken to make that order rationally apprehensible." [108]

---

[104] Ibid., p. 175.

[105] Ibid., p. 192. Diese organische Auffassung weckte kein Bedürfnis, die Metapher *als solche* zu betrachten.

[106] Ibid., p. 188; Hervorhebung ebendort.

[107] Ibid., p. 69.

[108] Ibid., pp. 43 f. Vgl. hierzu J. E. Duncan, *The Revival of Metaphysical Poetry. The History of a Style, 1800 to the Present*, Minneapolis 1959, p. 155: "In Donne the structural complexity is logical; in Eliot it is psychological."

Die hier an einem Beispiel verdeutlichte Gegensätzlichkeit der Standpunkte des modernistischen und „metaphysischen" Dichters führt uns geradewegs zu dem auch für die Interpretation der *imagery* entscheidenden Problem. Indem Eliot in seinem einflußreichen Aufsatz "the mere explication of the content of a comparison" abwertet und ein neues Strukturprinzip, nämlich "a development by rapid association of thought" postuliert, hat er die Grundfrage der *image*-Interpretation *entgegen* der humanistischen Tradition entschieden. Der Gegensatz ist denkbar konsequent: Die eine Auffassung sieht den Gehalt der Metaphern, ihre gehaltlich bestimmte Ordnung und Funktion im Kunstwerk; die andere das *vehicle* und die auf Grund bildlicher Analogien erfolgte Assoziation von Bildlichkeiten. Die erstgenannte Auffassung — die der Tradition der humanistischen Dichtungsauffassung folgt — wird das Schwergewicht der Interpretation auf den dichterischen Gehalt und die Abbild- und Ausdrucksfunktion der Metapher legen; die letztgenannte Auffassung — die das Strukturprinzip modernistischer Lyrik verallgemeinert — wird die sinnlich-assoziative Seite der *imagery* und das autonome *pattern* ihrer sprachlichen Entsprechungen in den Vordergrund schieben.

Gerade dagegen hat aber die humanistische Rhetorik und Poetik Stellung genommen. Gerade diese willkürlich-assoziative Aufreihung empfiehlt z. B. Johnson zu meiden, da sie vom *sujet* ("from what we began") hinwegführt:

"*Quintilian* warnes us that in no kind of Translation or *Metaphore*, or *Allegory*, wee make a turne from what wee began; As, if wee fetch the originall of our *Metaphore* from sea and billowes, we end not in flames and ashes: It is a most fowle inconsequence." [109]

Gerade dagegen spricht auch Samuel Johnson, wenn er meint:

"the force of metaphors is lost, when the mind, by the mention of particulars is turned more upon the original than the secondary sense, more upon that from which the illustration is drawn than to which it is applied" [110].

Wie Johnsons Kritik an Cowley und seinen "slender conceits and laboured particularities" [111] zeigt, hat die metaphysische Dichtung den Prinzipien der humanistischen Poetik keineswegs immer Folge geleistet.

---

[109] *Timber, or Discoveries*, Abdruck bei Spingarn, vol. I, p. 40. Hervorhebungen ebendort.

[110] Samuel Johnson, *Lives of the English Poets*, ed. by G. Birkbeck Hill, 3 vols., Oxford 1905, vol. I, p. 45.

[111] Ibid., p. 21.

Die Wertmaßstäbe der zeitgenössischen Kritik waren jedoch eindeutig.
Der humanistische Kritiker, darüber besteht kein Zweifel,

"praises not the poet's awareness and reconciliation of diversities but his perception of a forceful similarity; the diversities in the terms, far from being
pleasureable for introducing subtle overtones of meaning, are neglected, meant
not to obtrude themselves. The entire emphasis is upon the agreements which
the poet reveals." [112]

Dem gegenüber steht "the modern habit of emphasizing the nature
of *that to which* the comparison is made" [113]. Da als einheitlicher Bezugspunkt der *imagery* nicht der objektive dichterische Gehalt des Kunstwerks fungiert, sondern lediglich eine subjektive Reihe oft esoterischer
Assoziationen und Bildlichkeiten, wird die künstlerische Beziehungseinheit der Metaphern gefährdet. Die Abbildfunktion wird zerstört, damit aber zugleich die Ausdrucksfunktion oder Wertung ihres Gegenstandes beraubt. In den Vordergrund tritt nicht die dichterische *Synthese*
beider, nicht die *Fusion* des Objektiven und Subjektiven, sondern "the
discordant and opposing materials". Das Resultat ist jene willkürliche
und dem Kunstwerk gegenüber verselbständigte Metaphorik ("a mere
putting together of two things to see what will happen" [114]). Obwohl
I. A. Richards gegenüber dieser Metapher-Konzeption ("the crude 'clash
them together — no matter what' view of metaphor" [115]) gewichtige
Bedenken äußert, dient seine Theorie doch zur Rechtfertigung der *dis-
parity action*, wenn er schreibt: "As the two things put together are
more remote, the tension created is, of course, greater. ... talk about
the identification or fusion that a metaphor effects is nearly always mis-
leading and pernicious." [116] Die Dialektik von Coleridges Dichtungsauffassung wird hier — ebenso wie die humanistische Tradition —
gleichermaßen in ihr Gegenteil verkehrt. [117]

---

[112] Tuve, a. a. O., p. 213.

[113] Ibid., p. 121. Hervorhebung ebendort.

[114] Richards, *The Philosophy of Rhetoric*, p. 123.

[115] Ibid., p. 126.

[116] Ibid., pp. 125/127.

[117] Vgl. hierzu treffend Fogle, "Romantic Bards and Metaphysical Reviewers",
p. 230: "Coleridge would reconcile opposites in an organic synthesis of emotion
and order, judgment and feeling. In Richards the synthesizing elements are
slighted, the discordant and opposing materials emphasized. It is the opposition
and heterogeneity itself upon which his attention is focussed, and aside from
a vague hint of 'poetic and imaginative experience' the balancing and harmonizing is left to take care of itself. The reader is left with the notion that
the important thing in poetic imagery is not the synthesizing into unity, but
the discordance and heterogeneity of the materials to be synthesized."

All dies besagt natürlich nicht, daß assoziative Denkprozesse beim Dichter keine Rolle spielen. Nur meinen wir, daß die Assoziationen des Dichters und die Assoziationen des Kritikers zweierlei sind. E. A. Armstrong, der "some of the peculiar associative processes of Shakespeare's mind" [118] untersucht hat, kommt dabei zu einem für uns beachtenswerten Ergebnis. Obwohl er seinen Gegenstand vom Standpunkt bürgerlicher Psychologie betrachtet und zu höchst anfechtbaren biographischen und abstrakt-typologischen Schlußfolgerungen gelangt, muß er doch den *mechanism of association*, also die Bindeglieder zwischen Shakespeares *images* folgendermaßen charakterisieren: "so far as the linkages which we have examined are concerned the outstanding fact is that none of them was found to be arbitrary or irrational." [119]

Kein Sprechen — am allerwenigsten das dichterische — ist frei von Assoziationen. Dies bedeutet jedoch nicht, daß das dichterische *Ordnungsprinzip* der Renaissance (oder das moderne literaturwissenschaftliche Interpretationsprinzip) ein bildlich-assoziatives sein müsse. Gerade bei Shakespeare bilden die schönsten Bilderreihen immer einen sinnvollen Teil der dramatischen Aussage. Die *imagery* wird nicht von ihrem bildlichen *vehicle*, nicht von subjektiv-assoziativen, sondern von objektiv-gehaltlichen Gesetzen bestimmt. Sie ist der Natur des Stoffes, der Aussage, der Charakterisierung und dem künstlerischen Gedanken untergeordnet; sie selbst sagt aus und charakterisiert *im Dienste des Gesamtkunstwerks*. "Imagery", so sagt Wolfgang Clemen, "is an integral component of the thought... a form of imaging and conceiving things. 'Metaphor becomes almost a mode of apprehension' " [120].

Gegen diese Erkenntnisfunktion der Sprachbilder steht das Dogma des *new criticism*, das der *imagery* und Symbolik autonome oder strukturbestimmende Funktionen unterschiebt. Daß diese Auffassung der Neuen Kritiker nicht dem geschichtlichen Charakter des Shakespeareschen Dramas gerecht wird, vielmehr die oben dargelegte unhistorische Bilderdeutung fördert und sanktioniert, bestätigt sich von neuem. Auch die von Eliot, Brooks, Tate u. a. interpretierte autonome Struktur der „metaphysischen" Bildersprache (von der Shakespeareschen ganz zu schweigen) widerspiegelt nicht so sehr den tatsächlichen Gehalt der Dichtung als ihre eigene "tortured confusion" [121]. Gerade die Unter-

---

[118] *Shakespeare's Imagination*, p. 42.
[119] Ibid., p. 92.
[120] *The Development of Shakespeare's Imagery*, p. 98.
[121] Tuve, a. a. O., p. 213. Die Polemik dieser Schlußfolgerung ist bei Tuve höchstens implizite enthalten; vgl. daher den Kontext. Tuve widerlegt den Traditionsanspruch der Neuen Kritiker, tut dies aber in der Regel "not through

suchung der elisabethanischen *imagery* und die Besinnung auf die Traditionen humanistischer Poetik helfen uns, dies zu erkennen.

5. Menschlichkeit und Abstraktion

Wenn wir zurückblickend den problematischen Traditionsbegriff mit der
unhistorischen Auffassung der *imagery*, die unhistorische Auffassung mit
der formalen Interpretation, die formale Interpretation mit der Verselbständigung und der Begriffszerdehnung der *imagery* in Beziehung
setzen, so haben wir damit die methodischen Begleitumstände genannt,
unter denen sich die Konjunktur der Metapher in Szene setzte. Wenn
wir abschließend die tieferen Hintergründe dieser Entwicklung anzu-
deuten versuchen, so dürfen wir die metaphorische Auslegung in engem
Zusammenhang mit der symbolischen Methode, der *pattern*-Theorie,
dem *spatial approach*, sowie dem ihnen zugrunde liegenden allgemeinen
neukritischen Interpretationsbegriff sehen und uns auf dessen bereits
allenthalben angedeutete Problematik berufen.

Wir wollen von einem auf den ersten Blick paradoxen Tatbestand
ausgehen: Die in dieser Intensität noch nie dagewesene Beschäftigung
der Kritiker mit dem Wort, dem Vers, der Bildlichkeit führt nicht zu
konkreten, philologisch überprüfbaren Ergebnissen, sondern zu einem
Kult der Abstraktion. Statt gegenständlicher Erhellung des Kunstwerks
bietet die neue Interpretation einen "fog of balanced, antithetical or
paradoxical abstractions" [122]. Um dies zu veranschaulichen, wählen wir
zunächst einige Beispiele, an deren Anfang wir bewußt eine gemäßigte,
im weitesten Sinne neukritische Grundsatzerklärung stellen. Sie entstammt dem bekannten Aufsatz L. C. Knights' "How Many Children
Had Lady Macbeth?" und empfiehlt sich als Teil einer umfassenden
"re-orientation of Shakespeare criticism", als bewußte Alternative zur
romantischen Charakterspekulation:

"the total response to a Shakespeare play can only be obtained by an exact
and sensitive study of the quality of the verse, of the rhythm and imagery,
of the controlled associations of the words and their emotional and intellectual
force, in short by an exact and sensitive study of Shakespeare's handling of
language." [123]

---

entire lack of sympathy with these critics' subtly persuasive arguments" (p. 420)!
Eine eigentümliche Tatsache, die das Prestige des *new criticism* auch noch dort
dokumentiert, wo ihm jede wissenschaftliche Kompetenz abgesprochen wird.
Zugleich ein Beweis für die innere Unsicherheit amerikanischer *scholarship*, die
hier wie anderswo gegenüber dem *new criticism* methodisch hilflos war und ist.

[122] Hastings, a. a. O., p. 172.
[123] *Explorations*, p. 10.

Diese streng auf den Text gerichtete Interpretationsweise vereinigt — als Postulat — alle philologischen Vorzüge des *close reading*. Und doch entspricht die Probe keinesfalls dem Exempel: Am Beispiel einer Shake-speareschen Tragödie stellt Knights die Frage, "How should we read Shakespeare?" [124]. Das Ergebnis seiner — als paradigmatisch bezeich-neten — Auslegung lautet: "*Macbeth* is a statement of evil." [125]

Ähnlich abstrakte Interpretationsergebnisse finden sich im weitesten Umkreis der neukritischen Shakespeare-Deutungen. In seiner Analyse des *King Lear* bestimmt Heilman "the basic theme of the play" als "the problem of understanding" [126]. In seiner Sicht ist die Tragödie "finally a play about the ways of looking at and assessing the world of human experience" [127]. "Othello", so sagt Heilman, "may be called the play of love" [128]. Cleanth Brooks' symbolische Interpretation des "naked babe" in *Macbeth* führt zu dem Ergebnis, "that Shakespeare is using the same symbol for the unpredictable future that he uses for human compas-sion" [129]. Der nackte Säugling verkörpere "essential humanity, humanity stripped down to the naked thing itself, and yet as various as the future" [130]. Zusammen mit den „verhüllten Dolchen" bildet das Baby eines der zwei "larger symbols which dominate the play" [131] — jener Symbole, deren tiefere antithetische Bedeutung von Brooks so bestimmt wird: "mechanism and life — instrument and end — death and birth — that which should be left bare und clean and that which should be clothed and warmed" [132]. Wir beschränken die Zahl der Beispiele und begnügen uns mit zwei ausführlichen Proben: Das bereits im Titel seines Werkes angedeutete Zentralproblem des *Othello* kennzeichnet Heilman folgendermaßen:

"The world of magic in the web is what Iago cannot help opposing, whether *love* be the *harmonizing force* that his *divisiveness* cannot tolerate, or *the per-*

---

[124] Ibid., p. 16.

[125] Ibid., p. 18.

[126] *This Great Stage*, p. 134. Ein anderer Kritiker meint demgegenüber, "that *Finnegans Wake* is a vision of trying to understand" (Tindall, *The Literary Symbol*, p. 276). So bringt die sprachlich-symbolische Exegese Shakespeare und Joyce auf einen Nenner.

[127] Ibid., p. 28.

[128] *Magic in the Web*, p. 193.

[129] "The Naked Babe and the Cloak of Manliness", in: *The Well Wrought Urn*, p. 46.

[130] Ibid., p. 49.

[131] Ibid., p. 32.

[132] Ibid., p. 49.

fecter of personality abhorrent to his cynicism. To alter the terms, Desdemona represents *the world of spirit* which Iago must *by philosophical necessity destroy*. To her *transcendent love* he opposes a *positivism of sex* that takes in both Roderigo and Othello. But it is only after we have become fully aware of Desdemona as *the symbolization of spirit* that we can grasp all the implications of *the lust-hate complex* at the center of Iago's feeling for her. There is a perverse attraction toward an opposite, an attraction of which the event could not be *fusion or identification* but would have to be *possession or spoliation*. What occurs at the personal level has also a *philosophic import*: one value system against another, *with an ironic nexus of one-sided lust*, inevitably pointing not toward mutual *selffulfillment* but toward *conquest*. Hence if Iago acted overtly in *the realm of sex*, the indicated style would be rape and murder. (Rape is in line with *the imagistic development of Iago* as a trapper, and with *the actional development* of him as a thief. And is not the theft of the handkerchief, which he desired before he formulated a plot in which to use it, *a symbolic rape?*)" [133]

Die hier noch hervorhebbaren Abstraktionen steigern sich, wenn Wilson Knight die drei Grundvisionen des Dichters zu bestimmen versucht. Das Zitat ist lang, aber lesenswert:

"Now if we ... will admit a dualism of (i) soul or spirit and (ii) actuality and the manifest world of sense, then we may view with clarity three important kinds of Shakespearian thought or vision. We can say that good is love and exists when the actual burns with a spiritual flame kindled, or recognized, or supplied by the regarding soul; it tends to be immediate and intuitive. We can next observe that the Shakespearian hate, as expressed recurrently in what I have called the 'hate theme', is an awareness of the world of actuality unspiritualized, and shows a failure to body infinite spirit into finite forms and a consequent abhorrence and disgust at these forms. It tends to originate in a backward time-thinking, the recurrent plot-symbol being the failing of love's vision in the temporal chain of events. And, thirdly, the Shakespearian evil is a vision of naked spirit, which appears as a bottomless chasm of 'nothing' since it is unfitted to any external symbols; which yet creates its own phantasmal shapes of unholy imagination and acts of disorder and crime, making of them its own grim reality; which is concerned not only with the backward temporal sequences of manifestation as they normally appear, but looks forward and has forbidden knowledge of futurity, trades in half-truths and truths of prophecy; an inmost knowledge of the time-succession which, though not wholly false, is yet poisonous; a sight of that spiritual machinery which man cannot properly understand and into which he penetrates at his peril." [134]

Es ist hier nicht unsere Absicht, noch einmal die verfehlte Methodologie dieser Shakespeare-Kritik, ihre "pathetic futility" und "intolerable

---

[133] *Magic in the Web*, pp. 217 f.
[134] *The Wheel of Fire*, pp. 264 f.

ingenuity" [135] darzulegen. Dies ist zur Genüge geschehen. Begnügen wir uns mit der notwendigen Anmerkung, daß die künstlerische Form „an sich" — ebenso wie das „reine" Bild — *immer* abstrakt bleiben wird, solange ihr der lebendige Wirklichkeitsgehalt entzogen ist. Dieser Gehalt, so haben wir bereits gesagt, ist letztlich nur dann konkret und lebendig zu erfassen, wenn dessen Geschichtlichkeit beachtet und verstanden wird. Der Verzicht auf die historische Bestimmung — weit davon entfernt, irgendwelche „zeitlosen" Werte zu ermitteln — macht die Interpretation erst recht zeitgebunden. Brooks, Heilman, Knight u. a. geben uns nicht eine zeitlose Auslegung des Shakespeareschen Werkes, sondern deuten die Dramen in Analogie zu den Konventionen zeitgenössischer Lyrik oder Philosophie.

Inwiefern, so fragen wir, ließen sich die von Knight bei Shakespeare entdeckten „drei Visionen" nicht auch bei Webster oder Tourneur, ja bei Dostojewski oder Melville nachweisen? Inwiefern ist das in Shakespeares *Othello* beschworene *Magic in the Web* nicht auch — bei einigem Geschick — in Faulkners, Gides oder Graham Greenes Romanen aufzufinden? Und inwiefern ist die Thematik des *King Lear* — "the basic theme of the play" — nicht zugleich auch das Thema jedes anderen bedeutsamen Kunstwerks? Oder das Thema zahlreicher Essays und Abhandlungen in Prosa? Die neue Interpretation, die „nicht die Literatur, sondern das Literarische" (R. Jakobson) erforscht, geht damit an ihrem Hauptziel vorbei: Gerade die einmalige dichterische Spezifik, eben "that what a poet does distinctively as a poet" (R. S. Crane) bleibt unerforscht. Das „Wesen des Kunstwerks", seine unwiederholbare Eigenart läßt sich eben nicht — wie Kayser meint — in Abwendung von den „Lebensmächten" ermitteln [136]. Die blauen Dunstwolken aus der Retorte der symbolischen Alchimisten können die einzigartige Menschlichkeit der Dichtung und ihren wirklichen, die Zeiten überdauernden Wert nur vernebeln.

Der Widerspruch zwischen sprachlich-bildlicher Interpretationsmethode und spekulativ-abstrakten Interpretationsergebnissen ist für den *new criticism* höchst charakteristisch. Wir haben ihn bereits als fragwürdigen Ausweg aus dem Dilemma des formalen *close reading* gedeutet, insofern dieses die Unfruchtbarkeit eines deskriptiven "verbal piddling" unter Ausschluß jeglichen Wirklichkeitsbezuges zu überwinden trachtet. Damit ist die Tendenz zur Abstraktion zwar methodisch, aber noch nicht in ihren weiteren ideengeschichtlichen Zusammenhängen erklärt. Diese können wir am besten dadurch erhellen, daß wir die Aufmerksamkeit

---

[135] Hastings, a. a. O., p. 176.
[136] S. o., S. 88 f., 92 ff.

auf die zeitgeschichtliche Aktualität dieser Bestrebungen lenken. Der Drang zur Abstraktion ist ja nicht allein für die Neue Kritik charakteristisch; auch weite Bereiche der modernen bürgerlichen Kunst — Malerei, aber auch Plastik und Musik — werden von ihm beherrscht. Gerade der bekannte Wortführer des Expressionismus, Wilhelm Worringer, hat den modernen Abstraktionsdrang durch kunstgeschichtliche und -theoretische Überlegungen gerechtfertigt, die bei näherer Betrachtung für das Verständnis des *new criticism* unerwarteten Aufschluß bieten.

In seinem einflußreichen Buch *Abstraktion und Einfühlung* (entstanden 1906) hat Worringer eine frühe und zugleich konsequente Rehabilitierung des abstrakten Prinzips in der Kunst unternommen. Er wendet sich gegen die Vorherrschaft der Kunst der „Einfühlung" (worunter die klassische Kunst der Antike und der Renaissance zu verstehen ist), deren organisch-realistische Ästhetik er dann in der Romantik und der späteren impressionistisch-psychologischen Schule (Groos, Siebeck, Lipps) ausgearbeitet sieht. Demgegenüber plädiert Worringer für die Qualitäten der primitiven Kunst, der orientalischen und ägyptischen, auch für die Gotik und das Barock, in denen „der Abstraktionsdrang seine Schönheit im lebenverneinenden Anorganischen, im Kristallinischen" [137] findet. Ausgehend von der Feststellung, wir seien „einseitig... immer der Kunst nur vom Standpunkt der Naturnachahmung und des Inhaltlichen gegenüberzutreten gewohnt" [138], versucht Worringer nicht weniger als eine Neudeutung der gesamten, bislang auf humanistisch-klassischen Werturteilen basierenden Kunstgeschichte.

„Während der Einfühlungsdrang ein glückliches pantheistisches Vertraulichkeitsverhältnis zwischen dem Menschen und den Außenwelterscheinungen zur Bedingung hat, ist der Abstraktionsdrang die Folge einer großen inneren Beunruhigung des Menschen durch die Erscheinungen der Außenwelt und korrespondiert in religiöser Beziehung mit einer stark transzendentalen Färbung aller Vorstellungen. Diesen Zustand möchten wir eine ungeheure geistige Raumscheu nennen." [139]

Die charakteristischen Eigenarten des abstrakten Stils erwachsen also aus einer „ungeheuren geistigen Raumscheu" des Menschen: „weil er so verloren und geistig hilflos zwischen den Dingen der Außenwelt steht, weil er nur Unklarheit und Willkür im Zusammenhang und Wechselspiel der Außenwelterscheinungen empfindet, ist bei ihm der

---

[137] *Abstraktion und Einfühlung. Ein Beitrag zur Stilpsychologie*, Neuaufl., München 1948, S. 16.
[138] Ibid., S. 61.
[139] Ibid., S. 27.

Drang so stark, den Dingen der Außenwelt ihre Willkür und Unklarheit im Weltbilde zu nehmen" [140].

Obwohl Worringer dies auf den „primitiven Menschen" bezieht, ist die modernistische Nutzanwendung offensichtlich. Worringer spricht von einem „Urbedürfnis" [141] und bemerkt, „daß ein moderner Künstler und sogar ein Plastiker wieder ein sehr starkes Gefühl von diesem Bedürfnis hat" [142]. „Es kommt hinzu", so heißt es im Vorwort zur dritten Auflage (1910), „daß die künstlerische Bewegung der jüngsten Vergangenheit gezeigt hat, daß mein Problem nicht nur für den rückschauenden und wertenden Kunsthistoriker, sondern auch für den um neue Ausdrucksziele ringenden ausübenden Künstler eine unmittelbare Aktualität gewonnen hat. Jene verkannten und belächelten Werte abstrakten Kunstwollens, die ich wissenschaftlich zu rehabilitieren suchte, sie wurden gleichzeitig — nicht willkürlich, sondern aus inneren Entwicklungsnotwendigkeiten heraus — auch künstlerisch neu erobert" [143].

Worringer zeigt uns somit indirekt einige sozialpsychologische Voraussetzungen, unter denen sich der Abstraktionsdrang in der modernen bürgerlichen Kunst entwickelte. In gewisser Weise ähnliche Voraussetzungen — so meinen wir — erhellen nun einige Tendenzen derjenigen modernen Literatur, aus deren Anschauung heraus der *new criticism* wesentliche Konzeptionen seiner Theorie und Interpretationspraxis entwickelt hat. Weil auch der moderne bürgerliche Dichter „so verloren und geistig hilflos zwischen den Dingen der Außenwelt steht, weil er nur Unklarheit und Willkür im Zusammenhang und Wechselspiel der Außenwelterscheinungen empfindet", hat er — wie dann auch der Neue Kritiker — „Zusammenhang und Wechselspiel der Außenwelterscheinungen" aus der Literatur verbannt. Auch für ihn ist der „vollkommenste Stil" eben „der Stil der höchsten Abstraktion, der strengsten Lebensausschließung" [144]. Auch sein Abstraktionsprozeß ist dem wissenschaftlichen diametral entgegengesetzt: er entspringt nicht der Fähigkeit, objektive Erscheinungen gedanklich zu ordnen, sondern eben dem Verlust dieser Fähigkeit. Das ist der Fall, wenn z. B. Wilson Knight "the Shakespearian evil" definiert als "a vision of naked spirit, which appears as a bottomless chasm of 'nothing' since it is unfitted to any external symbols; which yet creates its own phantasmal shapes of unholy imagination and acts of disorder and crime, making of them its own grim

---

[140] Ibid., S. 30.
[141] Ibid., S. 34.
[142] Ibid., S. 35.
[143] Ibid., S. 11 f.
[144] Ibid., S. 29.

reality" (s. o., S. 246). Damit ist weder das Wesen noch die Erscheinungsform der „bösen" Mächte verallgemeinert; im Gegenteil, all ihre tatsächlichen Eigenarten und Bestimmungen sind wegabstrahiert. Bei
Knight, Brooks und Heilman wird — ähnlich wie in der abstrakten
Kunst — im Interesse „der strengsten Lebensausschließung" (Worringer)
alles Historische und Konkrete verflüchtigt.

Weil das neukritische Abstrahieren vorzüglich ein *Wegabstrahieren*
des Wirklichkeitsgehalts zu sein pflegt, steht es in vollem Einklang mit
der Grundtendenz des *new criticism*. Die Abstraktion ist somit die
Kehrseite der Metapher-Konjunktur: sie bietet eine ebenso sichere Gewähr für die „Autonomie" des (von der Realität) abstrahierten Werkes.
Die Worte, die eine prominente Theoretikerin auf den modernen Künstler bezieht, gelten in diesem Sinne auch für den Neuen Kritiker. Susanne
K. Langer schreibt:

"The artist's problem, then, is to treat a specific object abstractly; ... The
first step is usually to make the object *un*important from any other standpoint
than that of appearance. Illusion, fiction, all elements of unreality in art serve
this purpose. The work has to be uncoupled from all realistic connections and
its appearance made self-sufficient in such a way that one's interest does not
tend to go beyond it." [145]

Gerade die Betonung des "Shakespearian evil" zeigt diesen Abstraktionsdrang von seiner bedenklichsten Seite. Es offenbart sich, daß seine
Voraussetzungen keineswegs nur literarisch-ästhetischer Natur sind. G.
R. Elliott hat diese Tatsache erkannt und auf einige der ideologischen
Konstellationen der imperialistischen Krise verwiesen: "especially since
the black year 1914 the blackening cult has flourished; many critics have
been impelled by modern evils to emphasize heavily Shakespeare's sense
of evil" [146]. Diese einleuchtende Erklärung widerlegt natürlich den neukritischen Anspruch auf eine *immanente* und zugleich „zeitlose" Textdeutung, die als *raison d'être* der modernistischen Abstraktion gilt.

Die Verbindung zwischen Abstraktionsdrang und Modernismus kennzeichnet bereits die Ideologie der Wegbereiter des *new criticism*. In
diesem Zusammenhang können wir die Bedeutung der Auffassungen
Worringers erst dann ermessen, wenn wir deren direkte Wirkung auf
Hulme berücksichtigen [147]. Ersterer, der wiederholt „die Einseitigkeit

---

[145] *Problems of Art*, p. 178. Hervorhebung ebendort.

[146] *Dramatic Providence in Macbeth*, pp. 15 f.

[147] Vgl. dazu die von Viebrock und Papajewski geförderte Dissertation von
F. Bröker, *T. E. Hulme und die Kunsttheorie W. Worringers*, Köln 1955,
Masch. Bröker kann als Hulmes Quelle nur *Abstraktion und Einfühlung* er-
mitteln (S. 7 f.). Mit Recht betont er Hulmes „schärferen Dualismus" (S. 16 ff.)

des auf den modernen Historiker vererbten Renaissancestandpunktes" [148]
betont hatte, fand in dem jungen englischen Ästheten einen gelehrigen
Schüler. Worringers (noch mehr oder weniger versteckte) Polemik gegen „die nivellierende europäische Renaissance" enthielt bereits einen
gefährlichen imperialistischen Akzent, indem er Humanismus und Renaissance in Deutschland als „Zwittergebilde" mit „bloßen Bildungs-
idealen" bezeichnete, die eine „durch alle Jahrhunderte gleichbleibende
nordische Transzendenz" unterjochten und „den nordischen Formen-
instinkt" in eine „ungesunde nordische Bildungssucht" [149] verwandelten.

Der Engländer Hulme mußte bei Worringer die Bestätigung seiner
Auffassung finden, "that humanism is breaking up and that a new
period is commencing" [150]. Die Theorien des deutschen Gelehrten waren
freilich nur *ein* Symptom der von ihm begeistert begrüßten "revival
of the anti-humanist attitude" [151], aber gewiß ein gewichtiges. Hulmes
Parteinahme für eine vorhumanistische Weltanschauung war durch
Worringers stilpsychologische Apologie der Scholastik vorbereitet, wonach der scholastische „abstrakte Bewegungsvorgang des Denkens" als
gotisches Stilsymptom gewertet wurde, das von der Renaissance „des-
orientiert" und „zum bloßen Mittel zum Zweck, nämlich zur Erkenntnis einer außer ihm liegenden wissenschaftlichen Wahrheit degradiert
wurde" [152].

---

und stärkere „Apologetik" der Abstraktion (S. 67–74). Aber die „erstaunliche
Tatsache, daß er [i. e. Hulme] sich Worringers rassen- und weltanschauungs-
psychologische Perspektive überhaupt zu eigen macht" (S. 155), wird weder
historisch erläutert noch kritisiert.

[148] *Formprobleme der Gotik*, 5. Aufl., München 1918, S. 73.

[149] Ibid., S. 78. Obwohl Worringer die Tatsachen der Völkermischung anerkennt und sich ausdrücklich dagegen wendet, „Rassenromantik im Chamber-
lainschen Sinne treiben [zu] wollen" (S. 29), definiert er die Gotik schließlich
doch als „im tiefsten Grunde eine zeitlose Rassenerscheinung" (S. 126). Worringer ist der Gotik gegenüber nicht unkritisch (vgl. S. 53, 116, 119) und bezeichnet die Renaissance gelegentlich als „großen Gesundungsprozeß" (S. 118).
Dennoch ist sein Standpunkt (vgl. S. 79: „Wir nordischen Menschen") eindeutig
und die Abwertung der klassisch-humanistischen Werte mit ihrer „laueren
menschlichen Atmosphäre" (*Abstraktion und Einfühlung*, S. 59) unmißver-
ständlich.

[150] *Speculations*, p. 57.

[151] Ibid., p. 55.

[152] *Formprobleme der Gotik*, S. 117. Worringer sieht die von ihm bewunderten
Qualitäten des scholastischen Denkens in einer „abstrakten Selbstherrlichkeit",
die uns lebhaft an den Autonomiebegriff der Neuen Kritik erinnert: Vor der
Renaissance „hatte es sich gleichsam objektlos betätigt und seine Wonne nur

Die Zusammenhänge zwischen dem Abstraktionsdrang und dem antihumanistischen Prinzip „der strengsten Lebensausschließung" werden
damit sichtbar. Sie erklären den scheinbar paradoxen Umstand, daß gerade Hulme, der eifrigste Verfechter einer "new tendency towards abstraction" [153], zum führenden Theoretiker des *image* wurde und den Bestrebungen der *Imagists* "the authority and dignity of a philosophy" [154]
geben konnte. Die zusammenhanglose, abstrakte Kunst, die die Wirklichkeit nicht in ihren Beziehungen erfaßte, war notgedrungen auf ein
rein assoziatives oder bildliches Kompositionsprinzip angewiesen. Im
Gegensatz zu den Neuen Kritikern, die dieses Strukturprinzip bedenkenlos auf humanistische Kunst übertrugen, war sich Hulme der ideologischen Hintergründe seines Tuns sehr wohl bewußt. Er sagte unumwunden,

"that this change from a vital to a geometrical art is the product of and will
be accompanied by a certain change of sensibility, a certain change of general
attitude, and that this new attitude will differ in kind from the humanism which
has prevailed from the Renaissance to now, and will have certain analogies to
the attitude of which geometrical art was the expression in the past." [155]

Abstraktionsdrang und Antihumanismus ("the new attitude may be
in a certain sense inhuman" [156]) gehen somit Hand in Hand. Ihre gemeinsame Voraussetzung wird von Hulme so bestimmt: "The necessary
presupposition is the idea of disharmony or separation between man and
nature." [157]

Der sich hier auftuende Dualismus berührt ein ideologisches Zentralproblem des *new criticism*, dessen Schlußfolgerungen wir bereits bei
Hulme, Eliot, Knight u. a. Kritikern kennengelernt haben [158]. Die Zusammenhänge mit der Abstraktionstendenz sind vielschichtig; sie werden
von Worringer nur unzureichend angedeutet, wenn er über das künstlerische Streben der Primitiven schreibt:

in seiner eigenen Bewegtheit gefunden ... nun aber ward es aufgefordert, sich
seiner Selbstherrlichkeit zu begeben und all seine Gesetze einzig und allein vom
Objekt zu empfangen. Kurz, es wurde zur bloßen geistigen Nachzeichnung des
Wahren, nämlich der objektiven Tatbestände verurteilt" (ibid.). Vor diesem
Hintergrund beginnt man, die moderne Faszination an der Scholastik eines
Jacques Maritain zu begreifen.

[153] *Speculations*, p. 104.
[154] Vgl. den Leitartikel "Intellectual Policeman" (über Hulme), in *TLS* vom
24. 6. 1960, p. 400.
[155] *Speculations*, p. 91.
[156] Ibid., p. 91.
[157] Ibid., p. 87.
[158] S. o., S. 50 f., 67 ff.

„Ihr stärkster Drang war, das Objekt der Außenwelt gleichsam aus dem Natur-
zusammenhang, aus dem unendlichen Wechselspiel des Seins herauszureißen, es
von allem, was Lebensabhängigkeit, d. i. Willkür an ihm war, zu reinigen,
es notwendig und unverrückbar zu machen, es seinem *absoluten* Werte zu
nähern." [159]

Dem „absoluten" Wert werden hier — wie dann später auch bei Hulme — die „menschlichen Dinge" strikt untergeordnet. Es verdient Erwähnung, daß auch Wilson Knight eine gleiche dualistische Aufspaltung
als theoretische Rechtfertigung seines oben zitierten abstrakten Schemas
benötigt: "The three modes of love, hate, and evil are thus rendered
firmly distinct *on this basis of a dualistic opposition of 'actuality' and
'spirit'.*" [160] Da aber nun das Geistige der Wirklichkeit entgegengesetzt
wird, ist jede harmonische Menschlichkeit, jede organische Konkretheit
suspekt — auch und ausgerechnet im Werke Shakespeares! Das *image*,
der Charakter, das *plot* müssen dann ihres menschlichen Bezuges entkleidet und in „reine" Symbole verwandelt werden. In diesem Sinne
meint Knight: "though Shakespeare's world is primarily a world of men,
yet his primary symbols, tempest and music, are things unhuman: the
one an effect of nature, subhuman; the other reaching out to infinity
and speaking divine accents, superhuman." [161]

Damit erweist sich die Abstraktion der Metapher und des Symbols
als ein Teil der umfassenden Problematik des *new criticism*. Kein anderer als Ortega y Gasset erinnert uns daran, daß „diese Umkehrung
des ästhetischen Prozesses ... sich nicht allein an der Metapher, sondern
in allen Gebieten und mit allen Mitteln" vollzieht: „Der Generalnenner,
auf den die scheinbar so verschiedenen Methoden der neuen Kunst gebracht werden können, ist immer der gleiche Fluchtinstinkt vor dem
Wirklichen" [162]. Dieser von uns immer wieder als das Grundmotiv des
new criticism erkannte „Fluchtinstinkt vor dem Wirklichen" bezeugt
in letzter Instanz einen Zerfall des Menschen mit seiner Umwelt. Da
aber die zu fliehende Wirklichkeit immer zugleich eine gesellschaftliche
Wirklichkeit ist, *der auch der Künstler oder Kritiker angehört,* ist die
Entfremdung des Menschen von seiner Umwelt zugleich eine Entfremdung von sich selbst. Der Künstler kann nicht die Wirklichkeit negieren,
ohne nicht zugleich die Gesellschaftlichkeit seiner eigenen Existenz zu

---

[159] *Abstraktion und Einfühlung*, S. 29. Hervorhebung von mir.
[160] *The Wheel of Fire*, p. 265. Hervorhebungen von mir. Vgl. auch oben,
S. 246 den ersten Satz des Zitats zu Anm. 134.
[161] *The Shakespearian Tempest*, p. 280.
[162] *Gesammelte Werke*, Bd. II, S. 250.

verneinen. Tut er es dennoch und bezeichnet er — wie der Existentialist — sein soziales Ich als das „uneigentliche Dasein", so vernichtet er die Totalität seiner Menschlichkeit. Er gerät in eine *dissociation of sensibility*, er verliert sich in einem Auseinanderfall von individuellen, lebendig-vitalen und gesellschaftlich-materiellen Werten, in jener seit Nietzsche und Bergson philosophisch sanktionierten Gegenüberstellung von ästhetisch-intuitiven und ethisch-rationalen Lebensformen. Am Ende steht der Künstler oder Kritiker nicht vor der Verneinung seiner gesellschaftlichen, sondern seiner menschlichen Existenz. Er sucht Zuflucht in einem supranaturalen Dogmatismus oder in der autoritären Klassenherrschaft einer vermeintlichen Elite, und seine Kunst oder Kritik wird esoterisch und zerebral, ein dem Volke unverständliches Spiel mit der Form.

Die antihumanistischen Schlußfolgerungen dieser Ästhetik hat niemand so treffend wie Ortega y Gasset dargelegt. Der Aufsatz, in dem er die Metapher als „das wirksamste Werkzeug zur Austreibung der Natur" behandelt, trägt den Titel *La deshumanización del arte*. Der Künstler, so heißt es dort, „wendet sich nicht mehr oder weniger der Wirklichkeit zu, er wendet sich gegen sie. Er hat sich frank und frei vorgenommen, ihren menschlichen Aspekt zu zerbrechen, sie zu entmenschlichen."[163] Die Ablehnung der Wirklichkeit ist also in erster Linie eine Verneinung *ihres menschlichen Aspekts*. Aus diesem Grunde ist die realitätsentfremdete Kunst eine unmenschliche Kunst: „Denn hier ist der letzte Rest von Lebenszusammenhang und Lebensabhängigkeit getilgt, hier ist die höchste absolute Form, die reinste Abstraktion erreicht."[164] Gerade das abstrahierende Bemühen um eine „absolute Form", gerade der neukritische Anspruch auf Autonomie führt „zu einer fortschreitenden Ausmerzung der menschlich-allzumenschlichen Elemente, die in den romantischen und naturalistischen Schöpfungen überwogen. Man kann in diesem Prozeß an einen Punkt gelangen, wo der menschliche Gehalt so spärlich wird, daß er fast zu vernachlässigen ist."[165] Das Menschliche wird — zusammen mit allen organischen und geschichtlich-gesellschaftlichen Werten — wegabstrahiert. Eben darauf beläuft sich der in Kunst und Kritik so allmächtige „Abstraktionsdrang", der von Worringer definiert wird „als ein Drang, in der Betrachtung eines Notwendigen und Unverrückbaren erlöst zu werden vom Zufälligen des Menschseins überhaupt, von der scheinbaren Willkür der allgemeinen

---

[163] A. a. O., Bd. II, S. 239.
[164] *Abstraktion und Einfühlung*, S. 32.
[165] Ortega y Gasset, a. a. O., Bd. II, S. 236.

Existenz. *Das Leben als solches wird als Störung des ästhetischen Genusses empfunden.*" [166]

Das Bestreben, Symbol, Bild und Metapher außerhalb ihrer menschlichen Bezogenheit zu realisieren, sie zur *res poetica* zu erklären, entspricht daher voll und ganz den Leitsätzen jener im weitesten Sinne modernistischen Kunstauffassung, deren erste vier Ortega y Gasset so formuliert:

„1. Die Kunst ist von menschlichen Inhalten zu befreien. 2. Lebende Formen sind zu vermeiden. 3. Ein Kunstwerk ist ein Kunstwerk und 4. die Kunst ein Spiel – sonst nichts." [167]

Ebenso wie die These von der ästhetischen Autonomie der Kunst sind auch die Usurpation des Symbols und die Verselbständigung der Metapher ein Teil dessen, was der gleiche Ideologe als „die allgemeinste und charakteristischste Formel der neuen Produktion" bezeichnet: „die Ablösung der Kunst vom Menschlichen" [168]. Am Ende bleibt letztlich nur noch eines: eine Kunst und eine Kunstkritik, die „von einem Ekel am Menschlichen beherrscht" [169] sind.

Ortega y Gassets Antihumanismus ist extrem, aber konsequent. Das, was die avantgardistischen Wortführer offen aussprechen, findet sich überall dort als latente Möglichkeit, wo die Literatur als *iconological statement*, also jenseits ihrer Erkenntnis- und Ausdrucksfunktion gesehen wird. Das beginnt in dem Augenblick, da die Metapher wirklichkeitsentleert und damit auch vom Menschlichen „gereinigt" ist: dann nämlich, wenn das *image* unabhängig von Raum und Zeit (Pound), von der dichterischen Persönlichkeit (als Eliots *objective correlative*) und als rein formales Phänomen (im Sinne von Cleanth Brooks) betrachtet wird.

---

[166] *Abstraktion und Einfühlung*, S. 36. Hervorhebung von mir.
[167] A. a. O., Bd. II, S. 237.
[168] Ibid., S. 238 f.
[169] Ibid., S. 245.

Vierter Teil

Die neue Kritik des Romans:
Erzählform und "point of view"

I. Tradition und Neueinsatz in der Romankritik

Die literaturwissenschaftliche Beschäftigung mit dem Roman hat in den
letzten Jahrzehnten ein derartiges Ausmaß erreicht, daß die Frage nach
den Tendenzen und den methodologischen Voraussetzungen dieser Forschung sowohl dringend wie auch lohnend geworden ist. Ähnlich wie in
der Interpretation des Dramas, wenn auch später als dort, hat die Forschung eine Intensität erlangt, im Vergleich zu der die ältere Romangeschichtsschreibung in mancherlei Hinsicht als ein geistreiches, aber
unkritisches Geplauder anmutet. Die älteren historischen Gesamtdar-
stellungen von Dunlop (1814) bis Raleigh (1894), Cross (1899), Saintsbury (1913) und Phelps (1916) sind wissenschaftsmethodisch unbe-
fangen; sie teilen die geschichtlichen Voraussetzungen und methodischen
Eigenarten der liberalen, romantisch-viktorianischen Kritik.[1]

Da wir diese bereits historisch dargestellt und am Beispiel der Shakespeare-Kritik methodologisch untersucht haben, interessieren hier lediglich die für den Roman charakteristischen Abwandlungen. Anstelle einer
deduktiven Darlegung versuchen wir im folgenden, die bestimmenden
methodologischen Fragestellungen an Hand einiger Beispiele kurz an-
zudeuten. Die zu diesem Zweck ausgewählten Zitate beleuchten (a) das
allgemeine Ziel der Interpretation und deren Hauptschwerpunkte, nämlich: (b) die Handlung, (c) die Charakterisierung, (d) die Rolle der
Romantechnik sowie schließlich (e) die hauptsächlichen Wertkriterien.

(a) "good and profitable reading"

---

[1] J. C. Dunlop, *History of Prose Fiction,* 2 vols., London 1814 (new ed. 1896);
W. Raleigh, *The English Novel.* Being a short Sketch of its History from the
Earliest Times to the Appearance of Waverley, London 1894 (rev. ed. 1929);
W. L. Cross, *The Development of the English Novel,* New York 1899 (u. ö.);
G. Saintsbury, *The English Novel,* London 1913; W. L. Phelps, *The Advance
of the English Novel,* New York 1916; u. a.

"Our study of literature thus begins in a very simple and humble way. We take a great book, and we try to penetrate as deeply as we can into its personal life. We make our reading of it, to the fullest extent possible to us, a matter of actual intercourse between its author and ourselves. We listen attentively to what he has to tell us, and we do our best to enter sympathetically into his thought and feeling. We note carefully how he looked at life, what he found in it, what he brought away from it. We observe how the world of experience impressed him, and how it is interpreted through his personality.

We become familiar with his character and outlook, his strength and weakness, his very accent, as we become familiar with the character, outlook, strength, weakness, accent, of those with whom we talk in the flesh. We get to know the man as the man reveals himself in what he has written. The book lives for us in all the potency of his individuality.

This, then, is our starting-point − the first step, as I have said, in the cultivation of the habit of good and profitable reading."

(b) "the element of plot"

"In dealing with the element of plot our first business will always be with the nature of the raw material out of which it is made and with the quality of such material when judged by the standards furnished by life itself.

Take, for example, the works of four of the greatest novelists who wrote in English during the last century − Dickens, Thackeray, George Eliot, and Nathaniel Hawthorne. It is immediately evident that these four writers drew their subjects from widely different aspects of life and classes of incident; and as we turn from *David Copperfield* to *Vanity Fair,* and from these again to *Adam Bede* and *The Scarlet Letter,* we feel that with each transition we are passing, not only from one kind of plot-interest to another, but even from one kind of world to another."

(c) "like living beings"

"In passing from plot to characterisation in fiction we are met at the outset by one of those elementary questions of which even the most uncritical reader is certain to feel the force. Does the novelist succeed in making his men and women real to our imaginations? Do they, in Trollope's phrase, 'stand upright on the ground'? That the great creations of our great novelists fulfil this initial condition is a fact too familiar to need particular illustration. They lay hold of us by virtue of their substantial quality of life; we know and believe in them as thoroughly, we sympathise with them as deeply, we love and hate them as cordially, as though they belonged to the world of flesh and blood. And the first thing that we require of any novelist in his handling of character is that, whether he keeps close to common experience or boldly experiments with the fantastic and the abnormal, his men and women shall move through his pages like living beings and like living beings remain in our memory after his book is laid aside and its details perhaps forgotten."

(d) "the excellence of its technique"

"... the excellence of its technique, or its dramatic power, or its exceptional cleverness in characterisation, or its abundant humour, or some other outstanding quality of its workmanship, may suffice to lift an otherwise insignificant story to a high rank in fictitious literature. These considerations must be duly recognised, and a narrow and pedantic view of the matter avoided. None the less, all qualifications admitted, our principle remains unimpugned. Matthew Arnold's emphasis upon the need of sound subjectmatter in literature is here very much to the point. The basis of true greatness in a novel is to be sought in the greatness, or substantial value, of its raw materials."

(e) "a large many-sided experience"

"What is required in all cases is a large many-sided experience of men and things and a resulting general knowledge of life both ample and thorough, the application of which to specific details may vitalise and humanise materials wheresoever gained; this, and what I have called that sheer power of realistic imagination which will often enable a writer to see more clearly and depict more convincingly a scene he has only heard or read of than could an ordinary person who had himself witnessed such a scene or even taken part in it.

... But the great novelists have been thinkers about life as well as observers of it; and their knowledge of character, their insight into motive and passion, their illuminative treatment of the enduring facts and problems of experience, to say nothing of the ripe wisdom which they often bring to bear upon their task, combine to give to their view of the world a moral significance which no thoughtful reader is likely to overlook. – How important this philosophical element in their work really is, is strikingly shown by the fact that in discussing any great novel we soon find ourselves involved in the discussion of life itself." [2]

Stärker als in der Drameninterpretation treten hier die positiven Elemente der englischen bürgerlichen Tradition hervor: die unbedingte Aufgeschlossenheit gegenüber den Erfahrungstatsachen des Lebens, der Sinn für den menschlichen und charakterlichen Inhalt der Kunst als sinnvoller Teil eines harmonischen Lebensganzen usw. All das bezeugt in der Tat eine erstaunliche Kontinuität jener Romankritik, deren Grundanschauungen bereits Fielding formulierte (vgl. *Tom Jones*, IX, 1; XIII, 1).

Über das Fortleben dieser positiven Tradition dürfen wir jedoch nicht deren Verflachung und individualistische Einstellungen vergessen: Ebenso wie in der Dramenkritik werden die Spezifik und die Objektivität des Kunstwerks durch psychologische und lebenskundliche Abschweifungen aus dem Auge verloren. Die für den großen Wegbereiter angängige allgemeine Fassung der Grundprinzipien nimmt sich im Munde des spätbürgerlichen Kritikers als vages (und zuweilen plattes) Geplauder aus.

---

[2] Die Zitate entstammen W. H. Hudson, *An Introduction to the Study of Literature*, London 1910, pp. 20, 172, 189 f., 174, 178 f., 216 f.

Der Begriff des „Lebens" und des "experience" ist viel zu allgemein,
als daß er die komplexen sozialen und ästhetischen Voraussetzungen
der Romangattung erhellen könnte.

So erklärt es sich, daß die bekannten viktorianischen Romaninterpreten wie Raleigh, Cross, Phelps u. a. zwar einen offenen Blick für
Lebensprobleme und geschichtliche Veränderungen bewahrten, aber diese
nicht in ihren konkreten künstlerischen Entsprechungen erfassen konnten. Da ihre individualistische, gewöhnlich biographisch gerichtete Voreingenommenheit die gesellschaftlichen Grundlagen der Romangattung
im Dunkeln ließen, konnte auch die erzählerische Gestaltung nicht in
ihren Gesetzen und ihren Wirklichkeitsbezügen verstanden werden.

Die Mängel dieser — bis in die zwanziger Jahre dominierenden —
Romanbetrachtung wurden in der Folgezeit ebenso verworfen wie deren
Vorzüge. Wie in anderen Bereichen der bürgerlichen Literaturwissenschaft entwickelte sich eine viel stärker spezifizierte, vor allem ästhetisch
orientierte Interpretationsauffassung, die die Betrachtung des Einzel-
werkes in den Vordergrund stellte. Im Anschluß an Lubbock (1921),
Brooks/Warren (1943), Liddell (1947), W. van O'Connors (1948) und
J. W. Aldridges (1952) Anthologien hat vor allem das Studium der
Romanform eine immer größere Aufmerksamkeit erlangt. Unter gänz-
lichem Verzicht auf den Aspekt der historischen Entwicklung bahnte
sich hierin eine Art normativer Ästhetik des Romans an, die die einzelnen
Formelemente oft sehr feinsinnig interpretiert, aber nicht im Hinblick
auf ihren Lebens- und Wirklichkeitsgehalt, ihren historisch-ideologi-
schen Aussagewert untersucht.

Der methodologisch unüberbrückte Gegensatz beider Richtungen bekundet das Dilemma sowohl der älteren als auch der neueren bürgerlichen Romanforschung, welche im Zeichen der Forminterpretation stand.
Die ältere, historisch-biographisch orientierte Richtung einerseits und
die neuere, ästhetisch-analytische Kritik andererseits überlagerten sich
zeitlich, aber blieben methodisch weitgehend beziehungslos. Ihre Beziehungslosigkeit war nur eines der Hindernisse dialektischer Romaninterpretation, aber ein gewichtiges. Horst Oppel hat diese Problematik
treffend gekennzeichnet: „noch ist es nicht gelungen, den weltanschau-
lich-zeitgeschichtlichen Unterbau und den mehr technisch-handwerk-
lichen Überbau *als eine Beziehungseinheit* ins Blickfeld zu rücken. Nirgendwo ist bislang fühlbar geworden, daß *diese* besondere Art des Erzählens nun auch notwendig und unabkömmlich *zu dieser* besonderen
Weltsicht oder Lebenshaltung hinzugehört"[3].

---

[3] *Die Kunst des Erzählens im englischen Roman des 19. Jahrhunderts*, Bielefeld 1950, S. 27. Hervorhebungen ebendort.

Diese Kritik ist berechtigt und in mancher Beziehung bis heute gültig, übergeht jedoch die Bemühungen marxistischer Literaturwissenschaftler, die eine dialektische Inhalt-Form-Interpretation auf der Basis einer historisch-materialistischen Literaturauffassung begründet haben. Seit Ralph Fox (*The Novel and the People*, 1937), E. B. Burgum (*The Novel and the World's Dilemma*, 1947) und A. Kettle (*An Introduction to the English Novel*, 2 Bde., 1951/53) ihre Arbeiten veröffentlichten, ist die Romanform, ihre Struktur und ihre Entwicklung, überhaupt erst sinnvoll als Reflex und Bestandteil eines umfassenden Geschichtsprozesses verstanden worden. Auch G. Lukács' Arbeiten (darunter *Erzählen und Beschreiben*, 1937 u. a. Essays) haben die Erkenntnis dieser Zusammenhänge gefördert. Es soll an dieser Stelle nicht untersucht werden, inwieweit neuere bürgerliche Romankritik – bewußt oder unbewußt – auf gewissen methodologischen Voraussetzungen des historischen Materialismus fußt. Unbestreitbar ist, daß historische und materialistische Methoden der Interpretation seit den dreißiger Jahren an Einfluß und Verbreitung gewannen. V. S. Pritchett, *The Living Novel* (1946), Alex Comfort, *The Novel and Our Time* (1948), D. S. Savage, *The Withered Branch* (1950) sowie die Romaninterpretationen bekannter Kritiker wie E. Wilson, Ph. Rahv, A. Kazin, M. Geismar u. a. sind gewiß nicht marxistisch zu nennen. Im Gegensatz zu der älteren Romangeschichtsschreibung basiert jedoch ihre Interpretation auf einer Methode, die teilweise materialistische und dialektische Kriterien umspannt. Dies gilt vor allem für die bis Ende der vierziger Jahre entstandenen Arbeiten.

In der Nachkriegszeit ist diese Entwicklung abgeschwächt worden und hat in den fünfziger und auch noch in den sechziger Jahren eine rückläufige Wendung genommen. Allen Tates Angriff auf David Daiches (1948) und Edwin Muirs Kritik (1949) an dessen *The Novel and the Modern World*[4] sowie schließlich Daiches' eigene systematisierte Zurücknahme der darin angewandten historischen und materialistischen Methode *(Critical Approaches to Literature*, 1957) dürfen als Symptom einer neuen literaturwissenschaftlichen Entwicklungsetappe gewertet werden. Unter dem Einfluß neuerer Interpretationsmethoden aus dem Bereich der Lyrik und anknüpfend an die formtechnischen Analysen von H. James und P. Lubbock hat sich eine neukritische Schule der Romanbetrachtung konstituiert und jeglichen Wirklichkeitsgehalt des Kunstwerks aufgekündigt. Die historische Forschungsweise wird zurückge-

---

[4] Zu Tates Polemik gegen Daiches vgl. "The Present Function of Criticism", Abdruck in *Essays in Modern Literary Criticism*, ed. by R. B. West, Jr., New York usw. 1952, pp. 152 ff.; zu Muirs Kritik vgl. *Essays on Literature and Society*, London 1949, pp. 135 ff.

drängt, die dialektische Ganzheitsinterpretation ersetzt durch eine Analyse der „Technik" des Werkes. ("When we speak of technique", so sagt Mark Schorer in seinem einflußreichen Aufsatz *Technique as Discovery* [1948], "we speak of nearly everything." [5]) Interpretationssammlungen wie Cleanth Brooks' und R. P. Warrens *Understanding Fiction* (1943), umfangreiche Anthologien wie W. van O'Connors *Forms of Modern Fiction* (1948) [6], R. B. Wests und R. W. Stallmans *The Art of Modern Fiction* (1949) und vor allem J. W. Aldridges *Critiques and Essays on Modern Fiction* (1952) sind Wegbereiter dieses Interpretationsgedankens in *colleges* und Universitäten.

Im Mittelpunkt der neukritischen Romananalyse stehen nicht die künstlerische Aussage oder die Inhalt-Form-Relation, auch nicht mehr die Komposition des Romans, sein *plot*, seine Charakterschilderung oder andere gehaltlich angereicherten Formelemente, sondern eine Betrachtung des Sprachmaterials, die Untersuchung künstlerischer „Ironie" [7], eine "bias toward allegory and mythic patterning" [8] sowie die „antirealistische Auffassung vom Roman als dichterische Metapher" [9]. Ebenso wie

---

[5] Abdruck in *Critiques and Essays on Modern Fiction 1920–1951*, Representing the Achievement of Modern American and British Critics. Selected by J. W. Aldridge. With a Foreword by Mark Schorer. New York 1952, pp. 67–82, das Zitat p. 67.

[6] *Forms of Modern Fiction*. Essays collected in honor of J. W. Beach. Edited by W. van O'Connor (1948), jetzt auch als *paperback edition* ("Midland Book"), Indiana University Press, Bloomington 1959. Trotz der Ehrung für Joseph Warren Beach stehen neukritische Beiträge an prominenter Stelle: M. Schorers "Technique as Discovery" and A. Tates "Techniques of Fiction" gehören hier wie in Aldridges Sammlung zu den einleitenden Essays. Weitere Beiträge stammen von F. Fergusson, R. B. West, T. S. Eliot, R. P. Warren, R. B. Heilman u. a. – R. B. West und R. W. Stallman (*The Art of Modern Fiction*, New York 1949) befassen sich – charakteristischerweise – vor allem mit der Kurzgeschichte und Novelle, während dem Roman auf 652 S. nur ein relativ kurzer Teil (Abschnitt IV, pp. 459–568) gewidmet ist. – Der in diesem Zusammenhang zu nennende Band von C. Gordon und A. Tate, *The House of Fiction* (2. Aufl., New York 1954) war nicht zugänglich.

[7] Vgl. C. Brooks and R. P. Warren, *Understanding Fiction*, New York 1943, pp. xvi–xix.

[8] Ph. Rahv, "Fiction and the Criticism of Fiction", in: *The Kenyon Review*, vol. 18 (1956), pp. 208 f.

[9] Vgl. den westdeutschen Sammelband *Die wissenschaftliche Erschließung der Prosa* („Sprache und Literatur Englands und Amerikas", Bd. 3), hg. von G. Müller-Schwefe, Tübingen 1959, S. 8. Dies bezieht sich auf den Beitrag des Herausgebers („Der Roman als dichterische Metapher", S. 59–78), der sich uneingeschränkt zu Allen Tates Romaninterpretation bekennt (S. 61) – damit

in der Drameninterpretation werden soziale, biographische und darüber hinaus auch ideengeschichtliche Fragestellungen vernachlässigt: "The excellence of a story does not consist of, or depend upon, its historical, or philosophical underpinning." [10] Wie überall im *new criticism* wird hier der Zusammenhang zwischen den *besonderen* Wirkungen und den *allgemeinen* Voraussetzungen der Kunst zerstört. Wiederum begrenzt die dichterische Spezifik den Aufgabenkreis des Kritikers: Die Kritik beschränkt sich auf die *spezifische* Leistung ("excellence") des Kunstwerks, verkennt aber dessen gänzlich *a*-spezifische Voraussetzungen und Folgerungen.

Anstelle dessen entsteht — wie in der Dramenkritik — eine Fülle von Bilder- und Symbolstudien, mit denen — hier wie dort — die charakteristischen Formen und Eigenarten des Genre eher zugeschüttet als spezifiziert wurden. [11] Auch in der Deutung des Romans trat damit die gleiche neukritische Realitätsentfremdung zutage, deren tiefere Ursache keineswegs literarischer Natur ist:

"its source is not directly literary but is to be traced to an attitude of distaste toward the actuality of experience — an attitude of radical devaluation of the

---

freilich noch im Gegensatz steht zu F. Schubels literaturhistorischer Arbeit über Thackeray (S. 27–44), H.Viebrocks philologisch-stilistischer Analyse von Dickens' Prosa (S. 45–57) u. a. Beiträgen.

[10] F. B. Millett, *Reading Fiction*, New York 1950, p. 250.

[11] Wir registrieren diese Bestrebungen, verzichten jedoch auf eine methodologische Kritik, um Wiederholungen (s. o., 3. Teil, Abschnitt V–VI) zu vermeiden. Um den Einbruch der Symbol- und Bildanalysen in die Romaninterpretation zu belegen, genügt ein Blick in einschlägige Fachzeitschriften. Die in den USA erscheinenden *Modern Fiction Studies* bieten ihrem Lesepublikum allein in drei Jahrgängen u. a. folgende Hauptartikel: R. L. Gale, "Religion Imagery in Henry James' Fiction", vol. 3 (1957/58), pp. 64–72; J. I. Cope, "Definition as Structure in Gissing's *Ryecroft Papers*", ibid., pp. 127–140; W. R. Irwin, "Experiment in Irony: Montague's *A Hind Let Loose*", ibid., pp. 141–146; J. T. Cox, "Stephen Crane as Symbolic Naturalist: An Analysis of *The Blue Hotel*", ibid., pp. 147–158; A. A. Devitis, "Allegory in *Brighton Rock*", ibid., pp. 216–224; Ch. Moorman, "Myth in the Novels of Charles Williams", ibid., pp. 321–327; J. L. Spencer, "Symbolism in James' *The Golden Bowl*", ibid., pp. 333–344; D. J. F. Aitken, "Dramatic Archetypes in Joyce's *Exiles*", vol. 4 (1958/59), pp. 42–52; R. Stanton, " 'Daddy's Girl': Symbol and Theme in *Tender Is the Night*", ibid., pp. 136–142; R. Hogan, "The Amorous Whale: A Study in the Symbolism of D. H. Lawrence", vol. 5 (1959/60), pp. 39–46; J. B. Vickery, "Myth and Ritual in the Short Fiction of D. H. Lawrence", ibid., pp. 65–82; J. T. Cox, "The Imagery of *The Red Badge of Courage*", ibid., pp. 209–219; S. Youngblood, "Structure and Imagery in K. A. Porter's *Pale Horse, Pale Rider*", ibid., pp. 344–352.

actual if not downright hostility to it; and the symbol is of course readily available as a means of flight from the actual into a realm where the spirit abideth forever." [12]

Neben diesen, uns bereits hinlänglich bekannten Faibles des *new criticism* hat auch ein spezifisches erzählerisches Problem besondere Beachtung gefunden: Die Analyse des Erzählerstandpunktes, des *point of view*, ist in den vergangenen Jahrzehnten immer mehr in den Vordergrund getreten und darf noch heute – neben der Bild- und Symboldeutung – als das zentrale Anliegen neukritischer Romaninterpretation bezeichnet werden. Da wir in den vorausgehenden Teilen bereits ausführlich zu den Problemen der Symbol- und Bilderforschung Stellung genommen haben, erscheint es gerechtfertigt, im folgenden unsere Aufmerksamkeit vornehmlich auf das der Romaninterpretation eigene Spezialproblem zu richten, welches – wie wir sehen werden – den innersten Kreis und darüber hinaus den frühesten Ansatzpunkt formaler Romankritik bildet. Im Gegensatz zu der fragwürdigen Konzentration auf den Symbolgehalt des Romans soll der literaturwissenschaftliche Erkenntniswert der *point of view*-Interpretation hier keineswegs bestritten werden. Sie verdient es auch aus diesem Grunde, aus dem Fragenkreis der anfallenden Probleme herausgesondert und als Angelpunkt zeitgenössischer bürgerlicher Romankritik einmal detailliert untersucht zu werden.

II. Der Beitrag von James und Lubbock

Das Problem des *point of view* ist erstmalig in dem literarischen und kritischen Werk von Henry James umfassend gestellt worden. Seit Percy Lubbocks *The Craft of Fiction* (1921) hat die Frage des Erzählerstandpunktes, der *manière de voir*, zu einer Vielzahl von kritischen Äußerungen angeregt [1]. Neuere Studien berühren diese Problematik auch dann,

---

[12] "Fiction and the Criticism of Fiction", p. 281.

[1] Einen Überblick über die angelsächsische Forschung vermittelt N. Friedman, "Point of View in Fiction: The Development of a Critical Concept", in: *PMLA*, vol. 70 (1955), pp. 1160–1184. Die von ihm aufgestellte Literaturliste ist überaus umfangreich und erfaßt Bezugnahmen auf das *point of view*-Problem in der Sekundärliteratur seit 1905. Friedman übergeht die nicht englischsprachige Forschung, die in Deutschland zum Beispiel aus der Auseinandersetzung mit naturalistischer Romantechnik erwuchs und sich später vornehmlich geisteswissenschaftlich-psychologisch orientierte. Vgl. etwa K. Friedemann, *Die Rolle*

wenn sie — wie Mark Schorers "Technique as Discovery" — umfassendere Fragen behandeln oder — wie Allen Tates "Techniques of Fiction" — die erzählerische Struktur einzelner Romanszenen betrachten und dabei implizite zu einer Gleichsetzung von "point of view" und "form" gelangen [2]. A. Warren und R. Wellek vertreten somit eine zweifellos weit verbreitete Auffassung, wenn sie in *Theory of Literature* feststellen: "The central problem of narrative method concerns the relation of the author to his work." [3]

Eine Betrachtung dieser Interpretationsrichtung unter dem Gesichtspunkt ihrer literaturwissenschaftlichen Methodologie setzt eine Auseinandersetzung mit James' und Lubbocks Literaturkritik voraus. Diese

---

des Erzählers in der Epik, Leipzig 1910, darin 1. Teil „Der Blickpunkt des Erzählers", S. 33–96; E. Ermatinger, „Die epische Wirkungsform", in *Das dichterische Kunstwerk*, Leipzig/Berlin 1921, S. 331–362; O. Walzel, „Objektive Erzählung", in *Das Wortkunstwerk*, Leipzig 1926, S. 182–206; E. Berend, „Die Technik der ‚Darstellung' in der Erzählung", in: *GRM*, Bd. 14 (1926), S. 222 bis 233; ibid., Bd. 16 (1928), S. 248–251, u. a. Der Einfluß geisteswissenschaftlicher Psychologie ist stärker bemerkbar bei E. Spranger, „Psychologischer Perspektivismus im Roman", in: *Jahrbuch d. Fr. dt. Hochstifts*, Frankfurt a. M. 1930; W. Wickardt, *Die Formen der Perspektive in Dickens' Romanen, ihr sprachlicher Ausdruck und ihre strukturelle Bedeutung*, Berlin 1933 und G. Scheele, *Der psychologische Perspektivismus im Roman*, Diss. Berlin 1933. Die wichtigsten neueren Beiträge stammen von W. Kayser, *Entstehung und Krise des modernen Romans*, 2. Aufl., Stuttgart 1955; F. Stanzel, *Die typischen Erzählsituationen im Roman* (= „Wiener Beiträge zur englischen Philologie", Bd. 63), Wien/Stuttgart 1955 und E. Leisi, „Der Erzählstandpunkt in der neueren englischen Prosa", in: *GRM*, Bd. 37 (1956), S. 40–51. Von indirektem Bezug sind auch die Arbeiten K. Hamburgers, deren Aufsatz über das epische Präteritum (*DVj*, Jg. 27 [1953], S. 329–357) ebendort eine Entgegnung von H. Seidler (Jg. 29 [1955], S. 390–413) folgte. Zu berücksichtigen wären ferner Arbeiten über die Perspektive in benachbarten Gattungen, etwa der Lyrik (vgl. L. Spitzer, „Über zeitliche Perspektive in der neueren französischen Lyrik", in: *Stilstudien II*, München 1928, S. 50–83; K. Smidt, "Point of View in Victorian Poetry", in: *English Studies*, vol. 38 [1957], pp. 1–12, u. a.). Im Gegensatz zur angelsächsischen neukritischen Interpretation kann die Auseinandersetzung mit den genannten Arbeiten hier nur am Rande erfolgen.

[2] Vgl. *Critiques and Essays on Modern Fiction*, p. 32.

[3] A. a. O., p. 231. Vgl. hiermit auch die Definition in J. T. Shipleys *Dictionary of World Literature*, rev. ed., New York 1953, pp. 439 f.: "*View-point.* The relation in which the narrator stands to the story, considered by many critics to govern the method and character of the work." Dies entspricht fast wörtlich Lubbocks Definition, s. u., Zitat zu Anm. 14.

ist um so dringlicher, als führende neukritische Interpreten gerade darin
Inspiration und Rechtfertigung ihrer eigenen Romankritik erblicken. Im
Gegensatz zur Analyse des Romanhelden [4], des *plot* usw. bietet ihnen
das Studium des *point of view* scheinbar bessere Voraussetzungen zur
„immanenten Deutung der Texte"; es wird — wie bei Allen Tate — zum
Synonym für reine Forminterpretation. James und Lubbock werden
daher als Wegbereiter formalistischer Literaturwissenschaft gefeiert:
Henry James' *Prefaces* sind für R. P. Blackmur "the most eloquent and
original piece of literary criticism in existence" [5]; "Mr. Lubbock's beautiful study", *The Craft of Fiction*, ist für J. W. Aldridge "that great
seminal work of formalist criticism" [6], sein Autor bleibt für Allen Tate
noch immer "the best critic who has ever written about the novel", und
der Vergleich mit Aristoteles' Poetik wird nur dadurch eingeschränkt,
"that Lubbock had incomparably the more difficult job to do" [7].

Ein Blick auf Henry James' *Prefaces* legt nahe, daß die Thesen der
Neuen Kritiker auf einer Auslegung beruhen, die wir nicht unbesehen
akzeptieren können. Gewiß hat sich der Künstler und Kritiker Henry
James der Kunstform des Romans mit so virtuoser Intensität gewidmet,
wie das — Flaubert ausgenommen — in der Geschichte der Gattung bis
dahin noch nie der Fall war. Dabei hat er ohne Zweifel die erzählerischen
Mittel des Romans zu subtiler Formkunst entwickelt. Niemals jedoch hat
James seine kritische oder auch schöpferische Aufgabe im Sinne des von
Tate und Aldridge verkündeten "formalist criticism" aufgefaßt. Im
Mittelpunkt seiner Romane — auch in denen der Spätphase — steht ein
an *gesellschaftlichen* Implikationen reicher *moralischer* Konflikt, dessen
wertender Darstellung der Autor auch dort nicht aus dem Wege ging,
wo er — wie in *The Ambassadors* — den erzählerischen Standpunkt
scheinbar gänzlich in das Bewußtsein der Hauptgestalt versenkte. In
eben diesem Sinne hat er später die literaturkritischen Beiträge für die
New York Edition seiner Werke (1907) konzipiert. Kunst und Gesellschaft betrachtet er in enger Wechselbeziehung: "almost any notation",
so sagt der Herausgeber der Vorworte, "technical, thematic, or moral,
brings James eloquently back to the expressive relation between art

---

[4] Vgl. dazu meinen Aufsatz „Romanheld und Wirklichkeit. Forschungsergebnisse und -probleme anglistischer Romaninterpretation", in: *ZAA*, Jg. 8 (1960),
S. 254—271.

[5] Einleitung zu *The Art of the Novel*. Critical Prefaces by Henry James. New
York 1934, p. viii.

[6] *Critiques and Essays on Modern Fiction*, p. 3.

[7] Ibid., p. 32.

and life, raises him to an intense personal plea for the difficulty and delight of maintaining that relation". [8]

Wenn sich die neukritische Romaninterpretation auf die Autorität von Henry James beruft, so bleibt dieser Anspruch also in zweierlei Hinsicht bedenklich: Einerseits hat der Theoretiker James in seiner tiefgründigen, wenn auch problematischen Romankritik die Kunst in der Regel nicht als autonomes Gebilde betrachtet. Und selbst wenn er hier und da Aspekte der Formkunst ungebührlich verabsolutiert, so ist doch andererseits nach der Berechtigung zu fragen, mit der das Romanwerk des Künstlers James als gültiger Ausgangspunkt und objektive Grundlage einer Literaturtheorie *des Romans schlechthin* dienen darf. (Der in dem Titel der 1934 separat gedruckten Vorworte, *The Art of the Novel*, zum Ausdruck kommende Anspruch auf literaturtheoretische Verallgemeinerung findet in den Worten des Romanciers keine Rechtfertigung.) Wie sehr James' eigenes Romanwerk als Impuls und Muster seiner literarkritischen Darlegungen dient, verdeutlicht jede Seite seiner Vorworte. Daß aber dieses Romanwerk seinerseits als historisch bedingte Form in der Geschichte des Romanschaffens zu verstehen ist, geht gleichermaßen aus vielen Anspielungen und Behauptungen hervor. (Es läßt sich, wie wir demnächst zeigen werden, gerade aus der spezifischen Erzähltechnik der Romane belegen.) Das zu verkennen, heißt sich in eigentümliche Widersprüche verstricken: James' Literaturkritik, so sagt Henry Lüdeke, hat „heute seine dichterische Leistung in der Aufmerksamkeit der Nachwelt fast verdrängt" [9]. Die Grundlage von James' Romantheorie, das Romanwerk selbst, wurde in dem gleichen Augenblick in seiner Zeitgebundenheit erkannt, da die darauf basierende Theorie als zeitlos gültige Poetik des Romans gelten sollte.

---

[8] *The Art of the Novel*, p. xi. Man vgl. z. B. das Vorwort zu *The Tragic Muse*, wo es heißt (p. 79): "To 'do something about art' — art, that is, as a human complication and a social stumbling-block — must have been for me early a good deal of a nursed intention, the conflict between art and 'the world' striking me thus betimes as one of the half-dozen great primary motives." — In einer neueren Abhandlung hat der James-Biograph Leon Edel "The Literary Convictions of Henry James" untersucht und nach den Gründen geforscht, warum gegenwärtig in den USA die in zahlreichen Essays niedergelegten literarkritischen Grundanschauungen des Dichters keine Beachtung finden. Die Ursache liegt auf der Hand: James "refused to divorce criticism from the critic and art from the artist. The novelist's statement is all of a piece with his convictions, nursed from the very beginning of his career, that art must be treated in terms of its 'relations'" (*Modern Fiction Studies*, vol. 3 [1957/58], p. 6).

[9] *Geschichte der amerikanischen Literatur*, S. 326.

In dieser Richtung hat vor allem das Werk *Percy Lubbocks* gewirkt. *The Craft of Fiction* ist jedoch nicht so sehr eine Systematisierung von James' Grundgedanken als vielmehr deren Spezifizierung und Verallgemeinerung. Lubbock greift das bei James ausgiebig, aber nicht einseitig behandelte Problem des *point of view* heraus und verwandelt es in die zentrale ästhetische Kategorie des Romans. Während James dabei von der besonderen erzählerischen Problematik *seines* Romanwerkes ausging, erhebt Lubbock den Anspruch auf allgemeine Gültigkeit dieser Kriterien, die somit in ihrer Gesamtheit für den Neuen Kritiker "the status of a closely reasoned esthetic of literary form" [10] darstellen.

Lubbocks Romankritik ist dadurch eine an formanalytischen Erkenntnissen reiche, aber literaturwissenschaftlich außerordentlich einseitige Abhandlung. Das, was bei James als "controlling intelligence", als moralisch-ästhetischer Erzählermittelpunkt erscheint [11], verwandelt sich in eine technisch-formal gefaßte "strategy of point of view" [12], eben ein *Craft of Fiction*, dessen korrekt bestimmter Untertitel "problems of narrative presentation" lauten müßte. Lubbocks "centre of vision" [13] ist somit eine formale, erzähltechnische Kategorie, die bestenfalls in Beziehung zum Autor steht, aber keinerlei historisch-soziale Voraussetzungen kennt und infolgedessen — wie noch zu zeigen ist — auch der weiteren Erforschung der wirklichen Funktionen des Erzählerstandpunktes im Rahmen des Gesamtkunstwerks hinderlich ist.

Die rein formale Bestimmung des Erzählerstandpunktes führt notwendig zu einer widerspruchsvollen Handhabung des Begriffs *point of view*. "The whole intricate question of method, in the craft of fiction, I take to be governed by the question of the point of view — the ques-

---

[10] *Critiques and Essays on Modern Fiction*, p. 3.

[11] Vgl. etwa *The Art of the Novel*, pp. 327 f.: Die den Blickpunkt tragende Gestalt erscheint bei James als "the impersonal author's concrete deputy or delegate, a convenient substitute or apologist for the creative power otherwise so veiled and disembodied"; ihre Aufgabe ist die eines "thoroughly interested and intelligent, witness or reporter, some person who contributes to the case mainly a certain amount of criticism and interpretation of it." Der *point of view*-Träger ist also das Sprachrohr auktorialer „Kritik und Interpretation" — weit mehr als nur ein erzähltechnisches Formelement. In diesem Sinne betrachtet James z. B. Newman, den Helden von *The American*, als erzählerisches *centre* des Werkes: "it is *his* vision, *his* conception, *his* interpretation: at the window of his wide, quite sufficiently wide, consciousness we are seated, from that admirable position we 'assist' " (p. 37; Hervorhebungen ebendort).

[12] So überschreibt Aldridge (a. a. O., pp. 9–30) die von ihm abgedruckten Kapitel aus *The Craft of Fiction*.

[13] *The Craft of Fiction*, New York 1957 (repr.), p. 73.

tion of the relation in which the narrator stands to the story." [14] So lautet Lubbocks umfassendste Bestimmung des Begriffs. "The point of view", heißt es jedoch an anderer Stelle, "gives only a general indication, deciding the look that the story is to wear as a whole; but whether the action is to run scenically, or to be treated on broader lines, or both — in short, the matter of the treatment in detail is still unsettled, though the main look and attitude of the book has been fixed by its subject." [15] Abgesehen von dem impressionistischen Charakter der hier verwendeten Termini, beleuchtet deren merkliche Diskongruenz die Fragwürdigkeit der ihnen zugrunde liegenden literaturwissenschaftlichen Konzeption. Lubbocks Terminologie gibt dem Leser zahlreiche Fragen auf. Meint der Begriff "method" hier Schaffensmethode oder erzählerische Darbietung? Bezeichnet "story" den Gegenstand der Darstellung, den Stoff oder die Fabel? Und welches ist schließlich "the look that the story is to wear"?

Nur auf Grund der eindeutigen Bestimmung dieser Begriffe ließe sich ihr Verhältnis zum Erzählerstandpunkt präzisieren. Beruht nämlich der *point of view* auf dem Verhältnis des Autor-Erzählers zu (Natur und Gesellschaft als) seinem Gegenstand, so dürfte die hier vorliegende Beziehung keineswegs nur als erzähltechnische Relation begriffen werden. Bereits die erzählerische Auswahl und Anordnung des Materials — auch des szenisch dargebotenen — setzt notwendig einen *wertenden* Standpunkt voraus, dessen Maßstäbe letztlich sozialer und ethischer Natur sind. Ist andererseits der *point of view* identisch mit dem Blickpunkt einer handelnden Person und als solcher bestimmend für die Darbietungsform der "story" als bereits konzipierte Fabel, ist also der *point of view* lediglich ein „optischer Standpunkt" [16], lediglich eine sprachlich-stilistische Konvention, so mag dies, wie Lubbock im gleichen Zusammenhang sagt, für den Künstler tatsächlich eine Frage der "workmanship" [17] sein. (Freilich nur für den wenig bewußten Künstler, denn

---

[14] Ibid., p. 251.

[15] Ibid., pp. 265 f.

[16] Kayser, *Das sprachliche Kunstwerk*, S. 209.

[17] A. a. O., p. 266. Auch bei Kayser wird der Begriff *point of view* bzw. „Perspektive" widersprüchlich gehandhabt: Einerseits ist er identisch mit der „Wahl eines festen optischen Standpunktes" (a. a. O., S. 209): „Ein technischer Mangel liegt nur vor, wenn innerhalb eines Satzes oder eines Abschnittes mit festgelegter Perspektive ungerechtfertigt gewechselt wird" (S. 210). Andererseits spricht Kayser aber auch von einer Perspektive im Drama: „Von der gewählten Perspektive hängt ab, welche Szenen ein Dramatiker aus seiner Fabel zur Darstellung auswählt" (S. 209). Über Lichtenbergs Beschreibung von London heißt es, „sie wirkt so lebendig, weil sie aus der bestimmten Perspektive des aus-

schließlich ist auch die Wahl der Darbietungsform — Ich-, Er-Erzählung usw. — mit der gesamten künstlerischen Aussage des Romans unlösbar verknüpft.)

Diese ästhetisch widersprüchliche Bestimmung des Begriffs *point of view* vernachlässigt also nicht nur dessen tatsächliche, sehr komplexe Voraussetzungen, sondern verdunkelt auch dessen Zuordnung. Dies wird deutlich, wenn der zunächst aus der Erzählrelation zur "story" entwickelte Standpunkt von Lubbock alsbald zum Attribut des Lesers erklärt wird: "In the novel of pure drama the point of view is that of the reader alone, as we saw; there is no 'going behind' the characters, no direct revelation of their thought." [18] Der von Lubbock ursprünglich als "centre of vision" [19] bestimmte Standpunkt wird hier nun also doch außerhalb des Kunstwerks angesiedelt, d. h. der Maßstab erzählerischer Sicht verlagert sich in die *manière de voir* des Lesers.

Die hierin zum Ausdruck kommende Verwirrung ist offensichtlich. Sie resultiert einerseits aus der literaturtheoretischen Inkonsequenz, mit der eine zentrale epische Kategorie unter dem Blickwinkel handwerklicher "workmanship" behandelt und außerhalb aller historisch-realen Beziehungen gedeutet wird. Hand in Hand damit geht andererseits eine widersprüchliche Konzeption der epischen und dramatischen Gattung. Obwohl Lubbock den Begriff "the novel of pure drama" prägt, weiß er doch um die Genzen dramatischer Gestaltung innerhalb des Romangefüges: "it is obvious", so bemerkt er, "that in the full sense of the word there is no such thing as drama in a novel" [20]. Da er es dennoch unterläßt, diese Gattungsunterschiede eindeutig zu bestimmen, ergeben sich wiederum eine Reihe von nicht ganz eindeutigen Formulierungen und Definitionen. Die Möglichkeit szenischer Gestaltung mit epischen Mitteln wird von Lubbock einerseits empfohlen; andererseits jedoch warnt er vor ihr: Sie ist "the most finished form that fiction can take" [21], wiewohl doch "the possibilities of the scene are greatly abused in fiction" [22]. Bewahrt rein szenische Darstellung im Roman epischen Charakter? Oder ist sie "true drama or something so like it that it passes for true drama" [23]? Eine klare Antwort auf diese Frage bleibt Lubbock

---

ländischen Spaziergängers erzählt wird" (S. 211). Eine solche Perspektive ist doch wohl kaum nur eine Frage des technischen oder optischen Standpunktes.

[18] A. a. O., pp. 237 f.
[19] Ibid., p. 73.
[20] Ibid., p. 111.
[21] Ibid., p. 254.
[22] Ibid., p. 119.
[23] Ibid., p. 263.

uns schuldig. Auf diese Weise wird — wie auch von Käthe Hamburger — die spezifische Darstellungsweise des Epischen und Dramatischen relativiert und die — bei allen Überlagerungen doch vorhandene — Grenzlinie beider Gattungen verwischt. Die Folge ist ein Verkennen der erzählerischen Grundsituation, wonach ursprünglich das Erzählen immer Vergangenes vergegenwärtigt: es ist ein Erzählen *von* etwas, das nicht selbst Erzählung ist, sondern erst im Vollzug der Darbietung zu Erzählung wird. [24]

So gesehen, enthält auch der in szenischer Darstellung gestaltete Romanabschnitt erzählerischen *point of view*. Da das Leben, wie Thomas Mann einmal bemerkt [25], sich niemals „selbst" erzählt oder in seiner Totalität erzählerisch erfaßbar ist, liegt auch der scheinbar gänzlich dramatisch gestalteten Szene eine „Aussparung" und mithin ein erzählerischer Standpunkt zugrunde. Dieser darf weder mit dem Blickwinkel des Lesers noch mit dem einer handelnden Person identifiziert werden. Lubbock jedoch tut beides und verfällt dabei der Illusion, als könnte sich der Autor jedes eigenständigen erzählerischen Standpunktes entledigen. (Analog der für die Lyrik geltenden Theorie Eliots ließe sich hier von einer "Impersonal theory of the novel" sprechen; ihre Anfangsgründe reichen bis zu Flauberts Auffassung von der *impassi-*

---

[24] Vgl. hierzu G. Müller, *Die Bedeutung der Zeit in der Erzählkunst*, Bonn 1946, S. 8 ff., und die zu wenig beachtete Studie von K. Friedemann, *Die Rolle des Erzählers in der Epik*, Leipzig 1910. Beide Arbeiten nehmen Bezug auf Goethes Anschauungen über die Gattungen (etwa in *Diderots Versuch über die Malerei*), ohne sich von Praxis und Theorie des Naturalismus (Spielhagen, Zola) leiten zu lassen. Sie stehen damit im Gegensatz zu der Auffassung Käthe Hamburgers, die die These von der „Zeitlosigkeit der Dichtung" (*DVj*, Bd. 29 [1955], S. 413—426) vertreten hat. Die von ihr vorgenommene Neudeutung des epischen Präteritums, wonach dieses keine echte Vergangenheit, sondern nur den fiktiven Charakter des Erzählten kennzeichnet, enthält richtige Elemente, *insofern* diese These auf Analysen szenisch komponierter Romane fußt. Insofern Hamburger jedoch den fiktiven Vergangenheitsmodus des szenischen Romans auch für auktoriale Erzählkunst beansprucht und daraus neue Gattungskriterien verallgemeinert, verwickelt sie sich in Widersprüche, wie z. B. ihre Behandlung des Ich-Romans (ibid., Bd. 27 [1953], S. 354 ff.) verdeutlicht. Daß im übrigen H. Seidlers teilweise begründete Polemik gegen Hamburger (ibid., Bd. 29 [1955], S. 390—413) und deren Entgegnung aneinander vorbeireden, erklärt sich aus der unhistorischen Konzeption der Diskussionspartner. Solange die geschichtlich-gesellschaftlichen Substrate der Romanformen verkannt werden, gerät deren Erforschung in die Enge eines normativen Ausschließlichkeitsanspruches oder endet bei der Bescheidung mit deskriptiver Typologie.

[25] *Joseph, der Ernährer*, in *Gesammelte Werke*, Aufbau-Verlag Berlin 1956, Bd. V, S. 213.

bilité des Romanciers zurück.) In diesem Sinne bestimmt Lubbock die grundlegende *rule of the method:* "That rule only required that the author, having decided to share the point of view of his character, should not proceed to set up another of his own" [26].

Hierin ist Lubbocks Grundirrtum ausgesprochen: Der Standpunkt des Erzählers wird unter den Blickpunkt einer handelnden Person subsumiert. Dies aber ist nur möglich, weil der (historisch, sozial, individuell) vielfach mit der Wirklichkeit verknüpfte Autorenstandpunkt jedes moralischen und ideengeschichtlichen Inhalts entleert und auf die Formel einer erzähltechnischen „Strategie" reduziert wird. Entscheidend sind nun nicht die (historisch inhaltsreichen) Urteile des Erzählers, sondern die formale Einstellung seiner Optik; nicht in erster Linie die Frage nach den Wertungen, sondern nach den Sensationen des Sehenden.

Damit aber wird der Begriff des *point of view* zu einer ästhetisch autonomen Formkategorie. Eine solche „reine", d. h. von jedem Wirklichkeitsbezug gereinigte Kategorie entspricht dem ästhetizistischen Programm des *new criticism* so vollkommen, daß die von Tate und Schorer bekundete Wertschätzung für *The Craft of Fiction* durchaus verständlich erscheint. Weniger verständlich indessen bleibt die Tatsache, daß die offensichtliche Unzulänglichkeit dieser Konzeption nicht schon längst eine historisch fundierte Kritik auf den Plan gerufen hat. Diese müßte — ausgehend von den Erfordernissen dialektischer Romaninterpretation — Lubbocks *point of view*-Auffassung in zumindest zweierlei Hinsicht überwinden.

Erstens begreift Lubbock den Erzählerstandpunkt als wesentlich statisches Formelement eines Einzelkunstwerkes. Die von ihm durchgeführten Untersuchungen stützen sich auf den Text einzelner Romane (etwa *Madame Bovary, Anna Karenina, The Ambassadors),* deren Standpunkttechnik eher normativ verglichen als geschichtlich interpretiert wird. Lubbocks Analysen sind durchweg interessant und feinsinnig, bleiben jedoch letztlich zusammenhanglos. Sie verdeutlichen die Wandlungen des Erzählerstandpunktes nicht als Teil einer literarhistorischen Bewegung oder Veränderung, sondern begreifen sie als künstlerisch mehr oder minder zweckmäßige Variationen einer (freilich keineswegs engherzig bestimmten) Norm. Trotz aller feinsinnigen, empirischundogmatischen Beobachtungsgabe zeigt daher Lubbock einen Hang zu normativer Romanästhetik. Da er die Historizität epischer Formen verkennt, begreift er die von ihm interpretierte Standpunkttechnik nicht als relativen Teilabschnitt einer gattungsgeschichtlichen Entwicklung, sondern als künstlerisch zu empfehlendes Ideal. Die historischen Wandlun-

---

[26] A. a. O., p. 261.

gen des Erzählerstandpunktes, die sozial- und ideengeschichtlich bedingte Entmündigung des allwissenden Autors, der Übergang zur Personenperspektive und der schließliche „Tod des Erzählers" (W. Kayser [27]) — diese und andere damit zusammenhängende Probleme sind bei Lubbock nicht Etappen einer komplexen, letztlich sozialhistorisch bedingten Veränderung, sondern Möglichkeiten erzähltechnischer „Strategie". In Wirklichkeit kann der *point of view* erst dann in seinen geschichtlichen Wandlungen verstanden werden, wenn er als erzählerischer Ausdruck der sich wandelnden Einstellungen der Schriftsteller zu der Gesellschaft als ihrem Stoff begriffen wird.

Eng damit verbunden ist eine zweite grundlegende Schwäche: die Isolierung des Erzählerstandpunktes innerhalb des Romangefüges. Ebensowenig wie Lubbock das einzelne Werk in seinem literarhistorischen Zusammenhang sieht, begreift er den Erzählerstandpunkt in seiner dialektischen Verflechtung mit anderen, gleichfalls wandelbaren Formelementen des Romans. Gerade die Auffassung des *point of view* als autonome, d. h. von der historischen Wirklichkeit unabhängige Formkategorie erschwert die Erkenntnis des Zusammenhangs mit *plot*, Charakter, Beschreibung und Stil des Romans. Dieser Zusammenhang wäre auf Grund ihres gemeinsamen objektiven Beziehungspunktes — eben die Wirklichkeit — formanalytisch herzustellen. Da jedoch diese als umfassendes, gemeinsam bindendes Kriterium entfällt, wird der Erzählerstandpunkt zu einem isolierten, nun tatsächlich „autonomen" Gebilde.

So bleibt die Funktion des *point of view* im Gesamtkunstwerk weitgehend im Dunkel; denn Lubbocks Behauptung, wonach "the whole intricate question of method . . . [is] governed by the question of the point of view", bleibt unbewiesen im Hinblick auf die bei der Gestaltung der Charaktere, des *plot* u. a. Formelemente anzuwendende „Methode". Dabei sind die Wechselbeziehungen zwischen der schriftstellerischen Fähigkeit des Typisierens von Charakteren und des Verallgemeinerns in Form eines erzählerisch verwirklichten Autorenstandpunktes recht naheliegend. [28] Das gleiche gilt für das bei der Gestaltung des *plot* er-

---

[27] *Entstehung und Krise des modernen Romans*, S. 33 f.

[28] Vgl. hierzu meine Studien „Romanheld und Wirklichkeit", S. 263 ff., sowie „Erzählerstandpunkt und point of view. Zu Geschichte und Ästhetik der Perspektive im englischen Roman", in: *Zeitschrift für Anglistik und Amerikanistik*, 10. Jg. (1962), S. 369–416 und „Erzählsituation und Romantypus", in: *Sinn und Form*, 18. Jg. (1966), S. 109–133. Vgl. ferner die historische Detaillierung des Problems in „Robinson Crusoe", in: *Sinn und Form*, 21. Jg. (1969), bes. S. 457 ff., und „*Jest book* und Ich-Erzählung in *The Unfortunate Traveller*. Zum Problem des *point of view* in der Renaissance-Prosa", in: *Zeitschrift für Anglistik und Amerikanistik*, 18. Jg. (1970), S. 11–29.

forderliche erzählerische Vermögen, den Stoff der Wirklichkeit auf dem Wege künstlerisch sinnvoller Ordnung in Handlung umzusetzen. Auch die tieferen Zusammenhänge zwischen dem Erzählerstandpunkt und der sprachlich-stilistischen Struktur bleiben letztlich unklar. Das mit dem Verlust der Autorenperspektive einhergehende Aufkommen gänzlich neuer Stilmittel, wie Erlebte Rede, Bewußtseinsstrom usw., der damit verbundene Übergang von hypotaktischer Literatursprache zu parataktischer Umgangssprache, all die bis in den Bereich der Syntax und des Wortschatzes reichenden Strukturwandlungen des Romans [29] werden nicht erörtert, obwohl doch gerade hier die Funktionen des *point of view* weitreichend und verhältnismäßig sichtbar sind.

III. Die Interpretation der Romanszene

Die aus der Isolierung des Erzählerstandpunktes folgernden Beziehungslosigkeiten auf den gattungsgeschichtlichen und gesamtkunstwerklichen Ebenen der Interpretation zwingen Lubbock zu einer methodologisch überaus charakteristischen Beschränkung. Er stellt in den Vordergrund der Interpretation nicht das epische Kunstwerk in seinem Beziehungsreichtum, sondern die *Szene* in ihrer relativen Beziehungsarmut: "To the scene", so schreibt er, "all other effects will appear to be subordinated in general; and the placing of the scenes of the story will be the prime concern." [1]

Diese ungewöhnliche Wertschätzung der Einzelszene steht teilweise in enger Beziehung zu der (im Grunde naturalistischen) Vorliebe Lubbocks für dramatisierte Darstellung. Da er die szenische Darstellung als *reproduction pure* (Bally) versteht, in der der Erzählerstandpunkt angeblich aufgehoben ist, betrachtet Lubbock gerade die Einzelszene als das „reine", von erzählerischer Wertung und Aussparung freie Formgebilde, das ohne "foreshortening of time or space" zustande kommt:

"A novelist instinctively sees the chief turns and phases of his story expressed in the form of a thing acted, where narrative ceases and a direct light falls upon his people and their doings. ... *In the scene, it is clear, there can be no*

---

[29] Vgl. den Beitrag von A. Neubert, *Die Stilformen der ‚Erlebten Rede' im neueren englischen Roman*, Halle 1957; auch meine Besprechung in *ZAA*, Jg. 6 (1958), S. 411–415.

[1] *The Craft of Fiction*, p. 267.

foreshortening of time or space; I mean that as it appears to the eye of the reader, it displays the whole of the time and space it occupies." [2]

(Interessant ist, daß Lubbock auch hier die Ungesichertheit seiner Auffassung zu spüren scheint und sich wiederum genötigt sieht, sie durch einen Verweis auf die Impressionen des Lesers ["I mean that as it appears to the eye of the reader"] zu stützen bzw. einzuschränken.) Diese impressionistische Relativierung der Begriffe steht der wissenschaftlichen Bestimmung der Szene und ihres *point of view* im Wege. Sie ist — so scheint uns — ein bedenkliches, aber charakteristisches Symptom jener formal-ästhetischen Grundkonzeption, die den Erzählerstandpunkt eben nur im Rahmen seiner stilisierten, sprachlich wahrnehmbaren Erscheinungsformen begreifen kann. Ausgehend von dem sinnlichen „Eindruck" des Lesers ("as it appears to *the eye* of the reader"), kann der Neue Kritiker die Existenz eines Erzählerstandpunktes tatsächlich nur dann wahrnehmen, wenn ihm die Szene (in Form eines Erzählberichts, der 1. Person singularis usw.) sprachliche Indizien in die Hand gibt. Ohne diese gibt es — nach Lubbock — keinen Standpunkt des Erzählers, nur — den des Lesers! ("In the novel of pure drama the point of view is that of the reader alone"!) Der in der Wirklichkeit stehende Erzähler ist damit — ebenso wie der Realitätsbezug der Szene — aus der Welt geschafft.

Die Vorliebe für die Szene und die szenische Gestaltung charakterisiert keineswegs nur den individuellen Kunstgeschmack des Kritikers Lubbock. Ihre für die neukritische Romaninterpretation weitreichenden Folgerungen führen zu einer Beschränkung in der literaturwissenschaftlichen Aufgabenstellung, wie sie in den folgenden Worten Allen Tates zum Ausdruck kommt: "I should myself", so sagt er, "like to know more about the making of the single scene, and all the techniques that contribute to it; and I suspect that I am not asking the impossible, for this kind of knowledge is very likely the only kind that is actually within our range. It alone can be got at, definitely and at particular moments, even after we have failed, with Mr. Lubbock (honorable failure indeed), to 'retain the image of the book'." [3]

Der Hinweis auf Lubbock zielt auf dessen einleitende Bemerkungen in *The Craft of Fiction,* in denen der hier von Tate so willig aufgegriffene methodische Agnostizismus aufschlußreich begründet wird. Es heißt dort: "from every side we make out that the criticism of a book — not the people in the book, not the character of the author, but the book — is impossible. We cannot remember the book, and even

[2] Ibid., pp. 267 f. Hervorhebungen von mir.
[3] "Techniques of Fiction", p. 33.

if we could, we should still be unable to describe it in literal and un-
equivocal terms. It cannot be done" [4]. Der Verweis auf die durch "our
treacherous memory" [5] begründeten Interpretationsschwierigkeiten ist
wohl doch nicht völlig ernst zu nehmen, da seit Homer die Kritik sich
angesichts des extensiv organisierten Sprachkunstwerks damit abfinden
mußte. Die wirkliche Problematik liegt wohl eher darin, daß sich Lubbock ausdrücklich nicht auf die Charakterdeutung bezieht, vielmehr von
der Möglichkeit spricht, "to describe it [the book] in literal and un-
equivocal terms". Diese Schwierigkeit besteht in der Tat! Eine exakte,
in jeder Hinsicht adäquate Beschreibung eines Romans ist ebenso unmöglich wie wissenschaftlich unfruchtbar: das deskriptive *close reading*
führt, wie wir sahen, zu *verbal piddling*.

Aber Lubbock und die ihm folgenden Neuen Kritiker wollen ja nur
bedingt zu einer rein beschreibenden Literaturbehandlung zurückkehren.
Die von ihnen betonten Schwierigkeiten erwachsen auch nur zum geringen Teil aus einer konsequent deskriptiven Romanbetrachtung. In Wirklichkeit resultieren sie aus der Abwendung von allen überlieferten Interpretationsmethoden, insofern diese wirklichkeits- und inhaltsbezogen
sind. In diesem Sinne werden die Charaktere resolut aus dem Roman
herausgedrängt. Die Charaktere, "their authors" und alle anderen "life-
like effects", so behauptet Lubbock, gehören gar nicht zum Roman,
haben gar nichts mit dem Interpretationsgegenstand, "the novel itself",
gemeinsam:

"Clarissa and Anna and Emma are positive facts, and so are their authors; the
criticism of fiction is securely founded upon its object, if by fiction we mean
something more, something other, than the novel itself — if we mean its life-
like effects, and the imaginative gifts which they imply in the novelist. These
we can examine as long and as closely as we choose, for they persist and grow
more definite as we cultivate the remembrance of them. And to these, accord-
ingly, we find our criticism always tending; we discuss the writer, we discuss
the people in his book, we discuss the kind of life he renders and his success
in the rendering. But meanwhile the book, the thing he made, lies imprisoned
in the volume, and our glimpse of it was too fleeting, it seems, to leave us with
a lasting knowledge of its form." [6]

Die Parallelen zur neukritischen Drameninterpretation sind offensichtlich. Während dort „nur" die Charaktere vernachlässigt werden, geht
die neue Romaninterpretation einen Schritt weiter: Erst wird der Erzähler vernichtet, dann der Charakter. Die von Eliot geforderte "extinc-

---

[4] A. a. O., p. 11 f.
[5] Ibid., p. 15.
[6] Ibid., p. 5.

tion of personality" [7] wird dadurch im Roman zweifach vollbracht. Die „Entmenschlichung der Kunst" ist auch hier denkbar konsequent.

Welches Interpretationsziel tritt nun an die Stelle der hier verworfenen Elemente? Lubbock gibt die Antwort mit folgenden Worten: "we must hold it [i. e. the book] away from us, see it all in detachment, and use the whole of it to make the image we seek, the book itself" [8]. Es ist dies die gleiche, von Tate aufgegriffene Forderung, "to retain the image of the book". Sie gipfelt in dem von Lubbock verfochtenen Postulat, "that we seek to construct an image of the book, page by page, while its form is gradually exposed to us" [9].

Diese Grundsatzerklärung ist aufschlußreich. Sie zeigt ferner die Herkunft der ihr zugrunde liegenden Interpretationsauffassung: Diese entstammt offensichtlich einer ähnlich intuitiven Lyrik-Konzeption, wie wir sie bereits mehrfach in der neukritischen *imagery*-Deutung gesehen haben. Daß diese gattungsfremden Maßstäbe nicht die Vielschichtigkeit, Verstrebung und Fülle des Romans erschließen können, ist unschwer zu begreifen. Mit dem Wegfall der menschlichen und wirklichkeitsbezogenen Elemente des Romans werden gerade die umfassendsten Beziehungseinheiten seiner erzählerischen Struktur preisgegeben. Die *daraus* erwachsenden Interpretationsschwierigkeiten ("the criticism of a book ... is impossible") sind vermeidbar. Sie verhindern also nicht eine literaturwissenschaftlich umfassende Deutung des Romans: sie kennzeichnen die fragwürdige Methode der Formalisten. Die formale Methode ("we seek to construct an image of the book, page by page") entspricht nicht der tatsächlichen Struktur des Romans, sondern widerspiegelt wiederum den assoziativen Perzeptionsmodus seiner Kritiker. Diese Einsicht hilft uns, auch die Wertschätzung der Romanszene als das zu verstehen, was sie in Wirklichkeit ist: als ein höchst bedenklicher Ausweg aus dem methodischen Dilemma einer Literaturbetrachtung, die das Gesamtkunstwerk nicht in der Totalität seiner Beziehungen erfassen kann und daher auch das Problem *point of view* vereinfachen muß.

Ist aber solche Kritik — so könnte man uns entgegenhalten — nicht unberechtigt in Anbetracht der Tatsache, daß es überhaupt erst Percy Lubbock war, der das Problem *point of view* aufgegriffen und systematisch entwickelt hat? Ein abschließendes Urteil über Lubbock braucht dieser Frage nicht auszuweichen: Auf der einen Seite — so wollen wir differenzierend sagen — bleibt dieses Verdienst Lubbocks unbestritten. Es ist anzuerkennen, daß Lubbocks Untersuchung — worauf wir kaum

---

[7] *Selected Essays*, p. 7.
[8] A. a. O., p. 6.
[9] Ibid.

eingehen konnten — keineswegs konsequent neukritisch orientiert ist. (Noch im Vorwort der Neuauflage von 1957 beschreibt er den Romancier als "picture-maker, transmuting life into art, gross fact into elemental truth".) Bei allen Widersprüchen — auch das wollen wir gern einräumen — bietet *The Craft of Fiction* zahlreiche Beobachtungen, die auch für eine marxistische Romaninterpretation wertvoll und anregend sind. Lubbocks Buch bleibt, wie Arnold Kettle vermerkt, "in many respects still the best of the attempts to deal with some of the technical and artistic problems of the novel as a serious art-form" [10]. All dies ist unbestritten. Es darf uns auf der anderen Seite jedoch nicht hindern, sehr klar zu erkennen, daß in *The Craft of Fiction* bereits der Kern der später voll entwickelten neukritischen Auffassungen beschlossen liegt. Neben den analytischen Erkenntnissen des Buches steht daher die methodologische Verwirrung, die Lubbock auf Grund seiner undialektischen und unhistorischen Ausgangsposition geschaffen hat. Es ist diese bedenkliche Seite des Werkes, die für seine Nachwirkung bestimmend geworden ist und infolgedessen auch Hauptaspekt einer Auseinandersetzung mit ihm bleiben muß.

IV. Der neukritische "technique"-Begriff

Die Interpretation des Erzählerstandpunktes bleibt gerade dort problematisch, wo eine formale Konzeption der Roman*technik* alle erzählerischen Wirklichkeitsbezüge konsequent ausklammert. Dies ist der Fall in *Mark Schorers* Abhandlung *Technique as Discovery* (1948) — einer viel zitierten und beachteten Arbeit, die seinerzeit als "the really significant advance in the theory of point of view which occurred in the forties" [1] bezeichnet wurde. Eine Betrachtung der Arbeit läßt keinen Zweifel, daß Schorer über die von James und Lubbock empfangenen

---

[10] *An Introduction to the English Novel*, vol. I, London 1951, p. 194.

[1] Friedman, "Point of View in Fiction", p. 1167. Schorers Aufsatz erschien ursprünglich in *The Hudson Review*, Spring 1948, pp. 67—87; zitiert wird der Abdruck in *Critiques and Essays on Modern Fiction*, pp. 67—82. Im folgenden behandeln wir nicht Schorers Auffassungen in ihrer Gesamtheit und ihren Wandlungen (vgl. dazu meine Besprechung von *Society and Self in the Novel*, ed. by M. Schorer, New York 1956; in: *ZAA*, Jg. 8 [1960], S. 318 f.), sondern lediglich dessen *technique*-Begriff als Beitrag zum Problem *point of view*.

Anregungen weit hinausgeht. Worin — so fragen wir — besteht Schorers Beitrag zur Ästhetik des Erzählerstandpunktes?

Ausgehend von einer Wertschätzung der Form als "nearly every-thing", entwickelt Schorer eine eigentümlich monistische Auffassung von der Erzähltechnik des Dichters, wonach "technique is the only means he has of discovering, exploring, developing his subject, of conveying its meaning, and finally, of evaluating it"[2]. Diese Konzeption, die die Grundlage seiner *point of view*-Deutung abgibt, reduziert den Form-begriff auf charakteristische "critical suppositions", unter denen das auf "texture and tone" zu betrachtende Sprachmaterial gleichwertig neben der Analyse der Standpunkttechnik steht. Der gesamte Gedankengang Schorers ist dabei auf eine radikal neukritische (d. h. eine der formalen Lyrikinterpretation entsprechende) Reorientierung der Romankritik ge-richtet:

"We are no longer able to regard as seriously intended criticism of poetry which does not assume these generalizations [gemeint ist die oben zitierte Auf-fassung]; but the case for fiction has not yet been established. The novel is still read as though its content has some value in itself, as though the subject matter of fiction has greater or lesser value in itself, and as though technique were not a primary but a supplementary element, capable perhaps of not un-attractive embellishments upon the surface of the subject, but hardly of its essence. Or technique is thought of in *blunter terms than those which one associates with poetry*, as such *relatively obvious matters as* the arrangement of events to create *plot;* or, within plot, of *suspense and climax;* or as the means of revealing *character motivation, relationship, and development;* or as the use of point of view, but point of view as some nearly arbitrary device for the heightening of dramatic interest through the narrowing or broadening of perspective upon the material, rather than as a means toward the positive definition of theme. As for the resources of language, these, somehow, we almost never think of as a part of the technique of fiction — language as used to create a certain texture and tone which in themselves state and define themes and meanings; or *language,* the counters of our ordinary speech, as *forced, through conscious manipulation, into all those larger meanings* which our ordi-nary speech almost never intends ... *Is fiction ... really less tractable before the critical suppositions which now seem inevitable to poetry?"* [3]

Unsere Hervorhebungen verdeutlichen die in Ansätzen schon bei Lub-bock vorhandenen neukritischen Urteilsnormen, wonach *plot,* Charakter-gestaltung usw. mit gattungsfremden Maßstäben gemessen und folglich abgewertet werden. Im Gegensatz zu Lubbock stützt Schorer seine Auf-fassung durch literaturtheoretische Überlegungen; deren Logik, so zeigt

---

[2] A. a. O., p. 67.
[3] Ibid., pp. 67 f.

sich, ist freilich höchst anfechtbar. Der gesamte *technique*-Begriff basiert auf einer unerlaubten Gleichsetzung: Schorer identifiziert augenscheinlich den Inhalt eines Werkes ("content") mit dessen Stoff oder *sujet* ("subject matter"). Wie die Apposition des zweiten Satzgefüges erkennen läßt, übersieht er, daß *content* bereits den in einem Kunstwerk organisierten Stoff meint. Der von ihm aufgerichtete Gegensatz zwischen Stoff ("subject matter") und Form ("technique") ist somit irreführend, denn er findet seinen Ausgleich in dem *gestalteten* Inhalt des Werkes.

Schorers Bemühungen um die Integration von *subject matter* und *technique* sind lobenswert, aber weder überzeugend noch originell. Daß ein formloser Inhalt ebenso wie eine inhaltslose Form undenkbar sind – also die These von der dialektischen Einheit beider – war schon in Hegels *Ästhetik* keine Originalerkenntnis. Schorer bucht diese Einsicht auf das Konto des *new criticism*, wobei er freilich das dialektische Problem nicht löst, den Gegensatz von These und Antithese nicht in einer höheren Synthese aufhebt, sondern einseitig im Zeichen einer deterministisch aufgefaßten *technique* aus der Welt schafft:

"Modern criticism", so heißt es, "through its exacting scrutiny of literary texts, has demonstrated with finality that in art beauty and truth are indivisible and one. The Keatsian overtones of these terms are mitigated and an old dilemma is solved if for beauty we substitute form, and for truth, content. We may, without risk of loss, narrow them even more, and speak of technique and subject matter. Modern criticism has shown us that to speak of content as such is not to speak of art at all, but of experience; and that it is only when we speak of the achieved content, the form, the work of art as a work of art, that we speak as critics. The difference between content, or experience, and achieved content, or art, is technique." [4]

Hier zeigt sich, wie die ungerechtfertigte Identifizierung von Stoff oder *experience* mit *content* auf der einen Seite notwendig zu der ebenso unerlaubten Gleichsetzung von Form oder *art* mit *achieved content* auf der anderen Seite führt. Der Begriff der *künstlerischen* Aussage wird dadurch zerstört, bzw. aufgespalten und dem Formbegriff untergeordnet. [5] Die aus dieser irreführenden Gegenüberstellung scheinbar folgerichtig hervorgehende deterministische Auffassung von *technique* ist

---

[4] Ibid., p. 67.

[5] Die Negation der Kategorie des *künstlerischen Inhalts* ist auch für die gemäßigte westeuropäische Variante der Neuen Kritik charakteristisch. Vgl. dazu W. Koshinow, der z. B. bei Wolfgang Kayser eine ähnliche „unzulässige Vertauschung der Begriffe" mit dem Ziel der „Liquidierung des Inhalts" feststellt („Neutralität in der Literaturtheorie: Wolfgang Kaysers Abhandlung *Das sprachliche Kunstwerk*", S. 388).

dann die „logische" Rechtfertigung der formalistischen Grundthese, wonach "technique is the only means [the writer] has of discovering, exploring, developing his subject". Begreifen wir den deterministischen Anspruch in seiner wirklichen, d. h. relativen Berechtigung, so müßte dieser Satz lauten: "technique *is only one means* [the writer] has of discovering, exploring, developing his subject".

Schorer verkennt dies und vermag es daher, sich in einen rhetorischen Gegensatz zu jenen Interpreten zu stellen, die die Formgebung des Kunstwerkes als "embellishments upon the surface of the subject" (s. o.) betrachten. Doch welcher ernsthafte Kritiker tut dies? Doch gewiß nicht die marxistische Ästhetik, die sich konsequent zu Hegels dialektischer Formel bekannt hat. Die von Schorer geübte Polemik ist also nicht nur rhetorisch, sondern offensichtlich irreführend und würde eine Erörterung überhaupt nicht verdienen, basierte darauf nicht nach amerikanischer Auffassung "the really significant advance in the theory of point of view".

Schorer nämlich begreift den Standpunkt "not only as a mode of dramatic delimitation, but more particularly, of thematic definition" [6]. Der Sinn dieser Worte ist offenbar, daß der Standpunkt nicht nur erzähltechnisch, sondern auch als Mittel gestalterischer Behandlung eines Themas (bzw. eines Stoffes) eine Rolle spielt und somit für den künstlerischen Inhalt eines Werkes mitbestimmend wird. (Statt „Inhalt" muß Schorer sagen: für "the achieved content, the form, the work of art as a work of art" (s. o.) — ein Umstand, der — wie sogleich zu zeigen ist — nicht nur sprachliche Verwirrung bekundet und hervorruft.) Abgesehen von der terminologischen Verklausulierung ist jedoch an dieser Feststellung nichts Bemerkenswertes. Die Aussage eines Kunstwerks erwächst natürlich nicht aus der aufgesetzten Privatmeinung des Autors, natürlich nicht aus dem unverarbeiteten Rohstoff der Wirklichkeit, etwa aus eingefügten Zeitungsausschnitten, Propagandareden etc., sondern nur aus dem *gestalteten* Stoff. Daß bei dieser Gestaltung der Erzählerstandpunkt eine wesentliche Rolle spielt, also nach Schorer als "means toward the positive definition of theme" (s. o.) dient, erscheint uns als eine so selbstverständliche Tatsache, daß wir erstaunt sind, *darin* "the really significant advance in the theory of point of view" zu erblicken.

An dieser Erkenntnis also erscheint uns so wenig Bemerkenswertes, daß wir geneigt sind, sie als einen Gemeinplatz zu bezeichnen. Betrachtenswert jedoch bleibt die sprachliche Einkleidung eines an sich sehr klar formulierbaren Gedankens. Was bedeutet Schorers Ausdruck "mode of thematic definition", welches ist der Sinn von "the definition

---

[6] A. a. O., p. 68.

of theme"? (Schorer bestimmt die von ihm „entdeckte" Funktion des
point of view nirgendwo klarer oder detaillierter, so daß die ihn para-
phrasierenden Kritiker wie Aldridge [7] und Friedman [8] sich mehrfach mit
auffälliger Genauigkeit eben dieser Termini bedienen.) Es gibt zu denken, daß Schorer, der doch sonst kritischen Jargon mit Erfolg zu meiden
trachtet, sich gerade hier in den Irrgarten des neukritischen Spezialvokabulars [9] begibt. Offenbar spielt hier die Anschauung herein, daß
erst der Erzählerstandpunkt, als vorzügliches Mittel der *technique*, einen
Stoff zu einer künstlerischen Aussage befähigt. Da Schorer jedoch den
Begriff Aussage (oder Inhalt) unter "the form" subsumiert, bzw. als
"achieved content" mit "the form" gleichsetzt, kann er die tatsächliche,
große Bedeutung des *point of view* für die erzählerische Aussage nicht
klar bestimmen. Er kann das Einfließen des Erzählerstandpunktes in das
künstlerische Gesamtprodukt (also auch *in dessen Aussage)* wohl erkennen, aber nicht beim Namen nennen, weil er eben für den künstlerischen
Inhalt als ästhetische Grundkategorie gar keinen Raum hat. Aus diesem
Dilemma folgert mithin die Unmöglichkeit, die tatsächliche, *gestaltende*
Kraft der Form, ihre nur in der Vereinigung mit dem Stoff mögliche
ver-dichtende Funktion zu erkennen. Als Notbehelf dient dann der Begriff "thematic definition", der die „thematische Definition" des Kunstwerks als *technische* „Entdeckung" seines Themas auffaßt.

In diesem Sinne also betrachtet Schorer *Technique as Discovery*. Die
wirklichen Wechselbeziehungen zwischen Inhalt und Form werden damit nicht geklärt, sondern verdunkelt. Der Erforschung des Erzählerstandpunktes stehen unter diesen Voraussetzungen unüberwindliche Hindernisse im Weg. Der historische Charakter des *point of view*, seine
formengeschichtlichen Wandlungen, seine erzählerisch-ästhetischen und
ideologisch-wertenden Funktionen im Rahmen des Gesamtkunstwerks —
diese und andere Fragen bleiben offen zugunsten einer höchst einseitig
formalen, dabei begrifflich keineswegs klaren Ästhetik des Erzählerstandpunktes.

---

[7] A. a. O., p. 6.

[8] A. a. O., p. 1167.

[9] Vgl. E. Lohner, „Die Theorien des *New Criticism*", in: *Neue Deutsche Hefte*,
Jg. 5 (1958/59), S. 37: „Auch könnte man fragen, ob die allgemeine Verwirrung
im Geistigen, gegen die sich alle diese Kritiker richten, durch den Mißbrauch
nicht eindeutig bestimmbarer Begriffe nicht eher noch vermehrt als aufgehellt
wird."

V. "*Point of View*" *in naturalistischer Sicht*

Die bei Schorer dargelegte methodologische Problematik zeigt sich auch in der bereits zitierten Abhandlung von Norman Friedman, *Point of View in Fiction: The Development of a Critical Concept*. Diese gelehrte Arbeit, die im Jahre 1955 als Artikel in den *Publications of the Modern Language Association of America* erschien, widerspiegelt die in der amerikanischen Literaturwissenschaft bis auf den heutigen Tag vorherrschende *point of view*-Deutung. Wie bereits hervorgehoben, bekennt sich Friedman zu Schorers Interpretation, ohne dessen Konzeption um wesentlich neue Aspekte zu erweitern. Eine Kritik der Abhandlung darf sich daher vor allem auf jene Punkte beschränken, die als methodologische Schlußfolgerungen der bereits dargelegten Auffassungen zu erkennen sind.

Wie der Untertitel besagt, bemüht sich Friedman zunächst um einen wissenschaftsgeschichtlichen Abriß des Problems. Auf Grund einer bibliographischen Sichtung der einschlägigen Sekundärliteratur wird die rapide zunehmende Beschäftigung mit dem Erzählerstandpunkt deutlich. Die angeführten Belege beweisen, daß im Umkreis der englischamerikanischen Forschung "point of view is becoming one of the most useful critical distinctions available to the student of fiction today" [1]. In der Tat gelangt Friedman zu der bemerkenswerten Schlußfolgerung, daß "the choice of a point of view in the writing of fiction is at least as crucial as the choice of a verse form in the composing of a poem" [2] — ein Urteil, das nicht ohne gewichtige Gegenbeweise zurückgewiesen werden kann.

Aufbauend auf dem informativen — wenn auch unkritischen — Forschungsüberblick, entwirft Friedman eine Typologie des *point of view* — "a concrete and coherent definition of its parts and their relationship" [3]. Dieses systematische Verzeichnis der möglichen Standpunkte erzählerischer Darbietung beginnt mit den am stärksten auktorial bestimmten Formen *(Editorial Omniscience, Neutral Omniscience)*, leitet über zur Ich-Erzählung und schließt mit den szenisch orientierten Darstellungsweisen *(The Dramatic Mode, The Camera)*. Als Maßstab der Differenzierung nennt Friedman "our major distinction: summary narrative

---

[1] A. a. O., p. 1161.
[2] Ibid., p. 1180.
[3] Ibid., p. 1168.

(telling) vs. immediate scene (showing)" [4]. Wie bei Lubbock wird dabei der erzählerische *point of view* in seiner rein technisch-formalen Erscheinungsform begriffen.

Bietet Friedmans Typologie keine entscheidend neuen Erkenntnisse, so sind doch deren methodologische Voraussetzungen und Schlußfolgerungen recht lehrreich. Zunächst fällt in die Augen, daß es gerade die formale Interpretation des *point of view* ist, die den Kritiker in die Enge einer unhistorischen Typologie der Erzählkunst führt. Stärker noch als bei Lubbock, verwehrt die statische Konzeption des *point of view* die Einsicht in die tieferen Zusammenhänge und mündet in einer Bestandsaufnahme erzählerischer „Strategie". Die bei Friedman dabei deutlich hervortretende deskriptive Methode ist im weitesten Sinne charakteristisch für die Standpunktinterpretation in der Nachfolge Lubbocks. Sie setzt der Erforschung des *point of view* enge Grenzen: sowohl die gattungsgeschichtlichen Wandlungen als auch die gesamtkunstwerklichen Funktionen des Erzählerstandpunktes bleiben unberücksichtigt. Die Zusammenhänge zwischen dem weltanschaulichen Standpunkt des Autors, seiner historisch-geistigen Erzählperspektive und der erzähltechnischen Organisation seines Stoffes werden verkannt und die tiefere Inhalt-Form-Problematik des *point of view* ignoriert.

Die deskriptive Behandlung des *point of view* ist also einerseits im Hinblick auf ihre wissenschaftlichen Ergebnisse unbefriedigend. Andererseits basiert sie auf literaturtheoretischen Voraussetzungen, die bei Friedman (selbst im Rahmen der deskriptiven Methode) einer adäquaten Bestandsaufnahme im Wege stehen. Die verschiedenen Formen des Erzählerstandpunktes werden nicht gleichberechtigt klassifiziert, sondern einer Rangordnung unterworfen, als deren Kriterium "objectification", d. h. erzählerische Wirklichkeitsillusion dient. In diesem Sinne ist für Friedman der Verzicht auf *Editorial Omniscience* ein "step toward objectification" [5], der Verzicht auf erzählerische Allwissenheit "*progress* toward direct representation" [6] usw.

Eine solche Betrachtung des *point of view* dient als Gradmesser und Rechtfertigung der Entmündigung des Erzählers: "point of view", so heißt es, "provides a *modus operandi* for distinguishing the possible degrees of authorial extinction in the narrative art" [7]. In diesen Worten offenbart sich, daß die ästhetische Kategorie *point of view* in den Dienst einer bestimmten Kunstauffassung gestellt und entsprechend eingeengt

---

[4] Ibid., p. 1169.
[5] Ibid., p. 1172.
[6] Ibid., p. 1174. Hervorhebung von mir.
[7] Ibid., p. 1163.

wird. In Wirklichkeit besteht ja zwischen dem Zurücktreten des Autors und dem erzählerischen *point of view* nur insofern ein Zusammenhang, als mit dem Verlust erzählerischer Sicherheit der Autorenstandpunkt erstmalig *zu einem Problem* wurde und sowohl zu einer künstlerisch bewußten als auch theoretischen Lösung herausforderte. Der Zusammenhang ist also keineswegs genetisch; denn der *point of view* ist so alt wie die Erzählkunst selbst. Daß der Standpunkt des allwissenden Erzählers, seine Inhalte und Formen, weniger bedeutsam und in geringerem Maße interpretationsfähig sind als der szenisch gestaltete *point of view*, ist ein Vorurteil, das die Brille des modernen Interpreten verdunkelt. Eine wirklich umfassende Darstellung des *point of view*, die um dessen deskriptive Bestandsaufnahme bemüht ist, müßte derartigen normativen Vorurteilen aus dem Wege gehen.

Ein Blick auf die von Friedman gefällten Werturteile zeigt, daß es sich in deren literaturtheoretischer Konzeption nicht um eine individuelle Geschmacksauffassung, sondern — wie der Verfasser selbst hervorhebt — um "a commonplace of aesthetic theory" [8] handelt, d. h. um eine Anschauung, die in England und den USA längst zum Gemeingut neukritischer Romaninterpreten geworden ist. Es ist dies die Auffassung von "the irresponsible illusion-breaking of the garrulous omniscient author, who tells the story as *he* perceives it rather than as one of his characters perceives it" [9]. Fragwürdig ist hier nicht die (gewiß berechtigte) Kritik an erzählerischer Weitschweifigkeit — etwa im viktorianischen Roman; entscheidend ist die Tatsache, daß das Vorrecht des Erzählers, die Geschichte so zu erzählen, *as he perceives it*, prinzipiell angefochten wird.

Die Einwände gegen "old-fashioned Editorial Omniscience" [10] werden leider nicht systematisch dargelegt. Die ihnen zugrundeliegende Konzeption basiert jedoch auf literaturtheoretischen Überlegungen, die die Grundfragen jeder Romaninterpretation bestimmen. "The basic assumption", so sagt Friedman, "of those who are seriously concerned over technique, as James himself so long ago pointed out, is that the prime end of fiction is to produce as complete a story-illusion as possible." [11] Hier wird der künstlerische Auftrag des Romanciers, nämlich die Erfassung, Gestaltung und Deutung der Realität, durch eine sekundäre Aufgabe, nämlich die Schaffung einer Wirklichkeits*illusion* ersetzt. Die Forderung nach Illusion als Hauptkriterium künstlerischer Gestaltung

---

[8] Ibid., p. 1180.
[9] Ibid., p. 1163.
[10] Ibid., p. 1182.
[11] Ibid., p. 1180.

ist aber ein naturalistisches Vorurteil; sie verkennt die Grundgesetze
literarischer Wirklichkeitsinterpretation. Konsequent zu Ende gedacht,
enthält die Illusionsforderung den Anspruch, daß ein Werk *über* die
Wirklichkeit selbst die Wirklichkeit sei, bzw. als solche zu erscheinen
habe. Daß das Werk der Kunst wie ein Werk der Natur wirken solle,
wurde jedoch bereits von Goethe als folgenschwerer Irrtum erkannt[12].
Gerade in der Erzählkunst weisen die spezifischen Voraussetzungen der
Gattung in eine gänzlich andere Richtung. Die Fragwürdigkeit des neukritischen Illusionsbegriffs wird offenbar, wenn wir uns vergegenwärti-
gen, daß im epischen Sinne ja zunächst nicht das Erzählte, sondern der
Vorgang des Erzählens „wirklich" ist. Im Gegensatz zur dramatischen
Illusion wird die epische Illusion, wie Käthe Friedemann darlegt, durch
das Schauen und Werten eines Mediums gar nicht gestört.[13]

Obgleich wir uns hüten müssen, eine „reine" Form epischer Erzählkunst als normativen Gattungstypus aufzustellen, zeigt doch diese Überlegung bereits hinlänglich die Fragwürdigkeit von Friedmans Illusions-
begriff. Dieser fordert unsere grundsätzliche Kritik u. a. auch deshalb
heraus, weil damit eine zeitgeschichtlich bedingte (wesentlich naturalistische) Erzählkonvention zum Prüfstein für *artistic truth* gemacht
wird: "If artistic 'truth' ", so sagt Friedman, "is a matter of compelling
rendition, of creating the illusion of reality, then an author speaking in
his own person about the lives and fortunes of others is placing an
extra obstacle between his illusion and the reader by virtue of his very
presence. In order to remove this obstacle the author may choose to
limit the functions of his own personal voice in one way or another."[14]
Die Identifizierung von Wirklichkeitsillusion mit künstlerischer Wahrheit offenbart die Problematik dieser formalistischen Literaturtheorie:
Friedmans Wahrheitsbegriff ist ebenso formal wie die Illusionsforderung
naturalistisch. Beide dienen als Prämisse für eine Schlußfolgerung, die
nun zur Grundlage der gesamten neukritischen *point of view*-Konzep-
tion wird: Weil künstlerische Wahrheit angeblich die Schaffung einer
(dramatischen) Illusion verlangt, ist die Gegenwart des Erzählers ein
obstacle. Sein Zurücktreten, so wird gefolgert, ist ein "step toward objectification", ein "progress toward direct representation". Der Verzicht
auf erzählerische Allwissenheit ist demnach wünschenswert, die Liqui-
dation erzählerischer Deutung und Wertung empfiehlt sich![15]

---

12 *Goethes Sämtliche Werke* („Jubiläums-Ausgabe"), Bd. 33, S. 126.
13 *Die Rolle des Erzählers in der Epik*, S. 28.
14 A. a. O., p. 1164.
15 In mancherlei Hinsicht berührt sich diese Argumentation mit der Auffassung
Käte Hamburgers, die gleichfalls vom szenisch-naturalistischen Roman ausgeht

Auf diese Weise gelangt die naturalistische Romankonzeption zu einer Selbstrechtfertigung, aber die Wandlungen des *point of view*, seine historische und ästhetische Problematik, bleiben noch immer unerforscht. Die von Friedman geforderte "authorial extinction" erinnert wortwörtlich an Eliots "extinction of personality". Diese Vernichtung des Erzählers durch ein Streben nach "artistic truth" zu erklären, ist nicht stichhaltig, sondern naiv; eine solche Erklärung ähnelt der Aussage des Knaben, der das Zertrümmern einer Fensterscheibe mit der sportlichen Kräftigung durch Steinwerfen motiviert. Daß die schauende und wertende Gegenwart eines wirklichkeitsverbundenen Erzählers nicht notwendig gegen künstlerische Wahrheit verstößt, hat die Geschichte der Erzählkunst längst hinreichend bewiesen. Bei Fielding z. B. ist der Begriff "truth" (vgl. *Tom Jones*, IV, 1) gerade auf das engste mit realistischer *Einschätzung* der Wirklichkeit verknüpft, wodurch der Roman sich vorzüglich von den „unwahren" zeitgenössischen *romances* unter-

---

und sich sprachlogisch um den „Nachweis des Verschwindens der Ich-Origo des Erzählers aus der Fiktion" bemüht *(DVj*, Bd. 27, 1953, S. 343): „Das Problem des epischen Präteritums ist also in dem der Fiktion fundiert, die ihrerseits dadurch konstituiert ist, daß die Ich-Origo des Erzählers, das Erzähler-Ich, seine Befugnisse sozusagen an die fiktiven Ich-Origines der Gestalten abtritt" (S. 338). Durch diese Abdankung des Autors herrscht nun in der Erzählung scheinbar „nicht mehr die Zeit des Erzählers, sondern die Zeit der Gestalten, d. h. sie ist fiktiv wie diese selbst, und das Imperfekt, in dem sie erzählt wird, bedeutet nicht, daß sie als vergangen erlebt werden soll" (S. 335). Hier wird deutlich, daß Hamburger von dem *Illusionseffekt* der szenischen Darbietungsform ausgeht und unbesehen den problematischen Anspruch auf naturalistische „Objektivität" übernimmt. Als Beitrag zur Deutung der Illusionstechnik sind diese Beobachtungen willkommen; als erkenntnistheoretische Begründung eines „logischen Systems der Dichtung" (ibid., Bd. 29, 1955, S. 413; vgl. auch die umfassende Studie, *Die Logik der Dichtung*, Stuttgart 1957) jedoch verfehlt. Wie im *new criticism* wird der in der historischen Wirklichkeit stehende Autor-Erzähler sprachlogisch aus der Welt geschafft: „Die erzählte Fiktion ist nicht das Aussageobjekt eines ‚Erzählers' oder ‚Erzähler-Ichs', sondern eine Funktion des Erzählens, was bedeutet, daß dieses keine ‚Person', sondern eben eine erzeugende Funktion ist." *(DVj*, Bd. 29, 1955, S. 424.) So verwandelt sich die Prosa des Romans in „Bezugsysteme, die mit dem die Fiktion in irgendeiner Weise erlebenden Ich, dem Verfasser oder dem Leser kategorial nichts zu tun haben" (ibid., Bd. 27, 1953, S. 334). Die Erzählung ist also autonom! Stärker noch als bei Lubbock, wird der Zusammenhang zwischen „fiktiver Welt" und historischer Wirklichkeit aufgekündigt; der Erzähler wird entmündigt, und die *Impersonal theory of the novel* ist vollkommen. Ähnlich wie in *Eliots* "extinction of personality" wird das dichtende Ich resolut aus dem Werke ausgeklammert.

scheidet; das gleiche gilt für *Jonathan Wild,* ein Werk, das sich vornehmlich auf Grund erzählerischer Ironie und Wertung über das Niveau
der Kriminalbiographie erhebt und erst dadurch bleibende künstlerische
Wahrheit erlangt. Wenn eine derartige erzählerische *Omniscience* im
Roman des 20. Jahrhunderts wirklich künstlerisch unwahr geworden ist,
dann liegt das nicht an der immanenten Unzulänglichkeit dieser Erzählform, sondern an den Bedingungen, unter denen sie sich entwickelt hat.
Nur ein Studium dieser historisch-ästhetischen Entwicklungsbedingungen
verspricht tiefere Einsicht in das Phänomen des *point of view,* sein
Wesen und seine Wandlung. Die Neue Kritik, die diese vielschichtigen
Probleme nur als ästhetische Strategie begreift, gelangt über die deskriptive Methode nur in die Sackgasse normativer Poetik. Das Problem
point of view wird damit nicht geklärt, sondern formalistisch verein-
facht.

VI. Die Negation der Zeit in der Erzählkunst

Die Erforschung der Erzählformen hat nur dort zu wirklich tragbaren
Ergebnissen geführt, wo die Enge von Lubbocks Ausgangsposition —
zumindest in Ansätzen — überwunden wurde. Wo das nicht geschah,
hat das formale Prinzip vollends triumphiert: Dies gilt nicht nur für
das *point of view*-Problem, sondern — wie wir abschließend zeigen wollen — auch für den weiteren Umkreis der Romaninterpretation. Die
Neue Kritik hat deren Grundvoraussetzungen mißachtet und schließlich
jede adäquate Auslegung von Erzählkunst unmöglich gemacht.

Als ein repräsentatives Interpretationsbeispiel wählen wir *Joseph Franks*
einflußreiche Abhandlung *Spatial Form in Modern Literature* [1]. Die
bereits bei Lubbock vorherrschende formale Interpretation wird hier
weiterentwickelt und mit den verschiedensten neukritischen Auffassungen verquickt. Dies beginnt bereits bei der Interpretation der Romanszene. Während diese bei Lubbock noch im Rahmen übergeordneter
epischer Ordnungskategorien gesehen wird, ist das bei Frank schon nicht
mehr der Fall. Ausgehend von Flauberts berühmter Marktszene in
Madame Bovary, betrachtet er die Szene als ein Konglomerat von Be-

---

[1] Ursprünglich erschienen in *The Sewanee Review,* 3 Teile, vol. 53 (1945),
pp. 221—240; 433—456; 643—653. Abdruck (gekürzt) in *Criticism: The Founda-
tion of Modern Literary Judgement,* ed. M. Schorer u. a., pp. 379—392, und
Critiques and Essays in Criticism, ed. R. W. Stallman, pp. 315—328. Die den
Roman behandelnden Teile zitieren wir aus *Critiques and Essays on Modern
Fiction,* ed. J. W. Aldridge, pp. 43—66.

deutungseinheiten ("units of meaning"), deren Beziehungen nicht erzählerisch-zeitlicher, sondern räumlich-assoziativer Natur sind. Ähnlich wie Wilson Knight im Shakespeareschen Drama, sieht Frank im Roman ein flächiges *pattern*, dessen Bedeutungseinheiten sich "independently of the progress of the narrative" darbieten.

"for the duration of the scene, at least, the time-flow of the narrative is halted; attention is fixed on the interplay of relationships within the limited time-area. These relationships are juxtaposed independently of the progress of the narrative; and the full significance of the scene is given only by the reflexive relations among the units of meaning." [2]

Die Herauslösung der Szene aus dem Romanganzen erreicht hier ihre denkbar größte Konsequenz: Die Szene ist nach Frank ein zeitloses Gebilde, eine reine Struktur von Beziehungen jenseits von "the time-flow of the narrative". Ähnlich wie in der modernistischen Lyrik zeigt das Gesamtkunstwerk des Romans "the disappearance of coherent sequence", wenngleich diese noch nicht — wie bei Pound und Eliot — "after a few lines" auftritt:

"the struggle towards spatial form in Pound and Eliot resulted in the disappearance of coherent sequence after a few lines; but the novel, with its larger unit of meaning, can preserve coherent sequence within the unit of meaning and break up only the time-flow of the narrative" [3].

Damit, so meint Frank, ist das neue Strukturprinzip des Romans gefunden. Es basiert auf "the parallel between esthetic form in modern poetry and the form of Flaubert's scene: both can be properly understood only when their units of meaning are apprehended reflexively, in an instant of time" [4].

Es bedarf keiner ausführlichen Untersuchung, um die Herkunft dieser Auffassung zu erkennen: Pounds Definition des *image* ("that which presents an intellectual and emotional complex in an instant of time" [5]) gibt — nahezu verbatim — die Vorlage. Im Lichte dieses Einflusses verstehen wir jetzt auch die bereits von Lubbock erhobene Forderung, "to retain the image of the book". Sie wird von Frank beim Wort genommen, und das dem Roman gattungsfremde Ordnungsprinzip moderner Lyrik wird als höchste Prosakunst gefeiert. Gerade im *Ulysses* sieht Frank die „räumliche" Form "on a gigantic scale" verwirklicht:

"Joyce composed his novel of an infinite number of references and cross-

---

[2] A. a. O., p. 44.
[3] Ibid.
[4] Ibid. Der Hinweis auf Flaubert meint die Marktszene in *Madame Bovary*.
[5] *Literary Essays of Ezra Pound*, p. 4.

references which relate to one another independently of the time-sequence of the narrative ... As a result, the reader is forced to read *Ulysses* in exactly the same manner as he reads modern poetry — continually fitting fragments together and keeping allusions in mind until, by reflexive reference, he can link them to their complements." [6]

Als Beitrag zur Interpretation des experimentellen Romans mag dies nicht ohne Berechtigung sein. Frank, der sich vorwiegend auf Beispiele dieser Art stützt, vermag auf diese Weise Joyces Werk und "his unbelievably laborious fragmentation of narrative structure" [7] darzulegen. Damit, d. h. mit dem Nachweis dieser Fragmentarisierung der Romanform, begnügt sich der Kritiker jedoch keinesfalls. Ebenso wie andere Interpreten der modernen bürgerlichen Prosa erhebt auch Frank einen normativ-wertenden Anspruch, der nur als ein Affront gegen den Realismus im Roman zu verstehen ist.

Seine Argumentation basiert auf einer eigentümlichen literaturtheoretischen Logik. Frank bezieht seinen *image*-Begriff aus der modernistischen Lyrik, in der die Metapher eine verselbständigte Struktur besitzt und dem Leser — nach Pound — "that sense of freedom from time limits and space limits" [8] vermittelt. Ausgehend von fragmentarisch-assoziativ komponierter Literatur gelangt er somit zum Postulat der Zeitlosigkeit; vom Postulat der Zeitlosigkeit gelangt er wiederum zur Rechtfertigung der alogischen, fragmentarischen Struktur, in der "the disappearance of coherent sequence" nicht ein Mangel, sondern ein Vorzug ist. Es ist eine Argumentation, die sich im Kreise dreht: "If the chief value of an image was its capacity to present an intellectual and emotional complex simultaneously, linking up images in a sequence would clearly destroy most of their efficacy." [9] Weil der Neue Kritiker nur das zeit- und zusammenhanglose, d. h. autonome *image* bejaht, werden auch Zeitfolge und Zusammenhang im Roman als Mangel an "efficacy" bezeichnet.

Die Verwirklichung dieses Prinzips in der Prosa führt notwendig zu einer Zertrümmerung des Romangefüges, eben jener "fragmentation of narrative structure". Die von ihm vertretene „räumliche" Romankonzeption findet dabei in Djuna Barnes' Experimentalroman *Nightwood* (1936) eine nicht uninteressante Selbstbestätigung. Inmitten der radikalen Zertrümmerung erzählerischer Formen entdeckt Frank — und, versteht sich, bejaht — ein für die Gattung des Romans gänzlich neues *pattern*, welches das epische Ordnungsprinzip ersetzen soll:

---

[6] A. a. O., pp. 44/46.
[7] Ibid., p. 46.
[8] *Literary Essays of Ezra Pound*, p. 4.
[9] *The Sewanee Review*, vol. 53, p. 227.

"Nightwood", so heißt es über *this amazing book*, "does have a pattern – a pattern arising from the spatial interweaving of images and phrases independently of any time-sequence. And, as in *The Waste Land*, the reader is simply bewildered if he assumes that, because language proceeds in time, *Nightwood* must be perceived as a narrative sequence ... Since the unit of meaning in *Nightwood* is usually a phrase or sequence of phrases – at most a long paragraph – it carries the evolution of spatial form in the novel forward to a point where it is practically indistinguishable from modern poetry." [10]

Der Vergleich mit *The Waste Land* ist ein verläßlicher Gradmesser der Begeisterung für *Nightwood*, für dessen "breath-taking poetic quality" und "head-and-shoulders superiority" gegenüber anderen Romanen. Entspränge diese überschwengliche Einschätzung nur dem persönlichen Geschmacksurteil des Kritikers, so könnten wir sie als eine kuriose Überschätzung abtun. Frank jedoch betrachtet und preist das Buch als Paradigma einer neuen Romankunst, als das repräsentative Beispiel einer Erzählform, die die herkömmliche Romanstruktur durch ein neues, überlegenes Kunstprinzip ersetzt. Die Eigenart dieses Prinzips, so wird uns suggeriert, besteht darin, daß es den Roman in eine Richtung führt, "where it is practically indistinguishable from modern poetry". An eben diesem Wertmaßstab orientiert sich auch das zur Bestätigung angeführte Urteil T. S. Eliots: "We can now understand", so meint Frank, "why T. S. Eliot wrote that '*Nightwood* ... is so good a novel that only sensibilities trained on poetry can wholly appreciate it' " [11].

Es ist dieser verkappte normative Anspruch auf Allgemeingültigkeit, der unsere prinzipielle Kritik herausfordert. Hier wie anderswo wird er durch lyrische Wertmaßstäbe gestützt, die auf eine unter gänzlich anderen ästhetischen Voraussetzungen existierende Gattung übertragen werden. (Wir haben dies allenthalben bemerkt; bereits in der Dramen-interpretation standen die lyrischen Kriterien des *new criticism* einer unbefangenen Würdigung des Dramas als Theaterstück im Wege.) Die Verfehltheit dieser gattungsfremden Maßstäbe ist offensichtlich. Nicht so offensichtlich sind jedoch deren methodologische Voraussetzungen und Folgerungen. Wodurch, so fragen wir, erklärt sich jene Tendenz, die wir hier provisorisch als Hang zur Lyrisierung bezeichnen wollen? Inwiefern widerspiegelt sie eine zentrale Problematik des *new criticism*?

Obwohl der Hang zur Lyrisierung keineswegs auf die Literaturkritik beschränkt bleibt (im Roman selbst reicht diese Tendenz von Virginia Woolf und Joyce über Faulkner, Thomas Wolfe bis Lawrence Durrell, Robbe-Grillet und Nabokov), steht die Erscheinung in engem Zusam-

---

[10] *Critiques and Essays on Modern Fiction*, p. 66.
[11] Ibid.

menhang mit den von uns bereits dargelegten methodischen Bestrebungen des *new criticism*. In dem Maße, wie die objektiven Maßstäbe der
Wirklichkeit als Bezugspunkt des Kritikers entfallen, bleibt ihm nur
noch das Material der Sprache als gültiges Bezugssystem. Dieses bietet
indessen nur vermeintlich „autonome" Strukturen, die in Wirklichkeit
auf den privaten oder assoziativen Abstraktionen des gestaltenden oder
interpretierenden Subjekts beruhen. Im Roman sind nun aber dem Abstraktionsdrang Grenzen gesetzt. Sowohl der schaffende Künstler als
auch der deutende Kritiker kann die Objektivität des Stoffes und die
dem Stoff zugrunde liegenden Raum- und Zeit-Kategorien nicht ohne
weiteres durch assoziative oder subjektiv-abstrahierende Strukturen ersetzen. Um diese aber dennoch zu sichern, beruft sich die Neue Kritik
eben auf die Lyrik, in der eine Autonomie der Form — scheinbar —
möglich ist, weil dort die Sprache eine mehr expressive und nicht so
stark denotative Funktion zu erfüllen hat.

Der entscheidende — vom *new criticism* verwischte — Gegensatz zwischen lyrischen und epischen Strukturprinzipien wird von Christopher
Caudwell in zugespitzter, aber deutlicher Weise so bestimmt:

"The poem and the story both use sounds which awake images of outer reality
and affective reverberations; but in poetry the affective reverberations are
organized by the structure of the language, while in the novel they are organized
by the structure of the outer reality portrayed." [12]

Caudwell versteht unter "the structure of the language" natürlich kein
formales oder gar autonomes Ordnungsprinzip. Es sind die Neuen
Kritiker, die es in ein solches verwandeln *und dann auf den Roman
übertragen*. Wie sehr dadurch das Strukturgesetz des Romans verzerrt
wird, wird deutlich, wenn wir die gänzlich andere Funktion der Sprache
im Roman erkennen. Caudwell hat auch diese herausgearbeitet:

"in the novel", so schreibt er, "the emotional associations attach not to the
words but to the moving current of mock reality symbolized by the words.
That is why rhythm, 'preciousness', and style are alien to the novel; why the
novel translates so well; why novels are not composed of words. They are
composed of scenes, actions, *stuff*, people ... A 'jewelled' style is a disadvan-
tage to the novel because it distracts the eye from the things and people to the
words ..." [13]

Angesichts dieser einleuchtenden Bestimmung erscheint das vom *new
criticism* auch im Roman postulierte *pattern* ("arising from the spatial

---

[12] *Illusion and Reality: A Study of the Sources of Poetry*, London 1955
(repr.), p. 242.
[13] Ibid., p. 200.

interweaving of images and phrases") als ein gewaltsam errichtetes Gitter, hinter dem die Eigenart und Größe der Erzählkunst verschlossen bleiben. Gerade die spezifische Leistung des Genre wird dadurch negiert: die Möglichkeit, den Menschen nicht nur — wie die Lyrik — in seinen Empfindungen und nicht nur — wie das Drama — in seinen Handlungen und Konflikten, sondern in der Vielfalt seiner sich wandelnden Beziehungen zu gestalten.

Der von uns zunächst mit dem Begriff „Lyrisierung" gekennzeichnete Prozeß ist also weit mehr als nur eine Verquickung der Gattungen. Es zeigt sich, daß die „Lyrisierung" der Prosa die Sprachstruktur des Werkes (bzw. die Maßstäbe zu deren Beurteilung) folgenreich abwandelt. Die Sprache wird nicht so sehr ein *poetisches*, als vielmehr ein *autarkes* Formelement, das alle höheren Kompositions- und Ordnungsfunktionen des Romans usurpiert. Im Vordergrund stehen nicht mehr "actions, *stuff*, people", sondern das Wort, das sich selbst Inhalt und Gesetz ist. Maßstab auch der neuen *Roman*kritik ist eben nicht das künstlerisch überhöhte Leben und die poetische Transmutation der Wirklichkeit, nicht die Aussage und das Urteil über die Realität, sondern die Sprache. Die Sprache gestaltet sich selbst — nach immanenten Gesetzen und unabhängig von Handlung, Charakter und den hinter ihnen stehenden materiellen und psychischen Wirklichkeiten. Martini hat diese Tendenz am Beispiel von Gottfried Benns Prosa eindeutig dargelegt:

„Dieser Akt der Schöpfung geht vom einzelnen Wort aus, das der Konventionalität des Satzes entzogen wird. In der Bedeutungsgeladenheit des Wortes gelingt der Sprache als Dichtung ihre Aufgabe, die autonome Welt, die von ihr gemeint ist, zu schaffen. Sie generalisiert zu Fundamentalformen, statt die empirisch-konkrete Wirklichkeit abzubilden. ... Diese Entwicklung führt zum äußersten Wagnis des sich selbst als Inhalt setzenden Wortes, zur experimentellen Esoterik und Subjektivität des Sprechens, zum scheinbar improvisierten, in Wahrheit streng durchgefeilten und auf seine Wirkungen berechneten Aphorismus, zur alogischen Kette der Assoziationen, zur Einheit von Erkenntnis und Dichtung, Kritik und Lyrik, Begriff und Musik."[14]

Hier ist das neukritische Programm in seiner konesquentesten Form — samt der charakteristischen Apologetik, die dem Leser in nachgestellter Apposition offeriert wird. (Welche *Erkenntnis*, welche *Kritik*, welche *Begriffe* können aus dem „Wagnis des sich selbst als Inhalt setzenden Wortes" überhaupt folgern?) Diese Prosa meint eine „autonome Welt", die mit dem Bestand des Romans unvereinbar ist: „das Wort als Ausdruck, Faszination und Form ist sich selbst zum Ziel geworden"[15].

---

[14] *Das Wagnis der Sprache*, S. 468—470.
[15] Ibid., S. 468.

Eine Kritik, die unter „der Bedeutungsgeladenheit des Wortes" nur
das „sich selbst zum Ziel geworden(e)" Sprachmaterial begreift, ist in
ihren Motiven suspekt. Es entsteht der fatale Eindruck, als finde sie am
Ende eine Art Selbstbestätigung „im blendenden Arrangement, im Fragment, im Verlöschen der Substanz zugunsten der Expression, ... in der
oft zitierten Leidenschaft zu ‚Welle und Spiel', zur Artistik der autonomen Form" [16]. Ungeachtet aller brillanten und oft analytisch treff-
sicheren Beobachtungen steht diese Kritik auf dem Niveau ihres Gegenstandes. Schon deshalb vermag sie nicht die gesellschaftliche Funktion
und Problematik ihres Gegenstandes zu beleuchten.

Der im modernen bürgerlichen Roman bemerkbare und von den
Neuen Kritikern gefeierte „Rausch der Zusammenhangsentfernung"
(Gottfried Benn [17]) endet mit dem Verlust jener Kategorie, die wir als
das Herzstück und den Lebensnerv des Romans bezeichnen möchten:
die Zeitgestaltung. Stärker noch als im Drama ist hier die "spatialization
of form" [18] auf die Austreibung der Zeitlichkeit gemünzt. Franks "struggle toward spatial form" richtet sich ausdrücklich gegen die zeitliche
Dimension des Romans: "it is impossible to approach this simultaneity
of perception except by breaking up temporal sequence" [19]. Eben diese
Tendenz führt zu dem im *new criticism* so beliebten System von "references and crossreferences which relate to one another independently
of the time-sequence of the narrative" [20]. In diesem Sinne betrachtet
Frank vor allem Prousts Werk als "a monument to his personal conquest of time"; die von ihm entwickelte Erzählmethode wird verstanden
als "a method which, in T. S. Eliot's phrase, is an 'objective correlative'
to the visionary apprehension of the fragment of 'pure time' intuited
in the revelatory moment" [21]. Der Terminus "pure time" ist aber nur
ein Synonym für Zeitlosigkeit: "But 'pure time', obviously, is not time
at all — it is perception in a moment of time, that is to say, space." [22]

Daß der Verlust der zeitlichen Dimension die Zerstörung der spezifisch erzählerischen Leistungen, nämlich die Darstellung von zeitlichen
Prozessen, Entwicklungen, Wandlungen, Veränderungen usw. gefährdet, haben wir bereits angedeutet. Es ist dies eine Erkenntnis, die auch
von bürgerlichen Literaturhistorikern erkannt wurde. Günther Müller

---

[16] Ibid., S. 470.
[17] Zit. ibid., S. 471.
[18] *Critiques and Essays on Modern Fiction*, p. 44.
[19] Ibid., p. 43.
[20] Ibid., p. 44.
[21] Ibid., pp. 48 f.
[22] Ibid., p. 50.

z. B. formuliert mit großer Deutlichkeit: „In der echten Erzählung dagegen handelt es sich gerade um das Geschehen *als* zeitlich, um die erfüllte, vom Ereignis gezeitigte und das Ereignis zeitigende Zeit, um die Zeitlichkeit des Lebens. . . . Es gilt fast: je mehr Zeitlichkeit des Lebens, desto reinere Epik." [23] Wenn wir auch zögern, den Begriff der „reinen Epik" für den Roman als kategorial bindend zu betrachten, so ist doch der Nachdruck auf das Zeitelement des Erzählens völlig berechtigt. Der Romancier stellt nicht nur — wie Horst Oppel bemerkt — „den Menschen in seine Vergangenheit hinein" [24]; er gestaltet eine sich immerfort wandelnde und also geschichtlich werdende Wirklichkeit: "his field is coextensive with history . . . The novelist cannot now restrict his field to a small area into which history does not intrude." [25] Dies gilt, seit bereits die industrielle Revolution unaufhaltsame Kräfte in Bewegung setzte; es gilt vor allem aber für unsere Epoche, in der die sozialistische Oktoberrevolution und die siegreiche koloniale Befreiungsbewegung die Wandelbarkeit der Welt vor unseren Augen dokumentieren.

Angesichts des so offensichtlich zeitlichen Charakters des Erzählens in einer sich rasch verändernden Welt drängt sich die Frage nach den Gründen und Hintergründen der Entzeitlichung auf. Bei der Beantwortung dieser Frage können wir uns nicht mit einem Hinweis auf den Formalismus der Neuen Kritik begnügen, welche nicht erkennen kann oder nicht erkennen will, „in welcher Weise das Zeitgerüst eine Gliederung des gesamten Inhalts und Gehalts ist, ja nur als Gliederung von Inhalten und Gehalten vorkommt" [26]. Der neukritische Formalismus steht zweifellos der Erörterung eines so gehaltreichen Strukturelements im Wege, bietet jedoch weder die einzige noch die wichtigste Erklärung. Wir werden der Bedeutung des Problems eher gerecht, wenn wir von der zeitlichen Grundlage des Romans ausgehen: von der Handlung, der *story.* "The basis of a novel", so sagt E. M. Forster, "is a story, and a story is a narrative of events arranged in time sequence." [27] Die Romanhandlung beruht auf der zeitlichen Abfolge von Begebenheiten; sie überhöht, verknüpft und deutet also notwendig *Wandlungen* materiellen, geistigen oder psychischen Charakters. Caudwell hat dies auf eine knappe Formel gebracht: er definiert *stories* als "images of men's chang-

---

[23] *Die Bedeutung der Zeit in der Erzählkunst*, S. 9 f. G. Müller hat mehrfach „Über das Zeitgerüst des Erzählens" (*DVj*, Bd. 24, 1950, S. 1–31) gehandelt: er hat dabei „das funktionale Verhältnis von Erzählzeit und erzählter Zeit in seiner gestaltbildenden Kraft faßbar zu machen" (S. 22 f.) versucht.

[24] *Die Kunst des Erzählens im englischen Roman des 19. Jahrhunderts*, S. 10.

[25] A. Comfort, *The Novel and our Time*, London 1948, pp. 21 f.

[26] Müller, „Über das Zeitgerüst des Erzählens", S. 31.

[27] *Aspects of the Novel*, London 1953 (repr.), p. 31.

ing lives organized in time" [28]. Voraussetzung einer Romanhandlung ist also die Organisation, das meint: die abläufige Verknüpfung von sich wandelnden materiellen, geistigen usw. Gegebenheiten im Zusammenhang mit den sich gleichzeitig verändernden Beziehungen dieser materiellen, geistigen usw. Gegebenheiten.

Diese — hier nur stark schematisch skizzierten — zeitlichen Grundlagen der Erzählhandlung lassen bereits hinreichend erkennen, daß die Leugnung der Zeitlichkeit des Romans — wie auch des Dramas — viel mehr ist als nur eine formalistische Einseitigkeit. Kritiker wie Wilson Knight, Heilman, Frank und deren Schüler beweisen dadurch, daß sie — ebenso wie die sogenannten Avantgardisten — nicht in der Lage sind, die Ereignisse, Begebenheiten und Veränderungen unserer Zeit in eine *für den Menschen sinnvolle* Rangordnung und Verknüpfung zu bringen. Es ist der Zweifel an der Erkennbarkeit und am Sinngehalt dieser Veränderungen, der zu "the breaking up of temporal sequence" führt und die Fähigkeit zu sinnvoller Verknüpfung — sei es in Schöpfung oder Interpretation — zerstört. Die Not inmitten eines unbewältigten Chaos wird nun in eine künstlerische (oder ästhetisch-kritische) Tugend verfälscht. Der „Rausch der Zusammenhangsentfernung" bezeugt jetzt nicht die Hilflosigkeit des bürgerlichen Intellektuellen, sondern dessen avantgardistische Subtilität und Modernität. All die Mittel und Möglichkeiten der Entzeitlichung des Kunstwerks werden gelobt, auch wenn sie zur Zerstörung der Grundlage der Erzählkunst führen. Das Interesse der Kritiker für die „räumliche" Form läßt sich in diesem Sinne als "a means of escape from the time dimension" [29] verstehen.

Hinter dieser ästhetischen Negation der Zeit in der Erzählkunst steht die ideologische Negation einer *sich wandelnden* Wirklichkeit, die Negation der Geschichtlichkeit unserer Welt. Es ist dies „das zeitgenössische Experiment, der Geschichtlichkeit des menschlichen Wesens durch Entzeitlichung des Romans entrinnen zu wollen" [30]. Eine Furcht geht um, eine Furcht vor der Zeit, vor der Zukunft. Bewußt oder unbewußt sehnen sich all die Fürsprecher der Entzeitlichung der Kunst nach einer Sicherheit jenseits der Zeitlichkeit, wie sie Proust seinem Romanhelden verschafft hatte: "Situated outside the scope of time, what could he fear from the future?" [31]

---

[28] A. a. O., p. 186.

[29] D. Daiches, *The Novel and the Modern World*, Chicago 1939, p. 23. Daiches bezieht dies lediglich auf "the stream of consciousness technique".

[30] I. Zangerle, „Perspektiven des zeitgenössischen Romans", in *Zeit und Stunde* (Festschrift für Ludwig von Ficker), hg. von I. Zangerle, Salzburg 1955, S. 137.

[31] Vgl. *Critiques and Essays on Modern Fiction*, p. 47.

Die bürgerliche Flucht vor der Geschichtlichkeit ist im Grunde die Flucht des Menschen vor sich selbst, vor der Gegenwärtigkeit seiner gesellschaftlichen Wirklichkeit, vor den in der Vergangenheit gewachsenen und jetzt verleugneten oder widerrufenen Beziehungen zur Realität und zur Gemeinschaft. „Das Ich verliert die Bindungen und Fundamente, es wird sich selbst ein diskontinuierliches Schemen und es tritt aus der natürlichen Verbindung mit einem Du heraus. Es verliert die Beziehung zu den Gegenständen und zu seinen Erlebnissen; seine Relationen zum Leben werden fragwürdig." [32] Der aus dieser Entfremdung folgernde gesellschaftliche Substanzverlust unterhöhlt die Grundlagen der Darstellung des Menschen in seinen Beziehungen und Wandlungen. Fritz Martini hat diesen Prozeß zusammenfassend in einer gleichsam selbstkritischen Analyse dargestellt, die ein ausführliches Zitat rechtfertigt:

„mit dieser Entleerung des Inhaltlichen zum Sinnlosen, die eine Äußerung des allgemeinen Substanzverlustes im Augenblick des Zeitendes ist, hängt die Abstraktion zusammen, die Benns Stil bestimmt und ihn zum Anspruch auf die absolute Form als autonome Bewegung von Spannungen und Rhythmus führt. Wenn, wie es hier mit rückhaltloser Konsequenz geschieht, alle Ordnungen und Begrenzungen durch Raum und Zeit, Kausalität und Psychologie aufgegeben werden, dann mußten auch alle jene Erzählformen fallen, die von ihrem Perspektivismus her bestimmt und auf ihre getreue Reproduktion gerichtet wurden. ... Wenn das dichterische Sprechen nur noch eine Abwehr der Wirklichkeit ist, muß sich diese Tendenz des Verhüllens, des Sich-Abschließens auch auf die Sprache selbst übertragen; sie muß selbst, wie es hier geschieht, auf das Sich-Verbergen im Rätselhaften, schwer Verständlichen aus sein. Auch die Sprache gibt ihre klassische Funktion auf, die im Mitteilen, Verdeutlichen liegt. Sie entfremdet sich in das Esoterische und Hieroglyphische." [33]

Dies faßt das Grundproblem noch einmal zusammen. „Wenn das dichterische Sprechen nur noch eine Abwehr der Wirklichkeit ist", so richtet es sich nicht nur gegen die Kunst der Prosa, sondern gegen das Leben und die Wirklichkeit selbst als Schaffensgrund des Künstlers und als Bezugspunkt des Kritikers. Kunst und Kritik bedürfen der Wirklichkeitsbezogenheit. Solange der Interpretationsgegenstand mit den Schleiern der Abstraktion und Entzeitlichung verhüllt wird, bleibt die literarische Auslegung eine Form der Apologie.

---

[32] Martini, a. a. O., S. 474.
[33] Ibid., S. 473.

VII. „Erzähler", Rhetorik und Gesellschaft

In den letzten Jahren ist die formale Sicht auf die Erzählperspektive im Roman in zunehmendem Maße der Kritik unterworfen worden, und sie erscheint besonders dann immer unzulänglicher, wenn die Literatur im größeren Zusammenhang mit der Geschichte der Gesellschaft und dem ganzen *fait littéraire* (R. Escarpit) gesehen wird. So wies die praktische und theoretische Kritik des Romans nach, daß die Untersuchung der Erzählstruktur letzten Endes nicht recht befriedigen kann, wenn dabei das weitergreifende Moment außer acht gelassen wird, welches (nach den Worten Wayne C. Booths) ein wesentliches Moment der „Rhetorik" des Romans ist, das heißt des Kommunikationsprozesses zwischen Autor und Leser. Obwohl man nun Booth gern zustimmen möchte, wenn er den neukritischen Gedanken der *affective* und *intentional fallacy* zurückweist, scheint es doch fragwürdig, ob er sich von Anbeginn der Tatsache genügend bewußt war, daß das Moment der ‚Rhetorik' im Roman nicht nur den notwendigen Kommunikationsakt berührt, in welchem der Autor dem Leser eine fiktive Wirklichkeit mitteilt. Sie schließt, wenn auch auf indirekte Weise, jenen umfassenden Zusammenhang zwischen Literatur und Gesellschaft ein, der sich sowohl in der spezifischen Gestaltung der Erzählstruktur als auch in ihren gesellschaftlichen Korrelaten im Prozeß der Entstehung und der Aufnahme der Literatur verwirklicht.

In diesem Zusammenhang ist die Zulänglichkeit des ‚rhetorischen' Herangehens an die Erzählperspektive im Roman in Frage zu stellen. Dabei ist das Problem Literatur, Leser und Gesellschaft jedoch nicht einfach auf einer soziologischen Ebene anzusetzen, auf der die Gesellschaft nur vom Aspekt des Stoffes (seiner Abbildung oder Widerspiegelung im Kunstwerk) betrachtet wird. Stattdessen sind Literatur und Gesellschaft in einer Wechselbeziehung zu sehen, und zwar dergestalt, daß Literatur ein Teil der Gesellschaft ist, daß literarische Werte *gesellschaftliche Werte* sind und daß gesellschaftliche Werte, wenn es kulturelle Werte sein sollen, letzten Endes auch die schöpferische Phantasie und das Erzählen von Geschichten umschließen. Während des Erzählakts steht der Erzähler nicht nur einer Reihe von technischen Problemen gegenüber, sondern einer Welt voller Kämpfe und gesellschaftlichen Veränderungen, wo der Künstler die Totalität der Welt für sein Schaffen nicht mehr als selbstverständlich in Anspruch nehmen kann. In diesem Sinne reflektiert der Künstler nicht lediglich die Gesellschaft, in der er lebt:

Seine subjektive Erfahrung steht in einer solchen Beziehung zum gesellschaftlichen Ganzen, daß die Flexibilität, die Gefährdung oder die Sicherheit dieser Beziehung selbst die Grundlage ist, auf der vermittels des *point of view,* Phantasie und Wertung im Rahmen der dargestellten Welt künstlerisch wirksam werden.

Um die Bedeutung dieser Erkenntnis für die Untersuchung der Erzählperspektive zu erfassen, können die üblichen und noch weit verbreiteten Definitionen des *point of view* nicht ausreichen. Sobald man beginnt, die diesem Begriff zugrunde liegenden Auffassungen oder auch nur seine Definition zu untersuchen, ist man betroffen von dem Ausmaß der Verwirrung und zügellosen Zweideutigkeit, die angesichts eines so lebhaft erörterten Problems der Neuen Kritik in vieler Hinsicht eigenartig und überraschend ist. Zweifelsohne wurden die meisten der in den dreißiger, vierziger und fünfziger Jahren formulierten Definitionen zum *point of view* von Percy Lubbocks bekanntem Ausspruch hergeleitet: "The whole intricate question of method, in the craft of fiction, I take to be governed by the question of the point of view – the question of the relation in which the narrator stands to the story." [1] Diese Definition hat schon lange in den Lehr- und Wörterbüchern Eingang gefunden. Als Beispiel sei hier nur J. T. Shipleys *Dictionary of World Literature: Criticism, Forms, Technique* (rev. ed. 1953) erwähnt, wo Lubbocks Formulierung recht deutlich anklingt; auch dort ist der *point of view* "the relation in which the narrator stands to the story, considered by many critics to govern the method and character of the work" [2].

Aber wer ist mit dem „Erzähler" in diesen Definitionen gemeint? In einigen von ihnen ist es ganz gewiß nicht der Autor. Vor dem Hintergrund des New Criticism hätte das eigentlich auch verständlich sein müssen (und war es auch oft). Mark Schorer betrachtete jedoch in seinem wiederholt in Sammelbänden publizierten Essay *Technique as Discovery* den *point of view* als „das einzige Mittel, seinen künstlerischen Gegenstand zu entdecken, zu erforschen und zu entwickeln". Aber was war nun aus „dem Verhältnis, in dem der Erzähler zum *Erzählten* steht" ("the relation in which the narrator stands to *the story*"), geworden? Wenn Schorers Auffassung vom *point of view* als eine „thematische Definition" sehr wenig mit Romanhandlung, Charakter, Verkettung und Entwicklung zu tun hat, muß sie natürlich auch die Konzeption des *point of view* reduzieren, und zwar im Sinne einer „Einengung oder Erweiterung der Perspektive gegenüber dem Stoff" ("narrowing or broadening

---

[1] *The Craft of Fiction,* p. 251.
[2] A. a. O., p. 3.

of perspective upon the material") [3]. Das aber war eine Perspektive des Stoffes, der außerhalb des ‚autonom‘ existierenden Kunstwerks stand.

Insgesamt gesehen, ließ die neukritische Definition von dem „Verhältnis des Erzählers zum Erzählten" keinen Platz für ein so offenkundig untechnisches Verhältnis wie das des Schriftstellers zur Gesellschaft, in der er einfach als menschliches und zugleich geschichtliches Wesen lebte. In diesem Sinne hielt man den Begriff ‚Erzähler‘ wohl für ein technisches oder fiktives Medium, so daß das ‚Verhältnis des Erzählers zum Erzählten‘ etwa im Verhältnis Zeitblooms zur Handlung des *Doktor Faustus* gesehen wurde. Was aber geschah mit der Beziehung Thomas Manns zu seiner Zeit und zum Stoff — eine Beziehung, die so völlig in die Aussage des Romans, also auch des *point of view*, hineingearbeitet wurde? Auf diese Frage gab es kaum eine klare Antwort, aber das volle Ausmaß der ihr zugrunde liegenden Zweideutigkeit trat zutage, als Wellek und Warren in *Theory of Literature* „das zentrale Problem der Erzählmethode" ("the central problem of narrative method") als "the relation of the author to his work" [4] definierten. Der Begriff ‚Autor‘ mußte sich hier (notwendigerweise) auf ein geschichtliches Wesen beziehen; „sein Werk" aber war und blieb — nach René Welleks Auffassung — "a stratified structure of signs and meanings which is totally distinct from the mental processes of the author at the time of composition and hence of the influences which may have formed this mind" [5]. Die daraus hervorgehende Beziehung, die angebliche Grundlage des *point of view*, umschließt eine vollkommene Beziehungslosigkeit von Form und Geschichte, angesichts derer die tatsächliche Verbindung zwischen Gesellschaft und Perspektive kaum in eine bedeutungsvolle Wechselbeziehung mit dem Erzählten und dem Erzählermedium gebracht werden kann.

Diese korrelative Funktion des *point of view* wurde zugleich auch von der deutschen Stilkritik ignoriert, obwohl es hier, zum Beispiel in Wolfgang Kaysers *Das sprachliche Kunstwerk*, zumindest Andeutungen gab, daß die Erzählperspektive eine zweidimensionale Erscheinung sei und daß sie sowohl in der wirklichen als auch in der fiktiven Welt des Kunstwerks existiert. So wurde der Ausdruck „Perspektive" (obwohl er niemals ausreichend definiert wurde) entweder im fiktiven Sinne eines „optischen Standpunkt[s]" *oder* als eine „Manifestation des Stil-

---

[3] Mark Schorer, a. a. O., pp. 67 ff.

[4] *Theory of Literature*, p. 231 (Hervorhebungen von mir, R. W.).

[5] René Wellek, *Concepts of Criticism*, ed. by S. G. Nichols, Jr., New Haven/London 1963, p. 293.

willen" [6] verwendet, welcher ohne Verbindung mit der historischen Wirklichkeit des Schriftstellers und seiner Gesellschaft offensichtlich undenkbar war. Dieser zweiseitige Aspekt kam sehr deutlich in einem amerikanischen Werk zum Ausdruck, in welchem man sich dieser „beiden verschiedenden Verbindungen" der Erzählperspektive in besonderem Maße bewußt war. Cleanth Brooks and R. P. Warren stellten in *Understanding Fiction* fest, daß der Begriff *point of view*

"is used in two different connections. First, it is used in connection with the basic attitude or idea of the author and second, it is used in connection with the method of narration. In the first meaning, one refers, for instance, to the author's ironical point of view, or his detached point of view, or his sympathetic point of view, or the like. Or one might say that a certain piece of fiction embodies a Christian point of view. In the second meaning, one refers to the mind through which the material of the story is presented – first person, first-person observer, author-observer, and omniscient author. Confusion will be avoided if the use of the term *point of view* be restricted to the first meaning, and if the term Focus of Narration be used for the second meaning." [7]

Diese Unterscheidung ist gewiß nützlich, jedoch muß eine solche rein deskriptive Bestimmung die entscheidende Tatsache ignorieren, daß diese beiden Aspekte der Erzählperspektive trotz ihrer Verschiedenheit auch eine Einheit bilden. Die historisch-materialistische Literaturwissenschaft, die den größeren Zusammenhang zwischen Geschichte und Ästhetik, Entstehung und Struktur herstellen will, wird ihre dankbarste Aufgabe gerade in der Aufdeckung der entsprechenden Kreuzungspunkte und Verbindungen dieser beiden Aspekte finden. Denn wenn „die Grundeinstellung ... des Autors" und „die Erzählmethode" in irgendeiner Beziehung zueinander stehen, dann muß die Literaturkritik den Grad und den Charakter dieser Beziehung untersuchen, um sowohl die historischen als auch die strukturellen Elemente jeder gegebenen Erzählperspektive zu erkennen. Man wird gewiß nicht immer ihre vollkommene Einheit vorfinden, aber in einem diese Komponenten vollständig integrierenden Kunstwerk haben sich das Historische und das Schöne, die Funktion und die Struktur zu unwiederbringlicher Einheit verbunden, und die Spannungen und Wechselbeziehungen innerhalb dieser Einheit bilden die eigentliche Dialektik und erzählerische Methode der Darstellung und Deutung der Wirklichkeit.

Während der Erzählerstandpunkt erst durch die ihm entsprechende

---

[6] *Das sprachliche Kunstwerk*, S. 209 ff.

[7] Cleanth Brooks/R. P. Warren, *Understanding Fiction*, New York 1943, p. 607.

Form einen Sinn erhält, so ist der erzähltechnische *point of view* oder Erzählwinkel nur in dem Maße bedeutsam, wie er den Inhalt zu realisieren hilft. Im Lichte dieses funktionalen Zusammenhangs kann der erzählerische *focus* oder Erzählwinkel vom Grundthema des Romans und von dem, was er in symbolischer, metaphorischer und allgemeiner Weise über die Wirklichkeit mitzuteilen beabsichtigt, niemals völlig gesondert betrachtet werden. In ihrer wechselseitigen Beziehung werden der wirkliche und der fiktive *point of view* kaum einmal zusammenfallen; hier bleibt genügend Raum für alle Widersprüche, zum Beispiel für ironische, satirische, humoristische oder andere, so daß bei oberflächlicher Betrachtung der fiktive *point of view* oder das Erzählermedium (etwa der Blickwinkel von Moll Flanders, Jonathan Wild oder Felix Krull) vom Standpunkt des Autors unendlich weit entfernt zu sein scheint. Aber gerade aus diesem Widerspruch zwischen der fiktiven Stellung von Flanders, Wild und Krull und der tatsächlichen Perspektive Defoes, Fieldings und Manns schöpft die umfassendere Erzählperspektive ihre Form und ihren Inhalt. Der Versuch, diese Perspektive auf das Verhältnis des Erzählers zum *Erzählten* (und nicht auch zur Wirklichkeit, der das Rohmaterial für seine Geschichte letzten Endes entnommen wird) einzuschränken, wäre genauso einseitig, als wenn man Jonathan Wild oder Felix Krull isoliert vom Kunstwerk als Ganzem sähe, in dessen Rahmen der jeweilige (satirische, ironische usw.) Blickwinkel erst sinnvoll und funktionsbestimmt wird.

Die Notwendigkeit eines umfassenderen, historisch-strukturellen Bezugssystems ist viele Jahre lang übersehen worden, weil man die Normen und Erscheinungsformen der ,szenischen' Darstellung und der naturalistischen ,Objektivität' bedingungslos und weithin unbewußt akzeptierte. Die Verwendung des Begriffs *point of view* (bei Norman Friedman und anderen Kritikern) als bloßen *"modus operandi* for distinguishing the possible degrees of authorial extinction in the narrative art"[8], also als Maßstab des Abbaus auktorialer Bezüge in der Erzählkunst, wird nolens volens zu einer Voreingenommenheit der Kritiker für lediglich *einen* Typ des Erzählens führen. In Wirklichkeit wird damit (stillschweigend) dem wachsenden Widerstreben des bürgerlichen Schriftstellers Rechnung getragen, der der Rhetorik seiner Kommunikation sowie der Verantwortung für seine ganze erzählperspektivische Haltung gegenüber der Gesellschaft nicht mehr gerecht wird. Genau diese Tendenz entspricht den Auffassungen des New Criticism, der die Diskussion zum Problem der Erzählmethode beständig einengte, indem er den *point*

---

[8] Friedman, a. a. O., p. 1163 (vgl. dazu oben, Abschnitt V).

of view fast ausschließlich als eine autonome erzähltechnische Strategie innerhalb des Kunstwerks betrachtete.

Wenn man auf diese Entwicklungsphase der Romankritik zurückschaut, kann man erkennen, inwieweit bürgerliche Kritiker in den letzten fünfzehn Jahren die Entstellungen der *autonomous fallacy* gelindert haben, ohne jedoch die Ungereimtheit des Formalismus so recht zu überwinden. Als Kritiker wie Mark Spilka (oder Philip Rahv in *The Kenyon Review* schon im Frühjahr 1956) die Notwendigkeit einer nichtformalistischen Lösung des Problems empfanden, begannen sie, für eine Neueinschätzung des Autor-Erzählers als Grundlage einer fruchtbaren Interpretation des Romanstils einzutreten. Aber "The Necessary Stylist", der ausdrücklich zu dem Zweck entworfen wurde, um das Fehlen des „Autors" durch eine „neue kritische Terminologie" auszugleichen, wurde beinahe als ein notwendiges Übel betrachtet ("If we can connect the author *formally* with his works, rather than historically . . ." [9]).

Das war immer noch die Logik des Formalismus. Davon ist auch der fundierteste neuere Beitrag zur Romantheorie keineswegs frei, obwohl sich hier, wie der Titel von Wayne C. Booths Werk über *The Rhetoric of Fiction* schon andeutet, der Blickpunkt des Interesses erstaunlich verschoben hat und einige grundlegende Aspekte der Erzählkommunikation nicht mehr ignoriert werden. Der „implizierte Autor" ("implied author") wird jetzt neu begriffen als eine umfassende Instanz der Norm und Auswahl ("The core of norms and choices"), als eine „wählende und wertende Person" (a "choosing, evaluating person" [10]). Die grundlegenden Probleme der Erzählmethode erscheinen jetzt als ein Ergebnis seines Versuchs, „dem Leser bewußt oder unbewußt seine erdichtete Welt aufzudrängen" ("consciously or unconsciously, to impose his fictional world upon the reader"). Dies ist weit entfernt von dem formalistischen Gespenst der "affective fallacy": Auch das Dogma von der strikten Autonomie des Kunstwerks im Sinne einer "stratified structure of signs" wird arg zerstört, wenn Booth unumwunden feststellt, daß trotz einiger Verhüllungen des Autors „sein Urteil immer gegenwärtig ist" ("the author's judgement is always present"). Aber „das Urteil des Autors" (so möchte man meinen) wird entscheidend von historischen, sozialen und individuellen Momenten beeinflußt, und ohne sie können der Charakter und die Funktionen seiner perspektivischen Einstellungen kaum kritisch betrachtet werden. In Booths Werk werden jedoch diese

---

[9] Mark Spilka, "The Necessary Stylist: A New Critical Revision", in: *Modern Fiction Studies*, 6. Jg. (1960/61), S. 225.

[10] Wayne C. Booth, *The Rhetoric of Fiction*, Chicago 1961, p. 74.

„sozialen und psychologischen Kräfte, die auf Autoren und Leser wirken" ("social and psychological forces that affect authors and readers"),
zugunsten der „engeren Frage nach der Vereinbarkeit von Rhetorik und
Kunst" ("the narrower question of whether rhetoric is compatible with
art" [11]) expressis verbis übergangen.

Diese Frage scheint nicht nur eingeengt zu sein, ihre Voraussetzungen
sind sogar höchst anfechtbar. Unabhängig von der Tatsache, daß die
Beziehungen des Autors zu seinen Lesern nicht allein rhetorischen Kategorien subsumiert werden können, werden schon durch die ganze Fragestellung unbegrenzte Zugeständnisse an das neukritische Dogma der
Autonomie des Kunstwerks gemacht. Booths Rhetorikkonzeption spiegelt das Klima der sechziger Jahre wider, als es immer noch ratsam
schien, den von Booth als "Impurity of Great Literature" [12] bezeich-
neten Gedanken vorsichtig in die Diskussion der Puristen einzuschmug-
geln. Mit diesem Vorgehen hatte Booth natürlich einen großen Erfolg,
aber ironischerweise mußte ihn der Gebrauch formalistischer Terminologie schließlich dazu führen, daß er sich auch in die Widersprüche des
Formalismus verwickelte. Ist es denn überhaupt möglich, ohne ‚Rhetorik‘, das heißt ohne Rücksicht auf Kommunikation, zu erzählen? Die
mehrfach suggerierte Auffassung, daß die Rhetorik etwas ‚Unreines‘
darstelle, ist (trotz Booths gegenteiliger Versicherung) eine deutliche
Konzession an den alten sterilen Gegensatz zwischen ‚bloßem‘ rhetorischen Erzählen und kunstvoller szenischer Darstellung. So liegt eine
gewisse Zweideutigkeit in der Ironie seines Protests gegen die „Säube-
rung" der Prosadichtung „von der rhetorischen Unreinheit" ("cleaning
out the rhetorical impurities from the house of fiction"). In diesem
Sinne glaubt Booth feststellen zu müssen: "If the most admired literature
is in fact radically contaminated with rhetoric, we must surely be led
to ask whether the rhetoric itself may not have something to do with
our admiration." [13]

Diese Schlußfolgerung mag vielleicht in die richtige Richtung weisen,
aber die Argumentation erscheint nach wie vor problematisch. Wenn
man uns wiederholt versichert, daß „sogar die größte Literatur gerade
für ihre Größe ‚unreine Elemente‘ benötigt" ("even the greatest literature depends on 'impurities' for its greatness"), dann stimmt etwas nicht
mit diesem ganzen Bezugssystem. Die Kunst des Romans wird nicht
durch ‚Rhetorik‘ *verunreinigt*, denn die erzählerische Kommunikation
ist ja ein Mittel der erzählerischen *Struktur*. Die (angeblich) „unreine"

---

[11] ibid., Vorwort.
[12] ibid., S. 98–109.
[13] ibid., S. 98 ff.

Welt kann der (angeblich) „reinen" Struktur nicht entgegengestellt werden. Ebensowenig kann man schließlich den historischen Erzählerstandpunkt vom erzähltechnischen *point of view* trennen. In dem Maße, wie sich beide in den größeren historisch-systematischen Dimensionen der Erzählperspektive aufeinander beziehen, stehen auch die gesellschaftliche Funktion des Erzählens und die Technik des erzählerischen *point of view* in einer Wechselwirkung. Diese Wechselwirkung und diese Integration beider Aspekte werden künstlerisch durch die umfassende Erzählperspektive verwirklicht. Ihre Wechselwirkung und Integration *sind* ja selbst ein wesentliches Moment des künstlerischen Schaffensprozesses. Als solche sind sie überhaupt nur so weit von Bedeutung, wie sie in ihrem Wechselverhältnis verwirklicht und auf diese Weise durch die Kunst der Erzählperspektive objektiviert werden.

Erst in diesem Zusammenhang wird die Frage nach der ‚Rhetorik' des Erzählers wirklich ergiebig. Ist das innere Wechselverhältnis zwischen erzählerischer Kommunikation und erzählerischer Struktur einmal erkannt, wird auch der rhetorische Aspekt der Erzählperspektive weder überschätzt noch — wie man hoffen sollte — unterschätzt in seinem bildenden Beitrag zur Vermittlung künstlerischer Erkenntnis und eines ästhetischen Bewußtseins, das dem Menschen hilft, seine Stellung und sein Tätigsein in der Gesellschaft zu begreifen und zu kontrollieren. „Rhetorik" allein reicht nicht aus, einfach weil Kommunikation per se kein Kriterium für ihren Wert enthält.

Die Frage, die schließlich gestellt werden muß, ist weder rein rhetorischer noch bloß typologischer Art. Sowohl die verschiedenen Typen des Erzählens, der *point of view* eines Ich-, Er-, allwissenden Erzählers usw., als auch ihre Realisierung in der erzählerischen Kommunikation müssen letztlich funktional, also auch in ihrem historisch-gesellschaftlichen Zusammenhang gesehen werden. Sie können von der Literaturkritik nur danach beurteilt werden, wie es ihnen gelingt, eine Ganzheit poetischer Perzeption künstlerisch so wiederzugeben, daß die Abbildung und Wertung der gegenwärtigen Wirklichkeit ihre eigene Zukunft hervorbringen.

Diese Ganzheit der Perzeption darf nicht im Sinne der Hegelschen Auffassung von der epischen Totalität verstanden werden, die Georg Lukács in recht dogmatischer Weise als ein Kriterium des Realismus aufgestellt hat. Epische Totalität und die Maßstäbe des bürgerlichen Romans aus dem 19. Jahrhundert mögen einmal ganz vortrefflich gewesen sein, aber die sehnsüchtige Faszination am Vergangenen ist in jedem Fall nur ein schwacher Impuls für lebendige Kritik. Es stimmt natürlich, daß die frühen modernen Romanschriftsteller, wie zum Beispiel Cervantes und Fielding, aber auch Balzac und Tolstoi, das Problem der Erzählperspektive leichter bewältigt haben; die Beziehungen zwischen wirklichem Autor und fiktivem *point of view* war direkter und selbstverständlicher, die subjektive Erfahrung des Schriftstellers war viel deutlicher ein Teil des objektiven gesellschaftlichen Ganzen, das er als Schriftsteller erforschen und über das er erzählen wollte. Deshalb war die Methode seiner Darstellung organischer mit den Mitteln der Wertung verbunden, denn das weite Spektrum der Auswahl des Autor-Erzählers entsprach seiner Freiheit und (relativen) Sicherheit, mit der er vermittels der Charaktere, Episoden und des direkten oder stilisierten Kommentars seine Wertungen gesellschaftlicher Wirklichkeiten vornahm. In der Erzählstruktur des 18. und 19. Jahrhunderts standen das erzählte Ereignis und die erzählerische Charaktergestaltung selbst noch viel wirksamer im Dienste einer bestimmten erzählperspektivischen Einstellung zur Wirklichkeit. Deshalb konnten die wirkliche Welt des Erzählers und die erdichtete Welt seiner Werke, der historische und der fiktive *point of view* in eine so bedeutungsvolle (wenn auch manchmal etwas aufgeblähte oder vage) Wechselbeziehung gebracht werden. Eben *daraus* ging in den großen realistischen Romanen der Vergangenheit eine bemerkenswerte Einheit von objektiver Darstellung und subjektiver Wertung hervor.

Aber in unserer Welt internationaler Klassenkämpfe, wachsender technischer und bildungsmäßiger Spezialisierung und eines stetig zunehmenden Informations- und Kommunikationsflusses kann der Romancier nicht mehr nach dem Kriterium der erzählerischen ‚Ganzheit‘ eines Cervantes oder Fielding beurteilt werden. Einerseits ist es heute weitaus schwieriger, den umfassenden Charakter und die abstrakte Natur der gesellschaftlichen Prozesse durch die sinnfälligen Medien von Handlung und Charakter darzustellen. Andererseits gewinnt aber gerade heute die dem Schriftsteller gemäße Ganzheit der Perzeption, also sein Realismus, eine verstärkte Funktion in seinem Schaffen. Hier steht die entscheidende gesellschaftliche Funktion des Romans auf dem Spiel. Es ist eine Funktion, welche die marxistische Literaturkritik (die jede Apologie der Entfremdung zurückweist, in welcher Form sie auch immer erscheint) als ein bedeutsames Wertkriterium betrachten wird. Das wahre Kunstwerk, so sagte Goethe, entspricht der menschlichen Einheit von Denken und Fühlen, der ganzen Natur des Menschen. Sein Verständnis der Welt ist nicht nur logischer und abstrakter Natur; es führt — wie Marx einmal bemerkte — zu einer „praktisch-geistigen Aneignung dieser Welt" [14].

Wenn es also für den Schriftsteller schwierig oder gar unmöglich ge-

---

[14] Karl Marx und Friedrich Engels: *Werke*, Berlin 1961, Bd. 13, S. 633.

worden ist, ein umfassendes Panorama vom Ganzen der Gesellschaft zu
gestalten, kann er immer noch zu einer Auffassung vom Menschen und
von der Gesellschaft gelangen, durch die er eine in höherem Maße funk-
tionsreiche Ganzheit des Menschen in der Gesellschaft poetisch wahrnehmen und ausdrücken kann. Wenn der Mensch, der so lange ein
bloßes Objekt der Geschichte war, die Hoffnung hegt, jemals ihr Subjekt zu werden, kann er im Roman nicht die Suche nach den Maßstäben
von Abbildung und Wertung aufgeben, die — im weitesten Sinne des
Wortes — Maßstäbe des *Realismus* sind, einfach weil sie ihm helfen,
seine reale Stellung und das Wesen seines Handelns in der Gesellschaft
zu begreifen. Das Spektrum der Auswahl des Schriftstellers mag vielleicht nicht mehr so breit sein (wie bei Fielding und Balzac), aber dieser
kann durch die *perspektivische* Verknüpfung von Abbildung und Wertung ein ‚rhetorisch‘ gesichertes Moment der Integration von Kunst und
Leben, Künstler und Gesellschaft erlangen. Wenn der *point of view*
heute mehr sein soll als die Strategie eines Ich- oder Er-Erzählers, dann
muß er die perspektivische Wechselbeziehung dieser beiden grundlegenden Funktionen einschließen. Diese sind jeweils Teile der spezifischen
„praktisch-geistigen" Leistung der Kunst: Die *eine* (die Abbildung)
bringt den Roman mit dem objektiven Charakter der Wirklichkeit, wie
sie ist, in Beziehung; die *andere* (die Wertung) mit dem gesellschaftlichen und subjektiven Wesen des Betrachters und seiner Weltanschauung, wie sie (sei sie nun kritisch, hoffnungsvoll, ironisch usw.) in der
Phantasie erfaßt und gestaltet wird. Aber im Prozeß der Integration
dieser beiden grundlegenden Funktionen werden Struktur und Rhetorik
unteilbar.

Ihre Einheit, die niemals frei von Widersprüchen ist, umgreift die ver-
gangene Leistung des Autors und das gegenwärtige Bemühen seiner
Leser, und zwar sowohl im Sinne des *lecteur* und des *destinataire* (wie
es Manfred Naumann [15] differenziert hat). Erst in diesem unaufhörlichen
historischen Wandlungsprozeß ästhetischer Bezüge müssen die haupt-
sächliche Leistung und Funktion der Erzählperspektive gesehen werden:
Sie trägt dazu bei, eine Wechselbeziehung zwischen der Welt und dem
Ich (des Autors und des Lesers) zu stiften, indem sie als Korrelation und
Medium zwischen Abbild und Wertung, als integrierendes Moment im
Ensemble von erzählerischem Typus und erzählerischer Kommunikation
wirkt. Eben weil die Erzählperspektive ein Mittel zur Herstellung dieser
Korrelation ist (die einen Widerspruch niemals ausschließt), darf sie

---

[15] Vgl. Manfred Naumann, „Autor—Adressat—Leser", in: *Weimarer Beiträge*,
17. Jg. (1971), H. 11, S. 163—169.

nicht als eine immanente oder technische Erfindung oder Strategie betrachtet werden, sondern als innerster Ausdruck der vom Schriftsteller
gehandhabten Methode und seiner Bemühungen, die Welt zu verstehen
und sie wahrer und wahrhaft menschlich zu gestalten.

Literaturverzeichnis [1]

Abercrombie, L.: A Plea for the Liberty of Interpreting, in: Aspects of Shakespeare. Being British Academy Lectures. Ed. by I. W. Mackail, Oxford 1933, pp. 227—254.

Abrams, M. H.: The Mirror and the Lamp. Romantic Theory and the Critical Tradition, New York 1953.

Addison, J.: On the Pleasures of the Imagination, in: Spectator 1712, Nos. 411 bis 421, Everyman Edition, vol. 3, pp. 276—309.

Aldridge, J. W. (ed.): Critiques and Essays on Modern Fiction: 1920—1951. Selected by J. W. Aldridge. With a Foreword by Mark Schorer, New York 1952.

Allott, K. (ed.): The Penguin Book of Contemporary Verse. Ed. by K. Allott, Harmondsworth 1950.

Annan, N.: Revulsion to the Right, in: The Political Quarterly, vol. 26 (1955), pp. 211—219.

Armstrong, E. A.: Shakespeare's Imagination. A Study of the Psychology of Association and Inspiration, London 1946.

Arnavon, C.: Les Nouveaux Conservateurs Américains, in: Etudes Anglaises, Bd. 9 (1956), S. 97—121.

Babbitt, I.: The New Laokoon. An Essay on the Confusion of the Arts, Boston/ New York 1910.

Babbitt, I.: The Masters of Modern French Criticism, London 1913.

Babbitt, I.: Rousseau and Romanticism, Boston/New York 1919.

Bagehot, W.: Literary Studies, Everyman Edition, 2 vols., London 1932 (repr.).

Baldwin, T. W.: William Shakspear's Small Latine and Lesse Greeke, 2 vols., Urbana, Ill., 1944.

Ballard, E. G.: Art and Analysis. An Essay toward a Theory in Aesthetics, The Hague 1957.

Bate, W. J.: The Sympathetic Imagination in 18th Century English Criticism, in: ELH, vol. 12 (1945), pp. 144—164.

Bate, W. J.: From Classic to Romantic. Premises of Taste in Eighteenth-Century England, Cambridge, Mass., 1946.

---

[1] Das Literaturverzeichnis umfaßt nur die in der Arbeit benutzten und dort bereits aufgeführten Titel. Bibliographische Hinweise zu den einzelnen Kritikern, Schwerpunkten und Spezialgebieten enthalten bereits die Fußnoten der entsprechenden Abschnitte. Aus diesem Grunde ist die Anordnung des Gesamtverzeichnisses strikt alphabetisch. Eine Liste der Abkürzungen und Hinweise zur Wiedergabe der Zitate findet sich auf Seite 325.

Baum, G.: Humor und Satire in der bürgerlichen Ästhetik. Zur Kritik ihres apologetischen Charakters, Berlin 1959.

Beer, E.: T. S. Eliot und der Antiliberalismus des 20. Jahrhunderts („Wiener Beiträge zur engl. Philologie", Bd. 61), Wien 1953.

Benda, O.: Der gegenwärtige Stand der deutschen Literaturwissenschaft, Wien/ Leipzig 1928.

Bergson, H.: Schöpferische Entwicklung, übers. von G. Kantorowicz, Jena 1921.

Bertram, E.: Nietzsche. Versuch einer Mythologie, 6. Aufl., Berlin 1922.

Besenbruch, W.: Zum Problem des Typischen in der Kunst. Versuch über den Zusammenhang der Grundkategorien der Ästhetik, Weimar 1956.

Bethell, S. L.: Essays on Literary Criticism and the English Tradition, London 1948.

Bethell, S. L.: Shakespeare's Imagery. The Diabolic Images in "Othello", in: Shakespeare Survey 5 (1952), pp. 62–80.

Blake, W.: The Complete Writings of William Blake. Ed. by G. Keynes, London 1957.

Boeschenstein, H.: Irving Babbitt, amerikanischer Humanist und Kulturkritiker („Sprache und Kultur der germ. und rom. Völker", Reihe B, Bd. 29), Breslau 1938.

Booth, W. C.: The Rhetoric of Fiction, Chicago 1961.

Bowra, C. M.: The Romantic Imagination, London 1950.

Bradbrook, M. C.: Dramatic Role as Social Image. A Study of "The Taming of the Shrew", in: Shakespeare-Jahrb., Bd. 94 (1958), S. 132–150.

Bradbury, J. M.: The Fugitives. A Critical Account, Chapel Hill 1958.

Bradley, A. C.: Shakespearean Tragedy. Lectures on Hamlet, Othello, King Lear, Macbeth, 2nd ed., London 1918.

Bröker, F.: T. E. Hulme und die Kunsttheorie Wilhelm Worringers, Diss. Köln 1955 (Masch.).

Brombert, V. H.: The Criticism of T. S. Eliot. Problems of an 'Impersonal Theory' of Poetry, New Haven 1949.

Bronowski, J.: William Blake. A Man Without a Mask (Penguin edition), Harmondsworth 1954.

Brooks, C.: Modern Poetry and the Tradition, London 1947.

Brooks, C.: The Well Wrought Urn. Studies in the Structure of Poetry ("Harvest Book"), New York (1959).

Brooks, C. and *Heilman, R. B.:* Understanding Drama, New York 1945.

Brooks, C. and *Warren, R. P.:* Understanding Fiction, New York 1943.

Brown, C. A. (ed.): The Achievement of American Criticism. Representative Selections from Three Hundred Years of American Criticism. Selected by C. A. Brown. With a Foreword by H. H. Clark, New York 1954.

Brown, S. J.: The World of Imagery. Metaphor and Kindred Imagery, London 1927.

Brumm, U.: Der neue Symbolismus in Amerika, in: Neue Deutsche Hefte, Jg. 5 (1958/59), S. 244–250.

Brutjan, G. A.: Die Erkenntnistheorie der Allgemeinen Semantik, Jerewan 1959 (russisch).

Buckley, V.: Poetry and Morality. Studies in the Criticism of Matthew Arnold, T. S. Eliot and F. R. Leavis, London 1959.

Burow, A. J.: Das ästhetische Wesen der Kunst, übers. von U. Kuhirt, Berlin 1958.

Bush, D.: The New Criticism. Some Old-Fashioned Queries, in: PMLA, vol. 64 (1949), Supplement Part 2, pp. 13–21.

Campbell, O. J.: Shakespeare and the 'New' Critics, in: Joseph Quincy Adams Memorial Studies, Washington 1948, pp. 81–96.

Carr, R. K.: National Security and Individual Freedom, in: Yale Review, vol. 42 (1952/53), pp. 496–512.

Caudwell, C.: Illusion and Reality. A Study of the Sources of Poetry, London 1955 (repr.).

Chamberlain, H. S.: Die Grundlagen des Neunzehnten Jahrhunderts, 2 Bde., 4. Aufl., München 1903.

Charney, M. M.: The Dramatic Use of Imagery in Shakespeare's "Coriolanus", in: ELH, vol. 23 (1956), pp. 183–193.

Christopeit, W. et al. (ed.): Zeitgenössische amerikanische Dichtung. Eine Einführung in die amerikanische Literaturbetrachtung mit Texten und Interpretationen. Hg. von W. Hüllen, W. Rossi, W. Christopeit.

Claude, H.: Wohin steuert der amerikanische Imperialismus (Übers. ungenannt), Berlin 1952.

Clemen, W.: Shakespeares Bilder. Ihre Entwicklung und ihre Funktionen im dramatischen Werk („Bonner Studien zur engl. Philologie", Bd. 27), Bonn 1936.

Clemen, W.: The Development of Shakespeare's Imagery, London 1951.

Clemen, W.: Neue Wege der Shakespeare-Interpretation, in: Shakespeare-Jahrbuch, Bd. 87/88 (1951/52), S. 61–68.

Closs, A.: New Criticism: Kunstwerk, Dichter, Gesellschaft in der angelsächsischen Literaturkritik der Gegenwart, in: NSpr, N. F. (1955), S. 389–394.

Coleridge, S. T.: Biographia Literaria. Ed. by J. Shawcross, 2 vols., Oxford 1907.

Coleridge, S. T.: Coleridge's Shakespearean Criticism. Ed. by T. M. Raysor, 2 vols., London 1930.

Comfort, A.: The Novel and our Time, London 1948.

Conklin, F. S.: A History of "Hamlet" Criticism: 1601–1821, London 1957.

Coombes, H.: Literature and Criticism, London 1953.

Cornforth, M.: Wissenschaft contra Idealismus. Eine Untersuchung des „reinen Empirismus" und der modernen Logik. Mit einem Vorwort von C. F. Alexandrow (Übers. ungenannt), Berlin 1953.

Cowan, L.: The Fugitive Group. A Literary History, Baton Rouge 1959.

Cowley, M.: The Literary Situation: 1953, in: Perspectives, No. 5, Autumn 1953.

Crane, R. S. (ed.): Critics and Criticism. Ancient and Modern. Ed. with an Introduction by R. S. Crane, Chicago 1952.

Crane, R. S.: The Languages of Criticism and the Structure of Poetry ("The Alexander Lectures"), Univ. of Toronto Press 1953.

Curtius, E. R.: T. S. Eliot als Kritiker, in: Die Literatur, 32. Jg., Oktober 1929, S. 11–15.

Curtius, E. R.: Europäische Literatur und Lateinisches Mittelalter, Bern 1948.

Daiches, D.: The Novel and the Modern World, Chicago 1939.

Daiches, D.: Poetry and the Modern World, Chicago 1940.

Daiches, D.: Critical Approaches to Literature, London 1956.

Daiches, D.: The Present Age: After 1920 ("Introductions to English Literature", vol. 5), London 1958.

Daniells, J. R.: T. S. Eliot and his Relation to T. E. Hulme, in: Univ. of Toronto Quarterly, vol. 2 (1932/33), pp. 380–396.

Davis, R. G.: The New Criticism and the Democratic Tradition, in: The American Scholar, vol. 19 (1949/50), pp. 9–19.

Day Lewis, C.: The Poetic Image, London 1947.

Dementjew, A. G. u. a. (ed.): Gegen die bürgerlichen Konzeptionen und den Revisionismus in der ausländischen Literaturwissenschaft. Hg. von A. G. Dementjew, A. I. Pusikow und J. E. Elsberg, Moskau 1959 (russ.).

Dobrée, B.: English Literature in the Early Eighteenth Century: 1700–1740, Oxford 1959.

Dobroljubow, N. A.: Aus den ästhetischen Schriften, hg. von G. Dudek („Studienmaterial", Reihe 2, H. 3).

Doran, M.: Endeavors of Art. A Study of Form in Elizabethan Drama, Madison 1954.

Dorfles, G.: Communication and Symbol in the Work of Art, in: JAAC, vol. 15 (1956/57), pp. 289–297.

Drucker, P. F.: The Liberal Discovers Big Business, in: Yale Review, vol. 42 (1952/53), pp. 529–536.

Dryden, J.: Essays of John Dryden. Selected and ed. by W. P. Ker, 2 vols., Oxford 1926 (repr.).

Duncan, J. E.: The Revival of Metaphysical Poetry. The History of a Style, 1800 to the Present, Minneapolis 1959.

Dyson, A. E.: Dr. Leavis and the Universities, in: The Times Educational Supplement vom 19. 8. 1960, p. 215.

Dyson, A. E.: Editorial, in: The Critical Quarterly, vol. 2 (1960), pp. 3 f.

Ebisch, W. and Schücking, L. L.: A Shakespeare Bibliography, Oxford 1931.

Edel, L.: The Literary Convictions of Henry James, in: Modern Fiction Studies, vol. 3 (1957/58), pp. 3–10.

Ehrl, Ch.: Sprachstil und Charakter bei Shakespeare („Schriftenreihe der dt. Shakespeare-Gesellschaft", N. F., Bd. 6), Heidelberg 1957.

Eliot, T. S.: Selected Essays: 1917–1932, London 1932.

Eliot, T. S.: The Use of Poetry and the Use of Criticism, London 1933.

Eliot, T. S.: After Strange Gods, London 1934.

Eliot, T. S.: Essays Ancient and Modern, London 1936.

Eliot, T. S.: Selected Essays, new ed., New York 1950 (diese Ausgabe nur im 1. u. 2. Teil zit.).

Eliot, T. S.: The Sacred Wood. Essays on Poetry and Criticism, London 1953 (repr.).

Eliot, T. S.: The Frontiers of Criticism, in: The Sewanee Review, vol. 64 (1956), pp. 525–543.

Eliot, T. S.: On Poetry and Poets, London 1957.

Elliott, G. R.: Dramatic Providence in "Macbeth". A Study of Shakespeare's Tragic Theme of Humanity and Grace, Princeton 1958.

Ellis-Fermor, U.: Some Recent Research in Shakespeare's Imagery, London 1937.

Ellis-Fermor, U.: English and American Shakespeare-Studies: 1937–1952, in: Anglia, Bd. 71 (1952), S. 1–49.

Ellis-Fermor, U.: The Jacobean Drama, 3rd ed., London 1953.

Elsberg, J.: Die reaktionären Konzeptionen des Existentialismus in der ausländischen Literatur, Ästhetik und Literaturwissenschaft, in: Kunst und Literatur, Jg. 7 (1959), H. 6, S. 584–592.

Elton, W.: A Guide to the New Criticism, Chicago 1953 (repr.).

Empson, W.: Some Versions of Pastoral, London 1935.

Empson, W.: Seven Types of Ambiguity. A Study of its Effects in English Verse, rev. ed., London 1947.

Empson, W.: The Structure of Complex Words, London 1951.

Empson, W.: Milton's God, London 1961.

Erlich, V.: Russian Formalism: History – Doctrine. With a preface by R. Wellek, The Hague 1955.

Ertle, M.: Englische Literaturgeschichtsschreibung, Ästhetik und Psychologie in ihren Beziehungen. Ein Beitrag zur Methodik der englischen Literaturwissenschaft, Berlin (Diss.) 1936.

Esch, A.: T. S. Eliot als Literaturkritiker, in: Sprache und Literatur Englands und Amerikas, Bd. 2, hg. von C. A. Weber, Tübingen 1956, S. 103–120.

Eucken, R.: Die Lebensanschauungen der großen Denker, 5. Aufl., Leipzig 1904.

Eucken, R.: Erkennen und Leben, Leipzig 1912.

Fehr, B.: Typologische Literaturbetrachtung, in: Englische Studien, Bd. 64 (1929), S. 475–481.

Fehr, B.: Das Shakespeare-Erlebnis der englischen Romantik, in: Shakespeare-Jahrbuch, Bd. 65 (1929), S. 8–22.

Fehrman, C.: The Study of Shakespeare's Imagery, in: Moderna Språk, vol. 51 (1957), pp. 7–20.

Feidelson, Ch., jr.: Symbolism and American Literature, Chicago 1953.

Feuillerat, A.: Scholarship and Literary Criticism, in: Yale Review, vol. 14 (1925), pp. 309–324.

Fishman, S.: The Disinherited of Art ("Perspectives in Criticism"), Berkeley and Los Angeles 1953.

Foakes, R. A.: Suggestions for a New Approach to Shakespeare's Imagery, in: Shakespeare Survey 5 (1952), pp. 81–92.

Foerster, N.: Toward Standards. A Study of the Present Critical Movement in American Letters, New York 1930 (repr.).

Fogle, R. H.: Romantic Bards and Metaphysical Reviewers, in: ELH, vol. 12 (1945), pp. 221–250.

Forster, E. M.: Aspects of the Novel, London 1953 (repr.).

Fox, R.: Der Roman und das Volk (Übers. ungenannt), Berlin 1953.

Frank, J.: Spatial Form in Modern Literature, in: The Sewanee Review, 3 Teile, vol. 53 (1945), pp. 221–240, 433–456, 643–653.

Frazer, R.: The Origin of the Term Image, in: ELH, vol. 27 (1960), pp. 149 bis 161.

Fried, V.: Die tschechoslowakische Anglistik, in: ZAA, Jg. 7 (1959), S. 190–200.

Friedemann, K.: Die Rolle des Erzählers in der Epik, Leipzig 1910.

Friedman, N.: Point of View in Fiction: The Development of a Critical Concept, in: PMLA, vol. 70 (1955), pp. 1160–1184.

Friedrich, H.: Das antiromantische Denken im modernen Frankreich, München 1935.

Gallup, D.: A Bibliographical Checklist of the Writings of T. S. Eliot, 2nd ed., New Haven 1952.

Garvin, P. L. (ed.): A Prague School Reader on Esthetics, Literary Structure and Style. Transl. and ed. by P. L. Garvin, Washington 1955.

Glicksberg, C. I. (ed.): American Literary Criticism: 1900–1950. Ed. by C. I. Glicksberg, New York 1951.

Goethe, J. W. von: Goethes Sämtliche Werke („Jubiläumsausgabe"), 40 Bde., Stuttgart/Berlin 1902–1912.

Haeckel, H.: Das Problem von Wesen, Möglichkeiten und Grenzen des Verstehens für den Literaturhistoriker, in: DVj, Bd. 27 (1953), S. 431–447.

Häusermann, H. W.: Studien zur Englischen Literaturkritik: 1910–1930 („Kölner Anglistische Arbeiten", Bd. 34), Bochum 1935.

Halliday, F. E.: Shakespeare and his Critics, London 1949.

Hamburger, K.: Das Epische Präteritum, in: DVj, Bd. 27 (1953), S. 329–357.

Hamburger, K.: Die Zeitlosigkeit der Dichtung, in: DVj, Bd. 29 (1955), S. 413 bis 426.

Hamburger, K.: Die Logik der Dichtung, Stuttgart 1957.

Hansen, K.: Wege und Ziele des Strukturalismus, in: ZAA, Jg. 6 (1958), S. 341–381.

Hastings, W. T.: The New Critics of Shakespeare, in: The Shakespeare Quarterly, vol. 1 (1950), pp. 165–176.

Hazlitt, W.: The Complete Works. Ed. by P. P. Howe, 21 vols., London 1930.

Hegel, G. W. F.: Ästhetik. Hg. von F. Bassenge, Berlin 1955.

Heidegger, M.: Der Ursprung des Kunstwerks, in: Holzwege, Frankfurt a. M. 1950, S. 7–68.

Heilman, R. B.: This Great Stage. Image and Structure in "King Lear", Louisiana Univ. Press 1948.

Heilman, R. B.: Magic in the Web. Action and Language in "Othello", Lexington, Ky., 1956.

Hermann, G.: Die französische Kritik an den modernen Formen der Romantik, Prag 1938.

Heselhaus, C.: Zur Methode der Strukturanalyse, in: Gestaltprobleme der Dichtung. Hg. von R. Alewyn, H.-E. Hass und C. Heselhaus, Bonn 1957, S. 259 bis 282.

Heyl, B. C.: New Bearings in Esthetics and Art Criticism. A Study in Semantics and Evaluation, New Haven 1943.

Höfler, O.: Die Anonymität des Nibelungenliedes, in: DVj, Bd. 29 (1955), S. 167–213.

Holloway, J.: The New and Newer Critics, in: Essays in Criticism, vol. 5 (1955), pp. 365–381.

Holman, C. H.: Criticism since 1930, in: The Development of American Literary Criticism. Ed. by F. Stovall, Chapel Hill 1955, pp. 199–245.

Hornstein, L. H.: Analysis of Imagery. A Critique of Literary Method, in: PMLA, vol. 57 (1942), pp. 638–653.

Horowitz, I. L.: The New Conservatism, in: Science & Society, vol. 20 (1956), pp. 1–26.

Hudson, W. H.: An Introduction to the Study of Literature, London 1910.

Hudson, W. H.: A Quiet Corner in a Library, London o. J. (1915).

Hughes, H. S.: Consciousness and Society. The Reorientation of European Social Thought, London 1959.

Hulme, T. E.: Speculations. Essays on Humanism and the Philosophy of Art. Ed. by H. Read, London/New York 1924.

Hyman, S. E.: The Armed Vision. A Study in the Methods of Modern Literary Criticism, New York 1952 (repr.).

Hyman, S. E. (ed.): The Critical Performance. An Anthology of American and British Literary Criticism of our Century. Ed. by S. E. Hyman, New York 1956.

James, H.: The Art of the Novel. Critical Prefaces. Ed. with an introduction by R. P. Blackmur, New York 1934.

James, W.: Pragmatism. A new name for some old ways of thinking. Popular lectures on philosophy, London 1912 (repr.).

Jarrett-Kerr, M.: The Literary Criticism of F. R. Leavis, in: Essays in Criticism, vol. 2 (1952), pp. 351–368.

Jaspers, K.: Philosophie, Bd. 2: Existenzerhellung, Berlin 1932.

Johnson, S.: Lives of the English Poets. Ed. by G. Birkbeck Hill, 3 vols., Oxford 1905.

Jones, A. R.: The Life and Opinions of T. E. Hulme, London 1960.

Jones, E. D. (ed.): English Critical Essays (Nineteenth Century). Selected and ed. by E. D. Jones ("The World's Classics", vol. 206), Oxford 1950 (repr.).

Jones, J.: The Egotistical Sublime. A History of Wordsworth's Imagination, London 1954.

Joseph, M.: Shakespeare's Use of the Arts of Language, New York 1947.

Kayser, W.: Das sprachliche Kunstwerk. Eine Einführung in die Literaturwissenschaft, 2. erg. Aufl., Bern 1951.

Kayser, W.: Entstehung und Krise des modernen Romans, 2. Aufl., Stuttgart 1955.

Kazin, A.: On Native Grounds. An Interpretation of Modern American Prose Literature ("Overseas Editions"), New York 1942.

Keast, W. R.: Imagery and Meaning in the Interpretation of "King Lear", in: MP, vol. 47 (1949/50), pp. 45–64.

Kell, R.: Empsonium, in: The London Magazine, vol. 6 (1959), No. 10, pp. 55 f.

Kellett, E. E.: The Whirligig of Taste ("Hogarth Lectures", No. 8), London 1929.

Kesting, H.: Geschichtsphilosophie und Weltbürgerkrieg. Deutungen der Geschichte von der Französischen Revolution bis zum Ost-West-Konflikt, Heidelberg 1959.

Kettle, A.: An Introduction to the English Novel, 2 vols., London 1951/53.

Knight, G. W.: The Wheel of Fire, fourth rev. and enlarged edition, London 1959 (repr.).

Knight, G. W.: The Imperial Theme, 3rd ed., London 1951.

Knight, G. W.: The Shakespearian Tempest, 3rd ed., London 1953.

Knight, G. W.: The Crown of Life. Essays in Interpretation of Shakespeare's Final Plays, London 1947.

Knight, G. W.: The New Interpretation, in: Essays in Criticism, vol. 3 (1953), pp. 382—395.

Knight, G. W.: The Sovereign Flower. On Shakespeare as the Poet of Royalism. Together with related essays and indexes to earlier volumes, London 1958.

Knights, L. C.: How Many Children had Lady Macbeth?, in: Explorations. Essays in Criticism Mainly on the Literature of the Seventeenth Century, London 1946, pp. 1—39.

Koshinow, W.: Neutralität in der Literaturtheorie. Wolfgang Kaysers Abhandlung „Das sprachliche Kunstwerk", in: Kunst und Literatur, 7. Jg. (1959), H. 4, S. 378—394.

Krauss, W.: Literaturgeschichte als geschichtlicher Auftrag, in: Sinn und Form, Bd. 2 (1950), H. 4, S. 65—126.

Krieger, M.: The New Apologists for Poetry. Minneapolis 1956.

Lang, H. J.: Studien zur Entstehung der neueren amerikanischen Literaturkritik ("Britannica et Americana", Bd. 8), Hamburg 1961.

Lange, V.: Stand und Aufgaben der vergleichenden Literaturgeschichte in den USA, in: Forschungsprobleme der Vergleichenden Literaturgeschichte, hg. von Wais, S. 29—33.

Langer, S. K.: Philosophy in a New Key, Cambridge, Mass., 1942.

Langer, S. K.: Feeling and Form, New York 1953.

Langer, S. K.: Problems of Art. Ten Philosophical Lectures, New York 1957.

Lanson, G.: Quelques mots sur l'explication de textes, in: Methodes de l'histoire litteraire, Paris 1925, S. 38—57.

Lawlor, J.: On Historical Scholarship and the Interpretation of Shakespeare, in: The Sewanee Review, vol. 64 (1956), pp. 186—206.

Leander, F.: Humanism and Naturalism. A Comparative Study of Ernest Seillière, Irving Babbitt, and Paul Elmer More („Acta Universitatis Gotoburgensis", Bd. 43, H. 1), Göteborg 1937.

Leavis, F. R.: Mass Civilization and Minority Culture, Cambridge 1930.

Leavis, F. R.: Revaluation. Tradition and Development in English Poetry, London 1936.

Leavis, F. R.: The Common Pursuit, London 1952.

Leavis, F. R.: The Great Tradition. George Eliot, Henry James, Joseph Conrad, London 1955.

Leavis, F. R. and *Thompson, D.:* Culture and Environment, 6th impr., London 1950.

Legouis, E.: La réaction contre la critique romantique de Shakespeare, in: Essays and Studies, vol. 13 (1928), pp. 74–87.

Lenin, W. I.: Der Imperialismus als höchstes Stadium des Kapitalismus (Übers. ungenannt), Berlin 1951.

Lenin, W. I.: Über Leo Tolstoi. Acht Abhandlungen und Aufsätze, hg. und übers. von E. Nowack, Berlin 1953.

Lersch, P.: Lebensphilosophie der Gegenwart („Philosophische Forschungsberichte", H. 14), Berlin 1932.

Lessing, G. E.: Gesammelte Werke. Hg. von P. Rilla, 10 Bde., Berlin 1954/58.

Levin, H.: Criticism in Crisis, in: Comparative Literature, vol. 7 (1955), pp. 144–155.

Levin, H.: Symbolism and Fiction, Charlottesville 1956.

Lohner, E.: Die Theorien des "New Criticism", in: Neue Deutsche Hefte, 5. Jg. (1958/59), S. 25–37.

Lubbock, P.: The Craft of Fiction, New York 1957 (repr.).

Lucas, F. L.: The Decline and Fall of the Romantic Ideal, Cambridge 1936.

Lüdeke, H.: Shakespeare-Bibliographie für die Kriegsjahre 1939–1946 (England und Amerika), in: Archiv (1950), S. 25–36; (1951), S. 8–40.

Lüdeke, H.: Geschichte der amerikanischen Literatur („Sammlung Dalp", Bd. 37), Bern 1952.

Lukács, G.: Die Zerstörung der Vernunft, Berlin 1954.

Lunding, E.: Strömungen und Strebungen der modernen Literaturwissenschaft („Acta Jutlandica"), Univ. of Aarhus 1952.

Lytle, A. N.: The Image as Guide to Meaning in the Historical Novel, in: The Sewanee Review, vol. 61 (1953), pp. 408–426.

Mann, T.: Gesammelte Werke, 12 Bde., Aufbau-Verlag Berlin 1956.

Martini, F.: Das Wagnis der Sprache. Interpretationen deutscher Prosa von Nietzsche bis Benn, 2. Aufl., Stuttgart 1956.

Marx, K. und Engels, F.: Über Kunst und Literatur. Eine Sammlung aus ihren Schriften. Hg. von M. Lifschitz, Berlin 1952.

Marx, K. und Engels, F.: Werke, Bd. 1–39 und 2 Ergänzungs-Bde. Berlin 1957 bis 1968.

Matthiessen, F. O.: The Achievement of T. S. Eliot. An Essay on the Nature of Poetry, 3rd ed. ("Galaxy Book"), New York 1959.

Maurras, Ch.: L'Avenir de l'Intelligence, Neuaufl., Paris 1927.

Mende, G.: Studien über die Existenzphilosophie, Berlin 1956.

Millett, F. B.: Reading Fiction, New York 1950.

Moorman, C.: The Vocabulary of the New Criticism, in: American Quarterly, vol. 9 (1957), pp. 180–184.

Morgann, M.: An Essay on the Dramatic Character of Sir John Falstaff, London 1777.

Morozov, M. M.: The Individualization of Shakespeare's Characters Through Imagery, in: Shakespeare Survey 2 (1949), pp. 83–106.

Muir, E.: Essays on Literature and Society, London 1949.

Muir, K.: Fifty Years of Shakespearean Criticism, in: Shakespeare Survey 4 (1951), pp. 1–25.

Muir, K.: Changing Interpretations of Shakespeare, in: The Age of Shakespeare. Ed. by B. Ford, Harmondsworth 1956, pp. 282–301.

Müller, G.: Die Bedeutung der Zeit in der Erzählung, Bonn 1946.

Müller, G.: Über das Zeitgerüst des Erzählens, in: DVj, Bd. 24 (1950), S. 1–31.

Müller-Schwefe, G. (ed.): Die wissenschaftliche Erschließung der Prosa („Sprache und Literatur Englands und Amerikas", Bd. 3). Hg. von Müller-Schwefe, Tübingen 1959.

Murry, M.: Countries of the Mind: Essays in Literary Criticism, 2nd Series, London 1931.

Muschg, W.: Die Zerstörung der deutschen Literatur, Bern 1956.

Naumann, M.: Autor – Adressat – Leser, in: Weimarer Beiträge, Jg. 17 (1971), H. 11, S. 163–169.

Nedoschiwin, G. A.: Abhandlungen über die Theorie der Kunst, 2 Teile, redigiert von U. Kuhirt („Studienmaterial", H. 2/3, 1955).

Neubert, A.: Die Stilformen der 'Erlebten Rede' im neueren englischen Roman, Halle 1957.

Neumann, F. W.: Die formale Schule der russischen Literaturwissenschaft und die Entwicklung der russischen Literaturtheorien, in: DVj, Bd. 29 (1955), S. 99–121.

Nietzsche, F.: Vom Nutzen und Nachteil der Historie für das Leben („Kröners Taschenausgabe", Bd. 37), Leipzig (1933).

Nostrand, A. D. van (ed.): Literary Criticism in America. Ed. with an Introduction by A. D. van Nostrand, New York 1957.

Nott, K.: The Emperor's Clothes. An Attack on the Dogmatic Orthodoxy of T. S. Eliot, Graham Greene, Dorothy Sayers, C. S. Lewis and others. London 1953.

O'Connor, W. van: An Age of Criticism: 1900–1950 ("20th Century Literature in America"), Chicago 1952.

O'Connor, W. van (ed.): Forms of Modern Fiction. Essays collected in honor of J. W. Beach. Ed. by W. van O'Connor ("Midland Book"), Bloomington 1959.

O'Leary, J.: English Literary History and Bibliography, London 1928.

Olson, E.: William Empson. Contemporary Criticism and Poetic Diction, in: MP, vol. 47 (1949/50), pp. 222–252.

Ong, W. J.: The Meaning of the New Criticism, in: Twentieth Century English, ed. by W. S. Knickerbocker, New York 1946, pp. 344–370.

Oppel, H.: Die Kunst des Erzählens im englischen Roman des 19. Jahrhunderts, Bielefeld 1950.

Oppel, H.: Methodenlehre der Literaturwissenschaft, in: Deutsche Philologie im Aufriß, Bd. 1, Berlin/Bielefeld 1952, S. 39–78.

Oppel, H.: Zur Situation der Allgemeinen Literaturwissenschaft, in: NSpr, N. F., Jg. 1953, S. 4–14.

Oppel, H.: Stand und Aufgaben der deutschen Shakespeare-Forschung (1952 bis 1957), in: DVj, Bd. 32 (1958), S. 111–171.

Ortega y Gasset, J.: Gesammelte Werke, 4 Bde. (mehrere Übersetzer), Stuttgart 1954/56.

Osborne, H.: Aesthetics and Criticism, London 1955.

Oxenhandler, N.: Ontological Criticism in America and France, in: MLR, vol. 55 (1960), pp. 17–23.

Pater, W.: The Renaissance. Studies in Art and Poetry, London 1910 (repr.).

Pater, W.: Coleridge's Writings, in: English Critical Essays (Nineteenth Century), ed. by E. D. Jones, pp. 421–457.

Poenicke, K.: Robert Penn Warren: Kunstwerk und kritische Theorie („Beihefte zum Jahrbuch für Amerikastudien", Heft 4), Heidelberg 1959.

Pope, A.: The Poetical Works of Alexander Pope. Ed. by A. W. Ward, London 1911.

Poschmann, H.: Einbildungskraft contra Wissenschaft. Bemerkungen zu einem Buch von Emil Staiger, in: Weimarer Beiträge. Zeitschrift für deutsche Literaturgeschichte, Jg. 1959, H. 2, S. 224–236.

Pottle, F. A.: The New Critics and the Historical Method, in: Yale Review, vol. 43 (1953), pp. 14–23.

Pound, E.: Literary Essays of Ezra Pound. Ed. with an Introduction by T. S. Eliot, London 1954.

Rahv, P.: Fiction and the Criticism of Fiction, in: The Kenyon Review, vol. 18 (1956), pp. 276–299.

Rahv, P. (ed.): Literature in America. Selected and introduced by P. Rahv, New York 1957.

Rahv, P.: Criticism and Boredom, in: New Statesman, vol. 56 (1958), p. 310.

Raleigh, J. H.: The New Criticism as an Historical Phenomenon, in: Comparative Literature, vol. 11 (1959), pp. 21–28.

Raleigh, W.: Shakespeare ("English Men of Letters"), London 1907.

Raleigh, W.: Six Essays on Johnson, Oxford 1910.

Raleigh, W.: On Writing and Writers. Being Extracts from his Notebooks. Selected and ed. by G. Gordon, London 1926.

Ralli, A.: A History of Shakespearian Criticism, 2 vols., London 1932.

Ransom, J. C.: The World's Body, New York 1938.

Ransom, J. C.: The New Criticism, Norfolk, Conn., 1941.

Ransom, J. C.: Criticism as Pure Speculation, in: Literary Opinion in America. Ed. by M. D. Zabel, pp. 639–654.

Reimann, P.: Über realistische Kunstauffassung, Berlin 1952.

Richards, I. A.: Principles of Literary Criticism, London 1924.

Richards, I. A.: Practical Criticism. A Study of Literary Judgment, London 1948 (repr.).

Richards, I. A.: The Philosophy of Rhetoric, New York/London 1936.

Richardson, W.: Essays on some of Shakespeare's Dramatic Characters, 5th edition, London 1798.

Richter, H.: Geschichte der englischen Romantik, 2. Bd., 1. Teil, Halle 1916.

Rickert, H.: Kulturwissenschaft und Naturwissenschaft, 3. verb. Aufl., Tübingen 1915.

Rickert, H.: Die Philosophie des Lebens. Darstellung und Kritik der philosophischen Modeströmungen unserer Zeit, 2. Aufl., Tübingen 1922.

Riesman, D. (zus. mit R. Denney, N. Glazer): Die einsame Masse, übers. von R. Rausch („rowohlts deutsche enzyklopädie"), Hamburg 1958.

Rilla, P.: Literatur: Kritik und Polemik, Berlin 1950.

Rjurikow, J.: Der enge Pfad der Tropen und der breite Weg der Bilder, in: Kunst und Literatur, 8. Jg. (1960), H. 8, S. 784–802.

Robbins, R. H.: The T. S. Eliot Myth, New York 1951.

Robertson, J. G.: Studies in the Genesis of Romantic Theory in the Eighteenth Century, Cambridge 1923.

Robinson, H. S.: English Shakespearean Criticism in the Eighteenth Century, New York 1932.

Rodway, A. E. and *Roberts, M. A. M.:* Practical Criticism in Principle and Practice, in: Essays in Criticism, vol. 10 (1960), pp. 1–17.

Rodway, A. E. and *Salgado, G.:* The School of Knight, in: Essays in Criticism, vol. 4 (1954), pp. 212–217.

Rossiter, C.: Conservatism in America, New York 1955.

Rothacker, E.: Rückblick und Besinnung, in: DVj, Bd. 30 (1956), S. 145–156.

Saintsbury, G.: A History of Criticism and Literary Taste in Europe, 3 vols., London 1900/1904.

Salingar, L. G.: Coleridge: Poet and Philosopher, in: From Blake to Byron, ed. by B. Ford, Harmondsworth 1957, pp. 186–206.

Salz, A.: Der Imperialismus der Vereinigten Staaten, in: Archiv für Sozialwissenschaft und Sozialpolitik, Bd. 50 (1923), S. 565–616.

Schirmer, W. F.: Shakespeare und die Rhetorik, in: Kleine Schriften, Tübingen 1950, S. 83–108.

Schirmer, W. F.: Alte und neue Wege der Shakespeare-Kritik („Bonner Akademische Reden", N. F. 9), Bonn 1953.

Schlauch, M.: Modern English and American Poetry. Techniques and Ideologies, London 1956.

Schorer, M. et al. (ed.): Criticism. The Foundations of Modern Literary Judgment. Rev. edition, ed. by M. Schorer, J. Miles and G. Mckenzie, New York 1958.

Schubel, F.: Dichtwerk und Literaturgeschichte, in: Vetenskaps-Societatens I Lund, Arsbok 1950, S. 49–88.

Schücking, L. L.: Die Charakterprobleme bei Shakespeare. Eine Einführung in das Verständnis des Dramatikers, Leipzig 1919.

Schücking, L. L.: Shakespeare und der Tragödienstil seiner Zeit („Sammlung Dalp", Bd. 45), Bern 1947.

Schücking, L. L.: Der neue „Othello" (F. R. Leavis' Othello-Deutung), in: Studies in English Language and Literature. Presented to Prof. Dr. Karl Brunner. Ed. by S. Korninger („Wiener Beiträge zur engl. Philologie", Bd. 65), Wien/Stuttgart 1957, pp. 191–199.

Schwartz, D.: The Literary Dictatorship of T. S. Eliot, in: Literary Opinion in America, ed. by M. D. Zabel, pp. 573–587.

Seeley, J. R.: The Expansion of England, Tauchnitz edition, Leipzig o. J.

Seidler, H.: Dichterische Welt und epische Zeitgestaltung, in: DVj, Bd. 29 (1955), S. 390–413.

Sengle, F.: Zum Problem der modernen Dichterbiographie, in: DVj, Bd. 26 (1952), S. 100–111.

Shakespeare, W.: The Complete Works of William Shakespeare, ed. by W. J. Craig, Oxford o. J. ("The Oxford Shakespeare").

Shapiro, K.: In Defense of Ignorance, New York 1960 (repr.).

Shipley, J. T. (ed.): Dictionary of World Literature, rev. ed., New York 1953.

Sleight, R.: Dr. Empson's Complex Words, in: Essays in Criticism, vol. 2 (1952), pp. 325–337.

Smith, B.: Forces in American Criticism, New York 1939.

Smith, D. N.: Shakespeare in the Eighteenth Century, London 1928.

Smith, G. G. (ed.): Elizabethan Critical Essays. Ed. with an introduction by G. G. Smith, 2 vols., London 1950 (repr.).

Sola Pinto, V. de: Crisis in English Poetry: 1880–1940, London 1951.

Somervell, D. C.: Geistige Strömungen in England im 19. Jahrhundert, übers. von O. Funke („Sammlung Dalp", Bd. 9), Bern 1946.

Spengler, O.: Der Untergang des Abendlandes, 6. Aufl., München 1920.

Spilka, M.: The Necessary Stylist: A New Critical Revision, in: Modern Fiction Studies, Jg. 6 (1960/61), p. 225.

Spingarn, J. E. (ed.): Criticism in America. Its Function and Status (ohne Nennung des Hrsg.), New York 1924.

Spingarn, J. E.: The New Criticism, in: Criticism in America, pp. 11–43.

Spingarn, J. E.: Criticism in the United States, in: Criticism in America, pp. 287–307.

Spingarn, J. E.: (ed.): Critical Essays of the Seventeenth Century, ed. by J. E. Spingarn, 3 vols., London 1957 (repr.).

Spitzer, L.: The "Ode on a Grecian Urn", or Content vs. Metagrammar, in: Comp Lit, vol. 7 (1955), pp. 203–225.

Spitzer, L.: Marvell's "Nymph Complaining for the Death of her Faun": Sources versus Meaning, in: MLQ, vol. 19 (1958), pp. 231–243.

Spranger, E.: Der gegenwärtige Stand der Geisteswissenschaften und die Schule, 2. Aufl., Leipzig/Berlin 1925.

Spranger, E.: Lebensformen. Geisteswissenschaftliche Psychologie und Ethik der Persönlichkeit, 6. Aufl., Halle 1927.

Spurgeon, C.: Shakespeare's Iterative Imagery, in: Aspects of Shakespeare. Being British Academy Lectures, ed. by J. W. Mackail, Oxford 1933, pp. 255–286.

Spurgeon, C.: Shakespeare's Imagery and What It Tells Us, Cambridge 1935.

Stahr, G.: Zur Methodik der Shakespeare-Interpretation (Aus Anlaß von Schückings „Charakterproblemen"), Diss. Rostock 1925.

Staiger, E.: Die Zeit als Einbildungskraft des Dichters, 2. Aufl., Zürich 1953.

Staiger, E.: Die Kunst der Interpretation. Studien zur deutschen Literaturgeschichte, Zürich 1955.

Stallman, R. W. (ed.): Critiques and Essays in Criticism: 1920–1948. Representing the Achievement of Modern British and American Critics. Selected by R. W. Stallman. With a Foreword by Cleanth Brooks, New York 1949.

Stamm, R.: Englische Literatur („Wissenschaftliche Forschungsberichte", Bd. 11), Bern 1957.

Stauffer, D. A.: Shakespeare's World of Images. The Development of his Moral Ideas, New York 1949.

Stedtfeld, W.: Aspects of the "New Criticism", Diss. Freiburg 1956 (Masch.).

Stevens, C. L.: Major Trends in Post-war French Criticism, in: The French Review, vol. 30 (1956/57), pp. 218–224.

Stoll, E. E.: Shakespeare Studies. Historical and Comparative in Method, New York 1927.

Stoll, E. E.: Art and Artifice in Shakespeare. A Study in Dramatic Contrast and Illusion, Cambridge 1933.

Stoll, E. E.: An Othello all too Modern, in: ELH, vol. 13 (1946), pp. 46–58.

Stoll, E. E.: Symbolism in Shakespeare, in: MLR, vol. 42 (1947), pp. 9–23.

Stovall, F. (ed.): The Development of American Literary Criticism, Chapel Hill 1955.

Straumann, H.: Cross Currents in Contemporary American Criticism, in: ESts, vol. 35 (1954), pp. 4–10.

Straumann, H.: Between Literary Criticism and Semantics, in: ESts, vol. 36 (1955), pp. 254–262.

Sühnel, R.: Tendenzen der amerikanischen Literaturkritik im zwanzigsten Jahrhundert, in: Anglia, Bd. 75 (1957), S. 209–223.

Sühnel, R.: T. S. Eliots Stellung zum Humanismus, in: NSpr, N. F. (1959), S. 304–314.

Sutherland, J. R.: The English Critic, London 1952.

Sutton, W.: The Literary Image and the Reader. A Consideration of the Theory of Spatial Form, in: JAAC, vol. 16 (1957/58), pp. 112–123.

Tate, A.: On the Limits of Poetry, New York 1948.

Tate, A.: Techniques of Fiction, zit. wurde der Abdruck in: Critiques and Essays of Modern Fiction, ed. by J. W. Aldridge, pp. 31–42.

Thaler, A.: Shakespeare and Sir Philip Sidney. The Influence of "The Defence of Poesy", Cambridge, Mass., 1947.

Tillotson, G.: Criticism and the Nineteenth Century, London 1951.

Tillyard, E. M. W.: The Elizabethan World Picture, London 1943.

Tindall, W. Y.: The Literary Symbol, New York 1955.

Traversi, D. A.: An Approach to Shakespeare. Rev. and enl. edition, London/ Glasgow (1957).

Tuve, R.: Elizabethan and Metaphysical Imagery. Renaissance Poetic and Twentieth-Century Critics, Chicago 1947.

Utley, F. L.: Structural Linguistics and the Literary Critic, in: JAAC, vol. 18 (1959/60), pp. 319–328.

Viereck, P.: Conservatism. From John Adams to Churchill ("Anvil Book"), Princeton usw. 1956.

Vivas, E.: The Neo-Aristotelians of Chicago, in: The Sewanee Review, vol. 61 (1953), pp. 136–149.

Volkelt, J.: System der Ästhetik, 3 Bde., München 1904/14.

Voznesenski, A.: Die Methodologie der russischen Literaturforschung in den Jahren 1910–1925, in: Zeitschrift für slav. Philologie, Bd. 4 (1927), S. 145 bis 162, Bd. 5 (1929), S. 175–199.

Wais, K. (ed.): Forschungsprobleme der Vergleichenden Literaturgeschichte („Internationale Beiträge zur Tübinger Literaturhistoriker-Tagung"), hg. von K. Wais, Tübingen 1951.

Walker, H.: The English Essay and Essayists, London 1915.

Walsh, W.: Leavis's Truth of Resistance, in: New Statesman vom 26. 3. 1960, pp. 434 f.

Warren, A. and *Wellek, R.:* Theory of Literature, London 1955 (repr.).

Weber, C. A.: Die neuere Entwicklung der Literaturwissenschaft in der Anglistik, in: Sprache und Literatur Englands und Amerikas. Forschungsberichte und Einführung in die Gegenwartsströmungen. Hg. von C. A. Weber, Tübingen 1952, S. 99–123.

Wehrli, M.: Allgemeine Literaturwissenschaft („Wissenschaftliche Forschungsberichte", Bd. 3), Bern 1951.

Weimann, R.: Drama und Wirklichkeit in der Shakespearezeit. Ein Beitrag zur Entwicklungsgeschichte des elisabethanischen Theaters, Halle 1958.

Weimann, R.: Die Literatur der "Angry Young Men". Ein Beitrag zur Deutung englischer Gegenwartsliteratur, in: ZAA, Jg. 7 (1959), S. 117–189.

Weimann, R.: "New Criticism" und bürgerliche Literaturwissenschaft. Geschichte und Kritik neuerer Strömungen, in: ZAA, Jg. 8 (1960), S. 29–74; S. 141–170. (Erste Fassung des 1. und 2. Teils vorliegender Arbeit.)

Weimann, R.: Romanheld und Wirklichkeit. Forschungsergebnisse und -probleme anglistischer Romaninterpretation, in: ZAA, Jg. 8 (1960), S. 254–271.

Weißbach, G.: Misere einer Wissenschaft. Bemerkungen zur gegenwärtigen Situation der bürgerlichen Literaturwissenschaft, in: Aufbau, 14. Jg. (1958), S. 143–153.

Wellek, R.: Concepts of Criticism. Ed. by S. G. Nichols, Jr., New Haven/London 1963.

Wellek, R.: The Revolt against Positivism in Recent Literary Scholarship, in: Twentieth Century English, ed. by W. S. Knickerbocker, New York 1946, pp. 67–89.

Wellek, R.: A History of Modern Criticism: 1750–1950 (vol. 1: The Later Eighteenth Century; vol. 2: The Romantic Age), London 1955.

Wellek, R.: The Criticism of T. S. Eliot, in: The Sewanee Review, vol. 64 (1956), pp. 398–443.

Wells, H. K.: Der Pragmatismus. Eine Philosophie des Imperialismus, übers. von H. Höhne, Berlin 1957.

Werner, H.: Die Ursprünge der Metapher („Arbeiten zur Entwicklungspsychologie", Bd. 3), Leipzig 1919.

West, A.: Crisis and Criticism, London 1936.

West, A.: The Abuse of Poetry and the Abuse of Criticism by T. S. Eliot, in: The Marxist Quarterly, Jg. 1954, pp. 22–32.

West, R. B., jr. (ed.): Essays in Modern Literary Criticism. Ed. by R. B. West, jr., New York/Toronto 1952.

West, R. B. and *Stallman, R. W.:* The Art of Modern Fiction, New York 1949.

Wheelwright, P.: On the Semantics of Poetry, in: The Kenyon Review, vol. 2 (1940), pp. 263–283.

Wheelwright, P.: The Burning Fountain, Bloomington 1954.

Wilde, O.: The Critic as Artist, in: Intentions, 14th ed., London 1921.

Wilkinson, E. M.: Neuere Strömungen der angelsächsischen Ästhetik in ihrer Beziehung zur vergleichenden Literaturwissenschaft, in: Forschungsprobleme der Vergleichenden Literaturgeschichte, hg. von K. Wais, S. 141–157.

Willey, B.: Nineteenth Century Studies. Coleridge to Matthew Arnold, London 1955 (repr.).

Williams, R.: Culture and Society: 1780–1950, London 1959.

Willoughby, L. A.: Stand und Aufgaben der vergleichenden Literaturgeschichte in England, in: Forschungsprobleme der Vergleichenden Literaturgeschichte, hg. von K. Wais, S. 21–28.

Wimsatt, W. K., jr.: The Verbal Icon. Studies in the Meaning of Poetry (and two preliminary essays written in collaboration with M. C. Beardsley), Louisville, Ky., 1954.

Wimsatt, W. K., jr.: Criticism Today. A Report From America, in: Essays in Criticism, vol. 6 (1956), pp. 1–21.

Wimsatt, W. K., jr., and *Brooks, C.:* Literary Criticism. A Short History, New York 1957.

Windelband, W.: Geschichte und Naturwissenschaft, 2. Aufl., Straßburg 1900.

Wordsworth, W.: The Poetical Works of William Wordsworth, ed. by T. Hutchinson, Oxford 1913.

Worringer, W.: Formprobleme der Gotik, 5. Aufl., München 1918.

Worringer, W.: Abstraktion und Einfühlung. Ein Beitrag zur Stilpsychologie (Neuauflage), München 1948.

Wutz, H.: Zur Theorie der literarischen Wertung, Tübingen 1957.

Wylie, L. J.: Studies in the Evolution of English Criticism, Boston 1894.

Zabel, M. D. (ed.): Literary Opinion in America. Essays Illustrating the Status, Methods, and Problems of Criticism in the United States in the Twentieth Century. Ed. by M. D. Zabel, rev. ed., New York 1951.

Zangerle, I.: Perspektiven des zeitgenössischen Romans, in: Zeit und Stunde (Festschrift für Ludwig von Ficker), hg. von I. Zangerle, Salzburg 1955, S. 134–154.

Abkürzungen

Archiv   = Archiv für das Studium der neueren Sprachen und Literaturen
Comp Lit = Comparative Literature
DVj   = Deutsche Vierteljahrsschrift für Literaturwissenschaft und
             Geistesgeschichte
ELH   = Journal of English Literary History
ESts   = English Studies
JAAC = Journal of Aesthetics and Art Criticism
MLQ   = Modern Language Quarterly
MLR   = Modern Language Review
MP   = Modern Philology
NSpr   = Die Neueren Sprachen
NSt   = New Statesman
PMLA = Publications of the Modern Language Association of America
ShQ   = Shakespeare Quarterly
TLS   = The Times Literary Supplement
ZAA   = Zeitschrift für Anglistik und Amerikanistik

Bemerkung zur Wiedergabe der Zitate:
Verkürzte Zitate wurden grundsätzlich mit drei Punkten (...) versehen, die
eine Auslassung markieren. Diese Punkte fehlen in der Regel dort, wo der
Beginn bzw. das Ende der zitierten Äußerung unvollständig ist. Die Unvoll-
ständigkeit des betreffenden Zitats ist dann jeweils durch Kleinschreibung
(Brooks bemerkt: "*the* play usw.) oder durch Setzung des Interpunktions-
zeichens *hinter* den Anführungsstrichen (... criticism" [34].) angezeigt worden.

Namenregister

Schlagwortregister

Anzeige

PAUL RILLA

Lessing und sein Zeitalter

464 Seiten. Paperback (Edition Beck)

„... es ist dem Verfasser eine meisterhafte Monographie geglückt: die
so umfangreiche wie genaue Darstellung erfaßt die geschichtliche Situation, damit die Ausgangslage Lessings so sicher wie die aus dem Werk
erschließbaren Zielvorstellungen; sie ist geschlossen und sachlich, dabei
höchst fesselnd, unverkrampft und auch nicht ‚blendend‘, klar und scheinbar mühelos geschrieben ... von einer Objektivität, die man Marxisten
abzusprechen liebt, dazu erstaunlich in der durchgehaltenen Spannung
der ständigen Reflexion. Der Ausgleich zwischen Detail und Gesamt-
überblick überzeugt wie der Verzicht auf die dogmatische Festlegung;
dabei zeigt sich in der gelegentlichen Auseinandersetzung mit der Forschung die energische Raschheit des bedeutenden Kritikers.“

Ralph-Rainer Wuthenow in der Frankfurter Allgemeinen

VERLAG C. H. BECK MÜNCHEN